भारतीय राष्ट्रीय आंदोलन

और

काशी की नागरीप्रचारिणी सभा

डॉ० राकेश कुमार दूबे

SANSKRIT HINDI RESEARCH INSTITUTE
TORONTO, CANADA

लेखकः

डॉ0 राकेश कुमार दूबे

एम0 ए0, नेट, पीएच0 डी0; बी0 एच0 यू0, वाराणसी

DR. RAKESH KUMAR DUBEY

M.A., NET, Ph.D, B.H.U. VARANASI

शीर्षकः भारतीय राष्ट्रीय आंदोलन और काशी की नागरीप्रचारिणी सभा

प्रस्तुत ग्रंथ में काशी नागरीप्रचारिणी सभा के बहुआयामी कार्यों पर विस्तृत प्रकाश डाला गया है। इसकी उपयोगिता और प्रासंगिकता इस अर्थ में और अधिक बढ़ जाती है कि जब अंग्रेजी शासन ने 1857ई0 के बाद 'विभाजन और शासन' की नीति अपनायी और इसका प्रमुख आधार आरंभ में भाषा एवं लिपि को बनाया, उस समय नागरीप्रचारिणी सभा ने आम जनता द्वारा व्यवहृत हिंदी भाषा और नागरी लिपि का प्रचार और उसी के माध्यम से संपूर्ण देश को एकसूत्र में बाँधने का प्रयास किया। राष्ट्रीय आंदोलन के निर्णयक दौर में पहुँच जाने पर भी सभा ने राष्ट्रीय समेकन के कार्य को सर्वोपरि रखते हुए देशवासियों में जो भावनात्मक एकता बनाये रखने का प्रयास किया उन सभी बातों की अनुसंधानपरक प्रस्तुति इस ग्रंथ में की गयी है।

प्रकाशकः पुस्तक भारती, टोरंटो, कनाडा,

for Sanskrit Hindi Research Institute, Toronto, Ontario, Canada, M2R 3E4.
books.india.books@gmail.com

ISBN : 978-1-897416-87-7

ISBN 978-1-897416-87-7
90000
9 781897 416877

Copyright ©2018

© All rights reserved. No part of this book may be copied, reproduced or utilised in any manner or by any means, computerised, e-mail, scanning, photocopying or by recording in any information storage and retrieval system, without the permission in writing from the author.

काशी नागरीप्रचारिणी सभा के संस्थापकत्रय

बैठे—पं. रामनारायण मिश्र (बायें), बाबू श्यामसुंदरदास (दायें)
खड़े—बाबू शिवकुमार सिंह

शब्द–संक्षेप

अ० आ०	असहयोग आंदोलन
आ० इं० रे०	आल इंडिया रेडियो
उ० प्र० सभा	उर्दू प्रचारिएगी सभा
एन० डब्लू० पी० ऐंड ओ०	नार्थ वेस्ट प्राविंसेस ऐंड अवध
का० हिं० वि० वि०	काशी हिंदू विश्वविद्यालय
गु० सा० प०	गुजराती साहित्य परिषद
जु० क०	जुडिशियल कमिश्नर
द० भा० हिं० प्र० सभा	दक्षिण भारत हिंदी प्रचार समिति
ना० प्र० सभा	नागरीप्रचारिणी सभा
ना० मे० स० क०	नागरी मेमोरियल सब कमेंटी
प० प्र०	पश्चिमोत्तर प्रदेश
प० बं० रा० प्र० स०	पश्चिम बंगाल राष्ट्रभाषा प्रचार समिति
भा० रा० का०	भारतीय राष्ट्रीय कांग्रेस
ले० ग०	लेफ्टिनेंट गवर्नर
हिं० सा० स०	हिंदी साहित्य सम्मेलन
हिं० प्र० सभा	हिंदुस्तानी प्रचार सभा

अनुक्रम

प्राक्कथन	i
आमुख	ii
1. भारत में पुनर्जागरण और भारतेंदु हरिश्चंद्र	1
2. नागरीप्रचारिणी सभा की स्थापना एवं प्रगति	35
3. भारतीय नवजागरण एवं नागरीप्रचारिणी सभा	54
4. हिंदी भाषा एवं साहित्य का उत्थान और नागरीप्रचारिणी सभा	78
5. भारतीय शिक्षा का विकास और नागरीप्रचारिणी सभा	101
6. पत्रकारिता और नागरीप्रचारिणी सभा	129
7. भारत में विज्ञान और नागरीप्रचारिणी सभा	153
8. राजभाषा आंदोलन और नागरीप्रचारिणी सभा	180
9. विदेशों में हिंदी का प्रचार और नागरीप्रचारिणी सभा	218
10. राष्ट्रीय आंदोलन और नागरीप्रचारिणी सभा राजनीतिक परिदृश्य	241
उपसंहार	282
ग्रंथ सूची	292
लेखक परिचय	302

प्राक्कथन

आधुनिक भारतीय इतिहास के लेखन का ढंग ही निराला रहा है। भारतीय पुनर्जागरण से आरम्भ करते हुए, जिसके अंतर्गत् भारत में हुए सामाजिक–धार्मिक आन्दोलनों को शामिल किया जाता है, और उसके उपरान्त तीन प्रेसिडेन्सियों में स्थापित छोटी–छोटी राजनीतिक संस्थाओं और उसके उपरान्त स्थापित 'अखिल भारतीय राष्ट्रीय कांग्रेस' को ही मुख्य रुप से इसमें शामिल किया जाता है और कांग्रेस के कार्यकलापों को ही राष्ट्रीय आन्दोलन के रुप में अधिकांश इतिहासकारों ने निरुपित किया है। परन्तु इस प्रकार के इतिहास–लेखन के दौरान पुनर्जागरण काल से ही चल रहे हिन्दी एवं अन्य प्रकार की संस्थाओं के निर्माण और उनके द्वारा साहित्यिक एवं सांस्कृतिक अवदानों के साथ ही भारतीय राष्ट्रीय आन्दोलन में किये गये महत्वपूर्ण एवं निर्णायक योगदानों को गवेशित करने और उसे निरुपित करने का प्रयास अधिकांश इतिहासकारों ने नहीं किया और न ही अपने दृष्टिकोण बदलने का प्रयास।

डॉ राकेश कुमार दूबे लिखित शोध ग्रन्थ ''भारतीय राष्ट्रीय आन्दोलन और काशी नागरी प्रचारिणी सभा'' में राष्ट्रीय आन्दोलन के महत्वपूर्ण एवं अनछुए पक्षों पर गवेषणात्मक अध्ययन है। नागरी प्रचारिणी की स्थापना तथा उसके कार्यो, जिसमें हिन्दी भाषा व साहित्य का विकास, भारतीय अतीत के गौरव का उद्‌घाटन, पत्रकारिता, शिक्षा, ज्ञान–विज्ञान और राष्ट्रीय आन्दोलन में महत्वपूर्ण एवं निर्णायक भूमिका का प्रमाणिक एवं उल्लेखनीय अध्ययन प्रस्तुत कर डॉ दूबे ने एक बडे अभाव की पूर्ति की है। विद्वान लेखक ने अत्यन्त परिश्रमपूर्वक महत्वपूर्ण एवं उपेक्षित पक्षों से जुड़ी सामग्री के संकलन, विश्लेषण तथा निष्कर्षो के निर्धारण में वस्तुपरक दृष्टिकोण का पोषण और प्रतिपादन किया है। विषय को सरल, सुबोध और प्रमाणिक बनाने की पूरी चेष्ठा की है। विद्वान लेखक का यह कथन ''नागरीप्रचारिणी सभा एक साहित्यिक सभा के रुप में स्थापित हुई थी और जैसे–जैसे यह संस्था उन्नति करती गयी, उसी क्रम में उसके कार्य भी बहुअयामी होते गये। इस संस्था ने न केवल भाषा आंदोलन एवं राष्ट्रीय आंदोलन में ही सक्रिय एव निर्णायक भूमिका निभाई, बल्कि राष्ट्रीय आंदोलन मे योग देने वाले अन्य माध्यमों–पत्रकारिता, शिक्षा, ज्ञान–विज्ञान के साथ ही अपनी साहित्यिक एवं सांस्कृतिक गतिविधियों द्वारा भारतीय राष्ट्रीय आंदोलन मे सक्रिय भूमिका का निर्वहन किया'' अक्षरशः सत्य है।

अगर किसी संस्था का जन्म धर्म, अज्ञान, अवसाद, प्रमाद और कुसंस्कारो से मानव समाज व राष्ट्र को बचाना है तो काशी नागरी प्रचारिणी सभा के प्रयास अनुपम एवं अभिनव है। इस संस्था के बहुआयामी कार्यो पर डॉ राकेश कुमार दूबे का प्रणीत प्रयास मौलिक है। शोध ग्रंथ की सन्दर्भ सूची व्यापक, विस्तृत एवं व्यवस्थित है। इस सफल रचना के लिए हार्धिक बधाई देते हुए यह आशा करता हूँ कि डॉ दूबे अपने अध्ययन एवं चिन्तन मनन से भारतीय इतिहास को अपना अवदान प्रदान करते रहेंगें।

अलवर, राजस्थान
11 मार्च, 2017

डॉ. राकेश कुमार शर्मा
एसोसिएट प्रोफेसर
बाबू शोभाराम राजकीय कला महाविद्यालय,
अलवर, राजस्थान

आमुख

भारतीय राष्ट्रीय आंदोलन की गणना विश्व के वृहद्तम् आंदोलन में की जाती है। 'भारतीय राष्ट्रीय आंदोलन' एक अत्यन्त व्यापक शब्दावली है जो देश के विचारकों, राजनेताओं, साहित्यकारों, शिक्षाविदों, क्रान्तिकारियों, संगठनों एवं संस्थाओं तथा सामाजिक कार्यकर्ताओं के अंग्रेजी शासन के विरूद्ध किये गये संपूर्ण प्रयासों का समुच्चय है। भारतीय राष्ट्रीय आंदोलन का इतिहास राजनीति के मंच पर घटने वाली घटनाओं के विवरण की कथामात्र नहीं है बल्कि समग्र सामाजिक विकास के मूलाधार को नये विचारों के उद्भव और प्रसार तथा अन्य पक्षों में सन्नद्ध हितों एवं शक्तियों के संघर्ष को समझने समझाने के साथ ही साथ विश्व रंगमंच पर होने वाली घटनाओं तथा भारत और ब्रिटेन में होने वाले परिवर्तनों को देखने का प्रयास है।

आधुनिक भारतीय इतिहास इस ढंग से लिखा गया कि 18वीं एवं 19वीं शताब्दी के पूर्वार्द्ध तक भारत की स्थिति अत्यन्त दयनीय थी। ऐसे में पाश्चात्य देशों के लोगों का यहां आगमन हुआ और उन लोगों ने यहां पर अपनी सभ्यता एवं संस्कृति का प्रचार आरंभ किया। पाश्चात्य सभ्यता एवं संस्कृति से संपर्क एवं उसकी क्रिया और प्रतिक्रिया स्वरूप भारत में नवीन भावों एवं विचारों का उदय एवं देश में कतिपय सामाजिक–धार्मिक आंदोलनों का जन्म हुआ। देश के तीन प्रदेशों–बंगाल, महाराष्ट्र और मद्रास में कुछ छोटे–छोटे राजनीतिक संगठन अस्तित्व में आये और अंत में, 1885ई0 में, अखिल भारतीय राष्ट्रीय कांग्रेस की स्थापना हुई और कांग्रेस का इतिहास ही भारतीय राष्ट्रीय आंदोलन का इतिहास है। इस प्रकार के इतिहास–लेखन के दौरान उन अनेंक संस्थाओं, उनसे सम्बद्ध व्यक्तियों एवं पत्र–पत्रिकाओं का क्रमबद्ध इतिहास वैज्ञानिक ढंग से लिखा ही नहीं गया जो अपने–अपने क्षेत्रों में अपने संगठनों के अनुरूप देशवासियों में चेतना लाने एवं उन्हें राष्ट्रीय आंदोलन में भाग लेने हेतु प्रेरित कर रही थीं।

भारतीय राष्ट्रीय आंदोलन में विभिन्न वर्गों, समुदायों, संगठनों एवं संस्थाओं का महत्वपूर्ण योगदान रहा है। इनके द्वारा किये गये उद्योगों के कारण ही लोकमानस में चेतना आयी, परिणामस्वरूप जनसमुदाय राष्ट्र निर्माण एवं राष्ट्रीय आंदोलन में सम्मिलित होकर राष्ट्र के महानतम् आकांक्षाओं की पूर्ति कर सका। पाश्चात्य शिक्षा एवं संस्कृति से संपर्क के फलस्वरूप 19वीं सदी के उत्तरार्द्ध में भारत में एक सशक्त मध्यमवर्ग का उदय हुआ जिनके प्रयासों से भारतीयों को अपनी दुरावस्था का ज्ञान हुआ तथा अपने विकारों को दूर करके सुधार या उन्नति के प्रयत्न आरंभ हुए। इस समय भारतीय शिक्षित समुदाय में अनेंक देशहित संबंधी विचार–धाराएं सोत्साह उभड़ने लगीं थीं और वे राष्ट्रीयता के उत्थान हेतु नवीन सभा–समाजों के संगठन में दत्तचित्त हुए।

19वीं सदी का उत्तरार्द्ध वस्तुतः संस्था निर्माण और इसके सुदृढ़ीकरण का समय था। इन संगठनों में ही देश की राजनीतिक चेतना का बीज बोया गया, इनके आस–पास लोगों का आना जाना बढ़ा और देश का सूनापन नयी ध्वनियों से मुखरित हो उठा। वस्तुतः भारतीय जागरण और पुनरूत्थान का इतिहास मूलतः उन संस्थाओं, प्रतिष्ठानों और लोकसंग्रह से प्रेरित सामाजिक, आर्थिक और सांस्कृतिक संगठनों का इतिहास है जो आजादी की भावना के साथ समय–समय पर जन्म ग्रहण करती गयीं और राष्ट्र तथा देश की महानतम् आकांक्षाओं की वाहक बनीं। वस्तुतः किसी भी देश की मानसिक स्वस्थता, अस्वस्थता, आकांक्षा और इच्छाशक्ति की वास्तविक अभिव्यक्ति उस देश की संस्थाओं के माध्यम से ही होती है और ये संस्थाएं राष्ट्र के सपनों की साकार अभिव्यक्ति होती हैं। काशी नागरीप्रचारिणी सभा राष्ट्रीय आकांक्षाओं की अनेंक अभिव्यक्तियों में से एक सिद्ध हुई। यदि भारतीय राष्ट्रीय कांग्रेस देश के राजनैतिक जीवन और उसकी आकांक्षाओं का वाहक बन कर जन्मी, पनपी, विकसित और प्रतिष्ठित हुई तो नागरीप्रचारिणी सभा देश के मन, चित्त और उदात्त संस्कारों की अभिव्यक्ति के रूप में जन्म लेकर पुष्पित और पल्लवित हुई। इसलिए यदि राष्ट्रीय कांग्रेस का इतिहास देश के राजनैतिक जीवन का मापक कहा जा सकता है, तो नागरीप्रचारिणी सभा उस राजनीति के साथ–साथ जनमानस और जनचित्त का मापक रही है।

नागरीप्रचारिणी सभा की स्थापना काशी में हुई थी और यह नगरी अनंत काल से भारत की सांस्कृतिक राजधानी रही है। भाषा, साहित्य, दर्शन और ज्ञान–विज्ञान के क्षेत्र में अप्रतिम योगदान के कारण ही इस नगरी को यह महत्व मिला है जिसे भारत के महान वैज्ञानिक और युग पुरुष आचार्य प्रफुल्लचन्द्र राय तक ने काशी हिंदू विश्वविद्यालय के स्थापना समारोह में बड़े ही सुंदर शब्दों में रेखांकित किया था कि ''काशी सभ्यता की लीलाभूमि हैं। बहुत प्राचीन समय से यह सभ्यता का केन्द्र बना हुआ हैं। यूरोप में जब प्राचीन रोम और एथेन्स का जन्म भी नहीं हुआ था उस समय बनारस हिंदू विचार और हिंदू शिक्षा का केन्द्र स्थान था। ———बनारस शल्य विज्ञान का (चीड़ा फाड़ी शास्त्र) जन्म स्थान है। कहावत है कि शल्यशास्त्र के जन्मदाता धनवन्तरिजी महाराज बनारस मे जन्में थे। बनारस अंकशास्त्र तथा ज्योतिशास्त्र का भी केन्द्र स्थान हैं। जयपुर के स्वर्गीय महाराजा सवाई जयसिंह ने बनारस का मान मंदिर यहीं बनवाया था।'' इस नगरी का भारतीय राष्ट्रीय आंदोलन में भी सक्रिय योगदान रहा। इसी काशी में सांस्कृतिक चेतना के उत्थानार्थ नागरी (हिंदी भाषा एवं नागरी लिपि) के प्रचारार्थ नागरीप्रचारिणी सभा की स्थापना हुई जिसने अपने व्यापक कार्यों द्वारा हिंदी भाषा एवं साहित्य के साथ ही अनुसंधान द्वारा भारतीय अतीत के गौरव के उद्घाटन, पत्रकारिता, शिक्षा, ज्ञान–विज्ञान के साथ ही राष्ट्रीय आंदोलन में महत्वपूर्ण एवं निर्णायक भूमिका का निर्वहन किया।

वास्तव में काशी और हिंदी का अविच्छेद्य संबंध रहा है। प्राचीन काल में संस्कृत भाषा और साहित्य एवं आधुनिक काल में हिंदी भाषा और साहित्य को जो महत्व, पद एवं प्रतिष्ठा प्राप्त है, उसका अधिकांश श्रेय इसी नगरी को है। हिंदी को तो उत्पन्न करने, पालने और पुष्ट करने का श्रेय काशी को ही है। गुरु गोरखनाथ, महात्मा रामानंद और उलटी सीधी कहने वाले कबीर से लेकर भारतेंदु हरिश्चंद्र तक तो हिंदी काशी की ही बनी रही। उसके बाद भी आचार्य रामचंद्र शुक्ल, श्यामसुंदरदास, जगन्नाथदास 'रत्नाकर', जयशंकरप्रसाद, प्रेमचंद, रायकृष्णदास और रामदास गौड़ अपनी एकांत साधना से उसके पुष्ट करने का कार्य करते रहे। लाला भगवानदीन की सेवायें भी नहीं भूली जा सकती। समाचार–पत्रों द्वारा काशी ने हिंदी की जो सेवा की,

यह उसे राष्ट्रभाषा बनाने में कम सहायक नहीं हुआ। विद्याराष्ट्ररत्न शिवप्रसादजी, बाबूराव विष्णु पराड़कर ने हिंदी को जिस प्रकार गौरवान्वित किया, यह इतिहास की महत्वपूर्ण सामग्री है। इसी बनारस में नागरी (हिंदी भाषा एवं नागरी लिपि) के उत्थानार्थ नागरीप्रचारिणी सभा की स्थापना हुई जिसने हिंदी भाषा और साहित्य के उन्नयन एवं संवर्द्धन में उल्लेखनीय योगदान दिया।

भारतीय राष्ट्रीय आंदोलन का इतिहास प्रकारांतर से कांग्रेस और लीग के संघर्ष और ब्रिटिश सरकार की ''विभाजन और शासन'' की नीति का इतिहास है। भारतीय समाज के दो प्रमुख समुदायों में मनमुटाव और वैमनस्य उत्पन्न करने एवं उसे बढ़ाने का बहुत कुछ श्रेय भाषा और विशेषकर लिपि–विवाद को जाता है, जिसकी नींव 1800ई0 में स्थापित 'फोर्ट विलियम कालेज' के प्राध्यापकों ने डाली और जो 1857ई0 के विद्रोह के बाद भारतीय इतिहास में फलीभूत होती है। अंग्रेजों ने मुगलों की ही भाषा एवं लिपि (उर्दू भाषा एवं फारसी लिपि) को जारी रखा जो कि देश की अधिकांश जनता न तो समझ सकती थी और न ही बोल सकती थी। इसके विपरीत देश की सर्वाधिक प्रचलित भाषा हिंदी थी, जो कि नागरी लिपि में लिखी जाती थी, पर उसकी कहीं भी पूछ नहीं थी और उसे 'गवाँरु भाषा' कहा जाता था। 1857ई0 के विद्रोह में दोनों समुदायों ने अंतिम बार मिलकर अंग्रेजों के विरुद्ध संघर्ष किया, अतः विद्रोह के उपरांत अंग्रेजों ने 'बाँटो और राज करो' की नीति का अवलंबन किया और एक समुदाय को समर्थन देना और दूसरे का विरोध करना आरंभ किया।

1858ई0 की महारानी विक्टोरिया की घोषणा के बाद हिंदुओं में, विशेषकर बिहार एवं पश्चिमोत्तर प्रदेश और अवध के हिंदुओं में, इस बात आस जगी कि हिंदी के लिए प्रयास किया जा सकता है और उन्होंने हिंदी भाषा को भी उर्दू के समान कचहरियों और दफ्तरों में मान्यता देने की मांग आरंभ की। 1867–68ई0 में ही राजा शिवप्रसाद 'सितारैहिंद' ने हिंदी को भी उर्दू के समान मान्यता देने के लिए 'मेमोरियल' पश्चिमोत्तर प्रदेश और अवध की सरकार के यहां उपस्थित किया। इस प्रयास का तो कोई फल नहीं निकला पर कचहरियों और दफ्तरों में उर्दू के माध्यम से काम करने वाले लोगों एवं मुस्लिम समुदाय के एक अत्यल्प वर्ग द्वारा, जिसके अगुआ सर सैयद अहमद खां

हुए, हिंदी का विरोध आरंभ हो गया। उर्दू भाषा और फारसी लिपि को एक वर्ग विशेष की भाषा एवं उसकी पहचान से जोड़ा जाने लगा और यहीं से भाषा और लिपि–विवाद आरंभ हुआ और इसी के साथ ही मुसलमानों के एक वर्ग में अलगाववादी भावना का जन्म भी। 19वीं सदी के उत्तरार्द्ध में जैसे–जैसे हिंदी की मांग जोर पकड़ती गयी और मांग करने वालों को सफलता मिलती गयी, उसी क्रम में हिंदी–उर्दू विवाद भी बढ़ता गया और मुसलमानों के एक वर्ग में अलगाववादी भावना भी जोर पकड़ती गयी।

19वीं सदी के अंतिम दशक में, जब हिंदी–उर्दू विवाद जोरों पर था और भारतेंदु हरिश्चंद्र के अवसान के बाद हिंदी पट्‌टी में घोर निराशा और अवसाद व्याप्त था, काशी में 'क्वींस कालेजियेट स्कूल' की छोटी कक्षा के विद्यार्थियों द्वारा एक वाद–विवाद संस्था के रुप में 16 जुलाई, 1893ई0 को नागरीप्रचारिणी सभा की स्थापना की गयी जिसके मूल में नागरी (हिंदी भाषा एवं नागरी लिपि) का प्रचार शामिल था। वैसे तो भारत और भारत के बाहर भी नागरीप्रचारिणी सभाओं की स्थापना की गयी, किंतु यहां पर मातृ संस्था, जो काशी में स्थापित हुई थी, उसी को केंद्र में रखा गया है। प्रथम अधिवेशन में ही सभा के जो उद्‌देश्य निर्धारित किये गये उनमें सभासदों का नागरी से अपनी उन्नति करना, नागरी में पत्र व्यवहार करना, लोगों को इसकी ओर आकर्षित करना, नागरी में लेख लिखने का अभ्यास करना, अन्य नागरीप्रचारिणी सभाओं से पत्र–व्यवहार द्वारा एकता और मित्रता करना, अन्य स्थानों में ऐसी सभा स्थापित करने का प्रयास करना, दूसरी भाषाओं के ग्रंथों को हिंदी में अनुवाद करना एवं परस्पर में मित्रता और ऐक्य बढ़ाना इत्यादि बातें शामिल थीं और इन्हीं उद्‌देश्यों की प्राप्ति मार्ग पर सभा अग्रसर हुई।

प्रत्येक देश की जागृति का आरंभ उसके राष्ट्रीय संगठन से होता है और भारत में यह राष्ट्रीय कांग्रेस की स्थापना से माना जाता है। अपनी स्थापना के बाद ही नागरीप्रचारिणी सभा कांग्रेस से सम्बद्ध हो गयी और राष्ट्रीय कांग्रेस ने जहां देश का राजनीतिक नेतृत्व किया वहीं, नागरीप्रचारिणी सभा ने देश का सामाजिक और राजनीतिक दोनों नेतृत्व किया। प्रारंभ से ही प्रतिवर्ष नागरीप्रचारिणी सभा ने कांग्रेस में अपने प्रतिनिधि भेंजे। यदि सभा के सभासदों की सूची का अवलोकन किया जॉय तो

स्पष्ट होता है कि न केवल काशी और पश्चिमोत्तर प्रदेश के हिंदी भाषी अग्रणी कांग्रेसी नेता वरन् भारत के विभिन्न प्रांतों के अग्रणी कांग्रेसी नेता–गोपालकृष्ण गोखले, बाल गंगाधर तिलक, एनी बेसेंट, लाला लाजपत राय इत्यादि, जिनकी भाषा भी हिंदी नहीं थी, जैसे लोग भी उसमें शामिल थे। एक नहीं बल्कि कई अवसरों पर देश के अग्रणी कांग्रेसी नेताओं द्वारा सभा के कार्यों की प्रशंसा की गयी और उसके कार्यक्रम को राष्ट्रीय आंदोलन का अभिन्न अंग बतलाया गया।

प्रत्येक देश में राष्ट्र निर्माण का क्रम उस देश के विविधतापूर्ण तत्वों में एकता के सूत्र खोजने और उन्हें दृढ़ करने में निहित होता है अतः नागरीप्रचारिणी सभा ने आरंभ से ही समान भाषा एवं लिपि के माध्यम से सम्पूर्ण राष्ट्र को एकसूत्र में बॉधने का प्रयास किया। चूँकि सभा नागरी (हिंदी भाषा एवं नागरी लिपि) के प्रचार के लिए स्थापित हुई थी अतएव, प्रथम वर्ष से ही इसके लिए उद्योग आरंभ हुआ। 1896ई0 में 'बोर्ड आफ रेवेन्यू' एवं 1900ई0 में पश्चिमोत्तर प्रदेश और अवध की कचहरियों एवं दफ्तरों में हिंदी को स्थान दिलाने में नागरीप्रचारिणी सभा सफल हो गयी। 18 अप्रैल, 1900ई0 की सरकार की आज्ञा का मुसलमानों के एक वर्ग द्वारा व्यापक विरोध किया गया और इस बात पर केंद्रिय असेंबली में भी व्यापक बहस हुई पर सरकार की आज्ञा पूर्ववत् रही। भारतीय मुसलमानों के एक वर्ग में अलगाववादी भावना तो 19वीं सदी के उत्तरार्द्ध में ही विकसित हो चुकी थी और अलीगढ़ आंदोलन से जुड़े नेता इसका नेतृत्व कर रहे थे, ऐसे में 18 अप्रैल, 1900ई0 का 'हिंदी रिजोल्यूशन' इस संबंध में अंतिम चोट थी। इस घटना के बाद भारतीय मुसलमानों के एक वर्ग में अपने समुदाय का हित और अलगाववादी भावना प्रबल वेग से हिलोरे भरने लगी जिसके मूल में था 'निश्चिंतता की खोज' और भाषा तथा विशेषकर लिपि विवाद ने हिंदू–मुस्लिम संघर्ष को चरम पर पहुँचा दिया जिसकी अगली परिणति 'मुस्लिम लीग' की स्थापना एवं साम्प्रदायिक निर्वाचन की मांग के रुप में सामने आयी और जिसकी अंतिम परिणति हुई सांप्रदायिक दंगे एवं भारत का विभाजन।

राष्ट्रीयता को प्रोत्साहन प्रदान करने के लिए नागरीप्रचारिणी सभा ने 1896ई0 से 'नागरीप्रचारिणी' और 1900ई0 से 'सरस्वती' पत्रिका का प्रकाशन आरंभ किया और

कांग्रेस से पूर्व ही 'स्वदेशी' का नारा बुलंद किया। बंगाल विभाजन का विरोध एवं स्वदेशी आंदोलन का सभा द्वारा व्यापक समर्थन किया गया। देश को एकसूत्र में बॉधने के लिए ही सभा द्वारा 1910ई0 में ''प्रथम हिंदी साहित्य सम्मेलन'' का आयोजन किया गया। 1916ई0 में नागरीप्रचारिणी सभा में ही महात्मा गांधी ने आजीवन हिंदी के व्यवहार की शपथ ली और उनके प्रयासों से ही 1918ई0 में ''दक्षिण भारत हिंदी प्रचार सभा' मद्रास में स्थापित हुई। नागरीप्रचारिणी सभा से प्रेरणा लेते हुए भारतीयों द्वारा न केवल भारत के विभिन्न प्रांतों वरन् भारत से बाहर भी नागरीप्रचारिणी सभा एवं हिंदी साहित्य सम्मेलनों का गठन किया गया और वहां से ही इन संस्थाओं ने राष्ट्रीय आंदोलन को अपना समर्थन प्रदान किया।

महात्मा गांधी के नेतृत्व में चलाये गये 1920ई0 के 'असहयोग आंदोलन' एवं 1930ई0 के 'सविनय अवज्ञा आंदोलन' में देश की अधिसंख्य जनता ने भाग लेकर इन आंदोलनों को वृहदता प्रदान की। काशी की नागरीप्रचारिणी सभा ने इन आंदोलनों का व्यापक समर्थन किया और सभा के अथक प्रयासों से सम्पूर्ण राष्ट्र में, यहां तक कि दक्षिण भारत में भी, हिंदी भाषा एवं नागरी लिपि का प्रचार हो गया और 1934ई0 तक यह निश्चित हो गया कि हिंदी ही इस देश की राष्ट्रभाषा होगी। नागरीप्रचारिणी सभा ने हमेंशा ही मुस्लिम लीग की साम्प्रदायिक और अलगाववादी नीति का विरोध किया। न केवल लीग बल्कि अंग्रेजी सरकार और कांग्रेस की लीग के प्रति अपनाई जाने वाली तुष्टीकरण की नीति का भी सभा ने विरोध किया। अलगाववादी ताकतों का पर्दाफाश करने एवं हिंदी–उर्दू विवाद के चरम पर पहुॅच जाने पर वास्तविकता का प्रतिपादन करने के लिए ही दिसम्बर, 1939ई0 में सभा ने ''हिंदी'' पत्रिका का प्रकाशन आरंभ किया। 1940ई0 में जब मुस्लिम लीग द्वारा एक अलग राष्ट्र की मांग की गयी तो सभा ने उसका तीव्र विराध किया और अखंड भारत का समर्थन किया क्योंकि निर्माणात्मक राजनीति का कार्य ही यह है कि वह पारस्परिक सहयोग और विभिन्नताओं के बीच सामंजस्य स्थापित कर दे। सभा ने आजीवन ऐसा ही किया और जब विभाजनकारी शक्तियां देश को बॉटने पर तुली हुई थीं ऐसे अवसर पर भी सभा ने राष्ट्रीय समेंकन की मिशाल पेश की और अखंड भारत का समर्थन किया। सभा ने जो आंदोलन आरंभ

किया उसमें संपूर्ण राष्ट्र ने योग दिया और अंत में अंग्रेजों को भारत छोड़ने पर विवश होना पड़ा।

भारत की आजादी के बाद भी नागरी अक्षरों एवं अंकों को उसका वास्तविक पद दिलाने के लिए नागरीप्रचारिणी सभा ने सराहनीय उद्योग किया। संविधान–निर्मात्री सभा में जब भारत का संविधान निर्मित हो रहा था तो नागरीप्रचारिणी सभा ने हिंदी को राजभाषा का पद देने के लिए अपने समर्थकों एवं अपनी सहायक संस्थाओं के साथ मिलकर दीर्घकालीन संघर्ष किया। अंत में, राजनीति की अनगिनत कुटिल चालों के बावजूद भी, पूर्णतः न सही, आंशिक रुप में ही जनभाषा हिंदी को 14 सितम्बर, 1949ई0 को राजभाषा के पद पर प्रतिष्ठित कराने में सफल रही और अपनी स्थापना के समय जो व्रत लिया था उसे पूर्णतः न सही, आंशिक रुप में ही पूर्ण किया।

नागरीप्रचारिणी सभा एक साहित्यिक संस्था के रुप में स्थापित हुई थी और जैसे–जैसे यह संस्था उन्नति करती गयी, उसी क्रम में उसके कार्य भी बहुआयामी होते गये। इस संस्था ने न केवल भाषा आंदोलन एवं राष्ट्रीय आंदोलन में ही सक्रिय एवं निर्णायक भूमिका निभाई, बल्कि राष्ट्रीय आंदोलन में योग देने वाले अन्य माध्यमों–पत्रकारिता, शिक्षा, ज्ञान–विज्ञान के साथ ही अपनी साहित्यिक एवं सांस्कृतिक गतिविधियों द्वारा भारतीय राष्ट्रीय आंदोलन में सक्रिय भूमिका का निर्वहन किया।

नागरीप्रचारिणी सभा का नाम लेते ही लोगों के मस्तिष्क में तुरंत ही एक चित्र उपस्थित हो जाता है कि यह हिंदी की एक पुरानी संस्था है जिसने हिंदी भाषा और साहित्य के साथ ही पत्रकारिता के क्षेत्र में भी अपना विशिष्ट योगदान दिया है और उसके पुस्तकालय में हिंदी की पुरानी और दुर्लभ पुस्तकें एवं पत्र–पत्रिकाएं उपलब्ध हैं। नागरीप्रचारिणी सभा की यह छवि उपस्थित होने का मुख्य कारण यह है कि आजतक जितने भी भारतीय अथवा विदेशी विद्वानों ने सभा विषयक लेखन अथवा अनुसंधानकार्य किया उन सबों ने अपने लेखन अथवा अनुसंधान द्वारा सभा के इन्हीं कार्यों को उजागर किया और लोगों के सामने उसकी यहीं छवि रखी। 125 वर्ष पूर्व स्थापित इस संस्था के भारतीय नवजागरण, शिक्षा, ज्ञान–विज्ञान, भाषा–आंदोलन, विदेशों में हिंदी प्रचार इत्यादि क्षेत्रों में किये गये इसके बहुआयामी कार्यों का मूल्यांकन आजतक पूर्णरुप से

किसी भी सज्जन ने करने का प्रयास नहीं किया और राष्ट्रीय आंदोलन में सभा का भी कोई योगदान रहा है, इस अंतर्संबंध पर तो किसी ने सोचने का कष्ट ही नहीं किया। इन महत्वपूर्ण बातों पर केंद्रित होकर ही स्वाधीनता आंदोलन और नागरीप्रचारिणी सभा के अंतर्संबंधों की पृष्ठभूमि में सभा के बहुआयामी कार्यों को शोधपरक ढंग से एक ही स्थान पर प्रस्तुत करने का प्रयास इस ग्रंथ में किया गया है।

इस ग्रंथ के प्रणयन में जिन जिन विद्वानों की पुस्तकों के अवलोकन से दृष्टि पा सका हूं और जिनकी पुस्तकों के संदर्भ उद्धृत किये हैं, उन सबका आभारी हूँ। प्रो0 अरुणा सिंहाजी महोदया एवं स्व0 प्रो0 राय आनंदकृष्ण के स्नेहिल आशिर्वाद एवं सुझाव मुझे समय–समय पर मिलते रहे जिनका हृदय से आभारी एवं कृतघ्न हूँ। प्रो0 एन0 के0 चतुर्वेदी जी ने जिस प्रकार मेरा उत्साह वर्द्धन किया और मुझे हर संभव सहायता प्रदान की, उसके लिए उन्हें धन्यवाद देना कृतघ्नता होगी। प्रो0 रत्नाकर नराले महोदय ने अपने संस्थान से इस ग्रंथ को प्रकाशित करने का बीड़ा उठाया, इसके लिए उन्हें हृदय से धन्यवाद ज्ञापित करता हूँ। इस ग्रंथ के लेखन में ऐतिहासिक एवं साहित्यिक दोनों प्रकार की सामग्री का उपयोग किया गया है अतः इस ग्रंथ की पूर्णतः ऐतिहासिकता एवं मौलिकता का दावा करने की बजाय मुझे केवल इतना ही निवेदन करना है कि इतिहास एवं साहित्य–साधना में रत विद्वानों के सम्मुख यह एक विनम्र प्रयास है। पाठको की संतुष्टि ही इस ग्रंथ की उपलब्धता होगी।

शुभम् भवतु,

नेहियां, वाराणसी।
माघ शुक्ल पंचमी, सं0 2073वि0

राकेश कुमार दूबे

राकेश कुमार दूबे

1. भारत में पुनर्जागरण और भारतेंदु हरिश्चंद्र

भारतीय पुनर्जागरण बौद्धिक, सामाजिक, राजनीतिक, धार्मिक और सांस्कृतिक जीवन में व्यापक बदलाव और नवीकरण की वह प्रक्रिया है जो उन्नीसवीं शताब्दी के पूर्वार्द्ध से आरंभ हुई और जिसने तीव्रता उन्नीसवीं शताब्दी के उत्तरार्द्ध में प्राप्त की। इस काल ने मानवीय चिंतन, ज्ञान–विज्ञान एवं कला इत्यादि जीवन के प्रत्येक क्षेत्र में महान सृजनात्मक प्रयासों को उद्‌बुद्ध किया, और अनेक बड़े चिंतकों, कलाकारों, कवियों, दार्शनिकों, समाज सुधारकों तथा नेताओं को जन्म दिया। तकनीकी और औद्योगिक विकास, जो कि आधुनिक युग के अवतरण की पूर्व शर्त मानी जाती हैं, की दृष्टि से यह काल अपर्याप्त एवं असंतोषजनक है, फिर भी इस युग में वैचारिक, सामाजिक एवं धार्मिक क्षेत्र में क्रान्तिकारी उथल–पुथल के दर्शन होते हैं। नवीनता, युक्तिपरकता, इहलौकिकता, वैज्ञानिक मूल्यों के प्रति आग्रह एवं स्वतंत्रता, समानता और विश्व–बंधुत्व के नये आदर्शों से यह काल अनुप्रेरित है।

भारत में पुनर्जागरण की चेतना के उद्‌गम और प्रसार का अध्ययन करने के पूर्व 'पुनर्जागरण' की प्रक्रिया एवं तत्कालीन परिस्थितियों पर विचार कर लेना समीचीन होगा। ''पुनर्जागरण[1]'' जिसके लिये 'नवजागरण' एवं 'नवोत्थान' तथा अंग्रेजी में 'रेनेसाँ'[2] शब्द प्रयोग किये जाते हैं, 'पुनर्+जागरण' इन दो शब्दों के योग से बना है जिसका अर्थ है– 'पुनः जागना' अथवा पुनरूत्थान'। इसका पारिभाषिक अर्थ है 'प्राचीन ज्ञान और संस्कृति को नये वातावरण और काल के परिप्रेक्ष्य में भविष्य के लिए परिवर्तित या रूपायित करना। एक नयी चेतना के आधार पर ऐसी भविष्य का निर्माण जिसमें मानव की विचार शक्ति की संभावनाओं पर पूरी आस्था रखी जाय'[3]। 'पुनर्जागरण' नितान्त नवीन जागरण जैसी प्रक्रिया नहीं है अर्थात् 'पुनर्जागरण' अनादि–निद्रित का एक बारगी जागरण नहीं अपितु इसके अन्तर्गत् पूर्व–जागरण और बाद में सुप्त का फिर से जागरण होता है। जो सदा से सुप्त होता है उसका जागरण होता है, पुनर्जागरण नहीं[4]। पुनर्जागरण पद किसी राष्ट्र अथवा जाति के पुनरूत्थान से सम्बन्धित हैं। प्राचीन का गौरवगान और उसकी पुनः स्थापना इस प्रवृत्ति की प्रमुख

विशेषता है। यह प्रकृतिसिद्ध है कि जब कोई राष्ट्र, जाति अथवा सभ्यता अपनी उन्नति के चरम बिन्दु पर पहुँच जाती है तब उसका अधोपतन शुरू होता है। ठीक इसके विपरीत जब उसकी अवनति अपनी चरम सीमा पर पहुँच जाती है तब उसमें पुनर्जागरण का स्फुरण होता है और वह शनैः शनैः उन्नति के शिखर पर आरूढ़ होने लगती है।[5]

किसी भी राष्ट्र में पुनर्जागरण का यह स्फुरण प्रायः दो तरह से होता है–प्रथम, राष्ट्र स्वयं अपनी हीनतर अवस्था और प्राचीन उन्नत अवस्था की तुलना कर, तत्परिणामस्वरूप सक्षुब्ध होकर अपने में परिवर्तन लाना शुरू कर देता है और द्वितीय, राष्ट्र किसी अन्य राष्ट्र, जो उसकी तुलना में महनीय और प्रशस्त है, के सम्पर्क में आने पर प्रतिक्रियास्वरूप पुनः जागृत होता है। यह प्रक्रिया दो दिशाओं में संभव होती है– 1–सुप्त राष्ट्र जागृत राष्ट्र की चकाचौंध करने वाली संस्कृति से प्रभावित होकर उसका अन्धानुकरण करता है और ऐसी दशा में दूसरे राष्ट्र की संस्कृति में उसका पूर्ण विलय अवश्यम्भावी हो जाता है। 2– सुप्त राष्ट्र जागृत राष्ट्र की महान संस्कृति के सम्पर्क में आने पर अपनी संस्कृति को जागृत राष्ट्र की संस्कृति की तुलना में हीन पाकर प्रतिक्रिया स्वरूप अपने प्राचीन इतिहास की ओर दृष्टिपात करता है और वहां से पुनर्जागरण की चेतना का आहरण करता है। इस प्रकार वह ग्रहण और त्याग की नीति अपनाकर प्राचीन उदात्त से उपयोगी तत्वों को ग्रहण कर लेता है और जागृत राष्ट्र की अनुपयोगी विशेषताओं को छोड़ देता है। भारतवर्ष में पुनर्जागरण की प्रक्रिया इसी सरणि पर संघटित हुई है।[6]

भारत में पुनर्जागरण 19वीं शताब्दी में संघटित होता दिखाई देता है जो देश की परतंत्रता का काल है। 18वीं शताब्दी तथा 19वीं शताब्दी के लगभग अर्द्ध तक एशियाई देशों में सर्वत्र राजनीतिक जर्जरता, आर्थिक अधःपतन, सामाजिक गतिहीनता तथा सांस्कृतिक सड़ाँध के दृश्य दिखाई देने लगते हैं। भारत, जो प्राचीन काल से ही सभ्यता और संस्कृति के सर्वोच्च शिखर पर आसीन, ज्ञान गरिमा से मंडित और वीर कृत्यों के कारण सर्वपूज्य और जगत्वंद्य था, इस समय तक आते–आते उसकी अवस्था

अत्यन्त क्षोभपूर्ण हो गई थी।[7] विश्व के इतिहास में एशिया की गणना अधीन कोटि में होने लगी थी।

राजनीतिक दृष्टि से इस समय तक भारतवर्ष के वृहद् भाग पर ब्रिटिश सत्ता कायम हो चुकी थी। 1800ई0 से 1900ई0 की सौ वर्षों की लम्बी अवधि में देश ने ईस्ट इण्डिया कम्पनी और ब्रिटिश मंत्रिमण्डल दोनों के शासन–कालों का अनुभव किया। दोनों कालों में अनेक शासन–संबंधी, राजनीतिक, कानूनी, शिक्षा–संबंधी, सामाजिक, धार्मिक आदि परिवर्तन हुए। ये परिवर्तन नवीन शासकों की रूचि और स्वार्थ–सुविधा के अनुसार होते थे, अथवा ईसाई धर्म–प्रचारकों के प्रचारकार्य के फलस्वरूप। किन्तु दोनों कालों में जो समानता मिलती है वह भारत के आर्थिक शोषण और सांस्कृतिक उपेक्षा की दृष्टि से मिलती है।[8]

उस समय जनता की आर्थिक दुरावस्था थी। करों का भार लदा हुआ था। सस्ते विदेशी माल के प्रचार से भारतीय व्यापारियों को धक्का पहुँच रहा था। देश के उद्योग धन्धे नष्ट हो चुके थे, अंग्रेजों का आतंक छाया हुआ था एवं राजनीति, शिक्षा और सरकारी नौकरियों तक साधारण मनुष्य की कोई पहुँच नहीं थी। ऐसे में भारत में अंग्रेजों का शासन भी भारतीय धन के निष्कासन द्वारा इंग्लैण्ड को समृद्धशाली बनाने के मकसद से किया जा रहा था[9]। इन सबका परिणाम यह हुआ कि ग्राम उद्योगों का ह्रास तथा शिल्पकार्य की अवनति से बहुत से शिल्पी किसान और मजदूर बन गये। इस प्रकार ग्रामों की प्राचीनकाल से चली आ रही आत्मनिर्भरता का ह्रास होने लगा।[10]

राजनीतिक और आर्थिक अधःपतन के साथ देश के सामाजिक और धार्मिक जीवन का भी ह्रास हो गया था। देश में धार्मिक एवं सामाजिक कुरीतियों व कुप्रथाओं का प्रचार बना हुआ था। जातिगत सोपानक्रम, अस्पृश्यता, बहु–विवाह, कुलीनवाद, शिशु हत्या, सतीप्रथा, बाल–विवाह, विधवा विवाह निषेध इत्यादि कुप्रथाएं समाज में प्रचलित थीं। तत्कालीन समाज पर विचार करते हुए के0एम0 पनिक्कर ने लिखा है–'18वीं शताब्दी के उत्तरार्द्ध में भारत के विशाल भू–भागों में सभ्यता का ऐसा अपकर्ष हुआ जिसका विश्व के इतिहास में दूसरा उदाहरण नहीं मिलता है।[11]

भारतवर्ष में धर्म और समाज का बड़ा धनिष्ठ सम्बन्ध रहा है। वास्तव में प्राचीन काल में उसकी महानता का प्रधान तत्व धर्म रहा है।[12] किन्तु 18वीं शताब्दी आते–आते सहस्त्रों वर्षों के विदेशी शासन के फलस्वरूप भारतीय धर्म में अनेक बुराइयाँ आ गयीं थीं। भारतीयों की धार्मिक सहिष्णुता की भावना लुप्त हो रही थी और धर्म अधोगति को प्राप्त हो रहा था।

प्राचीन काल में अद्वितीय शिक्षा के बल पर ही भारत जगत–गुरू कहलाता था क्योंकि शिक्षा ही मनुष्य का किसी देश और समाज का न केवल गौरव है बल्कि बल और पुरूषार्थ है।[13] किन्तु 18वीं शताब्दी आते–आते भारत में शिक्षा अधोगति को प्राप्त हो रही थी। जैसा डी0 एस0 शर्मा ने तत्कालीन शिक्षा पर लिखा है– 'इस अंधकार युग में किसी भी भारतीय भाषा में प्रथम श्रेणी के महत्व वाला कोई सृजन नहीं हुआ।'[14]

इस समय भारत में कला की बड़ी अवनति हुई। सस्ती और आकर्षक यूरोपीय वस्तुओं की भरमार के आगे लोग अपनी वस्तुओं के सौन्दर्य और वास्तविक मूल्य को भूल गये। भारतीयों की राजनीतिक पराधीनता का प्रभाव उनकी कला में प्रकट हुआ।[15] संरक्षण और समझ के अभाव में प्रायः सम्पूर्ण देशी कला का अपकर्ष और लोप हो गया और अनेक प्राचीन कलाकृतियाँ जनता की असावधानी तथा अज्ञान एवं विदेशियों की लोलुपता के कारण लुप्त हो गयीं।[16]

18वीं शताब्दी में एक व्यवसायात्मिका बुद्धि–सम्पन्न विदेशी कम्पनी ने धीरे–धीरे देश की राजनीति में अपना निश्चित स्थान बना लिया। कम्पनी की बढ़ती हुई शक्ति के साथ–साथ ईसाई धर्म प्रचारक आये जिन्होंने देश के धार्मिक जीवन को अपने अभियान का लक्ष्य बनाया। पश्चिम की समाहित करने की चुनौती इतनी शक्तिशाली थी कि इसकी उपेक्षा नहीं की जा सकती थी। ईसाई मिशनरियाँ हिन्दू धर्म के पूर्ण उन्मूलन हेतु तत्पर थीं और हिन्दुओं को यह कहकर आवेशित किया कि हिन्दू धर्म काफिरों और मूर्तिपूजकों का धर्म है जो असभ्य रीति–रिवाजों के भार से दबा हुआ है।[17] प्रारम्भ में उन्हें आशातीत सफलता भी प्राप्त हुई। किन्तु उनके राजनीति मिश्रित धर्म ने देशवासियों को शीघ्र ही सचेत कर दिया। वास्तव में अंग्रेजी राज्य के अन्तर्गत आर्थिक

शोषण, जाति और रंगभेद एवं ईसाई मिशनरियों के धर्म प्रचार कार्य ने देश में कटुता के बीज बोए।

18वीं शताब्दी यदि भारत के इतिहास का अंधकार युग था तो 19वीं शताब्दी, विश्व के शेष भागों के समान भारत के लिए भी आशा की शताब्दी थी। यह मानव इतिहास में सृजनात्मक चमत्कारपूर्ण शताब्दी थी।[18] 19वीं शताब्दी प्राचीन और नवीन का संधिकाल है और देश के बौद्धिक एवं सांस्कृतिक जीवन में एक नितान्त नूतन मोड़ प्रस्तुत करती है। पिछली शताब्दी का स्वाभाविक विकास होते हुए भी वह जीवन, कला और साहित्य को देखने और परखने के लिए ऐसी विचारधारा और ऐसे दृष्टिकोण को जन्म देती है जिसका अस्तित्व पहले कभी नहीं मिलता। क्योंकि एक ओर तो भारतीय जीवन सुव्यवस्थित एवं सुदृढ़ शिक्षा–पद्धति के अभाव के कारण अनेक मध्ययुगीन कट्टर गतिहीन, रूढ़िबद्ध, असामाजिक और अनुदार अंध–विश्वासों से भरा हुआ था, तो दूसरी ओर वह परम्परा और रूढ़िप्रियता तथा पौराणिकता का मोह छोड़कर नवीनता की ओर तीव्रता के साथ बढ़ रहा था जिससे यह स्पष्ट हो जाता है कि यद्यपि भारतीय जीवन अपने दुर्दिन देख रहा था, तो भी वह नितान्त निष्प्राण नहीं हो गया था।

तत्कालीन परम्पराभोगी लोग जन–जीवन में व्याप्त अंधविश्वासों और कुरीतियों से उत्पन्न कष्ट से अवगत थे। उन्हे तो उसे दूर करने की चिंता भी थी, किन्तु उनकी समझ के अनुसार कष्ट का निवारण पश्चिम से संभव नहीं था। वे प्रचलित परम्पराओं को बिना छोड़े ही अपनी समस्याओं का हल पाना चाहते थे। इसका कारण देश में घटित ऐतिहासिक परिवर्तनों से उनकी अनभिज्ञता थी। उनके मन में राष्ट्र का हित निश्चित रूप से था, लेकिन उनकी मुख्य असुविधा थी जो वे राष्ट्र में स्थान ग्रहण करने वाले ऐतिहासिक परिवर्तनों की शक्ति को पहचानने में असफल रहे। वे दरवाजे और खिड़कियां बंद करके आने वाले तूफान से बचने का प्रयत्न कर रहे थे और इस तरह उन्होंने अपने को युद्ध में हारा हुआ पाया।[19]

भारतवर्ष में पुनर्जागरण की चेतना का उन्मेष अंग्रेजी संस्कृति के सम्पर्क के फलस्वरूप संभव हुआ। ब्रिटिश सत्ता के देश के बृहद् भाग पर स्थापित होने के फलस्वरूप शासन ने ऐसी परिस्थितियाँ पैदा की जिससे भारत के लोगों में राष्ट्रीयता

एवं एकता पैदा हुई। न केवल शासन की बुराइयों बल्कि इसकी अच्छाई ने यह जागृति लाने में योगदान दिया।[20] ब्रिटिश शासन के द्वारा ही भारतीय सीधे यूरोपीय सभ्यता एवं पश्चिमी जीवन–शैली के सम्पर्क में आये जिसने न चाहते हुए भी उन्हे घोर निद्रा से जगा दिया। वास्तव में अंग्रेजी शिक्षा और अंग्रेजी राज की चोट के कारण भारतीय वाङमय में भी जागरण के चिन्ह दिखाई दिये।

भारत का ब्रिटेन से सम्पर्क का तरीका अत्यन्त दुर्भाग्यपूर्ण रहा और इसने अत्यधिक कटुता, अवसाद और संघर्ष को जन्म दिया किन्तु भारतीयों के लिए यह अच्छी बात थी कि वे औद्योगिक और वैज्ञानिक पश्चिम के सम्पर्क में आये।[21] इसका परिणाम यह हुआ कि भारतीय जीवन में उथल–पुथल मच गई। वास्तव में, उन ताकतों में, जिसने सर्वाधिक प्रभावित किया, सबसे महत्वपूर्ण था अंग्रेजी शिक्षा का प्रचार जिसने भारतीय बौद्धिक पृथक्करण को तोड़ा और इसे पश्चिमी विज्ञान, साहित्य और इतिहास के सानिध्य में लाया। इसका परिणम भारत में एक महान बौद्धिक प्रसार हुआ ठीक उसी तरह का जैसे पश्चिमी राष्ट्रों ने 15वीं–16वीं शताब्दी में शास्त्रीय अध्ययन के पुनरूत्थान के समय अनुभव किया था।[22]

भारतीय पुनर्जागरण की रीढ़ प्रधान लक्षण अतीत की गहराइयों का अनुसंधान था। यह पुनर्जागरण नहीं बल्कि भारत का नवोत्थान था। यूरोप के पास जो पूंजी थी, उसमें आधुनिक विज्ञान ही एक ऐसा तत्व था, जो भारत को नवीन लगा और जिसे भारत ने खुशी–खुशी स्वीकार कर लिया। बाकी प्रत्येक दिशा में, भारत ने अपने अतीत की पूंजी टटोली और अपने प्राचीन ज्ञान को नवीन करके वह नये मार्ग पर अग्रसर होने लगा। जो भी व्यक्ति आज के सत्य को अनादृत करके भूतकाल की मरी हुई बातों को दुहरात है, उसे हम पुनर्जागरणवादी था 'रिवाइवलिष्ट' कहते हैं और पुनर्जागरणवादी होना कोई अच्छा काम नहीं है। किन्तु नवोत्थान में भी अतीत की बातें दुहरायी जाती हैं। जब नवोत्थान का समय आता है, जातियों के कुछ पुरातन सत्य दुबारा जन्म लेते हैं। यह पुनर्जागरण नहीं, सत्यों का पुनर्जन्म है। बहुत से सत्य ऐसे हैं, जो मिटता नहीं जानते, जो कुछ दिनों के लिए प्रच्छन्न तो हो जाते हैं, किन्तु समय पाकर जिन्हें मनुष्य फिर से प्राप्त कर लेता है। भारत में ऐसे सत्य वेदान्त के सत्य रहे हैं। नवोत्थान उस प्रक्रिया

का नाम है, जिससे भारत सँभला, जिससे उसने यूरोप से नैतिक कुस्ती लड़ते समय अपने हिलते हुए पाँव को स्थिर किया, जिससे उसे यह विश्वास हुआ कि मैं सचमुच उतना बुरा नहीं हूँ जितना कि नये लोग बता रहे हैं, बल्कि मेरे पास कुछ ऐसे अनुभव भी हैं, जिनका इन बच्चों को पता नहीं है।[23]

19वीं सदी का भारतीय पुनर्जागरण दो सभ्यताओं के घात–प्रतिघात का फल था। एक नियम के अनुसार, 19वीं शताब्दी का भारतीय पुनर्जागरण सांस्कृतिक सततता एवं ब्रिटिश उपनिवेशवाद के अन्तर्गत हो रहे परिवर्तन के बीच व्यवहृत दिखाई देता है। उस पुनर्जागरण का इतिहास लेखन, ब्रिटिश प्रभाव का समर्थन करने एवं भारतीय प्रतिक्रिया, इन दो बातों में बँटी है। यदि ब्रिटिश प्रभाव मापक माना जाता है, तब लेखक परिवर्तन का समर्थन करता है और, पुनर्जागरण पश्चिमीकरण अथवा आधुनिकीकरण के रूप में माना जाता है। इसी प्रकार, दूसरी तरफ, यदि भारतीय प्रतिक्रिया प्रभावशाली मानी जाती है तब केन्द्रिय बिन्दु भारतीय विरासत होती है और पुनर्जागरण का अभिप्राय परम्पराओं के पुनर्व्याख्या से होता है।[24] इस प्रकार भारत ने पुनः अपनी परम्परा से प्रेरणा ली और यह भारतीय संस्कृति ही थी जो दृढ़ता पूर्वक अपने पैर पश्चिमी सभ्यता के सम्मुख टिकाये रखी।

भारतीय नवोत्थान का प्रधान लक्षण निवृत्ति का त्याग था। उसे यह ज्ञान होने लगा था कि यूरोप की श्रेष्ठता का कारण केवल यहीं नहीं है कि उसके पास युद्ध के अधिक उन्नत शस्त्र हैं बल्कि, यह कि जीवन–विषयक उसका दृष्टिकोण प्रवृत्तिमार्गी है। असल में उन्नीसवीं सदी का नवोत्थान, भारत में प्रवृत्तिवाद का ही अनुपम उत्थान था। राममोहन राय, दयानंद, रामकृष्ण, विवेकानंद और लोकमान्य तिलक ने प्रवृत्ति पर इतना अधिक जोर दिया कि सारा हिन्दू दर्शन प्रवृत्ति के ही उत्स–सा दीखने लगा और संयास से गार्हस्थ को श्रेष्ठ समझने में जो बाधा थी, वह आप से आप क्षीण होने लगी।[25]

भारत में पुनर्जागरण की चेतना को उदबुद्ध करने का श्रेय सर्वप्रथम ईसाई मिशनरियों को दिया जाना चाहिए। इस पृष्ठभूमि में मिशनरियों के तीन प्रयास स्तुत्य हैं– (1) हिन्दुओं के धार्मिक पाखण्ड पर कशाघात। (2) तत्कालीन प्रचलित अमानुषिक

प्रथाओं का विरोध एवं (3) आधुनिक शिक्षा (वैज्ञानिक शिक्षा) का प्रचार प्रसार। उन्होंने स्कूल एवं कालेज खोले जहाँ उन्होंने न केवल नया धर्मनिरपेक्ष ज्ञान प्रदान किया बल्कि यह भी पढ़ाया कि ईसाईयत ही सच्चा धर्म है। पश्चिम के नये ज्ञान के साथ ही प्रारम्भिक ईसाई मिशनरियों के हिन्दुत्व और हिन्दू समाज पर तीव्र आक्रमण हुए।[26] यह सर्वमान्य तथ्य है कि पुनर्जागरण की चेतना की वपन-भूमि वस्तुतः धर्म रहा है और इसकी उत्पत्ति ईसाई धर्म के प्रति हिन्दू धर्म की प्रतिक्रिया के फलस्वरूप हुई। ईसाई मिशनरियों ने अपने धर्म का प्रभाव जमाने के उद्देश्य से हिन्दू धर्म और समाज पर दोषारोपण करना शुरू किया, पर वस्तुतः उसका पुनर्जागरण की चेतना के उद्रेक पर बहुत ही धनात्मक प्रभाव पड़ा।[27]

हिन्दू धर्म पर मिशनरियों के कशाघात पड़ते देखकर तत्कालीन हिन्दू धर्म चिंतकों पर उसकी प्रतिक्रिया होनी स्वाभाविक थी। किन्तु यह बात भी लक्षणीय है कि यदि नवोदित संस्कृति की तुलना में भारतीय हिन्दू संस्कृति घटिया ठहरती तो उसमें प्रतिक्रिया न होकर अनुकरण की प्रवृत्ति जोर मारती और तब पुनर्जागरण की तो बात ही दूर रही, हिन्दू धर्म और संस्कृति का अस्तित्व भी खतरे में पड़ जाता। अतीत कालीन उन्नत भारतीय संस्कृति ही वह घटक है जो अंग्रेजों की प्रखर संस्कृति के समझ अपने पैर दृढ़ता से टिकाये रखने में समर्थ हो सकी।[28]

मिशनरियों के उत्तेजनापूर्ण कार्यों ने हिन्दुत्व में कम्पन पैदा कर दिया और इसकी तीव्र धार्मिक प्रक्रिया हुई। एक बार पुनः धर्म की महत्ता तत्कालीन सामाजिक-धार्मिक आन्दोलनों के नेतृत्वकर्ताओं द्वारा प्रतिपादित की गई। यह केवल प्राच्य तथा औपनिवेशिक देशों में ही नहीं, इतिहास में बहुत से अवसरों पर किसी जाति के उत्थान के साथ धार्मिक पुनरूजीवनवाद का एक बड़ा स्थान रहा है।[29] क्योंकि धर्म एक राष्ट्र की आत्मा है और यह प्रत्येक काल एवं प्रत्येक देश में राष्ट्रीय जीवन के विकास में गतिशील, नियंत्रक एवं पथ प्रदर्शक कारक एवं बल रहा है।[30]

भारत में पुनर्जागरण की चेतना का उन्मेष अंग्रेजी शिक्षा के सम्पर्क के फलस्वरूप हुआ। पश्चिमी शिक्षा से परिचय और उसकी वृद्धि संभवतः भारतीय नवजागरण का सबसे महत्वपूर्ण घटक था। यह वह यन्त्र था जिसने मुसलमानी शासन की जड़ता के

शताब्दियों बाद मध्यकालीन भारतीय संसार को हिलाया।[31] उन्नीसवीं शताब्दी के प्रथम चतुर्थांश में, भारत में, अंग्रेजी शिक्षा समाविष्ट कर दी गई और नई शिक्षा के प्रति मांग तीव्रता से बढ़ रही थी। पश्चिमी शिक्षा तीव्रता के साथ स्वीकार की गई और एक नई अर्थव्यवस्था स्थापित हो चुकी थी जो एक बौद्धिक मध्यमवर्ग के जन्म की अगुआई कर रही थी।[32]

अंग्रेजी शासन द्वारा भारत में पश्चिमी सभ्यता, संस्कृति, शिक्षा एवं विचारधारा के फलस्वरूप उसकी व्यापक प्रतिक्रिया हुई जो सदैव विदेशी राज्य स्थापित होने पर होता है। आंग्ल राज्य के साथ टक्कर खाने से दोनों प्रकार के परिणाम निकले। धार्मिक पुनरूत्थान का रूप ब्रह्म समाज, आर्य समाज, थियोसोफी, गोरक्षिणी सभा इत्यादि में पाया गया है, परन्तु भारतवर्ष पर सबसे अधिक प्रभाव आंग्ल स्थान की स्वदेश प्रीति का हुआ।[33]

आधुनिक भारत में जागृति की प्रथम प्रभा बंगाल में उद्घाटित हुई और उसके केन्द्र बिन्दु राजा राममोहन राय हुए। 19वीं सदी में उनहोंने एक ऐसे आन्दोलन को जन्म दिया, जिसके पीछे महान नैतिक और आध्यात्मिक बल था। जिन कारणों से भारतीय समाज अधोगति को पहुँचा था उन कारणों पर, राजा राममोहन ने जोर का आघात किया और उसके सामने एक नया आदर्श रखा।[34] भारतीय समाज को एक शक्तिशाली और आदर्श–समाज बनाने के लिए जिन तत्वों की आवश्यकता थी, उनका उन्होंने जोरदार समर्थन किया।

पुनर्जागरण युग के प्रारम्भ में भारतीय धर्म समाज का नेतृत्व करने वाले दो भिन्न प्रकार के नेता सामने आते हैं। पहले को परम्परावादी कह सकते हैं और दूसरे को सुधारवादी। बंगाल के राजा राधाकान्त देव बहुत कुछ परम्परावादी हैं, यद्यपि वे भी तत्कालीन समाज में प्रचलित जर्जर रूढ़ियों को अनदेखा नहीं कर सके और उन्हें दूर करने के लिए उन्होंने वैज्ञानिक शिक्षा–प्रणाली के प्रचार–प्रसार में बहुत योग दिया।[35] राजा राममोहन राय सुधारवादी नेता हैं जो धर्म और समाज के विद्रूप को देखते हैं और उसे दूर करने के लिए भारतीय प्राचीन और पाश्चात्य नवीन का सामंजस्य आवश्यक समझते हैं। वे इस महान उद्देश्य की सिद्धि के लिए भारतवासियों के धार्मिक

आचार–विचार में क्रान्ति करना आवश्यक समझते थे। क्योंकि धर्म समाज का ह्रदय है और यदि समाज के सब व्यवहारों में सुधार परिवर्तन अथवा क्रान्ति करना है तो पहले उसके ह्रदय में परिवर्तन होना चाहिए अथवा डॉ0 भण्डाकर के शब्दों में, ''पहले आत्मा की उन्नति होनी चाहिए। विशेषकर उस समाज के सर्वांगीण सुधार पर तो यह और भी अधिक लागू पड़ता है जिसके सब व्यवहारों पर धर्म का नियंत्रण रहता है।[36]

राममोहन राय मानवीय स्वाधीनता, विचार, स्वातन्त्रय, मुद्रण–स्वातन्त्रय और धर्म स्वातन्त्रय के कट्टर पक्षपाती थे। वे पहले ऐसे महान सुधारक थे जिन्होंने यूरोप की उदारवादी और मानवतावादी परम्परा को यहाँ समाहित किया और तिसपर भी वे हिन्दुत्व के वास्तविक सिद्धान्तों की पुनर्व्याख्या करने के प्रति दृढ़प्रतिज्ञ पाये गये।[37] वे सामंजस्यवादी व्यक्ति थे और प्राचीन को उन्होंने वहीं तक स्वीकार किया है जहाँ तक उनकी क्रान्तिकारी विचारधारा को कोई बाधा नहीं पहुँचती थी। उनके क्रान्तिकारी विचार उन्हीं के शब्दों में, ''मुझे यह कहते हुए दुःख है कि हिन्दुओं द्वारा दृढ़तापूर्वक स्वीकृत प्रचलित धर्म–व्यवस्था उनके राजनैतिक हित की बृद्धि के लिए सुविचारित नहीं है। अगणित भेदों और उपभेदों से युक्त जातियों की भिन्नता ने उन्हें देशभक्ति की भावना से वंचित कर रखा है, ... मेरी समझ में, कम से कम उनके राजनैतिक हित और सामाजिक सुविधा के लिए, यह आवश्यक है कि उनके धर्म में कुछ परिवर्तन किया जाय।''[38]

राममोहन राय, पौवार्त्य और पाश्चात्य संस्कृतियों के एकीकरण से एक नवीन संस्कृति को जन्म देना चाहते थे। उन्होंने विज्ञान के प्रति आग्रह और बौद्धिकता के प्रति प्रेम, सुधार और व्यापक मानवतावाद की भारत की नई भावना को प्रस्तुत किया।[39] इसके लिये उन्होंने शिक्षा–प्रचार को सबसे अधिक उपयुक्त साधन समझा था। उन्होंने पश्चिमी शिक्षा का पश्चिमी भाषा में दिये जाने का प्रबल समर्थन किया।

उन्होंने मानवीय समानता के लिए जोरदार आवाज उठाकर भारतवर्ष में प्रचलित अछूत, अस्पर्श्यता का प्रबल विरोध किया था। वे पुरूषों के साथ–साथ नारी जागृति के भी प्रबल समर्थक थे। उन्होंने उन प्रथाओं का जोरदार विरोध किया जिनसे नारी जाति पर अत्याचार होते थे। उन्होंने सतीप्रथा रोकने के लिए जोरदार प्रभाव डाला। उन्होंने

विधवा–विवाह के लिए आवाज बुलन्द की और उसे समाज सुधार का एक अत्यन्त आवश्यक अंग बतलाया।[40]

पुनर्जागरण की चेतना का सूत्रपात ब्रह्म–समाज आन्दोलन से होता है। इस समाज की स्थापना वेदान्त धर्म की आधार–शिलापर 1828ई0 में राजा राममोहन राय द्वारा हुई थी। इस समाज के प्रवर्तक तथा नेता अंग्रेजी सभ्यता से इतने प्रभावित हुए कि वे उसका साक्षात् विरोध करने से भयभीत होने लगे। डरते–डरते उन्होंने अपने जाति धर्म को बचाने का यत्न किया।[41] इस समाज का प्रभाव बंगाल में शिक्षित मध्यम वर्ग तक ही सीमित था। हिन्दू धर्म की मौलिक प्रकृति से बहुत भिन्न होने पर भी ब्रह्म–समाज का बंगाल में इसलिए प्रचार हो सका, और वह भी अल्पसंख्यक शिक्षित वर्ग में, क्योंकि सैकड़ों वर्ष से अंग्रेजी के सम्पर्क में रहने के कारण उसकी मानसिकता पर अंग्रेजियत का यथेष्ट प्रभाव पड़ चुका था।[42]

सामान्य अशिक्षित, किन्तु धार्मिक विश्वासों से सबसे अधिक चिपकी रहने वाली जनता ब्रह्म–समाज के प्रभाव से अछूती रही। आर्य समाज ही ऐसा आंदोलन था जिसने सामान्य जनता को भी प्रभावित किया। उन्नीसवीं सदी के हिंदू–नवोत्थान के इतिहास का पृष्ठ–पृष्ठ बतलाता है कि जब यूरोपवाले भारतवर्ष में आये, तब यहाँ के धर्म और संस्कृति पर रूढ़ि की पर्तें जमीं हुई थीं एवं यूरोप के मुकाबले उठने के लिए यह आवश्यक हो गया था कि ये पर्तें एकदम उखाड़ फेंकी जॉय। आर्य समाज के संस्थापक स्वामी दयानंद सरस्वती की विशेषता यह रही कि उन्होंने धीरे–धीरे पपड़ियाँ तोड़ने का काम न करके, उन्हें एक ही चोट से साफ कर देने का निश्चय किया। इस प्रकार स्वामी जी ने सुधार नहीं वरन् क्रान्ति का सूत्रपात किया।

भारतवर्ष में ज्ञान की ज्योति चमकाने के लिए, वैदिक संस्कृति का प्रकाश फैलाने के लिए और एक सुसंस्कृत समाज स्थापित करने के लिए स्वामीजी ने 1875ई0 में, बम्बई में, आर्य समाज की स्थापना की, जिसके उद्देश्य वैदिक संस्कृति का प्रचार, जाति भेदों का नाश कर कर्मानुसार वर्णाश्रम पद्धति की स्थापना, अछूतोंद्धार और राष्ट्र में स्वराज्य की स्थापना आदि थे।[43] स्वामी दयानन्द ने वीरता तथा रणशीलता पर आर्य समाज की नीव रखी। उन्होंने ईसाई तथा मुसलमान धार्मिक नेताओं का आह्वान कर कहा, आओ

परीक्षा करके देखें कि कौन सा धर्म सच्चा है। उन्होंने भारतीयों से 'वेदों की ओर लौटने' का आह्वाहन किया। उन्होंने निश्छल भाव से यह घोषण कर दी कि हिन्दू-धर्म ग्रन्थों में केवल वेद ही मान्य हैं, अन्य शास्त्रों और पुराणों की बातें बुद्धि की कसौटी पर कसे बिना मानी नहीं जानी चाहिये।[44] उन्होंने भारतीय अतीत के गौरव को उद्घाटित कर भारतीयों में स्वाभिमान की भावना उत्पन्न करने का कार्य किया।

दयानंद ने यह अनुभव किया कि भारत एक राष्ट्र के रूप में तब तक नहीं उभरेगा जबतक वे अपने समाज में क्रान्तिकारी परिवर्तन नहीं करेंगे। स्वामीजी का सुधार कार्य राममोहन राय, देवेन्द्रनाथ तथा केशवचन्द्र सेन से भिन्न किस्म का था। पहले तीन सज्जनों का मुँह बहुत कुछ यूरोप की ओर था, पर स्वामी दयानंद ने यूरोप की ओर पीठ कर रखी थी।[45] स्वामी जी ने छुआछूत के विचार को अवैदिक बताया और उनके समाज ने सहस्त्रों अन्त्यजों को यज्ञोपवीत देकर उन्हें हिंदुत्व के भीतर आदर का स्थान दिया। आर्य-समाज ने नारियों की मर्यादा में वृद्धि की एवं उनकी शिक्षा-संस्कृति का प्रचार करते हुए विधवा-विवाह का भी प्रचलन किया।

भारतवर्ष के सड़े-गले समाज को स्वामी दयानंद ने एक नवीन शक्ति और नवीन संदेश से संजीव किया। उन्होंने अपनी ही भाषा तथा अपनी ही संस्कृति के आधार पर जाति को सचेत कर दिया। जिन सामाजिक और धार्मिक कारणों से भारतवर्ष का पतन हुआ, जिनको नाश करने में स्वामी दयानंद ने बड़े जोर का प्रहार किया और उन्होंने भारतवर्ष में जो धार्मिक और सामाजिक क्रान्ति की उसने उस भूमिका को तैयार किया जिस पर आज स्वराज्य की इमारत खड़ी की जा रही है।[46]

पुनर्जागरण युगीन चेतना बंगाल से शुरू हुई। यहां से यह महाराष्ट्र को गयी। बंगाल में इसकी पीठिका धार्मिक थी जो महाराष्ट्र तक आते-आते समाज-सुधारवादी हो गयी। जिस प्रकार बंगाल में हिन्दू नवोत्थान के पहले नेता राजा राममोहन राय हुए, उसी प्रकार, महाराष्ट्र में इस आन्दोलन का श्रीगणेश महादेव गोविन्द रानाडे ने किया।[47] उनके द्वारा स्थापित 'प्रार्थना समाज' समाज-सुधार में अग्रणी रहा। इस समाज ने उन रूढ़ियों एवं प्रथाओं का विरोध किया जो भारतीय समाज को कमजोर बना रहे थे।

पश्चिमी भारत में यदि जनजागृति लाने का कार्य प्रार्थना समाज ने किया तो दक्षिण भारत में यह कार्य 'थियोसोफिकल सोसाइटी' ने किया। आर्य समाज की ही तरह थियोसोफिकल सोसाइटी की स्थापना भी एक रुसी महिला मैडम ब्लेवट्सकी एवं एक अमेरिकी कर्नल अल्कॉट द्वारा भारतीयों में सांस्कृतिक राष्ट्रवाद के प्रचार–प्रसार की भावना से की गई थी।[48] इस सोसाइटी ने एवं इसकी महत्वपूर्ण सभानेत्री एनीबेसेंट ने हिंदुओं में आत्माभियान भर दिया एवं हिंदुत्व के नवोत्थान एवं भारतीय राष्ट्रीयता के विकास में महत्वपूर्ण योगदान दिया।

पुनर्जागरण की चेतना का सूत्रपात बंगाल से राजा राममोहन राय द्वारा होता है। राममोहन के पश्चात् बंगाल में, एक बड़ी संख्या में प्रतिभाशाली विद्राही उत्पन्न हुए, जिन्होंने बंगाल के सामाजिक और राजनीतिक विकास में एक नया जीवन प्रवाहित किया। किश्तोदास पाल और हरिश्चंद्र मुखर्जी ने पत्रकला और राजनीतिक स्फूर्ति पैदा करने में, केशवचन्द्र सेन, रामकृष्ण परमहंस और विवेकानंद ने धार्मिक और आध्यात्मिक जागरण में, ईश्वरचंद्र विद्यासागर ने सामाजिक सुधारों के उद्बोधन में, मधुसूदन, दीनबंधु और बंकिम ने साहित्य में एवं किश्तोमोहन बनर्जी और महेन्द्रलाल सरकार ने सार्वजनिक उत्थान में चतुर्मुखी जीवन का एक प्रकाश उत्पन्न किया वरन् सामाजिक और राजनीतिक वातावरण में उसने उज्वल और क्रान्ति का स्फुरण किया।[49]

भारतीय जनजागृति का मध्यान्हकाल आर्य–समाज के प्रचार का समय है जब इसने राष्ट्रीय स्तर ग्रहण किया। इसके राष्ट्रीय स्तर ग्रहण करने के संदर्भ में यह तथ्य महत्वपूर्ण है कि– दूसरे देशों की अपेक्षा भारत के संदर्भ में यह बात दर्शनीय है कि जो आन्दोलन सीधे धार्मिक भावनाओं से स्फुरित होते हैं वे जनता के आंदोलन हो जाते हैं।[50] आर्य–समाज पर भी यह बात अक्षरशः लागू होती है। स्वामी विवेकानंद का तिरोभाव पुर्नजागरण का अंत माना जा सकता है। परवर्ती काल में ब्रह्म–समाज के गिर जाने पर बंग देश में स्वामी विवेकानंद के वेदांत का प्रचार हुआ। स्वामी विवेकानंद के काम का बड़ा अंश यह था कि उन्होंने अमरीका आदि देशों में हिन्दू–धर्म के सिद्धान्तों का प्रचार कर संसार में यह सिद्ध कर दिया कि पश्चिमी देशों को धार्मिक–संसार में भारतवर्ष से अभी बहुत कुछ सीखना है।[51]

पुनर्जागरण के दौरान तत्कालीन नेताओं ने हिंदू धर्म, संस्कृति, जाति तथा देश के महत्व को लोगों के समक्ष रखने तथा हिन्दू धर्म और संस्कृति का वैज्ञानिक विवेचन कर उसकी उत्कृष्टता घोषित की। इस संदर्भ में सर्वप्रथम यह ध्यान देने योग्य बात है कि इस काल के नेताओं ने अपनी शिक्षा एवं कार्यों द्वारा विश्व के देशों में भारत का स्तर ऊँचा उठाया।[52] इन नेताओं ने धार्मिक और सामाजिक समस्याओं का कारण राष्ट्रीय चेतना का अभाव माना और शिक्षा के माध्यम से लोंगों में राष्ट्रीयता की भावना के उन्मेष में उक्त समस्याओं का समाधान खोजा।

पश्चिमी शिक्षा ने भी भारत में जनजागृति लाने में महत्वपूर्ण भूमिका निभाई। नवीन शिक्षा का परिणाम यह हुआ कि देश के नवयुवक नवीन साहित्य तथा विज्ञान से परिचित हुए। वे इतिहास, भूगोल, गणित, तथा अन्य विषयों के अध्ययन द्वारा मानसिक तथा बौद्धिक विकास करने लगे। उनके जीवन में नये आदर्श, नयी–उमंगें तथा नये विचारों का विकास होने लगा। नयी शिक्षा का एक अन्य श्रेष्ठतम परिणाम यह हुआ कि अंग्रेजी के भीतर से यूरोप के तेजपूर्ण विचारों का सेवन करते–करते शिक्षित भारतवर्ष की मानसिक एकता में वृद्धि हुई। वस्तुतः वर्तमान भारत का जन्म ही अंग्रेजी शिक्षा पद्धति की गोद में हुआ। एक बात के लिए, पश्चिमी शिक्षा ने भारतीयों को समान भाषा प्रदान की जिससे उसका शिक्षित वर्ग स्वतंत्र रूप से अपने दृष्टिकोणों एवं विचारों का आदान–प्रदान कर सका। एक समान भाषा राष्ट्रीय एकता की वृद्धि के लिए आवश्यक नहीं हो सकती, किन्तु, इस बात से इंकार नहीं किया जा सकता कि यह (भाषा) राष्ट्रीयता के निर्माण एवं वृद्धि की दिशा में महान सहयोगी है।[53]

पश्चिमी शिक्षा के साथ ही पश्चिमी विचारों ने भी भारतीय पुनर्जागरण के उन्नयन में योग दिया। अंग्रेजों की बंगाल विजय केवल एक राजनीतिक क्रान्ति नहीं थी बल्कि, इसने विचार एवं अवधारणा, धर्म और सामाजिक प्रगति में महान क्रान्ति ला दी।[54] जब अंगरेजी भाषा भारत में अपना पॉव फैला रही थी, ठीक उसी समय, यूरोप में स्वतंत्रता, राष्ट्रीयता, प्रजातंत्र और उदार भावनाओं के जोरदार आंदोलन चल रहे थे। इन सारे विचारों और आंदोलनों का उत्तराधिकार भारत को, आप से आप प्राप्त हो गया। उन्नीसवीं शताब्दी के प्रारम्भ में, बंगाल में हुए अविस्मरणीय पुनर्जागरण का एक प्रधान

कारण निःसन्देह फ्रांसीसी क्रान्ति भी थी।[55] फ्रांसीसी क्रान्ति के 'स्वतंत्रता, समानता, और भातृत्व' के विचारों से वे ओत–प्रोत हो रहे थे। अतएव, यूरोप में चलने वाले वैचारिक आंदोलनों के साथ–साथ भारत अनायास सम्बद्ध हो गया और यूरोपिय विचारधारा का प्रभाव ग्रहण करने में पीछे नहीं रहा क्योंकि दूसरों के विचारों के सम्पर्क में आने से दृष्टिकोण व्यापक होता है। विचार क्षेत्र में आदान–प्रदान किसी भी राष्ट्र के लिए हितकर ही सिद्ध नहीं होता, वरन् वह ज्ञान पियासा की तीव्रता का भी द्योतक होता है और सबसे महत्वपूर्ण यह कि उच्च विचार कहीं के क्यों न हों, उनसे उच्च विचारों को ही जन्म मिलता है।[56] भारत के संदर्भ में भी यहीं हुआ।

पश्चिमी विचारों के गहन सम्पर्क के फलस्वरूप भारतीयों में नवीन चेतना विकसित हुई और ब्रिटिश नौकरशाही इस चेतना के उन्मूलन में नाकाम रही। जीवित शक्तियों को कोई नहीं रोक सकता। आप उनको गाड़ देंगे तो वे फिर उग निकलेंगी। आप उनको दबा देंगे, तो वे फिर भभककर फूट निकलेंगी। संसार में किसी भी पुलिस में विचारों के प्रवाह को रोकने की शक्ति नहीं है, किसी भी नौकरशाही के कानून उस स्वतंत्र स्वर्ग तक नहीं पहुँच सकते, जहाँ से वे अजेय शक्तियाँ जन–समुदाय के मस्तिष्क और ह्रदय में तीव्र वेग से अवतीर्ण होती हैं।[57] उस पुनर्जागरण काल में भारत के संदर्भ में भी यहीं बात चरितार्थ होती प्रतीत होती है।

पश्चिमी शिक्षा एवं पश्चिमी विचारों के साथ ही पश्चिमी विज्ञान ने भी भारत में, पुनर्जागरण के उदय में योगदान दिया। 19वीं शताब्दी के भारतीय जीवन में प्रेस और बारूद ने तो अपना प्रभाव दिखाया ही था, किन्तु, कम्पास, दूरबीन आदि ने यह भावना भी उत्पन्न कर दी कि मनुष्य अपने चारो ओर की परिस्थितियों पर काबू पाने की क्षमता भी रख सकता है।

नित्य नये आविष्कारों के युग में भारतीय मन का नई दिशाएं खोजना स्वाभाविक था। अपनी प्राचीन समृद्ध संस्कृति का संबल लेकर उसने नवीन से प्रेरणा ग्रहण की। भारत यूरोप के साथ आनेवाले धर्म से नहीं डरा, बल्कि भय उसे यूरोप के विज्ञान को देखकर हुआ, उसकी बुद्धिवादिता, साहस और कर्मठता से हुआ अतएव, भारत में नवोत्थान का जो आंदोलन उठा, उसका लक्ष्य अपने धर्म, अपनी परम्परा और अपने

विश्वासों का त्याग नहीं, प्रत्युत, यूरोप की विशिष्टताओं के साथ उसका सामंजस्य बिठाना था। वास्तव में कोपरनिकस, मोर्ले तथा अन्य यूरोपीय विद्वानों के विचारों ने भारतीय मध्ययुगीन जीवन की जड़ हिला दी। यहीं उन्नीसवीं शताब्दी का वास्तविक महत्व है, नहीं तो राजनीतिक उत्थान–पतन तो पहले भी हो चुके थे।[58]

भारतीय अतीत की गहराइयों के अनुसंधान कार्य ने भी भारतीय नवोत्थान के उदय में सहयोग दिया। भारतीय अतीत के पुनरूत्थान में जो अग्रणी समूह था वह यूरोपीय विद्वानों एवं अधिकारियों का था और इसके पीछे साहित्यिक और प्रशासनिक प्रयोजन कार्य कर रहा था। भारत के दूरगामी अतीत पर से पर्दा उठाने का काम अंग्रेजों ने ही आरंभ किया। इस कार्य का श्रीगणेश 1784ई0 में बंगाल की एशियाटिक सोसाइटी की स्थापना से हुआ। इस कार्य में प्राच्यवादियों, यथा सर विलियम जोंस, सर चार्ल्स विलकिन्स, कोलबुक, विल्सन, म्यूर, मोनियर विलियम्स और मैक्स मूलर ने अपने श्रम द्वारा संस्कृत के ग्रन्थों का अनुवाद करके भारतीय ज्ञान की निधि का प्रकाशन यूरोपीय एवं भारतीय शिक्षित वर्ग में किया और बाद में पुरातत्वशास्त्रियों, लिपिशास्त्रियों और कलानिरूपकों, यथा जेम्स फर्ग्यूसन, डा0 बुहलर, डां0 फ्लीट, हैवेल और आनंद कुमारस्वामी ने हमारी प्राचीन स्मारकों की आभा को पुनर्जीवित किया और हमें अपने अतीत पर गर्व करना सिखाया।[59]

पुनर्जागरण का सबसे प्रधान लक्षण अतीत की ओर देखना था। यह हमेशा अतीत की ओर देखने की प्रवृत्ति का दो परिणाम होता है–एक, अतीत प्रेरणा का श्रोत बन जाता है और दूसरा, यह कि अतीत में जाने का प्रलोभन अत्यन्त सम्मोहक हो जाता है। यूरोपीय और भारतीय विद्वानों के सम्मिलित प्रयासों का फल यह हुआ कि भारत का इतिहास देदीप्यमान हो उठा। अतीत के अनुसंधानोपरांत भारतीयों को भारत विश्व गुरू के रूप में दृष्टिगोचर होने लगा और यहीं से ''पूर्व'' और पश्चिम का संघर्ष शुरू होता है।[60]

भारतीय जागरण में संचार साधनों के विकास ने सराहनीय कार्य किया। आधुनिक संचार साधनों के प्रवेश एवं प्रसार ने राष्ट्रवादी विचारों के तीव्र प्रसार और लोगों में एक होने की भावना को सहज बना दिया। संचार साधनों ने विस्तृत देश को एक सूत्र में

गूथ दिया और भौगोलिक ऐक्य सुस्पष्ट हो गया। संचार साधनों के विकास के फलस्वरूप, राष्ट्रीय पैमाने पर प्रचार करना, और अत्यधिक दूरी के कारण विच्छिन्न लोंगों में राष्ट्रीयता और एकता की भावना भरना संभव हो गया।[61]

उन्नीसवीं शताब्दी के जागरण में समाचारपत्रों और अनुवाद ग्रंथों का बहुत बड़ा उत्तरदायित्व था। समाचारपत्रों ने साहित्य के क्षेत्र में नवीन भावों, विचारों, गद्यरूपों एवं शैलियों के प्रवर्तन–प्रवर्द्धन की दृष्टि से ही नहीं, वरन् सुधारवादी, राजनीतिक एवं आर्थिक आंदोलनों को प्रोत्साहन प्रदान करने, नवोदित राष्ट्रीयता को बल देने, भारत में ऐक्य भावना उत्पन्न करने, जन–जागरण को जन्म देने तथा पुष्ट करने और अन्य अनेंक विषयों के संबंध में विचार–विनिमय का साधन प्रस्तुत करने, संक्षेप में, भारतीय नवोत्थान के विशाल चक्र को गतिशील बनाने में समाचारपत्रों ने विद्युत–शक्ति का कार्य किया।[62] 19वीं शताब्दी में, समाचारपत्रों का तीव्र गति से उत्थान भारतीय राष्ट्रवाद के विकास में महत्वपूर्ण कारक था।

भारतीय पुर्नजागरण में एक महत्वपूर्ण तत्व भारतीय कला का पुनरूद्धार था। एक राष्ट्र का वास्तविक निवास राष्ट्रीय परिकल्पना में होता है और इसकी वास्तविक अभिव्यक्ति राष्ट्रीय कला में पायी जा सकती है।[63] भारतीय पुनर्जागरण मे कलकत्ता के भारतीय 'पेंटिंग स्कूल' का महत्चपूर्ण योगदान रहा है जिसने अधिसंख्य लोगों को अपनी ओर आकर्षित किया। आधुनिक बंगालियों ने, कला के क्षेत्र में, बिना अपनी मौलिकता का त्याग किये पश्चिम का अनुकरण कर, इसको पुनर्जीवित किया। इस सम्बन्ध में वेलेन्टाइन शिरोल ने लिखा है–''कला एवं साहित्य में, आधुनिक बंगाली प्रायः जान गये हैं कि कैसे पश्चिम का अनुकरण, अपनी स्वयं की मौलिकता अथवा जाति की परम्परा या स्वीकृत मत की भावना का बलिदान किये बिना, करना है।''[64]

पुनर्जागरण की चेतना के उन्मेष में साहित्य का योगदान अविस्मरणीय रहा। बंगाल में, साहित्य में पुनर्जागरण उन्नीसवीं शताब्दी के प्रारम्भ में ही दृष्टिगोचर होने लगता है। इस समय बंगला भाषा में प्रथम दर्जे का साहित्यिक सृजन होता है। पद्य की जगह गद्य को साहित्य का माध्यम बनाया गया। भारतीय पुनर्जागरण में बंकिम का स्थान अत्यन्त महत्वपूर्ण हैं। उन्होंने अपने लेखन द्वारा भारतीय पुनर्जागरण को एक नवीन

दिशा प्रदान की। वे 'भारतीय राष्ट्रवाद के साहित्यिक मसीहा' थे। उनका प्रसिद्ध गीत 'वंदे मातरम्' जो उनके उपन्यास 'आनंदमठ' में (1882) में उद्धृत है, राष्ट्रीय स्त्रोत बन गया और असंख्य लोगों को मातृभूमि पर अपना सब कुछ न्यौछावर करने के लिए प्रेरित किया।[65]

ज्ञान के प्रचार–प्रसार में भाषा का महत्वपूर्ण स्थान होता है। किसी चेतना के प्रचार–प्रसार का माध्यम समकालीन भाषा होती है। इस काल में प्रान्तीय भाषाओं को महत्व मिला और उनका साहित्य विकसित हुआ। बंगाल, मराठी और हिन्दी का विपुल साहित्य इस चेतना की महती देन है।

पुनर्जागरण के दौरान यूरोपीय विचारधारा, अंग्रेजी शासन और यूरोपीय संस्कार, इनके प्रभाव हिंदुत्व और इस्लाम पर भिन्न–भिन्न रूपों में पड़े। अंग्रेजी भाषा का स्वागत पहले हिंदुओं ने किया। अंग्रेजी संस्कार भी पहले उन्होंने ही ग्रहण किया। किन्तु इसके बाद ही, वे अंग्रेजी के विरोधी हो गये। मुसलमानों को, स्वभावत ही, अंग्रेज, अंग्रेज जाति, अंग्रेजी शासन और यूरोपीय संस्कारों से घृणा थी। अतएव, प्रारम्भ में, वे उनसे बचने की कोशिश करते रहे। मगर, जब वे अंग्रेज, अंग्रेजी और अंगरेजियत की ओर झुके तो फिर ऐसे झुके कि उनमें से बहुतों ने भारत को भुला ही दिया और वे अंगरेजों के परम राज–भक्त होने में ही अपना और अपने धर्म एवं समाज का कल्याण देखने लगे।[66]

यदि पुनर्जागरण का आरम्भ 14वीं सदी में यूरोप में हुआ तो इसकी आखरी यात्रा 19वीं शताब्दी में, बंगाल में हुई और यह बंगाली बुद्धिजीवी वर्ग ही था जिसने ज्ञान की इस मसाल को इस उपमहाद्वीप में धारण किया।[67] बंगाल से यह महाराष्ट्र और मद्रास को गयी। आर्य समाज ने पश्चिमोत्तर प्रान्तों, विशेषकर गुजरात, पंजाब व आधुनिक उत्तर प्रदेश, को विशेष रूप से प्रभावित किया। इस जागरण का स्वरूप यह था कि इसकी चेतना का बीज वपन धर्म के क्षेत्र में हुआ, सामाजिक क्षेत्र में यह चेतना पल्लवित–पुष्पित हुई और इसमें फल राष्ट्रीय राजनैतिक भूमिका पर लगा। इस तरह यह चेतना अपने संकुचित दायरे से निरन्तर व्यापक होती गयी है और इसकी प्रारम्भिक धार्मिक चेतना अन्ततः राष्ट्रीय भूमिका ग्रहण करती चली गयी ।

कलकत्ते के साथ पूरे उत्तर भारत तथा मध्य प्रदेश में बनारस में इस जागरण की लहरें सबसे पहले आयीं। उस समय इस जागरण का नेतृत्व यहां भारतेंदु बाबू हरिश्चंद्र ने किया।[68] भारतेंदुजी ने अपने व्यक्तित्व एवं कृतित्व द्वारा जन सामान्य में उठ रही नवीन भावनाओं को दशा एवं दिशा दी। इस सारभौम ऐतिहासिक प्रक्रिया में भारतेंदु तथा उनके नेतृत्व में हिंदी प्रदेश ने सक्रिय भाग लेकर गतिशीलता का परिचय दिया। उन्नीसवीं शताब्दी के लगभग मध्य तक हिंदी प्रदेश में परम्परागत भारतीय सभ्यता और यूरोपीय सभ्यता में पारस्परिक संघर्ष चलता रहा। भारतेंदुजी ने भारतीय सभ्यता और संस्कृति के प्राचीन केन्द्र काशी में रहते हुए दोनों का समन्वय उपस्थित किया।[69]

भारतेंदु अपने युग के प्रतिनिधि कवि और हिंदी प्रान्त की तत्कालीन नव–चेतना और जागृति के जाज्वल्यमान प्रतीक थे। हिंदी के तत्कालीन धार्मिक एवं सामाजिक क्षेत्र में जो स्थान स्वामी दयानंद सरस्वती (1874–1883ई0) का था वहीं स्थान भारतेंदु जी का साहित्यिक क्षेत्र में था। वास्तव में राजा राममोहनराय, केशवचन्द्र सेन, ईश्वरचंद विद्यासागर, दादाभाई नौरोजी, जस्टिस रानाडे प्रभृति सज्जनों की परम्परा में ही भारतेंदु जी की गणना की जानी चाहिए। राजनीति के स्थान पर साहित्य को अपना प्रधान साधन चुन कर उन्होंने जनता के हृदय तक पहुँचने का प्रयास किया और उसमें आशातीत सफलता भी प्राप्त की।[70]

भारतेंदु परम्परागत मान्यताओं के पोषक होते हुए, भी नवीन प्रगतिशील विचारों के समर्थक थे। पत्रकारिता, स्त्री–शिक्षा, शासन नीति, और शासक वर्ग की राजनीतिक गतिविधियों पर सचेष्ट दृष्टि रखना, नवीन आंदोलनों, उत्थानों एवं प्रवृत्तियों को क्रियान्वित करने के प्रति उद्यत रहने का भाव आदि उनकी कतिपय विशिष्ट प्रवृत्तियाँ थीं, जो अनेक रूपों में उनके साहित्यिक रचनाक्रम के सन्दर्भ में अभिव्यक्त हुई।[71] उन्होंने जीवन में प्राचीन और नवीन दोनों ही ओर ध्यान दिया। उन्होंने जो कुछ देखा, आँखें खोलकर देखा और उनकी साहित्यिक प्रतिभा ने मणि–कांचन योग उपस्थित किया। उनकी प्रतिभा इस बात में प्रकट हुई कि उन्होंने अपने युग की आवश्यकताओं को पहचानना और पहचान कर तुरंत ही कमर कसकर कर्मक्षेत्र में कूद पड़े। यदि अपने

समाज और साहित्य की सही परिस्थितियों का उन्हे ज्ञान न होता तो उनकी प्रतिभा उनकी सहायता न कर पाती। युग एक तरफ जाता, वह दूसरी तरफ जाते।[72]

भारतेंदु की प्रतिभा सर्वतोन्मुखी थी और उन्होंने जीवन के प्रत्येक क्षेत्र पर दृष्टि रखी। उन्होंने जागरण का एक शक्तिशाली स्त्रोत प्रवाहित किया और सतत इस बात की चेष्टा की कि भारतवर्ष शीघ्र ही नवीन चेतना और शक्ति ग्रहण कर उन्नति करे। उन्होंने आधुनिकता का समर्थन किया पर पश्चिम की अति भौतिकवादी आधुनिकता का नहीं। उनके युग की आधुनिकता का अपना विशिष्ट संदर्भ है। यह आधुनिकता समसामयिक आधुनिकता से भिन्न एक विशिष्ट प्रकार के संक्रमणकालीन पुनरूत्थान से सम्बद्ध है जिसके साथ परंपराबद्धता, नवीनता के प्रति आग्रह, सांस्कृतिक बोध एवं आत्मनिष्ठा, नवीन जीवन पद्धति आदि के मूल्य अवतरित हुए।[73]

भारतेंदु को भारतीयता और भारत की दुरावस्था का ध्यान सदैव रहता था। उन्होंने अपने चारो ओर रूढ़िग्रस्त मूढ़ जनता, मानसिक दासत्व, निष्क्रियता के बंधन में जकड़े हुए लोगों, पाश्चात्य सभ्यता के गुलामों, पुलिस और अदालती लोगों की लूट–खसोट, देश के स्वार्थी अमीरों, सर्वत्र धार्मिक मिथ्याचार, अनाचार, छल और कपट, भारत की दीन आर्थिक अवस्था आदि मर्मान्तक, पीड़ोंत्पादक एवं हृदय विदारक दृश्य देखे। उनके समस्त नाटकों में तत्कालीन देश दशा का अच्छा चित्रण हुआ है। तत्कालीन काशी के विद्रूप समाज का चित्रण उन्होंने खूब ही किया है–

''देखी तुमरी काशी लोगों, देखी तुमरी काशी।
जहां विराजे विश्वनाथ विश्वेश्वर जी अविनासी।
आधी काशी भांट–भंटेरिया, ब्राह्मन औ सन्यासी।
आधी काशी रंड़ी मुंड़ी रांड़ खानगी खासी।
लोग निकम्मे भंगी गंजड़ लुच्चे वे–विसवासी।
महा आलसी झूठे शुहदे वे–फिकरे बदमासी।''[74]

भारतेंदुजी के समय तक हिंदी प्रदेश पर अंग्रेजी शासन पूरी तरह कायम हो चुका था। अंग्रेज साम्राज्यवादियों ने भारतीय जनता को गुलामी की शिक्षा दी, उसके राष्ट्रीय सम्मान और प्रतिरोध की भावना को कुचलने की कोशिश की। इसके बावजूद जनता के

समर्थ लेखक देश की संस्कृति की रक्षा और विकास के लिए आगे बढ़े। ऐसे लखकों ही में भारतेंदु हरिश्चंद्र थे। उन्होंने अंग्रेजों की सम्मानजनक एवं भारतीयों की हीन दशा का वर्णन करते हुए 'हरिश्चंद्र मैगजीन' में लिखा था–

''अंग्रेजों को घूस, सलाम, बंदगी, ऐड्रेस सब कुछ मिलता है। धन, विद्या कौशल सब उनके पास है उन्हीं के आवभगत के लिए सभाएं होती है। एका और बल उनके पास हैं। हिंदुस्तानियों के हिस्से में मूर्खता, कायरता, धक्के खाना पड़ा है। जो भाग्यशाली हैं वे दरवार में कुर्सी पाते हैं, कौंसिल मेंबरी और 'सितारे हिन्द' का खिताब पाते हैं।''[75]

धर्म भारतवासियों के जीवन का अत्यन्त महत्वपूर्ण अंग रहा है। भारतेंदुजी ने भी देश के उत्थान हेतु सर्वप्रथम धर्म में सुधार आवश्यक समझा और इस हेतु उन्होंने भारतीय पौराणिक संस्कृति के अत्यन्त महत्वपूर्ण अंग भक्ति–भावना पर बल दिया, क्योंकि वे यह जानते थे कि भारतीय आध्यात्म का व्यावहारिक पहलू भक्ति ही हैं और यदि इसे दोषमुक्त कर दिया जाय तो यह हिंदी प्रदेश को एक सूत्र में बॉध सकती है। इसके लिए उन्होंने 'ब्रह्म–समाज' और 'आर्य–समाज' के समानान्तर 'तदीय समाज' की स्थापना की।[76] इसकी स्थापना के पीछे मुख्य कारण सामूहिकता की भावना पर बल देना था। अपने धर्म और समाज के विद्रूप को समाप्त करने के लिए उन्होंने पाश्चात्य धर्म और सामाजिक अवस्था के श्रेष्ठ प्रतिमानों को भारतीयों के समक्ष रखा कि ''सब उन्नतियों का मूल धर्म है। इससे सबके पहले धर्म की ही उन्नति करनी उचित है। देखो, अंग्रेजों की धर्म नीति और राजनीति परस्पर मिली है, इससे उनकी दिन–दिन कैसी उन्नति है।''[77]

देश में फैली धार्मिक विकृतियों को दूर करने एवं जन साधारण की उन्नति के लिए भारतेंदुजी ने 1873ई0 में 'तदीय समाज' स्थापित की। इस संस्था का उद्देश्य धर्म तथा ईश्वर प्रेम था। किन्तु इस समाज के द्वारा अनेंक उत्तम–उत्तम कार्य भी हुआ करते थे। इसी समाज के द्वारा उन्होंने गो रक्षा का उद्योग किया था। दिल्ली दरवार के समय (1877ई0 में) इन्होंने 60000 मनुष्यों का हस्ताक्षर कराकर सरकार की सेवा में एक प्रार्थनापत्र भेजवाया था। इसी प्रकार इन्होंने 'कायस्थ कान्फरेंस' और 'वैश्यहितैषिणी

सभा'(1874ई0) भी स्थापित की थी।[78] इन्होंने धर्म में सुधार के लिए अनेक रचनाएं की और सबसे महत्वपूर्ण कार्य पंचक्रोशी मार्ग का पुनः निर्धारण करवाकर सरकार से उसके मरम्मत करवाने का पुरजोर प्रयास किया।[79]

धर्म में सुधार के साथ ही समाज सुधार की ओर भी इनकी दृष्टि थी। इनके साहित्य के अवलोकन से स्पष्ट होता है कि इनकी गणना महान समाज सुधारकों में की जानी चाहिए। भारतेंदु का पुनर्जागरण–बोध बंगाल के पुनर्जागरण के सूत्रधारों के बोध की तरह परमुखापेक्षी नहीं था और न ही उसकी तरह पूर्ण विद्रोह या क्रान्ति को स्वीकार करता था, अपितु वह उदार और परिस्थिति सापेक्ष था। हिंदी प्रदेश में सांस्कृतिक पुनर्जागरण की प्रक्रिया में घटित धार्मिक–सामाजिक सुधारों की मूल प्रक्रिया 'अपने ही भीतर से सुधार' थी।[80] भारतेन्दु ने भी भारतीय संस्कृति के गौरव को अपने साहित्य में जगह–जगह अभिव्यक्ति दी, यथा–

''सबके पहले जेहि ईश्वर धन बल दीनों।
सबके पहिले जेहि सभ्य विधाता कीनों।
सबके पहिले जो रूप–रंग रस मीनों।
सबके पहिले विद्याफल जिन गाहि लीनों।''[81]

भारतेंदु के समस्त नाटकों में भारत की हीन दशा का चित्रण मिलता है और वे उसके उन्मूलन का प्रयास करते हैं। बलिया वाले व्याख्यान में उन्होंने स्पष्ट कहा था कि ''इस समय में सर्कार का राज्य पाकर और उन्नति का इतना सामान पाकर भी तुम लोग अपने को न सुधारो तो तुम्हीं रहो। और वह सुधार भी ऐसा होना चाहिए कि सब बात में उन्नति हो। धर्म में, घर के काम में, बाहर के काम में, रोजगार में, शिष्टाचार में, चाल–चलन में, शरीर के बल में, मन के बल में, समाज में, बालक में, युवा में, वृद्ध में, स्त्री में, पुरूष में, अमीर में, गरीब में, भारतवर्ष की सब अवस्था, सब जाति सब देश में उन्नति करो।''[82] उन्होंने विदेश गमन निषेध, परदा–प्रथा, अशिक्षा, दहेज, अपव्यय, विलासिता, मदिरापान, जुआ प्रथा, छूआछूत, बालविवाह, वृद्ध विवाह, पुरोहितवाद, इत्यादि सामाजिक तथा धार्मिक रूढ़ियों एवं दोषों की कटु आलोचना की।[83]

पुनर्जागरण के अन्य सूत्रधारों के समान भारतेंदु ने भी शिक्षा के प्रसार पर बल दिया। उन्हें यह स्पष्ट हो गया था कि बिना व्यापक शिक्षा के प्रचार के विविध क्षेत्रों में व्याप्त विसंगतियां दूर न होंगी। उन्होंने उपयोगितावादी दृष्टिकोण रखते हुए पश्चिम की वैज्ञानिक एवं अंग्रेजी शिक्षा का भी समर्थन किया। उन्होंने पश्चिम से आने वाली वैज्ञानिक बातों के लिए खिड़की खुली रखने की वकालत की। इसीलिए उन्होंने अंग्रेजी शिक्षा तथा पाश्चात्य ज्ञान–विज्ञान को हासिल न करने पर उससे होने वाली क्षति की ओर संकेत भी किया था।[84]

शिक्षा के प्रचार हेतु उन्होंने अपने घर पर ही सर्वप्रथम 5 लड़कों को पढ़ाना आरंभ किया और जब संख्या अत्यधिक बढ़ गयी तब 1967ई0 में उन्होंने नियमित रूप से 'चौखंभा स्कूल' स्थापित किया जहां विद्यार्थियों की हर प्रकार से सहायता की जाती थी। काशी में इस स्कूल ने अंग्रेजी शिक्षा का काफी प्रचार किया। यह स्कूल उन्नति करके 'अपर–प्राइमरी' से 'मिडल' और 'हाईस्कूल' हुआ। 'क्वींस कालेज' और 'जयनारायण स्कूल' के विद्यार्थियों को भी पारितोषिक आदि देकर ये उनका उत्साह बढ़ाते थे।[85] वे अंग्रेजी शिक्षा के पक्षधर थे पर ऐसी शिक्षा नहीं कि भारतियों में गुलामी की भावना भर दें।

भारतेंदु ने नारी शिक्षा का भी समर्थन किया। नारियों को सब प्रकार की पराधीनता से मुक्त तभी किया जा सकता है जब उनमें शिक्षा का प्रचार हो। 18 मई, 1874 की 'कविवचन सुधा' में इस संबंध में लिखा ''यह बात तो सिद्ध है कि पश्चिमोत्तर देश की कदापि उन्नति नहीं होगी जब तक कि यहां की स्त्रियों की भी शिक्षा न होगी क्योंकि यदि पुरूष विद्वान और पण्डित होवेगें और उनकी स्त्रियां मूर्खा होगी तो उनमें आपुस में कभी स्नेह न होगा और नित्य कलह ही होगा।'' भारतेन्दु जी ने स्त्री शिक्षा के निमित्त 1874ई0 में 'बालाबोधिनी' नामक पत्रिका निकाली। परन्तु भारतेन्दु जी स्त्री शिक्षा के वर्तमान प्रणाली को पसंद नहीं करते थे। बलिया वाले व्याख्यान में उन्होंने स्पष्ट कहा था कि ''लड़कियों को भी पढ़ाइए, किन्तु उस चाल से नहीं जैसे आज–कल पढ़ाई जाती है जिससे उपकार के बदले बुराई होती है। ऐसी चाल से उन्हें शिक्षा

दीजिए कि वह अपना देश और कुलधर्म सीखें, पति की भक्ति करैं और लड़कों को सहज में शिक्षा दें।''[86]

भारतेन्दु ने समस्त उन्नति के मूल में निजभाषा ज्ञान को ही बताया क्योंकि वह संस्कृति–प्रदत्त होती हैं। उन्होंने प्रारम्भ में ही अपने मन में यह निश्चय कर लिया था कि बिना मातृभाषा के उद्धार तथा पाश्चात्य शिक्षा के प्रचार के देश का उपकार नहीं हो सकता। हिंदी के उस नव–जागृति काल में भाषा की ओर उनका ध्यान जाना अवश्यम्भावी था क्योंकि भाषा और समाज का अटूट सम्बन्ध है। भारतेन्दु की पैनी दृष्टि देश और समाज के उत्थान में सबसे महत्वपूर्ण अस्त्र मातृभाषा के विकास को खोज लिया था। तभी तो जून, 1877ई0 में इलहाबाद की 'हिंदीवद्धिनी सभा' के वार्षिकोत्सव में 'हिंदी की उन्नति' विषय पर 98 दोहों का पद्यबद्ध व्याख्यान देते हुए कहा था–

निज भाषा उन्नति अहै, सब उन्नति को मूल।
बिन निज भाषा ज्ञान के, मिटत न हिय कौ सूल।[87]

यहां पर पुनर्जागृति के प्रश्न पर भाषा के संदर्भ में राममोहन राय एवं भारतेन्दु हरिश्चंद्र के दृष्टिकोण की तुलना अवलोकनीय होगी। राममोहन राय का मत था कि समाज सुधार केवल ज्ञान–विज्ञान और भाषा के पश्चिमी संस्करण से ही संभव है। प्राच्य और पाश्चात्य भाषाओं के महत्व का विश्लेषण कर वे पाश्चात्य भाषा के पक्ष में बह गये। विशेषकर भाषा के क्षेत्र में वे एक मौलिक गलती कर गए।............लोग यह भूल जाते हैं कि यूरोप में जो वैचारिक और वैज्ञानिक क्रान्तियां आई थीं वह लोक भाषा के माध्यम से आयी थीं। राजा साहब यह भी भूल गए कि बेकन के दशर्न ग्रंथ लैटिन भाषा में लिखे गये थे, अंग्रेजी में नहीं। हमारे लिए यह समझना अत्यनत आवश्यक है कि जागृति यदि प्राचीन भाषा के माध्यम से नहीं आ सकती तो विदेशी भाषा के माध्यम से भी नहीं आ सकती।[88] भारत के संदर्भ में राममोहन ने लैटिन और संस्कृत को पुरानी भाषा कह गए किन्तु साथ ही अंग्रेजी को आधुनिक भाषा कह गए। अंग्रेजी इंग्लैण्ड में आधुनिक भाषा थी, भारत में नहीं। विचित्र बात यह है कि लैटिन के स्थान पर अंग्रेजों ने तो अंग्रेजी को शिक्षा–भाषा के रूप में अपनाकर बौद्धिक स्वतंत्रता प्राप्त की थी, किन्तु राममोहन राय संस्कृत की दासता को समाप्त करके दूसरी विदेशी भाषा की

दासता के समर्थक बने और कहलाए नई जागृति के नेता।[89] राममोहन के विपरीत भारतेंदुजी ने प्राच्य प्राचीन और पाश्चात्य नवीन का समर्थन किया और निजभाषा को सब उन्नतियों का मूल बताया।

हिंदी को उसका वास्तविक पद दिलाने हेतु भारतेंदुजी ने आंदोलन चलाया, समाचार–पत्रों में लेख लिखे, सभाएं की और मेमोरियल भी भेजा परंतु सफलता नहीं मिली। उन्होंने राजा शिवप्रसाद की फारसी मिश्रित खिचड़ी हिंदी की जगह शुद्ध हिंदी लिखने का मार्ग चलाया और सर्वसाधारण ने इसे ही स्वीकार किया। शिवप्रसादजी ने सरकारी हाकिमों की सहायता से मिश्रित हिंदी चलाने का प्रयास किया और भारतेंदु की हिंदी राजभाषा न बन सकी। यह घटना भारतेंदु के लिए स्वर्णिम साबित हुई और यदि यह घटना न होती तो वे न तो 'भारतनक्षत्र (Star of India) के बदले 'भारतेंदु (Moon of India) होते और न सच्चे हरिश्चंद्र को पाकर यह देश ही इतना उपकार उठा सकता।[90] उनका हिंदी प्रेम इसी से स्पष्ट होता है कि अपने अंतिम संदेश में उन्होंने बाबू राधाकृष्णदास से कहा था कि ''हिंदी की जो बेल मैने लगायी है उसे सींचना, वह सूखने न पाये।''[91]

भारतेंदु हरिश्चंद्र अपने सार्वजनिक जीवन में स्पष्टवादी थे और देशहित उनका प्रधान उद्देश्य था। यहीं कारण है कि राजभक्ति प्रकट करते हुए भी उन्होंने अंग्रेजी सरकार की शोषण नीति को स्पष्ट उजागर किया । 'कविबचन सुधा' के 22 दिसम्बर, 1873 के अंक में उन्होंने लिखा ''चाहे कैसे भी द्रव्य एकत्र किया हो अन्त में सब जायगा विलायत में, क्योंकि हमारी शोभा की सब वस्तुएं वहां से आवैंगी, कपड़ा, झाड़फानूस, खिलौने, कागज और पुस्तक इत्यादि सब वस्तु विलायत से आवैंगी उनके बदले यहां से द्रव्य जायेगा तो परिणाम यह होगा कि चाहे किसी उपाय से द्रव्य लो अन्त में तुम्हारे देश से निकल जायेगा।''[92]

भारतेंदु ने न केवल विदेशी शासन के शोषण नीति की आलोचना की बल्कि उत्तर भारत में वह स्वदेशी का नारा दे कर स्वदेशी के जन्मदाता बने। उन्होंने नारा ही नहीं दिया बल्कि स्वदेशी वस्तुओं के व्यवहार की शपथ लेने की प्रथा भी चलाई। प्रतिज्ञापत्र 23 मार्च, 1874 के कविवचन सुधा में प्रकाशित किया गया।[93] उन्होंने स्वदेशी का नारा

देकर देशवासियों को जागृत किया और अंग्रेजी राज के समापन का मार्ग प्रशस्त किया। इस संदर्भ में रामविलास शर्मा का कथन महत्वपूर्ण है ''हिन्दी भाषी जनता इस बात पर गर्व कर सकती है कि उसके नवजागरण के वैतालिक हरिश्चन्द्र ने चौबीस वर्ष की तरूण वय में स्वदेशी के व्यवहार की यह गम्भीर प्रतिज्ञा की थी। उस दिन तरूण हरिश्चंद्र ने न केवल हिंदी प्रदेश के लिए वरन् समूचे भारत के लिए एक नये युग का द्वार खोल दिया था। उस दिन राष्ट्रीय स्वाधीनता के पावन उद्देश्य से हिंदी साहित्य का अटूट बंधन हो गया था। उस दिन हरिश्चंद्र की कलम से भारतीय जनता ने अंग्रेजी राज के नाश का वारंट लिख दिया था।''[94]

भारतेंदु ने स्वदेश के इतिहास को पुनर्जीवित कर लोगों को प्रेरणा प्रदान किया। क्योंकि उन्हें इस बात का ज्ञान था कि अतीत के इतिहास के प्रकाश में ही वर्तमान और भविष्य का निर्माण किया जा सकता हैं। एक विशुद्ध इतिहासकार की भांति निष्पक्ष होकर उन्होंने 13 ऐतिहासिक पुस्तकों की रचना की और इस दौरान पुरातत्वानुसंधान के आधार पर इतिहास लेखन का कार्य किया। उन्होंने ही हिंदी में सर्वप्रथम इतिहास लेखन की खोजपूर्ण वैज्ञानिक परंपरा की नींव डाली। उनके ऐतिहासिक ज्ञान के प्रमाण में यहीं बात महत्वपूर्ण है कि डा0 राजेन्द्रलाल मित्र तथा अन्य समकालीन विद्वान उनसे सहयोग लेते थे और उनके कितने ही लेख एशियाटिक सोसाइटी के जर्नल और प्रोसिडिंग्स में प्रकाशित हुए थे।[95]

जन हितैषी भारतेंदुजी ने विद्या के प्रचार के लिए पत्रकारिता की ओर भी ध्यान दिया क्योंकि किसी विचार के प्रचार–प्रसार का सर्वश्रेष्ठ और सुगम माध्यम पत्रकारिता होती है। भारतेन्दुयुग में पत्रकारिता से बढ़कर उपयुक्त साधन अन्य कुछ नहीं था। जनजागरण के इस काल में जनता तक साहित्यकारों के जनहितकारी संदेशों को पहुँचाने के लिए भारतेंदुजी ने 1868ई0 में 18 वर्ष की अल्पवय में ''कविवचन सुधा'' नामक मासिक पत्र निकाला जिसके शीर्ष का दोहा यह था–

''सुधा सदा सुरपुर बसै, सो नहीं तुम्हरे योग।
तासों आदर देहु अरू, पौ वहु एहि बुध लोग।।''[96]

पहले यह पत्रिका मासिक, फिर पाक्षिक और वाद में साप्ताहिक हो गयी। इसमें सामाजिक, धार्मिक, राजनैतिक सब प्रकार के लेख छपने लगे एवं सब विषयों की समालोचना होने लगी।

भारतेन्दुजी को केवल 'कविवचन सुधा' के ही प्रकाशन से ही संतोष नहीं हुआ वरन् उन्होंने और आगे कदम बढ़ाया और अक्टूबर, 1873ई0 से एक अत्युत्तम मासिक पत्र 'हरिश्चन्द्र मैगजीन' का प्रकाशन प्रारम्भ किया। इसमें भारतेन्दुजी के अतिरिक्त अन्य लोगों के लेख भी प्रकाशित होते थे। यह मैगजीन 8 संख्या तक निकली, फिर जून, 1874 से वहीं 'हरिश्चन्द्र चन्द्रिका' के नाम से प्रकाशित होने लगी।[97] 1874ई0 से स्त्री शिक्षा को ध्यान में रखते हुए भारतेन्दुजी ने 'बालाबोधिनी' नामक पत्र निकाला। इस प्रकार भारतेन्दुजी ने समाज के दोनों वर्गों–स्त्री एवं पुरूष को समान महत्व प्रदान किया। स्त्री शिक्षा के अतिरिक्त अन्य विषयों पर भी लेख इस पत्रिका में प्रकाशित होते थे।

राष्ट्रीयता की भावना के विकास और हिंदी भाषा के उत्थान के लिए उन्होंने पत्रकारिता को माध्यम बनाया। 'कविबचन सुधा', 'हरिश्चन्द्र मैगजीन' और 'बालाबोधिनी' नामक तीन पत्रिकायें उन्होंने स्वयं निकालीं। अपने निजी पत्रों के प्रकाशन के अतरिक्त 'काशी पत्रिका,' 'आर्यमित्र,' 'मित्रविलास', 'भारतमित्र,' 'हिंदी प्रदीप' आदि प्राचीन हिंदी पत्रों के जन्म के प्रधान कारण वे ही हुए। उन्हीं के प्रोत्साहन से उन सबों का प्रकाशन होना आरम्भ हुआ और यह लेखादि द्वारा सर्वदा उनकी सहायता करते रहे।[98]

पत्रकारिता और साहित्य संवर्द्धन के साथ ही हरिश्चंद्र कई संस्थाओं को स्थापित करने में व्यस्त रहे। एक संस्था 'कवितावर्द्धिनी सभा' (1870ई0) थी जो कवियों के लिए थी। अच्छे गद्य लेखकों को उत्साह देने के लिए 'पेनी रीडिंग क्लब' (1873ई0) था। उन्होंने एक 'काशी सार्वजनिक सभा' भी बनाई थी और 'वैश्य हितैषिणी सभा' (1874ई0), 'बनारस इंस्टीट्यूट' और 'ब्रह्म मृतवार्षिणी सभा' से भी हरिश्चंद्र का घनिष्ठ सम्बन्ध था।[99]

भारतेंदु ने देशवासियों को जाति, वर्ग, प्रान्त, धर्म आदि संकीर्ण जकड़बन्दियों से मुक्त होकर राष्ट्रीय बनने का संदेश दिया और इस राष्ट्रीयता की भावना के विकास में

उन्होंने सर्वप्रमुख अस्त्र भाषा–हिंदी को चुना। उनका विश्वास था कि भाषागत वैविध्य समाप्त हो जाने से सम्पूर्ण भारतवासी एकता महसूस करेंगे और राष्ट्रीयता की भावना बलवती होगी। भारतेन्दु ने देखा था कि बॅंगला साहित्य अपनी भाषा के माध्यम से उन्नति कर रहा था। इसलिए उन्होंने भी अंग्रेजी के माध्यम से सांस्कृतिक और औद्योगिक उन्नति का सपना न देखकर देश की भाषा को माध्यम बनाने पर जोर दिया।[100] कतिपय लोगों ने उनपर हिंदूवादी होने का आरोप लगाया जो कि उचित जान नहीं पड़ता है। उन्होंने जातिगत चेतना लाने का भरसक प्रयास किया। वे न तो उर्दू भाषा और न मुसलमान जाति के विरूद्ध थे। यदि विरूद्ध होते तो कुरान का हिंदी में अनुवाद न करते। इतना ही नहीं उर्दू कवियों के प्रोत्साहन के लिए 1866ई0 में ही उन्होंने 'मुशाइरा' स्थापित किया था, जिसमें उस समय के शायर इकट्ठे होते और समस्या पूर्ति करते। स्वयं बाबू साहब भी कविता (उर्दू) करते थे।[101] उनका स्पष्ट मत था कि राष्ट्रीय एकता तभी आयेगी जब जातिगत संकीर्णता से ऊपर उठकर सब देशवासियों को हम अपना भाई समझेंगे। बलिया वाले व्याख्यान में उन्होंने स्पष्ट घोषणा की थी कि ''मुसलमान भाइयों को भी उचित है कि इस हिन्दुस्तान में बसकर वे लोग हिंदुओं से बरताव करैं। ऐसी बात जो हिन्दुओं का जी दुखानेवाली हो न करें।

''भाई हिंदुओं! तुम भी मतमतांतर का आग्रह छोड़ो। आपस में प्रेम बढ़ाओ। इस महामंत्र का जप करो। जो हिन्दुस्तान में रहे चाहे किसी जाति का क्यों न हो, वह हिन्दू। हिंदू की सहायता करो।[102]

भारतेंदु जनसामान्य में सांस्कृतिक पुर्नजागरण लाना चाहते थे और इसके लिए यह आवश्यक था कि वे अपने लेखन में ऐसी भाषा और लिपि को स्थान देते जो सर्वसाधारण के लिए बोधगम्य होती। उन्होंने हिंदी भाषा और नागरी लिपि में, जिसे देश की अधिकांश जनता पढ़ और समझ सकती थी, लेखन कार्य किया। उन्होंने हिंदी को राष्ट्रीय और अंतर्राष्ट्रीय स्तर पर पहचान दिलायी। उन्होंने अपनी किताबों के सेट महारानी विक्टोरिया, जर्मनी के कैसर और रुस के जार के पास भेंजा जिनकी स्वीकृतियां उनके पास आयं थीं। इन्हीं बातों के कारण हिंदी को पहली बार देश के बाहर पहचान मिली।[103]

भारतेंदु ने हिंदी के उद्धार के लिए जो उद्योग आरंभ किया उसमें हिंदी के अनेंक लेखकों एवं कवियों ने सहयोग किया। उनके जीवनकाल में ही लेखकों और कवियों का एक खासा मंडल चारो ओर तैयार हो गया था। पं0 बदरीनारायण चौधरी, पं0 प्रतापनारायण मिश्र, बाबू तोताराम, ठाकुर जगमोहन सिंह, लाला श्रीनिवासदास, पं0 बालकृष्ण भट्ट, पं0 केशवराम भट्ट, पं0 अम्बिकादत्त व्यास, पं0 राधाचरण गोस्वामी इत्यादि कई प्रौढ़ और शक्तिशाली लेखकों ने भारतेंन्दु के इस उद्योग में सहयोग किया।[104] इन लेखकों ने जनसमुदाय में राष्ट्रीय चेतना विकसित करने एवं हिंदी के सम्मान को बढ़ाने पर बल दिया। इस उद्देश्य की पूर्ति हेतु विभिन्न पत्र–पत्रिकाओं का प्रकाशन हुआ। प्रतापनारायण मिश्र ने 'ब्राह्मण'; लाला श्रीनिवासदास ने 'सदादर्श'; तोताराम ने 'भारतबन्धु; राधाचरण गोस्वामी ने 'भारतेंदु' चौधरी प्रेमघन ने 'आनंद कादम्बिनी' तथा बालकृष्ण भट्ट ने 'हिंदी प्रदीप' पत्र निकाला।[105]

भारतेंदुजी का अस्त तो 1885ई0 में ही हो गया पर उनका यह मंडल बहुत दिनों तक साहित्य निर्माण करता रहा। भारतेंदु तथा उनके मंडल द्वारा विरचित साहित्य का समष्टिगत प्रभाव यह हुआ कि देश में प्रबल राजनीतिक चेतना विकसित हुई और यह चार रुपों में प्रस्फुटित हुई–पहला, देशप्रेम और भारत की पराधीनता पर क्षोभ, दूसरा, भारत के दुःख दारिद्रय और आर्थिक दुरावस्था पर संताप; तीसरा, राजनीतिक एवं शासन संबंधी सुधारों की मांग और ऐसी मांगों की पूर्ति पर प्रसन्नता और चौथा, आपस का मतभेद औार भेदभाव भुलाकर 'स्वतंत्रता' प्राप्त करने के लिए संगठित होना।[106]

इस प्रकार पश्चिमी शक्तियों के समघात से अपेक्षाकृत अधिक प्राचीन संस्कृतियों पर उन शक्तियों का राजनीतिक और आर्थिक प्रभुत्व तो स्थापित हो गया, किन्तु उनकी अपनी लम्बे समय से दबी पड़ी शक्तियां जाग उठीं और उनमें राष्ट्रीयता की भावना उदित हुई। पाश्चात्य सभ्यता एवं संस्कृति से संपर्क एवं संघात के फलस्वरुप ही 19वीं सदी के उत्तरार्द्ध में भारत में पुनर्जागरण का प्रस्फुरण दिखलायी पड़ता है और भारत में विभिन्न सामाजिक–धार्मिक आंदोलनों के जन्म के साथ ही राजनीतिक एवं साहित्यिक संगठनों की स्थापना का भी एक सशक्त आंदोलन आरंभ हुआ। 19वीं सदी का उत्तरार्द्ध वस्तुतः भारत में यूरोपिय मॉडल की संस्थाओं के निर्माण एवं उनके

सुदृढ़ीकरण के लिए जाना जाता है और इन संस्थाओं ने ही जनजागृति लाने एवं लोगों को राष्ट्रीयता से ओतप्रोत करने का प्रयास किया था। इस प्रकार पश्चिम ने ही अपने प्रभुत्व की विरोधी शक्तियों को सजग किया और गुलाम देशवासियों में उन योग्यताओं और संस्थाओं को पनपाया, जिनका प्रयोग उनके ही विरुद्ध भली प्रकार किया गया।

संदर्भ सूची

1. दास, श्यामसुंदर, सं. हिंदी शब्दसागर, भाग 6, नागरीप्रचारिणी सभा, वाराणसी सं0 1986 वि0, पृष्ठ 3046.
2. रेनेसाँ शब्द फ्रांसीसी इतिहासकार मिशले (1796–1874ई0) ने गढ़ा था और बुर्कहार्ट (1818–1897ई0) द्वारा वह ऐतिहासिक अवधारणा में विकसित हुआ। डिक्शनरी ऑफ फिलॉसफी, लंदन, पेज 270.
3. दत्त, कार्तिक चन्द्र, राम मोहन राय जीवन और दर्शन, लोकभारतीय प्रकाशन, इलाहाबाद, 1993ई0, पृष्ठ 355.
4. प्रसाद, मंगला, पुर्नजागरण युग और भारतेन्दु, श्रीरामकृष्ण पुस्तकालय वाराणसी 1988ई0, पृष्ठ 1.
5. वहीं, पृष्ठ 1.
6. वहीं, पृष्ठ 1–2.
7. वार्ष्णेय, लक्ष्मीसागर उन्नीसवीं शताब्दी, साहित्य भवन प्रा0 लि0 इलाहाबाद, 1963ई0, पृष्ठ 25.
8. वहीं, पृष्ठ 19.
9. मुलर, ए0 ऐंड भट्टाचार्यजी, ए0, इंडिया विंस इंडिपेंडेंस, एशिया पब्लिशिंग हाउस, न्यू देहली, 1988, पेज 1.
10. दत्त, आर0 सी0, इकोनॉमिक हिस्ट्री ऑफ इंडिया, वोलूम 1, पेज 269.
11. ए सर्वे आफ इंडियन हिस्ट्री, पेज 212
12. मित्रा, शिशिरकुमार, दि विजन ऑफ इंडिया, क्रेस्ट पब्लि0 हाउस, न्यू देहली, 1994, पेज 33.
13. ठाकुर, केशव कुमार, भारत में अंगरेजी राज्य के दो सौ वर्ष, मणि प्रिंटिंग प्रेस, इलाहाबाद, सं0 1959ई0, पृष्ठ 601

14. स्टडीज इन दि रेनेसां ऑफ हिन्दुइज्म इन 19th ऐंड 20th सेंचुरी, बनारस हिंदू युनिवर्सिटी, 1944, पेज 67
15. प्रसाद, ईश्वरी, ए न्यू हिस्ट्री ऑफ इंडिया, इंडियन प्रेस इलाहाबाद, 1939, पेज 669
16. शर्मा, डी0 एस0, हिन्दूइज्म थ्रू द एजेज, पेज 60
17. सिंघल, डी0 पी0, नेशनलिज्म इन इंडिया एण्ड अदर हिस्टारिकल एसेज, मुंशीराम मनोहरलाल ओरिएंटल पब्लि0, दिल्ली, 1967, पेज 15.
18. दत्ता, के0 के0, डॉन ऑफ रिनेसेंट इंडिया, एलायड पब्लि0, बॉम्बे, 1964, पेज 1
19. बोस, निमाई सदन, दि इंडियन अवेकनिंग एण्ड बेंगाल, पेज 6.
20. प्रधान, आर0 जी0, इण्डियाज स्टूगल फॉर स्वराज, दया पब्लिशिंग हाउस न्यू दिल्ली, 1934, पेज 1
21. घोष, शंकर, दि रेनेसां टू मिलिटैंट नेशनलिज्म इन इडिया, एलायड पब्लि0 कैलकटा, 1969, पेज 4.
22. शर्मा, डी0 एस0, दि रेनेसां आफ हिन्दुइज्म इन दि 19th & 20th सेंचुरी, पेज 68.
23. दिनकर रामधारी सिंह, संस्कृति के चार अध्याय, लोकभारती प्रकाशन, इलाहाबाद, सं0 1997वि0, पृष्ठ 455
24. कॉफ, डेविड, ब्रिटिश ओरिएंटलिज्य एण्ड दि बेंगाल रेनेसां, फर्मा के0 एल0 मुखोपाध्याय, कैलकटा, 1969, पेज vii.
25. दिनकर रामधारी सिंह, संस्कृति के चार अध्याय, पृष्ठ 455–456.
26. शर्मा, डी0 एस0, दि रेनेसां आफ हिन्दुइज्म इन दि 19th & 20th सेंचुरी, पेज 68–69
27. प्रसाद, मंगला, पुनर्जागरण युग और भारतेन्दु, पृष्ठ 5
28. वहीं, पृष्ठ 5–6
29. दिनकर, रामधारी सिंह, संस्कृति के चार अध्याय, पृष्ठ 455
30. रॉय, सतीसचंद्र, रिलिजन ऐंड मॉडर्न इंडिया, आशुतोष ऐंड लाइब्रेरी, कैलकटा, 1923, पेज 63
31. बोस, निमाई सदन, दि इंडियन अवेकनिंग एण्ड बेंगाल, पेज 81.
32. बोस, निमाई सदन, रेसिज्म, इक्वैलिटी ऐंड इंडियन नेशनलिज्म, फर्मा के0 एल0 एम0 लि0, कैलकटा, 1981, पेज 7–8
33. दिनकर, रामधारी सिंह, संस्कृति के चार अध्याय, पृष्ठ 428.

34. परमानंद, भाई, भारतवर्ष का इतिहास, ज्ञानमंडल प्रकाशन लिमिटेड, बनारस, 2009 वि0, पृष्ठ 473
35. भण्डारी, सुखसम्पत्तिराय, भारतवर्ष और उसका स्वातन्त्र्य–संग्राम, डिक्शनरी पब्लिशिंग हाउस, अजमेर, 1950ई0, पृष्ठ 217.
36. घोष, शंकर, दि रेनेशा टू मिलिटेंट नेशनलिज्म इन इंडिया, पेज 15.
37. हेमसठ, चार्ल्स एच0, नेशनलिज्म एंड हिंदू सोशल रिफार्म, पेज 11.
38. घोष, शंकर, दि रेनेशा टू मिलिटेंट नेशनलिज्म इन इंडिया, पेज 16.
39. भण्डारी, सुखसम्पत्तिराय, भारत वर्ष और उसका स्वातन्त्र्य–संग्राम,. पृष्ठ 222.
40. परमानंद, भाई, भारतवर्ष का इतिहास, पृष्ठ 477
41. वहीं, पृष्ठ 477
42. भण्डारी, सुखसम्पत्तिराय, भारत वर्ष और उसका स्वातन्त्र्य–संग्राम पृष्ठ 475
43. दिनकर, रामधारी सिंह, संस्कृति के चार अध्याय, पृष्ठ 476
44. गुप्त, मंमथनाथ, राष्ट्रीय आंदोलन का इतिहास, पृष्ठ 132–133
45. भण्डारी, सुखसम्पत्तिराय, भारत वर्ष और उसका स्वातन्त्र्य–संग्राम पृष्ठ 335
46. दिनकर, रामधारी सिंह, संस्कृति के चार अध्याय, पृष्ठ 476
47. घोष, शंकर, दि रेनेशा टू मिलिटेंट नेशनलिज्म इन इंडिया, पेज 40.
48. एण्ड्रूज, सी0 एफ0 ऐंड मुखर्जी, गिरिजा, दि राइज एंड दि ग्रोथ ऑफ दि कांग्रेस इन इंडिया, जार्ज एलेन एंड उनविन, लंडन, 1938, पेज 13.
49. ठाकुर, केशव कुमार, भारत में अंगरेजी राज्य के दो सौ वर्ष पृष्ठ 540
50. परमानंद, भाई भारत वर्ष का इतिहास, पृष्ठ 478
51. शर्मा, डी0 एस0, दि रेनेसा ऑफ हिंदूइज्म, पेज 635.
52. प्रधान, आर जी0, इंडियाज स्ट्रगल फॉर स्वराज, पेज 5.
53. दत्त, रोमेश चंद्र, कल्चरल हेरिटेज ऑफ बेंगाल, आई0 एस0 पी0 पी0, कैलकटा, 1962, पेज 90.
54. वार्ष्णेय, लक्ष्मीसागर, उन्नीसवी शताब्दी, पृष्ठ 14.
55. पॉल, रिचर्ड, एशिया में प्रभात, गंगा पुस्तक कार्यालय, लखनऊ, 1924ई0 पृष्ठ 46.
56. वार्ष्णेय, लक्ष्मीसागर, उन्नीसवी शताब्दी, पृष्ठ 6
57. शर्मा, डी0 एस0, दि रेनेसा ऑफ हिंदूइज्म, पेज 69.

58. वार्ष्णेय, लक्ष्मीसागर, उन्नीसवी शताब्दी, पृष्ठ 3.
59. सिंह, गुरुमुख निहाल, भारत का वैधानिक एवं राष्ट्रीय विकास (1600–1919), आत्माराम एंड संस, दिल्ली, 1967, पृष्ठ 112.
60. वार्ष्णेय, लक्ष्मीसागर, उन्नीसवी शताब्दी, पृष्ठ 9.
61. काजिंस, जेम्स ए0, दि रेनेसां इन इंडिया, गनेश एंड कं0, मद्रास, 1918, पेज 26.
62. इंडिया ओल्ड ऐंड न्यू, पेज 8.
63. बोस, एन0 एस0, इक्वैलटी,ऐंड इंडियन नेशनलिज्म, पेज 127.
64. दिनकर, रामधारी सिंह, संस्कृति के चार अध्याय, पृष्ठ 578.
65. दत्ता, सुनील के0, दि राज ऐंड दि बेंगाली पीपुल, फर्मा के0 एल0 एम0 लि0, कोलकाता, 2002, पेज 58.
66. दिनकर, रामधारी सिंह, संस्कृति के चार अध्याय, पृष्ठ 578
67. दत्ता, सुनील के0, दि राज ऐंड दि बेंगाली पीपुल, पेज 58
68. सिंह, ठाकुर प्रसाद, काशी की परंपरा, सूचना विभाग, उत्तर प्रदेश, 1957ई0, पृष्ठ 31.
69. वार्ष्णेय, लक्ष्मी सागर, भारतेन्दु हरिश्चंद्र, साहित्य भवन, इलाहाबाद, 1974ई0, पृष्ठ 11.
70. वहीं, पृष्ठ 12–13.
71. शर्मा, विनय मोहन, सं0 हिंदी साहित्य का वृहद् इतिहास, भाग 8, पृष्ठ 92.
72. शर्मा, रामविलास, भारतेंदु हरिश्चंद्र, विद्याधाम प्रकाशन दिल्ली, 1953ई0, पृष्ठ 178
73. शर्मा, विनय मोहन, सं0 हिन्दी साहित्य का वृहद् इतिहास, भाग 8, पृष्ठ 82.
74. त्रिपाठी, कमलापति संपादित भारतेंदु ग्रंथावली, भाग–1, पृष्ठ 209
75. गोपाल, मदन, भारतेंदु हरिश्चंद्र, राजपाल एण्ड संस दिल्ली, 1976ई0, पृष्ठ 63
76. प्रसाद, मंगला, पुनर्जागरण युग और भारतेन्दु, पृष्ठ 41
77. दास, ब्रजरत्न, सं0 भारतेंदु ग्रंथावली, तीसरा भाग, नागरीप्रचारिणी सभा, वाराणसी, 2010वि0, पृष्ठ 900
78. सहाय, शिवनंदन, हरिश्चंद्र, हिंदी समिति उत्तर प्रदश, लखनऊ, 1975ई0, पृष्ठ 84–87
79. साक्षात्कार, डां0 सुकदेव सिंह, वाराणसी, 17 अक्टूबर, 2006ई0
80. प्रसाद, मंगला, पुनर्जागरण युग और भारतेन्दु, पृष्ठ 97
81. दास, ब्रजरत्न, सं0 भारतेंदु ग्रंथावली, खण्ड एक ना0प्र0 सभा, 2007वि0, पृष्ठ 469
82. दास, ब्रजरत्न, सं0 भारतेन्दु ग्रंथावली खण्ड तीन। पृष्ठ 899

83. कनोड़िया, कमला, भारतेन्दु कालीन हिन्दी साहित्य की सांस्कृतिक पृष्ठभूमि, विश्वविद्यालय प्रकाशन, वाराणसी, 1971ई0, पृष्ठ 291
84. साक्षात्कार, प्रो0 गिरीशचंद्र चौधरी, 27 नवंबर, 2006, भारतेंदु भवन, वाराणसी।
85. सरस्वती पत्रिका, भाग–1, अंक–1, जनवरी, 1900ई0, इंडियन प्रेस, प्रयाग, पृष्ठ 6
86. दास, ब्रजरत्न सं0 भारतेन्दु ग्रंथावली, भाग–3, पृष्ठ 890
87. दास, ब्रजरत्न सं0 भारतेन्दु ग्रंथावली भाग–3, पृष्ठ 9
88. राम, तुलसी, भारत में अंग्रेजीः क्या खोया क्या पाया, किताब घर प्रकाशन नई दिल्ली 1997ई0 पृष्ठ 47
89. वहीं, पृष्ठ 48
90. सरस्वती पात्रिका भाग–1, अंक–2, फरवरी, 1900ई0, पृष्ठ 36
91. साक्षात्कार, प्रो0 गिरीशचन्द्र चौधरी, 27 नव0, 2006, भारतेन्दु भवन, वाराणसी।
92. गोपाल, मदन, भारतेन्दु हरिश्चंद्र, पृष्ठ 66
93. वहीं, पृष्ठ 67
94. भारतेन्दु हरिश्चंद्र, पृष्ठ 44.
95. वार्ष्णेय, लक्ष्मीसागर, भारतेन्दु हरिश्चंद्र, पृष्ठ 67
96. सहाय, शिवनंदन, हरिश्चंद्र, पृष्ठ 67
97. वहीं, पृष्ठ 72
98. गोपाल, मदन, भारतेंदु हरिश्चंद्र, पृष्ठ 26
99. शर्मा, रामविलास, भारतेंदु हरिश्चंद्र, पृष्ठ 70
100. सरस्वती पत्रिका, भाग–1, अंक–3, मार्च, 1900ई0, पृष्ठ 72
101. वहीं, पृष्ठ 73.
102. दास, ब्रजरत्न सं0 भारतेन्दु ग्रंथावली, भाग–3, पृष्ठ 901
103. गोपाल, मदन, भारतेंदु हरिश्चंद्र, पृष्ठ 34
104. शुक्ल, रामचंद्र, हिंदी साहित्य का इतिहास, ना0प्र0 सभा, वाराणसी, 2022वि0, पृष्ठ 441.
105. मिश्र, शितिकंठ, खड़ी बोली का आंदोलन, ना0प्र0 सभा0 वाराणसी, 2013वि0, पृष्ठ 98
106. वार्ष्णेय, लक्ष्मीसागर, उन्नीसवीं शताब्दी, पृष्ठ 179.

2. नागरीप्रचारिणी सभा की स्थापना एवं प्रगति

अंग्रेज भारत में व्यापार करने आये थे और वे यहाँ क्रमशः शासक बन बैठे और उनकी कंपनी का शासन 19वीं शताब्दी के अर्द्ध तक भारत के विस्तृत भाग पर स्थापित हो चुका था। भारत में कंपनी सरकार के अराजकतापूर्ण कार्यों से भारतीय समुदाय के सभी वर्गों में व्यापक असंतोष व्याप्त था और भारतीयों की स्थिति अत्यन्त दयनीय हो गयी थी और जब यह दुःखद स्थिति लोगों से सही न गयी, तब उन्होंने 1857 में अंग्रेजों के विरूद्ध विद्रोह कर दिया। इस व्यापक विद्रोह को कंपनी सरकार ने निर्दयतापूर्वक दबा दिया और अपने को तथाकथित सभ्य कहने वाली जाति ने असभ्यता एवं बर्बरता की सारी हदें पार कर दीं। विद्रोह के बाद भारत की शासनसत्ता कंपनी के हाथ से निकलकर सीधे साम्राज्ञी विक्टोरिया के हाथ में चली गयी। विद्रोह के बाद अंग्रेजों ने अपनी नीति बदल दी तथा ''बॉटो और राज करो'' की नीति का अवलंबन करते हुए भारतीय समुदाय के दोनों प्रमुख वर्गों हिंदू तथा मुसलमानों के मतभेद में ही अपने साम्राज्य की दृढ़ता को संभव समझा।

परंतु, 1857 के विद्रोह का सबसे बड़ा लाभ यह हुआ कि नये विचारकों तथा आलोचकों को और तेजी तथा गंभीरता से सोचने को बाध्य होना पड़ा। देशव्यापी विप्लव के शांत होने पर नई सभ्यता एवं संस्कृति के संघर्ष से भारत में अनेक नवीन भावों एवं विचारों का उदय हुआ। भारतीय शिक्षित समुदाय में अनेक देश–हित संबंधी नई विचार–धाराएं सोत्साह उभड़ने लगी थीं और वे राष्ट्रीयता के उत्थान हेतु नवीन सभा–समाजों के संगठन में दत्तचित्त हुए। इस समय का इतिहास देखने से स्पष्ट होता है कि जहां–जहां शिक्षित और नये दृष्टिकोण वाले मध्यमवर्ग का विकास तेजी से हुआ वहां–वहां भारतीयों की नयी सभा–समितियाँ स्थापित होने लगीं। इन समितियों में ही देश की राजनीतिक चेतना का बीज बोया गया। धीरे–धीरे इन समितियों के आस–पास लोगों का आना जाना बढ़ा और देश का सूनापन नयी ध्वनियों से मुखरित हो गया।[1] 19वीं सदी, विशेषकर उत्तरार्द्ध, वस्तुतः संस्था निर्माण और इसके सुदृढ़ीकरण का समय था। ये संस्थाएं न केवल ज्ञान का आयात करती थीं, बल्कि ,ज्ञान देती थीं

और काफी हद तक ज्ञान का सृजन करती थीं। इन संस्थाओं का महत्व यह था कि ये न केवल राजनीति, समाजसेवा, धर्म–सुधार एवं शिक्षा का प्रसार करती थीं, बल्कि उसके साथ ही भाषा एवं साहित्य का संवर्द्धन भी करती थीं और देशवासियों में राष्ट्रीय चेतना लाने और एक राष्ट्र भारत के निर्माण में संलग्न थीं।

19वीं सदी पर दृष्टिपात करने से यह बात स्पष्ट होती है कि इस समय समूचे देश में संस्थाओं के निर्माण का कार्यक्रम चलता है और ये संस्थाएं राजनीतिक, सामाजिक, धार्मिक और सांस्कृतिक कार्यक्रमों को चलाती हैं। इस शताब्दी में तीनों प्रेसीडेंसियों में मुख्य रूप से राजनीतिक संस्थाएं स्थापित हुई। बंगभाषा प्रकाशक सभा (1836ई0), लैण्डहोल्डर्स सोसाइटी (1838ई0), बंगाल ब्रिटिश इंडिया सोसाइटी (1843ई0), ब्रिटिश इंडिया एसोसिएशन (1851ई0), इंडिया लीग (1875ई0) इत्यादि बंगाल प्रेसीडेंसी में;[2] बॉम्बे एसोसिएशन (1852ई0), पूना सार्वजनिक सभा (1867ई0), बम्बई प्रेसीडेंसी एसोसिएशन (1885ई0) इत्यादि बम्बई प्रेसीडेंसी में;[3] मद्रास नेटिव एसोसिएशन, मद्रास महाजन सभा (1884ई0) इत्यादि संस्थाएं मद्रास प्रेसीडेंसी में[4] एवं अवध ब्रिटिश इंडियन एसोसिएशन (1861ई0) तथा ब्रिटिश इंडियन एसोसिएशन ऑफ नार्थ–वेस्टर प्राविंस (1866ई0) सदृश संस्थाएं प0 प्र0 तथा अवध में कार्यरत थीं[5] तथा अपने उद्देश्यों के अनुरूप अपने–अपने स्तर पर कार्य कर रहीं थीं।

ये संस्थाएं तो राजनीतिक थीं परन्तु इनके साथ ही सम्पूर्ण देश में शैक्षिक एवं साहित्यिक संस्थाओं के निर्माण का क्रम चला जिनमें से अधिकांश गैर–सरकारी थीं। इस कार्य में प्रथम नाम ''आधुनिक भारत के पिता' 'राजा राममोहन राय का है जिनकी प्रेरणा से 1817ई0 में ''हिंदू कालेज'' खोला गया।[6] अप्रैल, 1828ई0 में उन्होंने ''ब्रह्म समाज'' की स्थापना की। एक अन्य ब्रह्म समाजी नेता द्वारकानाथ टैगोर द्वारा 6 अक्टूबर, 1839ई0 को ''तत्वबोधिनी सभा'' 'नामक संस्था की स्थापना की गयी।[7] इस संस्था ने अगस्त, 1843ई0 से ''तत्वबोधिनी पत्रिका'' 'का भी प्रकाशन किया।[8] इसी क्रम में 1894ई0 में''बंगीय साहित्य परिषद'' की स्थापना की गयी।

पश्चिम भारत में भी इस तरह की अनेंक संस्थाएं स्थापित हुईं जिनका भारतीय राष्ट्रवाद के उन्नयन एवं विकास में महत्वपूर्ण योगदान था। 1820ई0 में ''दि बॉम्बे

एजूकेशन सोसाइटी'' की स्थापना हुई। सन् 1825ई0 में ''दि नेटिव एजूकेशन सोसाइटी'' नामक संस्था बनी।[9] 1827ई0 में बॉम्बे एजूकेशन सोसाइटी ने ''एलफिंस्टन इंस्टीट्यूट'' की स्थापना की।[10] एलफिंस्टन इंस्टीट्यूट में पढ़े हुए कुछ युवकों नें ''दि स्टूडेंट सोसाइटी'' को आरम्भ किया जिसकी गुजराती शाखा का नाम ''गुजराती ज्ञान प्रसारक मंडल'' था।[11] सन् 1851 में इसी संस्था का एक और संघ ''बुद्धिवर्द्धक सभा'' नाम से बनी।[12] शिक्षा के प्रसार के लिए मेंहताजी दुर्गाराम ने ''पुस्तक प्रसारक मंडली'' की स्थापना की।[13] गुजराती साहित्य एवं संस्कृति के उत्थान में ''गुजरात वर्नाक्यूलर सोसाइटी'' का भी प्रमुख स्थान है जिसकी स्थापना एलेक्जेंडर किंलोर्क फार्बस एवं कवि दलपतराम ने 1848ई0 में की थी।[14] 20वीं सदी के प्रथम दशक में स्थापित ''गुजराती साहित्य परिषद'' इस क्षेत्र में मील का पत्थर साबित हुई।

जब समूचे देश में संगठनों एवं संस्थाओं के निर्माण का एक प्रकार से आंदोलन चल रहा हो तब भला उत्तर भारत इससे कैसे अछूता रहता? प0 प्र0 और अवध में भी इस प्रकार के संस्थाओं के निर्माण का कार्यक्रम चल रहा था[15] और प्रदेश के अन्य क्षेत्रों के समान देश की सांस्कृतिक राजधानी काशी का भी इसमें अग्रणी स्थान रहा[16] जिसके पुरोधा बने भारतेंदु हरिश्चंद्र। उन्होंने यह अनुभव कर लिया था कि बिना संस्थाओं के निर्माण के देशोन्नति संभव नहीं है, अतएव उनके सहयोग से ''कवितावद्धिनी सभा'', 'तदीय समाज', ''हिंदी डिबेटिंग क्लब'', ''यंगमेंस एसोसिएशन'', ''काशी सार्वजनिक सभा'', ''वैश्य हितैषिणी सभा'' एवं ''बनारस इंस्टीट्यूट'' सदृश संस्थाएं स्थापित हुईं।[17]

इस समय तक हिंदी के प्रचार–प्रसार के लिए जो कार्य किया गया था वह बहुत थोड़ा था। भारतेंदु हरिश्चंद्र द्वारा हिंदी के उत्थान के लिए व्यापक प्रयास किये गये और संस्थागत रूप से भी उन्होंने प्रयास किया परन्तु उनके बाद यह कार्य शिथिल पड़ गया। भारतेंदु के उपरांत संस्थागत रूप से हिंदी के लिए कुछ अन्य संस्थाओं ने भी कार्य किया जिनमें प्रयाग का अग्रणी स्थान रहा। इस क्रम में प्रथम प्रयास पं0 बालकृष्ण भट्ट का था जिनके सहयोग से ''हिंदीवद्धिनी सभा'' की स्थापना हुईं। इस संस्था ने ''हिंदी प्रदीप'' नामक मासिक पत्र भी निकाला। स्वयं भारतेंदु हरिश्चंद ने इस

सभा का उद्घाटन किया था और 98 दोहों का पद्यबद्ध भाषण दिया था जिसकी अत्यन्त प्रसिद्ध पंक्ति है–

''निजभाषा उन्नति अहै, सब उन्नति को मूल।
बिन निजभाषा ज्ञान के, मिटत न हिय को सूल।।''[18]

प्रयाग में ही दूसरा प्रयास ''हिंदू समाज'' के द्वारा किया गया। इस समाज के द्वारा 1884ई0 में ''हिंदी उद्धारिणी प्रतिनिधि मध्य सभा'' नामक संस्था की स्थापना की गयी।[19] हिंदी के उत्थानार्थ ही इस सभा के द्वारा ''सम्पादक समाज'' का भी गठन किया गया।[20]

हिंदी के लिए दूसरा उद्योग अलीगढ़ की ''भाषा सवंद्धिनी सभा'' ने किया जिसकी स्थापना 1878ई0 में बाबू तोमाराम जी ने किया था।[21] इस सभा ने हिंदी को उसके आरंभिक काल में बहुत बल प्रदान किया। काशी में भारतेंदु हरिश्चंद्र और बाबू राधकृष्णदास इस सभा के सभासद थे। इस संस्था ने उर्दू बहुल पश्चिमोत्तर प्रदेश में हिंदी भाषा एवं नागरी लिपि के प्रचार–प्रसार में उल्लेखनीय कार्य किया।[22]

हिंदी के लिए तीसरा उद्योग मेरठ की ''देवनागरी प्रचारिणी सभा'' का था जिसके जीवनधार पं0 गौरीदत्त थे। इस सभा के द्वारा एक मासिक पत्रिका का प्रकाशन किया गया। इस सभा ने एक विद्यालय का भी संचालन किया और नागरी के प्रचार के लिए व्याख्यानों का भी आयोजन किया।[23]

भारतीय समाज की कुरीतियों एवं धार्मिक मिथ्याचारों के उन्मूलन के हेतु स्वामी दयानंद सरस्वती द्वारा 10 अप्रैल, 1875ई0 को बम्बई में ''आर्य समाज'' की स्थापना की गयी। सामाजिक सुधार के साथ ही देशभाषा हिंदी, जिसे वे 'आर्यभाषा' कहा करते थे, के उत्थान में उन्होंने महत्वपूर्ण भूमिका निभाई। उन्होंने आर्यसमाजियों को हिंदी जानना अनिवार्य कर दिया था। अहिंदी भाषी गुजराती होते हुए भी उन्होंने अपने ग्रन्थ हिंदी में लिखे क्योंकि उनके विचार में भिन्न–भिन्न भाषा, पृथक–पृथक शिक्षा और अलग–अलग व्यवहार का विरोध बिना छूटे.........अभिप्राय सिद्ध होना कठिन है। 'सत्यार्थ प्रकाश' में बार–बार स्वामी जी ने अंग्रेजों के 'निज भाषाप्रेम' की दुहाई देते हुए भारतीयों को हिंदी अपनाने की शिक्षा दी।[24]

इस प्रकार 19वीं शताब्दी के उत्तरार्द्ध में देश में विभिन्न प्रकार की अनेक संस्थाएं कार्य कर रहीं थीं और उनसे जुड़े लोग विविध माध्यमों द्वारा जनता–जनार्दन में जागृति लाने का प्रयास कर रहे थे। इस समय का इतिहास देखने से स्पष्ट होता है कि लम्बी अवधि की राजनीतिक दासता ने भारतीयों की भावनाओं को हताश कर दिया था परन्तु 19वीं सदी के उत्तरार्द्ध में भारत में उच्चस्तरीय सामाजिक एवं राजनीतिक नेतृत्व दिखाई देता है। शोध द्वारा उद्घाटित ऐतिहासिक तथ्यों का प्रयोग राजनीतिक एवं सामाजिक उद्देश्यों हेतु किया गया फलस्वरूप भारतीयों ने यह अनुभव किया कि वे किसी भी प्रकार अपने शासकों से हीन नहीं हैं। इस पुनरूत्थानवादी प्रतिक्रिया स्वरूप भारत में पश्चिमी मॉडल के राजनीतिक एवं सामाजिक संगठनों के विकास का एक आन्दोलन उठ खड़ा हुआ। इसी पृष्ठभूमि में जातीयता एवं क्षेत्रीयता से ऊपर उठकर देशवासियों में व्यापक चेतना लाने एवं राष्ट्रीय समेकन को दृढ़ करने के उद्देश्य से दिसम्बर, 1885ई0 में ''भारतीय राष्ट्रीय कांग्रेस'' की स्थापना हुई। कांग्रेस के उद्देश्य अत्यंत विस्तृत थे और वह एक राष्ट्रीय संस्था थी परन्तु एक बात जो सामने आती है वह यह कि यह संस्था उच्च मध्यमवर्ग की संस्था थी, और जनसामान्य की उसमें कोई भागीदारी नहीं थी और न ही उसकी कार्यवाही भारतीय भाषाओं में ही होती थी। यह जनता के सानिध्य में तब आयी जब 1893ई0 में काशी की नागरीप्रचारिणी सभा की स्थापना हुई।[25]

नागरीप्रचारिणी सभा की स्थापना की पृष्ठभूमि

यह बात प्रकट करते हुए आश्चर्य होता है कि इस महत्वपूर्ण सभा की स्थापना काशी में छोटे–छोटे बालकों ने किया था। सभा–समाजों की प्रतिष्ठा के कारण उसके उत्तमोत्तम कार्य होते हैं और काशी की यह सभा अपने उत्तमोत्तम कार्यों के द्वारा उच्च प्रतिष्ठा की भागी बनी। सभा ने अपने कायों से न केवल हिंदी भाषा एवं साहित्य की रूपरेखा स्पष्ट की बल्कि राष्ट्रीय आन्दोलन को एक निर्णायक दशा एवं दिशा प्रदान की। सभा की ज्योति उस समय फूटी जब भारतेंदु के अस्त हो जाने से हिंदी संसार में चारों ओर अंधकार ही अंधकार छाया हुआ था। उनके उदित होने से हिंदी का जैसा प्रचार–प्रसार एवं विस्तार हुआ था उनके अस्तंगत होते ही उस पर अंधकार

की वैसी ही छाया भी पड़ने लगी थी।[26] भारतेंदु जी ने हिंदी प्रेम की जो चन्द्रिका भारतवासियों के हृदय में छिटकाई थी उसका प्रभाव अभी बना हुआ था। नगर और ग्रामों में अध्यापक लोग बालकों को हिंदी–प्रेम की शिक्षा दे रहे थे। ऐसे अध्यापकों में बनारस जिले के तिरपाट गॉव के हिंदी मिडिल स्कूल के अध्यापक रामकिंकर सिंह प्रमुख थे। उस समय इस स्कूल के जिन छात्रों ने हिंदी प्रेम की पक्की दीक्षा ली उनमें शिवकुमार सिंह और उमराव सिंह के नाम विशेष उल्लेखनीय हैं। ये दोनों छात्र मिडिल पास करके 1888ई0 में काशी आये और 'क्वींस कालेजियेट' मे प्रविष्ट होकर जगतगंज मुहल्ले में स्थित उसके छात्रावास 'नार्मल स्कूल' में रहने लगें। इन छात्रों को इस कालेज में भी कई हिंदी प्रेमी साथी मिले जिनमें रामगरीब चौबे और भारतेंदुजी के भतीजे श्रीकृष्णचंद्र प्रमुख थे। श्रीकृष्णचंद्र से सम्पर्क के कारण इन छात्रों का भारतेंदुजी के घर आना–जाना हुआ जहां बाबू राधाकृष्णदास और जगन्नाथदास रत्नाकर जैसे विद्वानों से सम्पर्क के कारण इन लोगों के हृदय में हिंदी के प्रति प्रेम पनपने लगा।[27]

उन दिनों काशी में मि0 केन द्वारा संचालित 'मद्यनिवारिणी सभा' की धूम मची हुई थी। महंत केशवानंद इसके प्राण थे और एक बड़े झंडे के साथ अपना दल–बल लिए इसका प्रचार करते और उपदेश देते। उमराव सिंह जैसे छात्र छुट्टी के दिनों में महंतजी के साथ सड़कों पर व्याख्यान देते फिरते। उनके हृदय में इसी प्रकार नागरी का झंडा लेकर उसका प्रचार करने की उमंग उठा करती थी।[28]

उक्त छात्रावास में एक ओर तो कुछ छात्रों के हृदयों में इस प्रकार के भाव उठ रहे थे, दूसरी ओर, गोपालप्रसाद खत्री, रामसूरत मिश्र, जयकृष्णदास आदि पॉचवीं कक्षा के छात्र एक वाद–विवाद समिति स्थापित करने की बात सोच रहे थे। इन छात्रों ने इस विषय में उच्च कक्षाओं के छात्रों का सहयोग प्राप्त करने के लिए रामसूरत मिश्र को शिवकुमार सिंह आदि नवीं कक्षा के छात्रों के पास भेंजा। वे लोग इस शर्त पर राजी हुए कि नागरी प्रचार को उद्‌देश्य बनाकर सभा की स्थापना की जाय। निदान 3 मार्च, 1893ई0 को छात्रावास में सब लोग उपस्थित हुए और निश्चय हुआ कि अगले शनिवार को नियमादि बनाकर सभा में उपस्थित किया जाय। इस निश्चयानुसार 10

मार्च, 1893ई0 को सब छात्र पुनः एकत्र हुए और सभा का नाम ''ना0 प्र0 सभा'' रखा गया और कार्य संचालन के लिए 10 नियम स्वीकृत हुए।[29]

तीसरे अथवा चौथे शनिवार को पं0 सुधाकर द्विवेदी के पुत्र अच्युतानंद द्विवेदी और पं0 रामनारायण मिश्र सभा में पधारे और उसके कार्यों में उत्साह से भाग लेने लगे। कतिपय विघ्नों के कारण इस सभा की कुछ बैठकें 'बागबरियार सिंह' के पास मथुराप्रसाद के बाग में, फिर जयकृष्णदास के बुलानाले के अस्तबल के ऊपर वाले कमरे में हुईं। इसके बाद ग्रीष्मावकाश हो जाने के कारण सभा की कार्यवाही बंद रही।

ग्रीष्मावकाशोपरांत 25 आषाढ़, 1950 वि0 (9 जुलाई, 1893ई0) को पुनः सब लोग उपस्थित हुए। इस दिन कई नये सज्जन सभा में पधारे जिनमें श्यामसुंदरदास और शंकरनाथ प्रमुख थे। प्रथम दिन ही सभा का नाम और कार्यप्रणाली बदल देने के लिए काफी वाद–विवाद हुआ। पुनः 32 आषाढ. 1950 वि0 (16 जुलाई, 1893ई0) की बैठक में काफी बहस के बाद जो मत स्थिर हुआ उसके अनुसार सभा के नाम और उद्देश्यों में कोई परिवर्तन न होना चाहिए, नियमों में आवश्यक हो तो परिवर्तन कर लिया जाय। अंत में जो निश्चय हुआ उसका सारांश इस प्रकार था[30]–

1. सभा का नाम ''नागरीप्रचारिणी सभा'' ही रहे।
2. इसके स्थापनकर्ता श्री गोपालप्रसाद मानें जॉय।
3. उद्देश्य और नियम परिवर्तित तथा परिवद्धित किये जॉय।
4. सभा का जन्म दिन 32 आषाढ़ सं0 1950वि0 (16 जुलाई, 1893ई0) माना जॉय।
5. श्री श्यामसुंदरदास सभा के मंत्री बनाये जॉय।

इस प्रकार 16 जुलाई, 1893ई0 को नागरीप्रचारिणी सभा की स्थापना हुई। इस तिथि से पूर्व भी इसका नाम ''नागरीप्रचारिणी सभा'' ही था और हिंदी हित साधन इसके मूल में था। इस सभा के प्रथम अधिवेशन में कुल 12 सज्जन उपस्थित थे–गोपालप्रसाद खत्री, कन्हैयासहाय, रामकृष्णदास, जयकृष्णदास, रघुनाथप्रसाद, श्यामसुंदरदास, रानारायण मिश्र, शिवकुमार सिंह, उमराव सिंह, बाबा गंडा सिंह, भगतराम और शंकरनाथ[31] और उन्हीं के द्वारा इस सरिता रूपी सभा का जन्म हुआ। ''जिस प्रकार महती नदियों का प्रारम्भ छोटे–छोटे नालों के रूप में हुआ करता है, उसी

प्रकार इस महती संस्था का जन्म एक बहुत ही छोटे पैमानें पर हुआ। जिस प्रकार बड़ी–बड़ी सरिताएं अपने उद्गम स्थान से निकलने के पश्चात् बड़ी तीव्र गति से बहती हैं, फिर तेढ़े–मेंढ़े, कॅकरीले–पथरीले मार्गों को पार करके, झाड़ियों और पहाड़ियों से होती हुई, बड़े–बड़े विशाल मैदानों में पहुॅच जाती हैं, जहॉ वे अधिक चौड़ी, और विस्तृत हो जाती हैं और उनकी गति मंद, किन्तु एकसम हो जाती है।.......जो प्रदेश के भिन्न–भिन्न भागों में फैली रहती हैं, वे भूभाग को सींचती और देश को उपजाऊ बनाकर उसे सम्पत्तिशाली बनाती है'' हृदयनाथ मोटा[32] का कथन जिस प्रकार भारतीय राष्ट्रीय कांग्रेस के लिए पूर्णतः सत्य है उसी प्रकार नागरीप्रचारिणी सभा के ऊपर भी यह कथन पूरी तरह चरितार्थ होता है। इस सरिता रूपी श्रोतस्वती में एक श्रोत तिरपाट के मिडिल स्कूल से आया, दूसरा गोपालप्रसाद के रूप में मिला, तीसरा रामनारायण मिश्र आदि के साथ आया और चौथा श्यामसुंदरदास आदि के रूप में आ मिला। 32 आषाढ़, 1950वि0 (16जुलाई, 1893ई0) को इन श्रोतों के संगम ने साहित्य की इस सरिता ''नागरीप्रचारिणी सभा'' का रूप धारण कर लिया जिसकी अखंड धारा अनेक भंगिमाओं के साथ बहती चली आ रही है।

16 जुलाई, 1893 ई के अधिवेशन में ही बाबू श्यामसुंदरदास मंत्री, बाबू जयकृष्णदास उपमंत्री और बाबू गोपालप्रसाद कोषाध्यक्ष चुने गये। प्रथम अधिवेशन में ही सभा के जो उद्देश्य निर्धारित किये गये वे इस प्रकार थे[33]–

1. इस सभा के सभासदों का मुख्य कर्तव्य यह है कि नागरी भाषा से अपनी उन्नति करें। नागरी जानने वाले इष्ट मित्रों से नागरी अक्षर और भाषा में पत्र–व्यवहार करें। लोगों की रूचि इस ओर आकर्षित करें।
2. नागरी लेख लिखने का अभ्यास करें और उन्हें सामयिक पत्रों में प्रकाश करवावें।
3. इसके सभासद अन्य स्थानीय ना0 प्र0 सभाओं से पत्र–व्यवहार द्वारा एकता और मित्रता करें।
4. यथामाध्य दूसरे स्थानों में ऐसी सभा स्थापन करने का प्रयत्न करें।
5. दूसरी भाषा के उत्तम एवं उपयोगी ग्रंथों को हिंदी में अनुवाद करें।
6. परस्पर में मित्रता और ऐक्य बढ़ावें।

सभा समय–समय पर अपने उद्देश्यों में परिवर्तन करती रही और अपने लक्ष्य प्राप्ति के लिए आवश्यक उद्देश्य निर्धारित करती रही। 20 जनवरी, 1894ई0 में श्री राधाकृष्णदास आदि के सुझाव पर सभा के उद्देश्यों में कुछ संशोधन किये गये जिसमें जो नई बात जोड़ी गई वह इस प्रकार थी[34]–

1. हिंदी भाषा की त्रुटियों को दूर करना।
2. हिंदी को उत्तम और आवश्यक विषयों के ग्रंथों से अलंकृत करना (नवीन ग्रंथ अथवा दूसरी भाषा के अनुवाद द्वारा) और
3. हिंदी भाषा के प्रचार तथा उचित अधिकार पाने के लिए सरकार तथा एतद्देशीय और परदेशीय सज्जनों में उद्योग करना।

पुनः 19 अक्टूबर, 1894ई0 को उद्देश्यों में संशोधन करते हुए यह जोड़ा गया कि ''समय–समय पर पारितोषिक देकर हिंदी पढ़ने तथा जानने वालों का उत्साह बढ़ाना।''[35]

यहां एक प्रश्न उपस्थित होता है कि आखिर क्यों ''ना0 प्र0 सभा'' नामक संस्था की स्थापना की गयी। इस संदर्भ में तत्कालीन परिस्थितियों, सरकार की नीतियां एवं विश्व पटल पर दृष्टिपात करने पर इस प्रश्न का उत्तर स्पष्ट हो जाता है। अंग्रेजों ने अंग्रेजी के साथ ही फारसी को तो प्रोत्साहन दिया पर लोकभाषा हिंदी को लोकदृष्टि एवं राजदृष्टि दोनों से ओझल रखने का प्रयास किया क्योंकि उनको भय था कि यदि हिंदी का प्रचार किया गया तो भारत में राष्ट्रीयता फैलेगी और सम्पूर्ण भारत एक राष्ट्रीय भाषा के सूत्र में बॅधकर एक हो जायेगा। सरकार की नीतियां तो एक कारण थी ही, साथ ही, स्वामी दयानंद सरस्वती, शिवप्रसाद 'सितारैहिंद' और भारतेंदु सदृश व्यक्तियों के अथक प्रयासों के बाद भी हिंदी को उसका वास्तविक पद नहीं मिल पाया था फलस्वरूप हिंदी भाषी जनता में घोर निराशा एवं विक्षोभ व्याप्त था। इस प्रकार इस अपमान की अवस्था में हिंदी की रक्षा करने, उसके लिए किये गये प्रयासों को पूर्णता तक पहॅुचाने एवं देश को समान भाषा से एकीकृत करने के उद्देश्य से ना0 प्र0 सभा की स्थापना की गयी जैसा कि सरस्वती पत्रिका ने लिखा है–''य़द्यपि अनेक बार के उद्योग–मार्ग में नैराश्य का घोर अंधकार पूर्णरूप से फैल रहा था, और इस पथ के

पथिकजन एक प्रकार से थक और आगे के मार्ग को अंधकाराच्छन्न देखकर उत्साहहीन हो मौन साधकर बीच ही में बैठ रहे थे, कि अपने नये उत्साह और नये उद्योग–रूपी विद्युत–प्रकाश से उस तिमिर को क्रमशः छिन्न–भिन्न कर बिचारे उत्साहहीन पथिकों के भविष्यत् मार्ग को प्रदर्शित करने की आकांक्षा से काशी धाम में एक सभा का जन्म हुआ।'[36]

यदि विश्व इतिहास पर दृष्टिपात किया जाय तो भी यह बात स्पष्ट हो जाती है कि इस समय संसार के विभिन्न देशों में साम्राज्यवाद के विरूद्ध अपने देशवासियों को एक भाषा के माध्यम से संगठित करने एवं मातृभाषा के रक्षार्थ सक्रिय आंदोलन चल रहे थे। उदाहरण के दौर पर भारत और आयरलैण्ड के इतिहास इस सन्दर्भ में काफी समान हैं। जिस प्रकार भारत में मातृभाषा के रक्षार्थ एवं उसको उसका वास्तविक पद दिलाने के लिए सभा के माध्यम से संस्थापक त्रिमूर्तियों ने आंदोलन आरंभ किया उसी प्रकार ठीक इसी वर्ष आयरलैण्ड में भी श्री डी0 वेलेरा के नेतृत्व में मातृभाषा का आंदोलन आरंभ किया गया। जिस प्रकार सभा के संस्थापक त्रय 50 वर्षों से अधिक समय तक जीवित रहे और हिंदी को उसका वास्तविक पद दिलाने में काफी हद तक सफल रहे, उसी प्रकार आयरलैण्ड में भी श्री डी0 वेलेरा महोदय आंदोलन आरंभ करने के बाद 50 वर्षों से अधिक समय तक जीवित रहे और आयरिश भाषा को उसका वास्तविक पद दिलाने में सफल रहे।[37]

इन कार्यों के अतिरिक्त सभा ने एक और अत्युत्तम कार्य का श्रीगणेश प्रथम वर्ष में किया और वह था हिंदी भाषा के ग्रंथ एक ही स्थान पर मिल जॉय; इस हेतु 'नागरी भंडार' नामक पुस्तकालय की स्थापना और उसमें बहुत से ग्रंथ एकत्र करने और ग्रंथकारों से अपने ग्रंथ सभा को दान देने का उद्योग आरंभ किया।[38]

सभा ने जिस नागरी भंडार नामक पुस्तकालय की स्थापना की वह बाद में आर्यभाषा पुस्तकालय के नाम से जाना गया और यह कितना महत्वपूर्ण था यह सभा के वार्षिक विवरण से स्पष्ट हो जाता है कि ''सभा के आर्य भाषा पुस्तकालय का आरंभ से ही उद्‌देश्य रहा है कि उसमें हिंदी की सभी प्रकाशित पुस्तकें रखी जायॅ। भारत में

हिंदी का सबसे बड़ा पुस्तकालय यहीं है, जिसमे सहस्त्रों ऐसी प्राचीन तथा अलभ्य पुस्तकें रखी हैं जो कदाचित और कहीं मिल ही नहीं सकतीं।''[39]

ना0प्र0 सभा का प्रथम वार्षिकोत्सव 30 सितम्बर, 1894ई0, रविवार संध्या के 6 बजे कारमाइकेल लाइब्रेरी के हाल में हुआ। नगर–निवासियों की ऐसी भीड़ हुई कि हाल में बैठने का स्थान शेष न था। नगर के रईस, डॉक्टर ,वकील, मुख्तार, महाजन, रोजगारी तथा स्कूल के ग्रेजुएट लोगों की काफी भीड़ थी।[40] पहले सभापति राजा शिवप्रसाद को बनाया जाना तय था परन्तु सभा में कांग्रेसी नवयुवकों द्वारा उनका विरोध किये जाने पर पं0 लक्ष्मीशंकर मिश्र एम0 ए0, सम्पादक, 'काशी पत्रिका' एवं असिस्टेंट इंस्पेक्टर ऑफ स्कूल, को बाबू इंद्रनारायण सिंह बी0 ए0 के प्रस्ताव एवं डॉ0 छन्नूलाल के अनुमोदन पर सभा का सभापति चुना गया।[41] सभापति की आज्ञानुसार सभा की वार्षिक रिपोर्ट बाबू श्यामसुंदरदास द्वारा पढ़ी गयी जिसका समर्थन एवं प्रसंशा 'भारतजीवन' पत्र के सम्पादक बाबू रामकृष्ण वर्मा ने की और सभासदों से अनुरोध किया कि रिपोर्ट स्वीकार की जॉय। इस प्रस्ताव का अनुमोदन 'साहित्य सुधानिधि' के सम्पादक बाबू जगन्नाथदास बी0 ए0 ने किया जिसका समर्थन पं0 हरनंद जोशी ने किया था।

तदुपरांत सभापति की आज्ञा से बाबू राधाकृष्णदास ने ''हिंदी क्या है?'' ''हिंदी से क्या–क्या उपकार है?'' ''हिंदी की दशा क्या है?'' ''ना0 प्र0 सभा क्यों बनी?'' ''ना0 प्र0 सभा क्या चाहती है?'' और ''देशवासियों का क्या कर्तव्य है?'' विषय पर गहन व्याख्यान दिया जिस पर चारो ओर से करतल ध्वनि हुई। इसके उपरांत सभापति महोदय ने व्याख्यान दिया जिसमें इस प्रकार की संस्था की आवश्यकता, नागरी अक्षरों की सुंदरता, उसके गुण एवं उसकी सर्वग्राहता तथा साथ ही सभा के कार्यों पर संतोष व्यक्त करना प्रमुख था। अंत में बाबू संकठाप्रसाद के अनुरोध पर राजराजेश्वरी तथा वाइसराय लार्ड एल्गिन के दीर्घायु होने की प्रार्थना की गई। सभा के विसर्जनान्तर बाबू श्यामसुंदरदास के निवेदन पर पं0 लक्ष्मीशंकर मिश्रजी ने इस सभा का अभिभावक होना स्वीकार कर लिया।[42]

सभा के उद्देश्य और नियम

सभा–समाजों की स्थापना के पीछे कुछ उद्देश्य होते हैं और उन उद्देश्यों की प्राप्ति के लिए कुछ नियमों की आवश्यकता होती है जिससे उसे संचालित, सुनियंत्रित और सुव्यवस्थित किया जा सके। ना० प्र० सभा ने भी कुछ उद्देश्य निर्धारित किये और उसकी प्राप्ति के लिए समय–समय पर विचारपूर्ण नियमों का निर्माण तथा उसमें संशोधन और परिवर्धन करती रही जो सभा की प्रगति में अच्छे परिचायक सिद्ध हुए। 16 जुलाई, 1893ई० को ही सभा ने कुछ नियम निर्धारित किये जो इस प्रकार थे–

1. क. इस सभा के तीन अधिवेशन हुआ करेंगे–साप्ताहिक, त्रिमासिक और वार्षिक।
   ख. किसी योग्य पुरुष के आ जाने अथवा किसी ऐसे कारण के उपस्थित होने और सभा के उचित समझने पर नैमित्तिक सभा भी हो सकती है।
2. इस सभा का साप्ताहिक अधिवेशन प्रति शनिवार को हुआ करेगा जिसमें गत सप्ताह की संक्षिप्त कार्यवाही का सुनना, राजनैतिक और धर्म संबंधी विषयों को छोड़कर नियत विषय पर नियमानुसार विवाद हुआ करेगा।
3. इस सभा के निम्नलिखित अधिकारी होंगे–सभापति, मंत्री उपमंत्री और कोषाध्यक्ष।
4. इस सभा में प्रत्येक पुरुष मंत्री के पास निवेदन–पत्र लिखने पर सभासद बन सकता है।
5. प्रत्येक सभासद को कम से कम एक आना मासिक देना होगा। जो मासिक नहीं देंगे वे इसके सहायक समझे जायेंगे।
6. सभा अपने में से प्रबंधकर्ता व अधिकारियों को बना सकती है।[43]

इसके उपरांत 23 जुलाई 1893ई०; 20 जनवरी, 1894ई० और 19 अक्टूबर, 1894ई० को भी सभा ने अपने लिए कुछ नियम बनाये अथवा पुराने नियमों में संशोधन किया जिसके मूल में सभा की उन्नति शामिल था।[44]

सभा के सभासद

सभा का सभासद होने के लिए क्या योग्यता होनी चाहिए? इस संदर्भ में योग्यता निर्धारित की गयी थी कि कोई भी मंत्री के पास निवेदन–पत्र देकर सभासद हो सकता

है।[45] नये नियम में यह निर्धारित हुआ कि ''इस सभा के सभासद हिंदी भाषा के रसिक मात्र हो सकते हैं। जिन महाशयों को सभासद होने की इच्छा हो, वे पत्र द्वारा अथवा किसी सभासद द्वारा अपनी इच्छा प्रकट करने पर सभासद हो सकते हैं। सभा को यह भी अधिकार होगा कि हिंदी भाषा के प्रसिद्ध रसिकों में से, जिनको चाहे उनसे, सभासद बनने के लिए प्रार्थना करे।[46]

सभा का संघटन एवं उसके अंग

सभासद : कोई भी व्यक्ति जो हिंदी से प्रेम रखता हो; सभा का सभासद हो सकता है फिर भी संशोधित रुप में यह नियम निर्धारित हुआ कि कोई भी व्यक्ति जो नागरी से प्रेम रखता हो और उनकी अवस्था 21 वर्ष से कम न हो, सभा का सभासद हो सकता है। ये सभासद 5 प्रकार के होंगे [47]–

क. साधारण सभासद : इनकी संख्या अपरिमित रहेगी। काशी के रहने वाले 'स्थानीय' और बाहर के रहने वाले 'बाहरी' कहलायेंगे। इस श्रेणी के सभासदों को प्रतिवर्ष रु0 3 चंदा देना होगा।

ख. स्थायी सभासद : इनकी संख्या अपरिमित होगी और सभासद महाशयों को एक या दो वर्ष के भीतर रु 100 या अधिक चंदा देना होगा।

ग. मान्य सभासद : इनकी संख्या 50 से अधिक न होगी और वे ही सज्जन हो सकेंगे जो हिंदी भाषा और साहित्य की सेवा कर रहें हों या की हो या जिनसे सभा अपने उपकार की विशेष आशा रखती हो जो विद्या–बुद्वि और चरित्र के लिए प्रसिद्ध हों।

घ. विशिष्ट सभासद : इनकी संख्या अपरिमित होगी; वे ही महाशय कहलायेंगे जो सभा के किसी उद्‌देश्य की सफलता के लिए रु 500 या उससे अधिक धन एक या दो वर्ष के भीतर देंगे।

च. वाचस्पत्य सभासद :इनकी संख्या 21 होगी; वे सज्जन होंगे जिन्होंने हिंदी भाषा तथा साहित्य के निर्माण में स्थायी तथा प्रतिष्ठित कार्य किया हो। इन सदस्यों का निर्वाचन प्रबंध समिति की सर्वसम्मति से होगा जिसमें कम से कम 12 सदस्य उपस्थित हों।

सभासद का चुनाव

जिन महाशयों को सभासद होने की इच्छा हो वे इस आशय का पत्र सदस्यता शुल्क सहित मंत्री के पास भेंजे और यह पत्र साधारण सभा में किसी सभासद के प्रस्ताव तथा 3/4 सदस्यों की स्वीकृति पर उसका नाम सभासद की श्रेणी में लिखा जाता था। वाचस्पत्य, मान्य, स्थायी तथा विशिष्ट सभासद प्रबंध–समिति के प्रस्ताव पर साधारण सभा में बहुमत से चुने जाते थे।[48]

सभा के संरक्षक : ऐसे महानुभाव जो नागरी अक्षर, हिंदी भाषा अथवा सभा की विशेष सहायता करेंगे इस सभा के संरक्षक चुने जा सकेंगे, ऐसा प्रावधान है और ऐसा प्रबंध–समिति के प्रस्ताव और साधारण सभा के अनुमोदन पर सभा के वार्षिक अधिवेशन में होगा। साथ ही, प्रबंध–समिति अपने प्रस्ताव में यह स्पष्ट करके लिख देगी कि जिनके संरक्षक चुने जाने के लिए वह प्रस्ताव करती है उन्होंने नागरी अक्षर, हिंदी भाषा अथवा सभा की क्या सहायता की है।[49]

सभा की स्थापना के उपरांत ही हिंदी हितैषियों के साथ ही कतिपय देशी नरेशों ने भी सभा को अपना संरक्षण प्रदान किया। जैसे–जैसे सभा उन्नति करती गयी और हिंदी का प्रचार–प्रसार होता गया, उसी क्रम में संरक्षकों की संख्या भी बढ़ती गयी और न केवल पश्चिमोत्तर प्रदेश बल्कि बिहार, मध्य भारत, राजपूताना, गुजरात, महाराष्ट्र, जम्मू और कश्मीर इत्यादि कई प्रदेशों की रियासतों के नरेश सभा के संरक्षक रहे।[50]

कार्याधिकारी

16 जुलाई, 1893ई0 को ही यह निश्चित हुआ कि सभापति, मंत्री, उपमंत्री और कोषाध्यक्ष इस सभा के अधिकारी होंगे। बाद में, संशोधन के उपरांत यह निर्धारित हुआ कि सभा के अधिकारी इस प्रकार होंगे–एक सभापति, दो उपसभापति, एक प्रधानमंत्री, एक या अधिक विभाग मंत्री, एक या अधिक वैतनिक सहायक मंत्री, एक या अधिक वैतनिक या अवैतनिक आय–व्यय निरीक्षक।[51]

अधिकारियों की अवधि : समस्त अवैतनिक अधिकारियों की अवधि एक वर्ष की होगी और अगले वर्ष अगले वार्षिक निर्वाचन के साथ ही उनका त्यागपत्र समझा जायेगा,

ऐसा प्रावधान किया गया। इस अवधि के भीतर यदि कोई पद रिक्त होता है तो साधारण सभा को अधिकार होगा कि शेष अवधि के लिए उसके स्थान पर दूसरा अधिकारी चुनें।[52]

सभा की आर्थिक स्थिति

सभा ने जैसे बड़े–बड़े कार्य किये और सभा का जितना नाम है, उससे लगता है कि सभा की आर्थिक स्थिति काफी सुदृढ़ थी परंतु वास्तविकता ठीक इससे विपरीत है। सभा की आर्थिक स्थिति कभी सुदृढ़ नहीं रही। आश्चर्य तो इस बात का है कि आर्थिक कठिनाइयों के होते हुए भी सभा ने इतना कार्य किस प्रकार कर दिखाया। सभा के विवरणों को पढ़ने से ज्ञात होता है कि किस प्रकार इधर–उधर से धन जुटाकर सभा अपना काम चलाती रही। आर्थिक कठिनाइयों की परवाह न कर सभा का जीवन इस प्रकार खेते आने का श्रेय उसके योग्य कर्णधारों को है। सभा ने कार्य आरंभ किये और कार्य की पूर्ति के लिए जितने धन की आवश्यकता पड़ती थी, ज्यों–त्यों करके उतना धन जुटाने का प्रयत्न किया जाता था। सभा की आय का कोई स्थायी श्रोत भी नहीं था। सभासदों के वार्षिक चंदे, सरकार की समय–समय पर वार्षिक सहायता, विभिन्न पुरस्कार एवं पदक तथा पुस्तकमालाओं के लिए स्थापित निधियों के व्याज, पुस्तकों की बिक्री की आय और समय–समय पर विशिष्ट सभासदों से प्राप्त विशेष चंदे आय के प्रमुख श्रोत थे। प्रथम वर्ष में जहॉ सभा की कुल आय 158 रु0 1 आना और 6 पाई और व्यय 121रु0 14 आना था,[53] तो वहीं 1902ई0 तक कुल आय 18667 रु0 3 आना 9 पाई और व्यय 10030रु 15 आना और 6 पाई था।[54] यदि सभा का सं0 1950 (1893ई0) से सं0 1999 (1942–1943ई0) तक के आय–व्यय का व्यौरा देखा जाय तो यह स्पष्ट हो जाता है कि जहॉ कुल आय रु0 918597, व्यय रु0 892887 और बचत 25710 था[55] अर्थात् सभा की आर्थिक स्थिति ठीक नहीं थी और कभी–कभी तो रुपया उधार तक लेना पड़ा था।

सभा के संघटन और आर्थिक स्थिति का विवेचन करने के उपरांत यदि सभा की प्रगति का अवलोकन किया जाय तो यह स्पष्ट होता है कि सभा के सदस्यों की संख्या कभी एकरुप नहीं रही और हमेंशा घटती–बढ़ती रही। जिस दिन सभा की स्थापना हुई

उस दिन मात्र 12 सज्जन उपस्थित थे। पहले वर्ष की समाप्ति तक इनकी संख्या 82 हो गयी जिनमें 38 बाहरी और 44 स्थानीय सभासद थे।[56] यह संख्या 21वें वर्ष तक निरंतर बढ़ती रही; इस वर्ष कुल 1367 सभासद थे जिनमें 16 मान्य, 46 स्थायी, 1305 साधारण सभासद थे अर्थात् 204 स्थानीय और 1087 बाहरी सभासद।[57] इसके बाद यह संख्या क्रमशः घटती गयी और 44वें वर्ष में मात्र 517 रह गयी। इसका कारण चंदा अग्रिम लिए बिना ना0 प्र0 पत्रिका का भेंजना बंद कर दिया गया था और वार्षिक चंदा भी देढ़ रु0 से बढ़कर तीन रु0 कर दिया गया था।[58] 45वें वर्ष से इसमें पुनः वृद्धि आरंभ हुई और 51वें वर्ष अर्थात् सं0 2000 में इनकी संख्या पुनः 1735 पहुँच गयी।[59] सं0 2004 में समस्त सभासदों की संख्या 2515 तक पहुँच गयी जिनमें 4 वाचस्पत्य, 53 मान्य, 108 विशिष्ट, 546 स्थायी और 1804 साधारण सभासद थे।[60] इसके उपरांत यह क्रम वृद्धि की ओर ही अग्रसर है।

नागरीप्रचारिणी सभा की स्थापना के समय की परिस्थितियों का अध्ययन करने से एक बात स्पष्टतः उभरकर सामने आती है कि उस समय न केवल पश्चिमोत्तर प्रदेश और अवध बल्कि संपूर्ण भारत में और साथ ही विश्व के अनेंक देशों में इस प्रकार की संस्थाओं की स्थापना का आंदोलन आरंभ हुआ था। ऐसे ही संक्रमण काल में छोटी कक्षा के विद्यार्थियों द्वारा सभा की स्थापना हुई और जैसे–जैसे यह संस्था उन्नति करती गयी उसी क्रम में इसके सभासदों, सहायकों एवं संरक्षकों की संख्या भी बढ़ती गयी और इसके प्रशंसकों की संख्या की तो कोई गिनती ही नहीं थी। नागरीप्रचारिणी सभा ने नागरी का जो आंदोलन आरंभ किया वह कितना लोकप्रिय हुआ इस बात का अंदाजा इसी से लगाया जा सकता है कि न केवल संपूर्ण भारत बल्कि भारत से बाहर उपनिवेशों में भी नागरीप्रचारिणी सभाओं, पुस्तकालयों एवं हिंदी साहित्य सम्मेलनों की स्थापना हुई जिसकी प्रेरणा स्रोत निश्चित रुप से सभा ही थी।

संदर्भ सूची

1. सिंह, ठाकुर प्रसाद, काशी की परंपरा, सूचना विभाग, उत्तर प्रदेश, 1957ई0, पृष्ठ 30.
2. मजूमदार, बी0 बी0, इंडियन पोलिटिकल एसोसिएशंस एंड रिफार्म ऑफ लेजिस्लेटर (1818–1917), के0 एल0 मुखोपाध्याय, कैलकटा, 1965, पेज 23,36,139.
3. वहीं, पेज 106
4. वहीं, पेज 158
5. वहीं, पेज 90.
6. घोष, जे0 सी0, बेंगाली लिटरेचर, कर्जन प्रेस, लंदन, 1976, पेज 112.
7. वहीं, पृष्ठ 593.
8. वहीं, पृष्ठ 595.
9. शर्मा, गिरधरप्रसाद, गुजराती साहित्य का इतिहास, गया प्रसाद एंड संस, आगरा, 1962ई0, पृष्ठ 42.
10. वहीं, पृष्ठ 42–43.
11. दवे, जयंतकृष्ण हरिकृष्ण, गुजराती साहित्य का इतिहास, सूचना विभाग उत्तर प्रदेश 1963ई0, पृष्ठ 158–159.
12. वहीं, पृष्ठ 159.
13. शर्मा, गिरधर प्रसाद, गुजराती साहित्य का इतिहास पृष्ठ 43.
14. वहीं, पृष्ठ 43.
15. पश्चिमोत्तर प्रदेश और अवध में स्थापित संस्थाओं के लिए देखिए ऐडमिनिस्ट्रेशन रिपोर्ट ऑफ दि एन0 डब्ल्यू0 पी0 एंड ओ0 1895–96, एपेंडिक्स, पेज 154–157.
16. ऐडमिनिस्ट्रेशन रिपोर्ट ऑफ दि एन0 डब्ल्यू0 पी0 एंड ओ0 1895–96, एपेंडिक्स, पेज 156–157.
17. सरस्वती पत्रिका, भाग–1, अंक–3, मार्च, 1900ई0, पृष्ठ 71–72.
18. भट्ट, मधुकर, पं0 बालकृष्ण भट्ट: व्यक्तित्व एवं कृतित्व, बालकृष्ण प्रकाशन, वाराणसी, 1972ई0, पृष्ठ 79.
19. प्रथम हिंदी साहित्य सम्मेलन, काशी का कार्यविवरण, प्रथम भाग, हितचिंतक प्रेस, बनारस, 1911ई0 पृष्ठ 2.
20. दास, राधाकृष्ण, हिंदी भाषा के सामयिक पत्रों का इतिहास, पृष्ठ 39.

21. ऐडमिनिस्ट्रेशन रिपोर्ट ऑफ दि एन0 डब्ल्यू0 पी0 एंड ओ0 1895–96, एपेंडिक्स, पेज 156; हिंदी भाषा के सामयिकपत्रों का इतिहास, पृष्ठ 18.
22. हॉडा, आर0 एल0, हिस्ट्री ऑफ हिंदी लैंगवेज ऐंड लिटरेचर, भारतीय विद्याभवन, बॉम्बे, 1978, पेज 316
23.ऐडमिनिस्ट्रेशन रिपोर्ट ऑफ दि एन0 डब्ल्यू0 पी0 एंड ओ0 1888–89, एपेंडिक्स, पेज156.
24. विद्यालंकार, जयचंद, इतिहास प्रवेश, भाग–2, पृष्ठ 610.
25. गोपाल, मदन, दिस हिंदी ऐंड देवनागरी, मेट्रोपोलिटन बुक कम्पनी लि0 दिल्ली, 1953, पेज 103.
26. शास्त्री, वेदव्रत, अर्द्ध शताब्दी का इतिहास, पृष्ठ 1.
27. वहीं, पृष्ठ 2.
28. वहीं, पृष्ठ 2.
29. वहीं, पृष्ठ 2–3.
30. वहीं, पृष्ठ 4–5.
31. वहीं,, पृष्ठ 5.
32. स्वतंत्रता का जन्म, गंगा फाइन आर्ट प्रेस, लखनऊ, प्रथम सं0 1949ई0, पृष्ठ 17–18.
33. भारतजीवन पत्र (साप्ताहिक) 14 अगस्त, 1893ई0, पृष्ठ 7.
34. शास्त्री, वेदव्रत, अर्द्ध शताब्दी का इतिहास, पृष्ठ 11.
35. वहीं, पृष्ठ 12.
36. सरस्वती पत्रिका, भाग–1, संख्या–4, अप्रैल, 1900ई0, पृष्ठ 3.
37. शास्त्री, वेदव्रत, अर्द्ध शताब्दी का इतिहास, पृष्ठ 5
38. नागरीप्रचारिणी सभा का प्रथम वार्षिक विवरण, 1894ई0, पृष्ठ 11.
39. नागरीप्रचारिणी सभा का 37वां वार्षिक विवरण सं0 1885वि0, पृष्ठ 7–8.
40. नागरीप्रचारिणी सभा का प्रथम वार्षिक विवरण, 1894ई0, पृष्ठ 35.
41. वहीं, पृष्ठ 35; मेरी आत्मकहानी, पृष्ठ 23
42 नागरीप्रचारिणी सभा का प्रथम वार्षिक विवरण, 1894ई0, पृष्ठ 37–41. .
43. शास्त्री, वेदव्रत, अर्द्ध शताब्दी का इतिहास, पृष्ठ 9.
44. वहीं, पृष्ठ 9,11.
45 वहीं, पृष्ठ 9.

46. वहीं, पृष्ठ 11.
47. वहीं, पृष्ठ 19–20; ना0 प्र0 सभा काशी का संविधान सं0 2013वि0 तक, पृष्ठ 7–8.
48. शास्त्री, वेदव्रत, अर्द्ध शताब्दी का इतिहास, पृष्ठ 20.
49. वहीं, पृष्ठ 22–23; सभा का संविधान, पृष्ठ 13.
50. सभा के संरक्षकों की सूची के लिए देखिए–शास्त्री, वेदव्रत, अर्द्ध शताब्दी का इतिहास, पृष्ठ 248–252.
51. शास्त्री, वेदव्रत, अर्द्ध शताब्दी का इतिहास, पृष्ठ 23.
52. वहीं, पृष्ठ 23; सभा का संविधान, पृष्ठ 13.
53. दि रिपोर्ट ऑफ दि नागरीप्रचारिणी सभा ऑफ बेनारेस फ्राम 1893–1902, पेज 27.
54. वहीं, पृष्ठ 27.
55. शास्त्री, वेदव्रत, अर्द्ध शताब्दी का इतिहास, पृष्ठ 269.
56. नागरीप्रचारिणी सभा का प्रथम वार्षिक विवरण, 1894ई0, पृष्ठ 18–21.
57. नागरीप्रचारिणी सभा का 21वां वार्षिक विवरण, 1913–14ई0, पृष्ठ 1.
58.. शास्त्री, वेदव्रत, अर्द्ध शताब्दी का इतिहास पृष्ठ 33,35.
59. वहीं, पृष्ठ 33, 36.
60. नागरीप्रचारिणी सभा का 55वां वार्षिक विवरण, 1947–48ई0, पृष्ठ 1

3. भारतीय नवजागरण एवं नागरीप्रचारिणी सभा

जब काशी की नागरीप्रचारिणी सभा की स्थापना हुई तब वह मात्र बालकों की वाद-विवाद करने की एक संस्था मात्र थी परन्तु फिर भी उसके उद्देश्य अत्यन्त विस्तृत थे और जैसे-जैसे हिन्दी हितैषी और विद्वत्जन उससे जुड़ते गये वैसे-वैसे उसके उद्देश्य और कार्य विस्तृत होते गये। प्रारम्भ में ही सभा के जो उद्देश्य निर्धारित किये गये उसके अवलोकन से ही यह स्पष्ट हो जाता है कि न केवल हिंदी भाषा एवं साहित्य वरन् अन्य ज्ञान-विज्ञान की विधाओं का सृजन एवं संवर्द्धन उसमें शामिल था। सभा ने जिन भी कार्यों को हाथ में लेने का निश्चय किया और कार्य प्रारम्भ किया उसका उद्देश्य देशवासियों में चेतना लाने, उनमें परस्पर सद्भावना एवं मैत्री स्थापित करने एवं राष्ट्रीय आन्दोलन में भाग लेने हेतु प्रेरित करना था, क्योंकि जागृति, सुधार और क्रान्ति, इतिहास के ये तीन कदम है।[1] जनसमुदाय में सर्वप्रथम जागृति आती है, तब समाज में सुधार होता है और अंत में जनता आंदोलनरत् होकर राष्ट्रीय आंदोलन में निर्णायक भूमिका निभाती है।

उन्नीसवीं सदी के उत्तरार्द्ध तक भारत के वृहद् भाग पर ब्रिटिश शासन कायम हो चुका था। प्रशासकों के लिए यह आवश्यक था कि वे अपने शासन को दृढ़ता प्रदान करें तथा अपने कार्यों को न्यायोचित आधार प्रदान करने के लिए देशवासियों की सहमति अर्जित करें। इस उद्देश्य की पूर्ति हेतु अंग्रेजों ने दो कार्य किये—प्रथम, भारतीय भाषा एवं साहित्य को विस्मार किया और द्वितीय, भारतीय इतिहास को विकृत करने हेतु उसे विशेष ढंग से लिखा। भाषा एवं साहित्य समाज को प्रतिबिम्बित करता है अतएव उसका नाश विदेशी शासन के लिए यथोचित होता है।[2] विचारशील पुरूषों का कथन है कि किसी जाति को विस्मार करने के लिए उसकी भाषा और साहित्य को नष्ट कर देना ही पर्याप्त है। दुर्भाग्य से अंग्रेजी राज्य के आगमन के साथ यहीं कार्य संपादित हुआ। देशी भाषाओं के स्थान पर अंग्रेजी भाषा को हमारी शिक्षा का माध्यम बनाया गया। जो बात स्वाधीन देशों के लिए असंभव है वहीं इस पराधीन देश के लिए संभव हो गई।[3]

अंग्रेजों ने अपने लेखन द्वारा भारतीय इतिहास को विकृत रूप प्रदान किया और व्यापक पैमाने पर इतिहास–लेखन का कार्य किया क्योंकि इतिहास वह अमूल्य निधि है, जिसकी रक्षा कर कोई भी जाति सम्पत्तिवान कहला सकती है, यह वह आधारशिला है, जिसके ऊपर राष्ट्र की आलीशान इमारत खड़ी की जाती है। तब इतिहास जैसे महत्वपूर्ण विषय पर अंग्रेज जैसी बुद्धिमान शासक जाति लेखनी क्यों न चलाती? अपने इतिहास लेखन द्वारा अंग्रेजों ने भारतीय इतिहास को टुकड़ों में बॉटा, यहाँ के लोगों को हीन साबित किया, अपनी जाति की सर्वोच्चता कायम की और जाति तथा धर्म को आधार बना कर भारतीय इतिहास को सांप्रदायिक रूप देने का पूरा प्रयास किया। 19वीं सदी के अंग्रेज लेखकों का यह तकिया कलाम सा हो गया था कि अंग्रेजों को भारत की भलाई के लिए भगवान ने भेजा है क्योंकि उन्होंने ही इस देश को अराजकता एवं लूटमार से उद्धार किया है।[4]

अंग्रेजों के इस प्रकार के विकृत इतिहास लेखन पर पं0 सुन्दरलाल ने लिखा ही है कि ''संसार के इतिहास में जब–जब और जहाँ–जहाँ एक कौम दूसरी कौम के शासन में आई है वहां–वहां कुदरती तौर पर शासक कौम के लेखकों की गरज अपनी रचनाओं से यहीं रही है कि अपनी कौम के लोगों में देशभक्ति, आत्मविश्वास, स्वाभिमान, और साहस को जागृत करें और शासिक कौम वालों में इन्हीं गुणों को कम करें या पैदा न होने दें। अंग्रेजों के लिखे हुए भारतीय इतिहास करीब–करीब शुरू से आखिरी तक इसी दोष से रंगे हुए हैं। शायद संसार के किसी देश का इतिहास इस तरह इतना विकृत नहीं किया गया जितना हिन्दुस्तान का।''[5] इसी प्रकार का मत भाई परमानन्द ने भी व्यक्त किये है।[6] अंग्रेजों ने पराधीन जाति में व्याख्यानों, लेखों और पुस्तकों द्वारा उनकी दीनता, कायरता और मूर्खता का खुल्लम–खुल्ला प्रचार किया। दासत्व के दलदल में फैली हुई जाति में यह घोषणा कर दी गई कि उनमें सदाचार की कमी है और है अपना शासन करने की योग्यता का दिवाला। कविवर अकबर इलाहाबादी की ये पंक्तियां इस बात को खूब ही स्पष्ट करती हैं[7]–

''छोड़ 'लिट्रेचर' को अपनी 'हिस्ट्री' को भूल जा।
शैख मसजिद से तआल्लुक तर्क कर अस्कूल जा।।

चार दिन की जिन्दगी है कोफ्त से क्या फायदा।
खा डबल रोटी किलर की कर खुशी से फूल जा।।''

अंग्रेजों द्वारा व्यापक पैमान पर इतिहास–लेखन का कार्य किये जाने से भारतीय काफी प्रभावित हुए और उनकी लिखी बहुत सी बातों को काफी हद तक स्वीकार भी कर लिया। इस सन्दर्भ में राष्ट्रवादी इतिहासकार लाला लाजपतराय ने लिखा ही है कि ''भारत के इतिहास में भारतीयों ने पहली बार किसी दूसरी जाति से बौद्धिक और आध्यात्मिक पराजय पाई है। इसके पहले बाहर के आक्रमणकारी आते रहे और राजनीतिक परिवर्तन करते रहे, परन्तु सबने हमारी सभ्यता, हमारे रहन–सहन के ढंग और हमारे सामाजिक जीवन के सामने सिर झुकाया। .... मध्यकाल में मुसलिम राज्य स्थापित होने पर भी हिंदुओं ने राजनीतिक हार मान ली (यद्यपि पूर्णरूप से तो यह भी कभी नहीं मानी) परन्तु बौद्धिक या आध्यात्मिक पराजय कभी स्वीकार नहीं की और यहीं हिन्दुओं के बचाव का कारण हुआ।''[8] परन्तु ब्रिटिश शासन के दौरान भारतीय पश्चिमी बौद्धिक एवं आध्यात्मिक प्रभाव में दिखाई देते हैं। विदेशी शासन के प्रतिष्ठित होने पर विजयी देश की रीति–नीति और आचार–व्यवहार की छाप विजित देश पर अवश्य पड़ती है, पर जब विजेता आपे साहित्य और धर्म का प्रच्छन्न या प्रकट रीति से प्रचार करता है और विजित के साहित्य आदि को अनुन्नत बतलाता है, तब थोड़े समय के लिए उसकी यह प्रपंच नीति भले ही सफल हो पर जब उसकी पोल खुल जाती है और जब विजित देश अपने पूर्व गौरव का स्मरण कर जाग उठता है तब सामाजिक, राजनीतिक, साहित्यिक, आदि प्रत्येक क्षेत्र में प्रतिघात की प्रबल लहरें उठने लगती हैं, उस काल में पराधीन देश अपनी सम्पूर्ण शक्ति से दासता की बेड़ियों को तोड़ फेंकने की चेष्टा करता है और रूढ़ियों के प्रतिकूल प्रबल आन्दोलन करके सफलता प्राप्त करता है।[9] 19वीं सदीके उत्तरार्द्ध में यहीं प्रवृत्ति भारतीय जनमानस में दिखलायी पड़ती है।

ब्रिटिश शासन की इस प्रपंचना की प्रतिक्रिया सर्वप्रथम बंगाल में हुई और बंगाल से यह चेतना महाराष्ट्र को गई और हिंदी प्रदेश में यह सर्वप्रथम बनारस पहुँची और इसे नेतृत्व प्रदान किया भारतेन्दु हरिश्चन्द्र ने। इस समय हिंदी में ऐसा सशक्त सर्वतोंमुखी

प्रतिभावान साहित्यिक आपेक्षित था जो प्राचीनता की खिल्लियां न उड़ाते हुए उसकी सार्थकता का नवीनता से सामंजस्य तथा साहचर्य करावे। भारतेंदु ने अपने साहित्य में राष्ट्र एवं समाज को सर्वोच्च स्थान प्रदान कर यह कार्य किया जैसा कि शांतिप्रिय द्विवेदी ने लिखा है "............ तो जहां साहित्य में वीररस और राजनीति में युद्ध ही हमारे सार्वजनिक विषय थे, वहां 19वीं शताब्दी से समाज और राष्ट्र हमारी साहित्यिक और राजनीतिक चर्चा का विषय बन गया। उस प्रारंभिक जागृति का दर्शन हमें अपने यहां भारतेन्दु के साहित्य में मिलता है।"[10] भारतेन्दुजी ने अपने कृतित्व द्वारा देशवासियों को सचेत कर राष्ट्रोत्थान हेतु प्रेरित किया जिस बात की सुंदर समालोचना बाबू श्यामसुंदरदास ने किया और लिखा है कि "हिन्दी की ह्रासकारिणी श्रृंगारिक कविता के प्रतिकूल आन्दोलन का श्रीगणेश उस दिन से समझा जाना चाहिए जिस दिन भारतेन्दु हरिश्चन्द्र ने अपने "भारत–दुर्दशा" नाटक के प्रारम्भ में समस्त देशवासियों को संबोधित करके देश की गिरी हुई अवस्था पर उन्हें ऑसू बहाने को आमंत्रित किया था। उस दिन शताब्दियों से सोते हुए साहित्य ने जागने का उपक्रम किया था, उस दिन रूढ़ियों की अनिष्टकारी परंपरा के विरूद्ध प्रबल क्रांति की घोषणा हुई थी, उस दिन छिन्न–भिन्न देश को एक सूत्र में बाँधने की शुभ भावना का उदय हुआ था।"[11]

भारतेन्दु के देहावसान के उपरान्त उनके सहयोगी यद्यपि उनके कार्यों को आगे बढ़ा रहे थे परन्तु इस कार्य में सर्वाधिक योगदान दिया काशी की नागरीप्रचारिणी सभा ने जिसका बहुत ही यथार्थ मूल्यांकन विश्वनाथप्रसाद मिश्र ने किया और बहुत ही स्पष्ट शब्दों में लिखा कि "भारतेन्दु बाबू हरिश्चन्द्र और उनके सहयोगियों ने जो प्रस्तावना की थी उसी का उद्‌घाटन ना0प्र0 सभा के 50 वर्षों का इतिहास है।"[12] भारतेन्दु जी ने जनजागृति हेतु जिन साधनों का आश्रय लिया था, ना0प्र0 सभा ने भी उन्हीं साधनों का आश्रय लिया। सभा की स्थापना के उपरान्त ही इस बात का उद्योग होने लगा कि भारतेन्दु जी के अनुनायी तथा अन्य सभी हिंदी–हितैषी विद्वान सभा में सम्मिलित किये जॉय। इस प्रकार सभा में सबसे पहले भारतजीवन पत्र के तत्कालीन सम्पादक बाबू कार्तिकप्रसादजी सम्मिलित हुए।[13] सभा को अपनी शैशवावस्था में ही सर्वश्री

राधाकृष्णदास, महाममोपाध्याय सुधाकर द्विवेदी, रायबहादुर लक्ष्मीशंकर मिश्र, डॉ0 छन्नूलाल और रायबहादुर प्रमदादास मित्र जैसे हिंदी–हितैषी प्रतिष्ठित विद्वान् पथ–प्रदर्शक के रूप में प्राप्त हो गये। धीरे–धीरे सभा संपूर्ण भारत के हिंदी–प्रेमियों का ध्यान खींचने लगी। सर्वश्री महामना मदनमोहन मालवीय, कालाकॉकर–नरेश राजा रामपाल सिंह, राजा शशिशेखर राय, कांकरौली–नरेश महाराज बालकृष्णलाल, अम्बिकादत्त व्यास, बदरी नारायण चौधरी, राधाचरण गोस्वामी, श्रीधर पाठक, ज्वालादत्त शर्मा (लाहौर), नंदकिशोरदेव शर्मा, (अमृतसर), कुंवर जोधसिंह मेहता (उदयपुर), समर्थदान (अजमेर), डॉ0 ग्रियर्सन आदि अनेंक लब्ध–प्रतिष्ठ विद्वानों ने पहले ही वर्ष में सभा की संरक्षकता और सदस्यता स्वीकार कर ली।[14] सभा ने इन समस्त लोगों को एक मंच प्रदान किया।

सभा ने नागरी प्रचार के साथ ही साथ देशवासियों में जनजागृति लाने के लिए पत्रकारिता[15] एवं ज्ञान–विज्ञान[16] का लोक भाषा में प्रचार के साथ ही हिंदी साहित्य के उन्नयन एवं साहित्य के प्रधान अंग इतिहास का उद्धार आवश्यक समझा। सभा के सभासदों ने जनजागृति लाने के लिए सर्वप्रथम साहित्य का सहारा लिया, क्योंकि राष्ट्र–निर्माण में साहित्य का अप्रतिम योगदान होता है। सामाजिक शक्ति या सजीवता, सामाजिक अशक्ति या निर्जिवता और सामाजिक सभ्यता तथा असभ्यता का निर्णायक एक मात्र साहित्य ही है। जातियों की क्षमता और सजीवता यदि कहीं प्रत्यक्ष देखने को मिल सकती है तो उसके साहित्य–रूपी आईने में ही मिल सकती है।[17] राष्ट्र को उन्नत बनाने के लिए साहित्य की उन्नति उतनी ही आवश्यक और महत्वपूर्ण है, जितनी अन्य किसी साधन की। साहित्य के महत्व को राय देवीप्रसाद 'पूर्ण' ने ठीक ही रेखांकित किया है–

> ''अन्धकार है वहाँ, जहां आदित्य नहीं है।
> मुर्दा है वह देश, जहां साहित्य नहीं है।[18]

साहित्य की महत्ता क्या है? और जातियों के उत्थान में उसका क्या योगदान होता है? इस बात को सभा के सभासद आचार्य महावीरप्रसाद द्विवेदी ने स्पष्ट ही रेखांकित किया कि ''साहित्य में जो शक्ति छिपी रहती है वह तोप, तलवार और बम के गोलों में

भी नहीं पाई जाती। यूरोप में हानिकारिणी धार्मिक रूढ़ियों का उत्पादन साहित्य ने ही किया। जिस साहित्य में इतनी शक्ति है, जो साहित्य मुर्दों को भी जिंदा करने वाली संजीवनी ओषधि का आकर है, जो साहित्य पतितों को उठाने वाला और उत्थितों के मस्तक को उन्नत करने वाला है उसके उत्पादन और संवर्धन की चेष्टा जो जाति नहीं करती वह अज्ञानांधकार के गर्त में पड़ी रह कर किसी दिन अपना अस्तित्व खो बैठती है।''[19]

न केवल साहित्य की महत्ता वरन् साहित्य क्या है? इसे भी सभा के सभासदों ने परिभाषित किया। साहित्य क्या है? इसे व्याख्यायित करते हुए सभा के संस्थापकों में से एक बाबू श्यामसुंदरदास ने लिखा कि ''सामाजिक मस्तिष्क अपने पोषण के लिए जो भाव–सामग्री निकालकर समाज को सौंपता है उसी के संचित भांडार का नाम साहित्य है।''[20] साहित्य क्या है? इसे आचार्य रामचन्द्र शुक्ल ने अधिक विस्तार से व्याख्याचित किया। उनके शब्दों में ''साहित्य किसी जाति की रक्षित वाणी की वह अखंड़ परम्परा है जो उसके जीवन के स्वतंत्र स्वरूप की रक्षा करती हुई, जगत की गति के अनुरूप उत्तरोत्तर उसका अन्तर्विकास करती चलती है। उसके भीतर प्राचीन के साथ नवीन का इस मात्रा में और इस सफाई के साथ मेल होता चलता है कि उसके दीर्घ इतिहास में कालक्रमगत विभिन्नताओं के रहते हुए भी यहां से वहां तक एक ही वस्तु के प्रसार की प्रतीति होती है।[21]

जब 16 जुलाई, 1893ई0 को सभा की स्थापना हुई तभी से देशवासियों में जनजागृति लाना इसके उद्‌देश्यों में शमिल था। जो प्रथम सार्वजनिक सूचना सभा के सन्दर्भ में प्रकाशित हुई थी उससे ही यह बात स्पष्ट हो जाती है–

(क) इस सभा के सभासदों का मुख्य कर्तव्य यह है कि नागरी भाषा से अपनी उन्नति करें। नागरी जानने वाले इष्ट मित्रों से नागरी अक्षर और भाषा में पत्र व्यवहार करें। लोगों की रूचि इस ओर आकर्षित करें।

(ख) नागरी लेख लिखने का अभ्यास करें और उन्हें सामयिक पत्रों में प्रकाश करवावें।

(ग) इसके सभासद अन्य स्थानीय ना0 प्र0 सभाओं से पत्र–व्यवहार द्वारा एकता और मित्रता करें।

(घ) यथामाध्यम दूसरे स्थानों में ऐसी सभा स्थापना करने का प्रयत्न करें।
(ङ) दूसरी भाषा के उत्तम एवं उपयोगी ग्रंथों को हिंदी में अनुवाद करें।
(च) परस्पर में मित्रता और ऐक्य बढ़ावें।[22]

उद्देश्य का निर्धारण हो जाने पर दूसरा विचार साधन का होता है। एक उद्देश्य की सिद्धि के अनेक साधन हो सकते हैं परन्तु कौन सा साधन अत्युत्तम है इसका निर्धारण जितनी सावधानी से हो उतना ही अच्छा होता है। सभा ने भी अपने लक्ष्य–सिद्धि के लिए अत्युत्तम मार्ग साहित्य–प्रणयन को निर्धारित किया। सभा की स्थापनोपरान्त प्रथम चार बैठकों में केवल नियमादि का निर्माण हुआ परन्तु इसके उपरान्त निर्धारित विषयों पर पक्ष–विपक्ष का विधान करके वाद–विवाद का कार्यक्रम आरंभ हुआ और विषय भी देशोन्नति संबंधी ही रखे जाते थे। सभा की पांचवीं बैठक में ही 'एकता' विषय पर गोपालप्रसादजी का व्याख्यान हुआ[23] जिसे लोगों ने काफी पसंद किया। 23 दिसम्बर, 1893ई0 की उन्नीसवीं बैठक में रामनारायण मिश्र का ''द्वारकानाथ टैगोर का जीवन चरित्र'' शीर्षक लेख पढ़ा गया। इस लेख ने विषय का मार्ग ही बदल दिया।

इससे पूर्व ही 18वीं बैठक में ही रामनारायण मिश्र ने ''इतिहास और उसके गुण शीर्षक लेख पढ़ा था। 22वें एवं 23वें अधिवेशन में ''हिंदी–हिंदू–हिन्दुस्तान'' विषय रखा गया और इस पर व्यापक चर्चा और वाद–विवाद हुआ।[24] इस व्यापक चर्चा में 'हिंदू' शब्द का अर्थ 'समूचे भारतवासी' से लगाया गया न कि किसी वर्ग अथवा जाति से।

26 दिसम्बर, 1893ई0 को पं0 अम्बिकादत्त व्यास ने ''मनुष्य जन्म का फल'' विषय पर वकृता दी। 24 मार्च, 1894ई0 को बाबू राधाकृष्णदास ने ''नागरीदासजी का जीवन चरित्र'' पढ़ा। 5 मई 1894ई0 को बाबू कार्तिकप्रसादजी ने ''छत्रपति शिवाजी का जीवन चरित्र'' पढ़ा।[25] इस प्रकार सभा में प्रारम्भ में ही विविध विषयों पर व्याख्यान और वाद–विवाद आरंभ हुआ और उसके अधिवेशन में अन्य विषयों के अतरिक्त कई जीवन चरित्र पढ़ गये क्योंकि महान पुरूषों के जीवन–चरित्र का जनता पर सकारात्मक प्रभाव पड़ता है और उन्हें महान कार्य करने हेतु प्रेरित करता है जैसा कि ना0प्र0 पत्रिका ने प्रभावी ढंग से रेखांकित किया कि ''बड़े–बड़े मनुष्यों के जीवन का जनता पर कितना

प्रभाव पड़ता है यह उनकी जीवन चर्य्या के पढ़ने से ही ज्ञात होता है और इसे इतिहास भी मानता है।"[26]

सभा का पहला वार्षिकोत्सव 30 सितम्बर, 1894ई0 को कारमाइकेल लाइब्रेरी में हुआ जिसकी अध्यक्षता रायबहादुर पं0 लक्ष्मीशंकर मिश्र एम0ए0 ने किया। वार्षिकोत्सव में नगर निवासियों की काफी भीड़ थी। इस अधिवेशन में भी बाबू राधाकृष्णदास ने ''हिंदी क्या है?'' ''हिन्दी से क्या–क्या उपकार हैं?'' ''हिन्दी की दशा क्या है?'' ''नागरी प्रचारिणी सभा क्यों बनी?'' ''ना0प्र0 सभा क्या चाहती है?'' और ''देशवासियों का क्या कर्तव्य है? विषय पर एक अत्यन्त सारगर्मित और युक्तिपूर्ण लेख पढ़ा था जिसपर चारो ओर से करतलध्वनि हुई थी।[27] इस प्रकार एक समान भाषा हिंदी के माध्यम से देशवासियों में चेतना लाना और उन्हें राष्ट्रीय समेकन हेतु प्रेरित करना सभा का प्रारंभ से ही लक्ष्य रहा।

प्रारंभ से ही सभा के अधिवेशनों में महत्वपूर्ण लेख पढ़े जाते थे जिनका जनजागरण से घनिष्ठ संबंध था। द्वितीय वर्ष में इस सभा के 13 नियमित, 4 अनियमित और 10 प्रबंधकारिणी समिति के अधिवेशन हुए। इन अधिवेशनों में भी 10 महत्वपूर्ण लेख पढ़े गये–(1) पारसियों का संक्षिप्त इतिहास (2) दुभदार तारे (3) कालबोध (4) स्वतंत्र सम्मति (5) काशी मानमंदिर (6) मनुष्य का कर्तव्य (7) उद्योग (8) स्वास्थ्य रक्षा (9) कविवर बिहारीलाल (10) राजा शिवप्रसाद की जीवनी।[28] लेखों के विषय के अवलोकन से ही बात स्पष्ट हो जाता है कि न केवल भाषा एवं साहित्य वरन् अन्योन्य विषयों का ज्ञान देशवासियों को कराना सभा का लक्ष्य था।

किसी देश अथवा राष्ट्र को एकता के सूत्र में बांधने के लिए विविध प्रकार के सूत्र होते है परन्तु इनमें भाषा एवं साहित्य का स्थान बड़ा महत्वपूर्ण होता है क्योंकि भाषा के द्वारा ही मनुष्य दूसरों से अपने भाव व्यक्त करता है और समान भाषा बोलने वालों में सहज आत्मीयता एवं ऐक्य का भाव उत्पन्न हो जाता है अतएव इस बात को ध्यान में रख कर सभा के उद्देश्यों को फैलाने और हिंदी रसिकों की संख्या बढ़ाने के लिए स्थान–स्थान पर डेप्युटेशन भेजने का विचार सभा में किया गया तथा कई स्थानों पर

डेपुटेशन भेजे गये[29] जिसका फल यह हुआ कि सभा के सभासदों की संख्या एवं आय दोनों में बृद्धि हुई।

देशवासियों में एकता लाने एवं उन्हें हिंदी का व्यवहार करने हेतु प्रोत्साहित करने के निमित्त सभा ने प्रारंभ में ही पुरस्कार एवं पदक देने की व्यवस्था की क्योंकि पुरस्कार एवं पदक इसके अच्छे साधन माने जाते हैं। सभा की स्थापना वर्ष में ही काशी में कायस्थ कांफ्रेंस का वार्षिकोत्सव हुआ और सभा ने यह समझकर कि 'कायस्थ लोग ही शिक्षा एवं सरकारी दफ्तरों में अधिकतर लिखने–पढ़ने का काम करते हैं' अतएव अधिवेशन में एक एड्रेस भेजकर यह प्रस्ताव किया कि 'कायस्थ बालकों की प्रारम्भिक शिक्षा हिंदी में हो तो प्रथम स्थान पाने वाले बालक को एक 'भारतजीवन वाच' प्रतिवर्ष सभा उपहार में देगी।' कांनफरेंस ने प्रस्ताव को बड़े आदर से स्वीकार कर लिया।[30] इस प्रकार सभा ने एक समान भाषा हिंदी का प्रचार आरंभ किया।

हिंदी भाषा में विविध ग्रंथों का अभाव देखकर उसके प्रणयन एवं संवर्द्धन हेतु सभा ने हिंदी भाषा के इतिहास तथा व्याकरण बनाने हेतु व्याकरण के लिए सोने का और इतिहास के लिए चॉदी का पदक देने का विज्ञापन दिया और दोनों ग्रंथों को बनाकर भेंजने का समय 31 जनवरी, 1896ई0 रखा।[31] इस विज्ञापन का फल यह हुआ कि कई लोगों ने व्याकरण बनाने की सूचना दी और इतिहास विषय को हाथ में लेने का विचार कई सज्जनों ने किया।

हिंदी भाषा और नागरी लिपि को सर्वप्रिय बनाने और उनकी ओर जनता को अधिक से अधिक आकृष्ट करने एवं सरकार की तुष्टिकरण की नीति कि 'पश्चिमोत्तर प्रदेश तथा अवध में शिक्षा–विभाग की ओर से बालकों को उत्तम फारसी और अंग्रेजी अक्षर लिखने के लिए प्रतिवर्ष पारितोषिक तो दिया जाता है और नागरी अक्षरों की सुध भी नहीं ली जाती', देखकर सभा ने यह निश्चय किया कि यह सभा प्रतिवर्ष 10, 8, और 5 रू0 के तीन पारितोषिक नागरी अक्षर लिखने वाले बालकों में से सर्वोत्कृष्ठ प्रथम तीन बालकों को देगी।[32] भाषा के साथ–साथ लिपि का प्रश्न भी विशेष महत्व का है। अच्छी से अच्छी भाषा भी तब तक अधिक लोकप्रिय नहीं हो सकती जब तक उसकी लिपि में भी आवश्यक गुण विद्यमान न हों और वह निर्दोष एवं उपयोगी सिद्ध न

हो सके। उस समय फारसी और रोमी लिपियां प्रधानता प्राप्त करने के लिए आगे आना चाहती थी और नागरी लिपि, जिसमें उस समय भी देश की अधिकांश जनता अपना कार्य करती थी, लोकदृष्टि और राजदृष्टि दोनों से ही ओझल रखकर पीछे हटा देने का प्रयत्न किया जा रहा था। सभा ने 4 जून, 1894ई0 की बैठक में तत्कालीन मंत्री श्यामसुंदरदास के प्रस्ताव पर 'वर्नाक्यूलर स्कूलों' में उत्तम नागरी लिपि लिखने वाले छात्रों को उत्साहित करने के लिए पारितोषिक देने का निश्चय किया। इस निश्चय के अनुसार इसके प्रबन्ध के लिए प्रान्तिक शिक्षा–विभाग में प्रार्थना की गई और पत्र–व्यवहार हुआ। शिक्षा–विभाग ने सभा की यह प्रार्थना स्वीकार कर लिया।

प्रथम तीन वर्ष तक यह परीक्षा केवल बनारस और गोरखपुर डिविजनों में हुई किन्तु चौथे वर्ष से सरकार ने यह परीक्षा पूरे पश्चिमोत्तर प्रदेश और अवध प्रान्त के लिए जारी कर दी। सं0 1961वि0 से सभा ने यह परीक्षा ग्वालियर राज्यों में शुरू की और 5, 3, और 2 के पारितोषिक और 6 प्रशंसापत्र वहां के लिए भी नियत किया। इस कार्य में सभा को भारी सफलता मिली और सं0 1977 तक सभा ने 17 वर्षों में 10 वार्षिक के हिसाब से 170रू0 ग्वालियर में हिंदी हस्तलिपि परीक्षा पर व्यय किया। सं0 1961 से कश्मीर राज्य में भी सभा ने तीन वर्ष तक हस्तलिपि परीक्षा का आयोजन किया और 5, 3, और 2 के तीन पारितोषिक वहां के लिए भी प्रदान किया।[33] सभा के इस कार्य से उत्साहित हो राधाचरण गोस्वामी सदृश कई सज्जनों ने भी पारितोषिक देकर जनता में जागृति लाने का प्रयास किया।[34]

सभा ने वर्नाक्यूलर स्कूलों में ही नहीं वरन् सब प्रकार के स्कूल कालेजों में यह परीक्षा आयोजित करने का प्रयास किया। सं0 1976 से यह परीक्षा शिक्षा–विभाग की आज्ञा से सब प्रकार के स्कूलों एवं कालेजों में आयोजित होने लगी। सं0 1993 तक कुल 43 वर्षों में सभा ने इस कार्य पर 1871 रू0 का पुरस्कार देकर देशवासियों को जागृत करने का महान कार्य किया।[35]

1896ई0 से सभा ने 'नागरीप्रचारिणी पत्रिका' का प्रकाशन आरंभ किया जिसका भारतीय नवजागरण से घनिष्ठ संबंध था। सर्वसाधारण जनों की रूचि परिभाषित करने और उत्तमोत्म विषयों में प्रवृत्ति उत्पन्न करवाने के लिए ही सभा ने 'ना0प्र0 पत्रिका'

का प्रकाशन किया।[36] पत्रिका का प्रकाशन क्यों आरंभ किया गया यह सभा के वार्षिक विवरण से ही स्पष्ट हो जाता है कि सभा की निर्णीत बातों को जनसाधारण तक पहुँचाना तथा हिंदी के सुयोग्य लेखकों के लेखों को सुरसिक पाठकों तक पहुँचाना और हिंदी में भाषातत्व, भूतत्व, विज्ञान, इतिहास आदि विद्याविषयक लेखों के अभाव की पूर्ति हेतु 'ना0प्र0 पत्रिका' का त्रैमासिक प्रकाशन आरंभ किया गया।[37] देशवासियों में चेतना लाना और भारतीय सभ्यता एवं संस्कृति का शोध के द्वारा उत्थान इस पत्रिका के मूल में था।

सन् 1900ई0 से सभा ने हिंदी की प्राचीन हस्तलिखित ग्रंथों की खोज का कार्य आरंभ किया जिसका भारतीय नवजागरण तथा हिंदी साहित्य के उत्थान से घनिष्ठ संबंध था। सभा के सभासदों का यह पूर्ण विश्वास था कि जब तक हिंदी के प्राचीन ग्रंथों की खोज का काम नहीं होगा तब तक भारत, विशेषकर उत्तर भारत की बहुत सी साहित्यिक तथा ऐतिहासिक बातें अंधकार में विलीन रहेगीं। सभा की स्थापना के पहले ही वर्ष (सन् 1893ई0) में इसके संचालकों का ध्यान इस महत्वपूर्ण विषय की ओर आकर्षित हुआ था। सभा में यह विचार किया गया कि यदि राजपूताने, बुंदेलखण्ड, संयुक्त प्रदेश तथा अवध और पंजाब में प्राचीन हस्तलिखित हिंदी पुस्तकों के संग्रहों के खोजने की चेष्टा की जाय और उनकी सूची बनाई जा सके तो आशा है कि सरकार के संरक्षण, अधिकार तथा देखरेख में इस खोज की अच्छी सामग्री मिल जाय।[38] यह विचार कर 22 मई, 1894ई0 के एक प्रस्तावानुसार कि ''हिंदी के बहुत से प्राचीन, सुंदर और उपयोगी ग्रंथ ऐसे हैं जो अब तक प्रकाशित नहीं हुए और न उनका पता सर्वसाधारण को लगता है कि वे उन्हें प्राप्त करें और प्रकाशित करके साहित्य का उपकार करें' और इस कार्य हेतु ''भारत सरकार, एशियाटिक सोसाइटी, पश्चिमोत्तर प्रदेश की सरकार और पंजाब सरकार से प्रार्थना की गई कि वह संस्कृत पुस्तकों की खोज के समय संस्कृत–पुस्तकालयों में हिंदी भाषा की पुस्तकों की खोज कराये और उनकी सूची प्रकाशित करने की कृपा करें।''[39]

1868ई0 से ही लाहौर निवासी पं0 राधाकृष्ण के सुझाव पर भारत सरकार, एशियाटिक सोसाइटी, बम्बई, मद्रास और पंजाब की सरकारों एवं अन्य अनेक संस्थाओं

और विद्वानों द्वारा संस्कृत की पुस्तकों की खोज का काम व्यवस्थित रूप से हो रहा था।[40] सभा ने इस कार्य हेतु एशियाटिक सोसाइटी, भारत सरकार, पंजाब और पश्चिमोत्तर प्रदेश की सरकारों से पत्र–व्यवहार किया। जिसका फल यह हुआ कि एशियाटिक सोसाइटी ने यह कार्य उसी वर्ष प्रारंभ कर दिया और प्रथम वर्ष में ही 600 उत्कृष्ठ प्राचीन ग्रंथों का विवरण प्रकाशित किया किन्तु आगे वह यह कार्य न कर सकी तब सभा ने पश्चिमोत्तर प्रदेश की सरकार की आर्थिक सहायता पर 1900ई0 से अपने प्रधानस्तंभ बाबू श्यामसुंदरदास के निरीक्षण में खोज विभाग की स्थापना की और यह कार्य प्रारंभ किया। इस कार्य हेतु सभा ने श्यामसुंदरदास, राधाकृष्णदास और कार्तिक प्रसाद की समिति बना दी और पहले ही वर्ष में बनारस, रीवां, जयपुर, नागौद, लखनऊ, कालपी, आगरा और मथुरा में खोज का कार्य किया गया और 257 ग्रंथों के विवरण लिए गये जिनमें 169 ग्रंथों की रिपोर्ट की गई जो कि बारहवीं सदी से लेकर 19वीं सदी तब की थे।[41]

1901ई0 में भी खोज का कार्य श्यामसुन्दरदास के निरीक्षण में हुआ। इस वर्ष रीवां, बनारस, जोधपुर, कलकत्ता, अयोध्या, लखनऊ, बांदा और मिर्जापुर में कार्य हुआ जिसमें 250 पुस्तकों का पता चला और जिनमें 129 पुस्तकों के 136 विवरण लिये गये। इन पुस्तकों की खोज का विवरण बाबू श्यामसुन्दरदास द्वारा तैयार किया गया और पुस्तकों पर ऐतिहासिक टिप्पणियां लिखने में बाबू राधाकृष्णदास, कृष्णबलदेव वर्मा, मुंशी देवीप्रसाद मुंसिफ, भवानीदत्त जोशी और जैनवैद्य से विशेष सहायता प्राप्त हुई। सरकार ने 1900ई0 और 1901ई0 की रिपोर्ट प्रकाशित कर इसकी प्रतियां देश–विदेश के अनेक विद्वानों के पास भेजीं, जिनमें से डॉ0 हार्नली, डॉ0 ग्रियर्सन, श्री ग्रिफिथ, श्री बार्थ, डॉ0 पिशेल आदि विद्वानों ने बाबू श्यामसुंदरदास को व्यक्तिगत रूप से पत्र लिख कर इन रिपोर्टों की बहुत प्रशंसा की।[42] सभा ने हिंदी की हस्तलिखित ग्रंथों की खोज का कार्य जारी रखा और संयुक्त प्रांत (आधुनिक उत्तर प्रदेश और उत्तराखण्ड) राजपूताना, बुंदेलखण्ड, पंजाब, दिल्ली, कलकत्ता इत्यादि प्रदेशों में जहां स्वयं खोज का कार्य किया वहीं बिहार और उड़ीसा में 'बिहार ऐंड उड़ीसा रिसर्च सोसाइटी' के द्वारा यह कार्य सम्पन्न करवाया और मध्यप्रांत की सरकार से यह आश्वासन प्राप्त किया कि वह

इस कार्य में सभा को सहयोग देगी। सभा ने सरकार की सहायता से खोज का जो अद्वितीय कार्य आरम्भ किया उसका विवरण तैयार करने एवं उसमें सहयोग करने में बाबू श्यामसुंदरदास, बाबू राधाकृष्णदास, मुंशी देवीप्रसाद, श्यामबिहारी मिश्र, पं0 गौरीशंकरहीराचंद ओझा, जगन्नाथदास 'रत्नाकर', काशीप्रसाद जायसवाल, जगद्धरशर्मा गुलेरी, रायबहादुर डॉ हीरालाल, पीताम्बरदत्त बड़थ्वाल, डॉ0 मोतीचंद, विद्याभूषण मिश्र, वासुदेवशरण अग्रवाल और विश्वनाथप्रसाद मिश्र का विशेष योगदान रहा।

सभा ने खोज का जो अद्वितीय कार्य किया, जो कि हिंदी को और ना0प्र0 सभा को छोड़ यह सौभाग्य और किसी को प्राप्त नहीं हुआ, बड़े महत्व का था और उसका विवरण तो अमूल्य निधि ही है। विवरण में ग्रंथ का नाम, रचयिता का नाम और निवास स्थान, ग्रंथ किस चीज पर लिखा है, पृष्ठ संख्या, लम्बाई–चौड़ाई (इंचों में) प्रति पृष्ठ में कितनी पंक्तियां हैं, ग्रंथ छप गया है कि नहीं, यदि छप गया है तो कहां से, ग्रंथ का विस्तार (श्लोक संख्या अनुष्टुप छंदों में), ग्रंथ पूर्ण है या अपूर्ण, रूप कैसा है, गद्य में है कि पद्य में, किन अक्षरों में है, रचना काल, लिपि काल, कहां वर्तमान है (ग्रंथ–स्वामी का पूरा पता), आरंभ का अंश, अंत का अंश, विषय (पूर्ण विवरण सहित आरंभ से अंत तक) और विशेष ज्ञातव्य (रचनाकाल, लिपिकाल, रचयिता का वृत्त, कोई ऐतिहासिक या सांस्कृतिक विवरण, ग्रंथ का महत्व और उससे संबंधित अन्य उल्लेख) आदि बातें रहती थी।[43] इस कार्य पर सभा ने 1943ई0 तक 638645 रू0 व्यय किये जिसमें 2865रू0 सभा ने अपने कोष से व्यय किया।[44]

खोज में जो ग्रंथ प्राप्त हुए उनका शताब्दी क्रम से विवरण इस प्रकार है :

शताब्दी	11वीं	13वीं	14वीं	15वीं	16वीं	17वीं	18वीं	19वीं	20वीं	अज्ञात	योग
ग्रंथकार	1	2	33	6	358	797	1230	1342	110	2216	6095
ग्रंथ	1	2	48	143	1080	1833	2651	2610	191	6187	14746

सभा ने हिंदी हस्तलिखित ग्रंथों की खोज का जो कार्य आरंभ किया उसके फलस्वरूप प्रभूत ग्रंथ प्रकाश में आये जिनके विषय रासो, इतिहास और विरूदावलियाँ, सिद्धों का साहित्य (योगधारा), संत साहित्य (निर्गुण धारा), भक्ति साहित्य (सगुणधारा),

सूफी प्रेमाख्याएं, भारतीय प्रेम कथाएं, साहित्य शास्त्र (रस, अलंकार, काव्य रचना और रीति) पिंगल, कोश, काव्य, नाटक, आत्मकथा (परिचय एवं वार्ता), यात्रा, लावनी और ख्याल तथा गद्य ग्रंथ (जिनमें वैद्यक, ज्योतिष एवं ज्ञान–विज्ञान विषयक ग्रंथ) थे। इस प्रकार सभा ने उद्योग कर प्राचीन अलभ्य, दुष्प्राप्य भाषा पुस्तकें, जो लुप्तप्राय हो मुमूर्षदशा को प्राप्त हो रही थी, अनुसंधान कर जन साधारण के सम्मुख उपस्थित कर उन्हें अमरत्व पदवी प्रदान करने का उद्योग किया।[45] सभा ने इस कार्य द्वारा हिंदी की प्राचीनता कवि चंद तक सिद्ध की। इतना ही नहीं, भारतीय अतीत का अनुसंधान कर उसके गौरवमय अतीत को उद्घाटित किया। 'भारतीय इतिहास, विशेषकर उसका मध्यकाल साहित्य एवं ज्ञान–विज्ञान के नवीन ग्रंथों के सृजन में शून्य रहा है', का अनुसंधान द्वारा भांड़ाफोड़ किया। इन नवीन आगत ग्रंथों को जन–जन तक पहुँचाने के लिए सभा ने ''ना0प्र0 ग्रंथमाला'' का प्रकाशन आरंभ किया।[46]

खोज के कार्य द्वारा उपलब्ध सामग्री का उपयोग कर 1913ई0 में सभा के सभासद एवं अधिकारी मिश्र बंधुओं ने 'मिश्रबन्धु विनोद' नामक विशाल ग्रंथ तीन खंडों में लिखा जिसमें चार हजार से अधिक कवियों एवं लेखकों का तिथिवार वर्णन है। इसके उपरान्त 22 मई, 1920ई0 को सभा ने खोज का जो कार्य हुआ था उस पर विचार करने के लिए गठित उपसमितियों एवं स्थायी समिति के निर्णयानुसार आचार्य राचन्द्र शुक्ल के द्वारा 'हिंदी साहित्य का इतिहास' तैयार कराया।[47] इस ग्रंथ में अबतक खोजे गये समूचे ग्रंथों का उपयोग किया गया और निरपेक्ष भाव से हिंदू एवं मुसलमान कवियों एवं लेखकों को आदरपूर्ण स्थान दिया गया। हिंदी साहित्य के कितने ही इतिहास अब तक लिखे गये पर आज भी यहीं इतिहास सबसे प्रमाणिक है। जनवरी, 1900ई0 में इंडियन प्रेस, प्रयाग से ''सरस्वती'' नामक सचित्र हिंदी मासिक पत्रिका का प्रकाशन आरंभ हुआ और इसे प्रतिष्ठित करने का श्रेय ना0प्र0 सभा को ही है। भाषा एवं लिपि का परिष्कार एवं संवर्द्धन के साथ ही देशभाषा द्वारा देशवासियों को जागृत करने एवं उन्हें राष्ट्र निर्माण हेतु प्रेरित करना इस पत्रिका के मूल में था। वास्तव में सरस्वती पत्रिका के प्रकाशन के साथ ही भारतीय इतिहास में एक नवीन युग का आरंभ हुआ और इस पत्रिका ने भारतीय राष्ट्रीय आन्दोलन में निर्णायक भूमिका निभाई।

अपनी शैशवावस्था से ही सभा ने देशवासियों में चेतना लाने हेतु परीक्षा, व्याख्यान, प्रचार, पुरस्कार, पदक और प्रमाणपत्र इत्यादि का सहारा लिया। देश की अशिक्षा दूर करने, सर्वसाधारण में ज्ञान-विज्ञान का लोक भाषा में प्रचार करने हेतु सभा ने अक्टूबर, 1904ई0 में 'सुबोध-व्याख्यानमाला' आरंभ किया।[48]

1902ई0 में बनारस में 'युनिवर्सिटी कमीशन' के सम्मुख गवाही देते हुए बाबू गोविंददास ने व्याख्यानमाला का प्रस्ताव रखा था, परन्तु कमीशन ने इस पर अपना कोई मत प्रकाशित नहीं किया तब सभा ने उत्साह पूर्वक 'सुबोध व्याख्यानमाला' आरंभ किया और पहले ही वर्ष 7 व्याख्यान हुए जो इस प्रकार हैं[49] :

1- तारीख 2 अक्टूबर, 1904ई0 को बाबू दुर्गाप्रसाद बी0ए0 ने "सूर्य" विषय पर व्याख्यान दिया।

2- तारीख 23 और 30अक्टूबर, 1904ई0 को बाबू श्यामसुंदरदास बी0ए0 ने "हिंदी भाषा और साहित्य" विषय पर दो व्याख्यान दिये।

3- तारीख 20 नवम्बर, 1904ई0 को पं0 रामावतार पाण्डे एम0ए0 ने "भाषा तत्व के मूल सिद्धान्त" पर व्याख्यान दिया।

4- ता0 18 दिसम्बर, 1904ई0 को बाबू दुर्गाप्रसाद बी0ए0 ने "सौर जगत" विषय पर व्याख्यान दिया।

5- तारीख 29 जनवरी, 1905ई0 को श्रीमती सुशीला टहलराम ने "मौखिक शिक्षा" पर व्याख्यान दिया।

6- तारीख 19 फरवरी, 1905ई0 को बाबू माधवप्रसाद ने "भारतवर्ष के सामाजिक सुधार का इतिहास" पर व्याख्यान दिया।

7- तारीख 2 अप्रैल, 1905ई0 को बाबू भगवानदास एम0ए0 ने "प्रणव अर्थात् ओंकार की एक पुरानी कहानी" पर व्याख्यान दिया।

सभा में इन व्याख्यानों को आरंभ किया गया और सभा को इस कार्य में आशातीत सफलता मिली। सहजता एवं उपयोगिता के कारण जनता को यह आकर्षित करने में सफल रही। जनता जनार्दन तक ज्ञानोपयोगी बातों को पहुँचाने के लिए और गूढ़ तथा

रूखे विषयों को भी रोचक बनाने के लिए सभा ने मैजिक लालटेन एवं स्लाइडें इंग्लैंड से खरीदी ताकि जनता अधिकाधि लाभ उठा सके।

ना0 प्र0 सभा ने देशवसियों में जनजागृति लाने के उद्‌देश्य से पुरस्कार एवं पदक प्रदान करने का आयोजन किया। ऐसा करने के पीछे सभा के दो उद्‌देश्य थे प्रथम, हिंदी साहित्य की अभिवृद्धि एवं द्वितीय, एक समान भाषा के माध्यम से समस्त देशवासियों में परस्पर एकता एवं मित्रता स्थापित करना। सं0 1951 में ही सभा ने चांदी का पदक इतिहास के लिए एवं सोने का पदक व्याकरण के लिए देना निर्धारित किया था। सन् 1900ई0 से हिंदी भाषा में विविध विषयों के उत्तम लेख लिखने हेतु दो रजत पदक देना प्रारम्भ किया। सं0 1961 मे सभा द्वारा इतिहास और भूगोल पर उत्तम लेख लिखने हेतु हिंदी ग्रन्थोत्तेजक पुरस्कार देने की घोषणा की गयी। इतना ही नही इससे आगे भी डां0 छन्नूलाल पुरस्कार, जोधसिंह पुरस्कार सदृश कितने ही पुरस्कार एवं पदक सभा द्वारा देने का आयोजन किया गया।[50]

ना0 प्र0 सभा ने देशवासियों में जनजागृति लाने के लिए न केवल हिंदी भाषा एवं साहित्य वरन् साहित्य के प्रमुख अंग इतिहास का पुनरूत्यान आवश्यक समझा क्योकि इतिहास किसी भी देश अथवा जाति का पथ–प्रदर्शक होता है। इतिहास ही तो एक ऐसा विषय है जो हमें यह बताता है कि हम कहां से चले हैं और किन–2 परिस्थितियों से होते हुए हम वर्तमान स्थिति तक पहुँचे हैं। जिस प्रकार किसी जाति या राष्ट्र की उन्नति के लिए उस देश की भाषा और प्राचीन साहित्य आवश्यक है वैसे ही उसका प्राचीन इतिहास राष्ट्र को नूतन शक्ति और स्फूर्ति प्रदान करता हैं। यह वह आधार शिला है, जिसके ऊपर राष्ट्र की आलीशान इमारत खड़ी की जा सकती है, अतएव सभा ने इतिहास का उद्धार आवश्यक समझा।

जिस समय सभा की स्थापना हुई उस समय हमारे देश का इतिहास क्रमबद्ध पूर्वक था ही नही और जो कुछ विदेशियों द्वारा लिखा भी गया था वह विशेष नजरिये से। 19वीं शताब्दी के उत्तरार्द्ध और 20वीं सदी के प्रारम्भ में भारत के इतिहास की क्या दशा थी यह रवीन्द्रनाथ टैगोर के वक्तव्य से स्पष्ट हो जाता है ''आजकल भारतवर्ष का जो इतिहास पढ़ा जाता है–जिसे रटकर लड़के परीक्षा देते है–वह भारत को आधीरात

के सन्नाटे में दिखाई दिये हुए बुरे सपने की कहानी मात्र है।"[51] "महमूद के आक्रमण से लेकर लार्ड कर्जन के साम्राज्य गर्व से भरे हुए उद्गार निकलने तक जो कुछ भारत का इतिहास लिखा गया है वह हमारे लिए विचित्र अंधकारमय कुहासा है।"[52] इस समय इतिहास की क्या अवस्था थी? यह सभा के सभासद एवं प्रथम सभापति राधाकृष्णदास के शब्दों से भी स्पष्ट हो जाता है जो उन्होंने बप्पारावला के उपक्रम में लिखा "हमारे यहां क्रमपूर्वक इतिहास नही है। इससे हमारे देश की कैसी कुछ हानि होती हैं जो कोई नए इतिहास मिलते भी हैं सो मुसलमानों के समय के जिन्होंने मुसलमानों की स्तुति और हिंदुओं को गालि प्रदान की कसम खाई है।"[53]

सभा के सभासद इतिहास के पुनरूत्थान के प्रति अत्यन्त सचेत एवं सजग थे और सभा के स्थापनोपरान्त ही इतिहास के निर्माण में संलग्न हो गयें। सभा के सभासद इतिहास की ओर क्यों आकर्षित हुए और इस विषय को इतना महत्व क्यों दिया यह प्रश्न विचारणीय है। यह बात सर्वविदित ही है कि राजनीति का तो एक मात्र अवलम्बन ही इतिहास है, इसे बिना जाने उसमें हाथ डालना व्यर्थ है।[54] तत्कालीन भारत के प्रसिद्ध राष्ट्रवादी नेता और सभा के सभासद लाला लाजपतराय ने इतिहास के महत्व को रेखांकित करते हुए लिखा कि "प्रत्येक मनुष्य समुदाय की उनति के लिये आवश्यक हैं कि उसको अपनी जाति के इतिहास की अच्छी जानकारी हो। जब तक उसको ऐसी जानकारी ने हो वह अपनी जाति के उन्नति और सुधार के क्षेत्र में कोई यथोचित पग उठाने के योग्य नही हो सकता।"[55] जब इतिहास का इतना महत्व है तब सभा के सभासद इस ओर ध्यान क्यों न देते?

प्रथम वर्ष में ही 'एकता,' 'इतिहास और उसके गुण', 'द्वारकानाथ टैगोर का जीवन चरित्र', 'हिंदी–हिंदू–हिंदुस्तान', 'छत्रपति शिवाजी का जीवन चरित्र" सदृश विषयों पर व्यापक चर्चा हुई।[56] प्रथमवर्ष में ही विविध विषयों के ग्रंथ लिखे जाने का जो प्रस्ताव पास हुआ उसमें इतिहास विषयक ग्रंथ भी शामिल था।[57]

दूसरे वर्ष में भी सभा में 10 लेख पढ़े गये जिनमें से अधिकांश इतिहास और विज्ञान से संबंध रखते थे जो इस प्रकार थे–(1) पारसियों का संक्षिप्त इतिहास (2) दुमतारे (3) कालबोध (4) स्वतंत्र संमति (5) काशी मानमंदिर (6) मनुष्य का कर्तव्य (7)

उद्योग (8) स्वास्थ्य रक्षा (9) कविवर बिहारीलाल और (10) राजा शिवप्रसाद की जीवनी।[58]

इसी प्रकार तीसरे वर्ष (1895–96ई0) में सभा में 5 लेख; चौथे वर्ष (1896–97ई0) में 3 लेख, एवं पॉचवे वर्ष (1897–98ई0) में 15 लेख भिन्न–भिन्न विषयों को पढ़े गये जिनमें इतिहास को प्रमुख स्थान दिया गया।[59] 1895ई0 में सभा से कालबोध नामक जो पुस्तक प्रकाशित हुई उसका भारतीय नवजागरण एवं इतिहास के पुनरूत्थान से घनिष्ठ संबंध था। इस ग्रंथमें न केवल काल गणना किस प्रकार की जाती हैं वरन् सृष्टि की उत्पति कब हुई? वह हिन्दू, इस्लाम व ईसाई मतों के अनुसार वैज्ञानिक ढंग से सिद्ध की गई है। ईसाई मत के अनुसार सृष्टि की उत्पति 6000 वर्ष पहले हुई इसी आधार पर विलसन, मैक्समूलर इत्यादि विद्वानों ने वेदों का समय 2900, 3000 अथवा 3100 वर्ष ठहराया है। परन्तु इस पुस्तक में विशुद्ध हिंदू मत के आधार पर वैज्ञानिक ढंग से काल गणना कर सृष्टि की उत्पत्ति 1960852995 वर्ष पूर्व बताई गई है और यही समय वेदों का भी निर्धारित किया गया है।[60] इसके आधार पर भारतीयों में यह भावना बलवती हुई कि भारतीय संस्कृति ही विश्व की सर्वाधिक प्राचीन और श्रेष्ठ संस्कृतियों में से एक है।

1900ई0 से सभा ने हस्तलिखित हिंदी ग्रंथों की खोज का जो काम आरंभ किया उसका फल यह हुआ कि कितने ही ऐतिहासिक ग्रंथ प्रकाश में आए। समूचा रासो साहित्य, सूफी एवं भक्ति मार्गी कवियों के ग्रंथ और अन्य कितने ही ग्रंथ, जिनका रचनाकाल 11वीं सदी से 19वीं सदी तक था, सभा ने खोज निकाला और उनका प्रकाशन यथासंभव ना0प्र0 पत्रिका, सरस्वती पत्रिका एवं 1900ई से प्रकाशित ना0प्र0 ग्रंथमाला में किया। सभा के इस कार्य का फल यह हुआ कि भारतीय इतिहास के निर्माण, विशेषकर उसके मध्यकालीन इतिहास, में विशेष सहायता मिली।

हिंदी भाषा में विविध विषयों के ग्रंथों के प्रणयन हेतु सभा ने कई पुस्तकमालाओं का प्रकाशन किया जिनमें 'मनोरंजन पुस्तकमाला', 'देवीप्रसाद ऐतिहासिक पुस्तकमाला', 'सूर्यकुमारी पुस्तकमाला', 'बालाबख्श राजपूत–चरण–पुस्तकमाला,' 'देव–पुस्तकमाला'

इत्यादि प्रमुख भीं और इन पुस्तकमालाओं में अनेंक ऐतिहासिक ग्रंथों को प्रकाशित कर ऐतिहासिक ग्रंथों के अभाव की पूर्ति का महान प्रयास किया।[61]

जनता–जनार्दन में जनजागृति लाने में इतिहास का बड़ा हाथ होता है और सभा के सभासद इस बात से भी भिज्ञ थे। प्रारंभ से ही सभा ने इतिहास की पुस्तकों के प्रकाशन पर विशेष बल दिया। 1893ई0 से 1907ई0 तक, जो कि सभा का शैशवाकाल था, में सभा द्वारा प्रकाशित 38 पुस्तकों में से 15 पुस्तकें इतिहास अथवा उससे संबंधित विषयों पर प्रकाशित हुई जो इस प्रकार थीं–अशोक का जीवन चरित्र, छत्र–प्रकाश, जंगनामा, धम्मपद, नेपाल का इतिहास, प्राचीन–लेख–मणिमाला, मित्र–लाभ (हितोपदेश के प्रथम भाग का अनुवाद), पृथ्वीराज रासो (चन्दवरदाई), सुजान चरित, हम्मीर हठ, हम्मीर रासो, हिंदी भाषा के सामयिक पत्रों का इतिहास, हरिश्चन्द्र, यूरोपीय दर्शन और भारतेन्दु हरिश्चन्द्र का जीवन चरित।[62] इतना ही नहीं सभा ने रमेशचन्द्र दत्त की पुस्तक 'प्राचीन भारत की सभ्यता का इतिहास' को बाबू गोपालदास से हिंदी में अनुवाद करवाकर इतिहास प्रकाशन समिति, काशी द्वारा चार भागों में प्रकाशित करवाया और उसकी आय से ही 'मेगस्थनीज की भारत–यात्रा' का प्रकाशन किया।[63]

सभा के सभासदों ने प्रारम्भ से ही इतिहास विषय को प्रमुखता दी और इतिहास लेखन में निरपेक्षता का उदाहरण प्रस्तुत किया। इतिहास के पाठ का मूल प्रयोजन यह है कि पाठक को किसी काल और किसी जाति की सभ्यता का यर्थाथ ज्ञान हो जाय, अतएव सभा के सभासदों ने इतिहास के महत्व एवं लाभ को जनता तक जनता की भाषा में पहुँचाने का उद्योग किया। इतिहास के महत्व को रेखोकित करते हुए बाबू श्यामसुंदरदास ने स्वसंपादित एक पुस्तक की भूमिका में लिखा–''देश की उन्नति और सुधार के लिए सब प्रकार की पोथियों में से इतिहास से बढ़कर अच्छी और जरूरी दूसरी पोथी नहीं है। इसको पढ़कर लोग यह जान सकते है कि किस जाति की उन्नति क्या–क्या करने से हुई है और किन–किन बुराइयों के आजाने से देश की अवस्था बुरी हो गई है। इन बातों को जानकर देश का भला चाहने वालों और उसके लिए उद्योग करने वाले यदि किसी बुराई के बीज को जमता देखें तो वे उसके आगे चलकर बड़ी भारी बुराई और हानि का ध्यान करके उसके नाश करने का उपाय सोच

सकते हैं और बहुत से दूसरे उपायों से अपने देश को भलाई पहुँचा के उसका उद्धार कर सकते है।''[64]

देशवासियों को इतिहास का ज्ञान प्राप्त कराने एवं पुरातात्विक अनुसंधान की ओर प्रेरित करने के लिए सभा ने लार्ड कर्जन द्वारा 7 फरवरी, 1900ई0 को बंगाल की 'एशियाटिक सोसाइटी' के वार्षिक अधिवेशन में दिये गये भाषण, जिसमें भारतीय इतिहास के निर्माण, पुरातात्विक खोज एवं प्राचीन स्मारकों की रक्षा को प्रमुखता से उठाया गया था, को सरस्वती पत्रिका में पूरा–पूरा प्रकाशित कर दिया।[65] इतना ही नहीं, कर्जन महोदय का वह उत्तेजक कथन, कि 'मेरे विचार में हम लोगों को उचित है कि खोंदें, अनुसंधान करें, नकल करें, पढ़े और उन्हें रक्षित रक्खें।[66] प्रकाशित कर सभा ने देशवासियों को उत्साहित किया।

इतिहास से क्या लाभ है? और इससे क्या–क्या शिक्षा मिलती है, इसको भी सभा ने जनता–जनार्दन में प्रचारित किया। ना0प्र0 प्रत्रिका में ''इतिहास के अध्ययन से लाभ'' शीर्षक निबन्ध ही प्रकाशित किया गया जिसमें लिखा है–''इतिहास से हमें भविष्य में सम्हलकर चलने की शिक्षा मिलती है। .... इतिहास का यह लाभ कहा जा सकता है कि हमको उससे यह शिक्षा मिलती है कि यथाशक्ति और यथाबुद्धि हम ऐसा न होने दें जिससे पहले के सदृश फिर कोई भयंकर परिणाम उपस्थित हो।''[67]

जन समुदाय में चेतना लाने में अदृश्य की जगह दृश्य तत्व अधिक प्रेरणादायी होते हैं और वस्तुओं के अवलोकन से न केवल शिक्षित वरन् अल्पशिक्षित और अशिक्षित भी उसके महत्व का कुछ न कुछ अनुमान कर लेता है। यहीं विचार दृढ़ कर सभा ने देश की कलाकृतियों को एकत्र करने और उन्हें संरक्षित करने का बीड़ा उठाया और 3 मार्च, 1930ई0 को ''भारत कला भवन'' नामक संग्रहालय का उद्घाटन ना0 प्र0 सभा में बंगाल के प्रसिद्ध कलामर्मज्ञ श्री अर्द्धेंदुकुमार गांगुली द्वारा किया गया।[68] कला संबंधी सामग्री के संग्रह, संरक्षण तथा प्रदर्शन का मुख्य ध्येय यहीं होता है कि राष्ट्र की सुषुप्त कला चेतना उद्बुद्ध हो और देशवासी अपने प्राचीन इतिहास और गौरव को जानें तथा उससे प्रेरणा लें। सभा ने जो कला भवन स्थापित किया वह थोड़े ही दिनों में उत्तर

भारत का सबसे बड़ा संग्रहालय बन गया और इसने देशवासियों में चेतना लाने और उन्हें प्रेरणा प्रदान करने का महान कार्य किया।

जब नागरीप्रचारिणी सभा की स्थापना हुई, वह समय भारत में पुनर्जागरण का काल था और भारत की तत्कालीन विविध संस्थाएं एवं उनसे जुड़े व्यक्तिगण विविध माध्यमों द्वारा जनता जनार्दन में चेतना लाने एवं उन्हें राष्ट्रीयता की मुख्य धारा से जोड़ने का प्रयास कर रहे थे। नागरीप्रचारिणी सभा की स्थापना एक साहित्यिक संस्था के रुप में हिंदी भाषा एवं नागरी लिपि को केंद्र में रखकर हुई थी अतएव इस संस्था ने सर्वप्रथम भाषा एवं लिपि के माध्यम से ही लोगों को जोड़ने का प्रयास किया गया। जैसे–जैसे यह संस्था उन्नति करती गयी उसी क्रम में इसके कार्य भी बहुआयामी होते गये और इस संस्था ने भारतीय जनमानस में चेतना लाने के लिए हर संभव प्रयास किया और उन समस्त उपायों का अवलंबन किया, जो वह कर सकती थी। इस संस्था से जुड़े लोगों के कार्यों का ही समष्टिगत प्रभाव था कि यह संस्था भारतीय जनसमुदाय में चेतना लाने एवं उन्हें आंदोलित करने के एक प्रतीक के रुप में उत्तर से लेकर दक्षिण भारत तक विख्यात हो गयी थी।

संदर्भ सूची

1. द्विवेदी, शान्तिप्रिय, युग और साहित्य, इंडियन प्रेस, प्रयाग, 1941ई0, पृष्ठ 160
2. शुक्ल, रामचंद्र, चिंतामणि, भाग 3, राजकमल प्रकाशन, नई दिल्ली, 1983ई0, पृष्ठ 71.
3. शर्मा, मुंशीराम, हिंदी साहित्य के इतिहास का उपोद्घात, गया प्रसाद एण्ड संस, आगरा, द्वितीय सं0 1992वि0, पृष्ठ 88
4. वाचस्पति, इंद्रविद्या, भारत में ब्रिटिश साम्राज्य का उदय और अस्त, भाग–1, पृष्ठ 132.
5. भारत में अंग्रेजी राज, भाग–1, पुस्तक प्रवेश, पृष्ठ 2.
6. भारतवर्ष का इतिहास, ज्ञानमंडल प्रकाशन, बनारस, चतुर्थ सं0 2009वि0, पृष्ठ 6, 24.
7. मिश्र, रमाशंकर, महान भारत, दुर्गादास प्रेस पुस्तकालय, अमृतसर, प्रथम सं0 1993 वि0 प्रस्तावना, पृष्ठ ग.
8. संतराम अनु0 भारतवर्ष का इतिहास, प्रथम भाग, मूल ले0 लाजपत राय, आर्य्य पुस्तकालय तथा सरस्वती आश्रम, लाहौर, द्वि0सं0 1922ई0, पृष्ठ 299.

9. दास, श्यामसुंदर, हिंदी साहित्य का इतिहास, इंडियन प्रेस, इलाहाबाद, 1987वि0, पृष्ठ 466.
10. युग और साहित्य, पृष्ठ 64.
11. हिंदी साहित्य का इतिहास, पृष्ठ 467.
12. शास्त्री, वेदब्रत, नागरीप्रचारिणी सभा का अर्द्ध शताब्दी का इतिहास, वक्तव्य, पृष्ठ 1; मिश्रबंधुत्रय सं0 साहित्य समालोचक, भाग–1, अंक–1, जनवरी 1925ई0, पृष्ठ 6.
13. अर्द्ध–शताब्दी का इतिहास, पृष्ठ 6.
14. पत्रकारिता की व्यापक चर्चा 'पत्रकारिता एवं सभा' शीर्षक अध्याय में की गयी है।
15. विज्ञान की व्यापक चर्चा 'विज्ञान एवं सभा'शीर्षक अध्याय में की गयी है।
17. दास, श्यामसुंदर सं0 गद्य–रत्नावली, पृष्ठ 141–142.
18. सिंह, कमलधारी एवं सिंह, कुंवर बहादुर, निबंध नवनीत, पृष्ठ 291.
19. दास, श्यामसुंदर सं0 गद्य–रत्नावली, पृष्ठ 143.
20. दास, श्यामसुंदर, गद्य–कुसुमावली, इंडियन प्रेस, प्रयाग, सं0 1928वि0, पृष्ठ 138.
21. शुक्ल, रामचन्द्र, चिन्तामणि, भाग–3, पृष्ठ 239.
22. भारत जीवन पत्र, 14 अगस्त, 1893ई0, भारत जीवन प्रेस, बनारस सिटी, पृष्ठ 7.
23. नागरीप्रचारिणी सभा का प्रथम वार्षिक विवरण, 1893–94ई0, पृष्ठ 7–10.,
24. अर्द्ध शताब्दी का इतिहास, पृष्ठ 34
25. नागरीप्रचारिणी सभा का प्रथम वार्षिक विवरण, पृष्ठ 4–6.
26. नागरीप्रचारिणी पत्रिका भाग–21, संख्या 5–6, 1916ई0, पृष्ठ 98.
27. नागरीप्रचारिणी सभा का प्रथम वार्षिक विवरण, 1893–94, पृष्ठ 37.
28. नागरीप्रचारिणी सभा का द्वितीय वार्षिक विवरण 1894–95, चन्द्रप्रभा प्रेस बनारस, पृष्ठ 2.
29. नागरीप्रचारिणी सभा का द्वितीय वार्षिक–विवरण 1894–95ई0, पृष्ठ 4; साहित्य समालोचक, भाग–1, अंक–1, 1925ई0, पृष्ठ 8.
30. नागरीप्रचारिणी सभा का द्वितीय वार्षिक–विवरण 1894–95ई0, पृष्ठ 4,
31. नागरीप्रचारिणी सभा का द्वितीय वार्षिक–विवरण 1894–95ई0, पृष्ठ 5,
32. नागरीप्रचारिणी सभा का प्रथम वार्षिक विवरण, 1893–94ई0, पृष्ठ 7–8;नागरीप्रचारिणी पत्रिका, भाग–3, 1899ई0, सम्पादकीय में प्रकाशित ''उत्तम नागरी लिपि के लिए पारितोषिक'' पृष्ठ 1

33. अर्द्ध–शताब्दी का इतिहास, पृष्ठ 149–151.
34. वहीं, पृष्ठ 152.
35. वहीं, पृष्ठ 153.
36. भारतजीवन पत्र, 10 मार्च, 1902ई0 'नागरीप्रचारिणी सभा और भारतवासी' शीर्षक निबन्ध, पृष्ठ 3.
37. नागरीप्रचारिणी सभा का तृतीय वार्षिक विवरण 1895–96ई0, चन्द्रप्रभा प्रेस बनारस, 1896ई0 पृष्ठ 6.
38. नागरीप्रचारिणी सभा का प्रथम वार्षिक विवरण 1893–94ई0 पृष्ठ 6; एनुअल रिपोर्ट ऑन दि सर्च फॉर हिंदी मैनुस्क्रीप्ट फॉर दि ईयर 1900. यु0 प्रा0 गवर्नमेंट प्रेस, इलाहाबाद, पेज 1.
39. नागरीप्रचारिणी सभा का प्रथम वार्षिक विवरण, 1893–94ई0, पृष्ठ 6,
40. एनुअल रिपोर्ट ऑन दि सर्च फॉर हिंदी मैनुस्क्रीप्ट फॉर दि ईयर 1900. पेज 1
41. वहीं, पृष्ठ 2.
42. इन महाशयों के पत्र श्यामसुंदरदास कृत 'मेरी आत्मकहानी' में प्रकाशित है।
43. हस्तलिखित हिंदी ग्रंथों की खोज का पिछले 50 वर्षों का परिचयात्मक विवरण (1900–50ई0) पृष्ठ 6–7.
44. अर्द्ध–शताब्दी का इतिहास, पृष्ठ 108–109.
45. भारत जीवन, 10 मार्च, 1902ई0, पृष्ठ 3.
46. वहीं, पृष्ठ 3.
47. शुक्ल, रामचंद्र, हिंदी साहित्य का इतिहास, 11वां0 सं0 नागरीप्रचारिणी सभा 2014, भूमिका।
48. नागरीप्रचारिणी सभा का 12वां वार्षिक विवरण 1905ई0, मेडिकल हाल प्रेस, बनारस, 1903ई0, पृष्ठ 22.
49. वहीं, पृष्ठ 22–23.
50. नागरीप्रचारिणी सभा का अर्द्ध शताब्दी का इतिहास, पृष्ठ 158–60
51. गहमरी, महावीरप्रसाद अनु0 स्वदेश, मूल लेखक रवीन्द्रनाथ ठाकुर, हिंदी ग्रन्थ रत्नाकर कार्यालय, बम्बई, 1914ई0, पृष्ठ 29.
52. वहीं, पृष्ठ 31.

53. शुक्ल, रामचन्द्र, श्रीराधाकृष्णदास, नागरीप्रचारिणी सभा, वाराणसी, सं0 2043वि0, पृष्ठ 12.
54. देशपूजा में आत्म–बलिदान, आर्य्य पुस्तकालय, सरस्वती आश्रम लाहौर, 1921ई0, पृष्ठ 1.
55. संतराम, अनु0 भारतवर्ष का इतिहास, मूल लेखक लाला लाजपत राय, आर्य्य पुस्तकालय, सरस्वती आम, लाहौर, 1922ई0, भूमिका, पृष्ठ 2.
56. नागरीप्रचारिणी सभा का प्रथम वार्षिक विवरण 1893–94ई0, पृष्ठ 5–6.
57. वहीं, पृष्ठ 9.
58. नागरीप्रचारिणी सभा का द्वितीय वार्षिक विवरण 1894–95ई0, पृष्ठ 2.
59. नागरीप्रचारिणी सभा का तृतीय वार्षिक विवरण 1895–96ई0, 1896ई0, पृष्ठ 1.
60. सिंह, शिवकुमार, कालबोध, इंडियन प्रेस, प्रयाग, तृतीय सं0 1928ई0, पृष्ठ 8.
61. अर्द्ध–शताब्दी का इतिहास, पृष्ठ 203–210
62. ग्रीब्ज, आर0 ई0, हिंदी ऐंड दि नागरीप्रचारिणी सभा, इंडियन प्रेस, इलाहाबाद, 1907, पेज 5–7.
63. मेरी आत्म कहानी, पृष्ठ 120.
64. प्राचीन लेखमणिमाला, प्रथम खंड, तारा प्रिंटिंग वर्क्स, बनारस सिटी, 1903ई0, भूमिका, पृष्ठ 1.
65. सरस्वती पत्रिका, भाग–1, अंक–3, मार्च, 1900ई0, पृष्ठ 94–105.
66. वहीं, पृष्ठ 99.
67. नागरीप्रचारिणी पत्रिका, भाग–21, संख्या–5–6, नवम्बर–दिसम्बर, 1916ई0, पृष्ठ 98–99.
68. आज, 4 मार्च, 1930ई0, ज्ञानमंडल कार्यालय, बनारस, पृष्ठ 1.

4. हिंदी भाषा एवं साहित्य का उत्थान और नागरीप्रचारिणी सभा

काशी की नागरीप्रचारिणी सभा का अन्य क्षेत्रों के समान हिंदी भाषा एवं साहित्य के उत्थान में महत्वपूर्ण भूमिका रही है। वास्तव में, काशी और हिंदी का अविच्छेद्य संबंध रहा है। हिंदी का अंकुर यहीं फूटा, वह यहीं पनपी, बढ़ी एवं पल्लवित–पुष्पित हुई। गुरू गोरखनाथ, महात्मा रामानंद और उलटी–सीधी कहने वाले कबीर से लेकर भारतेन्दु तक तो हिंदी काशी की ही बनी रही। उसके बाद काशी की ना0प्र0 सभा और उसके सभासदों–श्यामसुंदरदास, रामचंद्र शुक्ल, जगन्नाथदास 'रत्नाकर', जयशंकरप्रसाद, प्रेमचंद, रायकृष्णदास, रामदास गौड़, लाला भगवानदीन, शिवप्रसाद गुप्त, विष्णु पराड़कर प्रभृति महापुरूषों ने हिंदी को जिस प्रकार गौरवान्वित किया, यह इतिहास की महत्वपूर्ण सामग्री है।

19वीं सदी के अंतिम दशक में, जब सभा की स्थापना हुई थी, हिंदी भाषा के स्वरूप को लेकर विवाद अपने चरम पर था। वास्तव में हिंदी भाषा के स्वरूप को लेकर पूरी उन्नीसवीं सदी में विवाद चलता रहा है और भाषा की समस्या बड़ी तेढ़ी हो गई थी। पद्य की भाषा ब्रज और अवधी; गद्य की खड़ी बोली तथा सरकारी काम–काज के लिए कचहरी की भाषा उर्दू को सीखना पड़ता था। इस प्रकार बोल चाल की भाषा दूसरी तथा शिक्षा एवं कामकाज की भाषा दूसरी थी।[1] इसी पृष्ठभूमि में 1893ई0 में सभा की स्थापना हुई। किसी भी संस्था का गठन, एवं कभी–कभी नामकरण भी, संस्था के उद्देश्य के अनुरूप ही होता है, जो उद्देश्य उस संस्था को प्राप्त करना होता है। नागरीप्रचारिणी सभा की स्थापना नागरी (हिंदी भाषा एवं नागरी लिपि) के प्रचार–प्रसार के उद्देश्य से हुई थी और अपने मूल ढांचागत रूप में वह एक साहित्यिक संस्था थी, अतएव इसके उद्देश्य के मूल में हिंदी भाषा, साहित्य एवं नागरी लिपि का प्रचार–प्रसार शामिल था, जैसा कि रेवरेण्ड एडविन ग्रीब्ज महोदय ने भी लिखा कि

''सभा के कार्यों के क्या लक्ष्य और उद्देश्य है? इसे एक ही शब्द में व्याख्यायित किया जा सकता है ''हिंदी का उद्धार, सुधार और प्रचार''।[2]

जब ना0प्र0 सभा की स्थापना हुई तब हिंदी एक हीन और गॅवारू भाषा समझी जाती थी और उसकी कहीं भी पूछ नहीं थी। हिंदी की तत्कालीन अवस्था का नागरीप्रचारिणी सभा के संस्थापकों में एक बाबू श्यामसुंदरदास ने यथार्थ निरुपण किया था कि 'वह जीवित थी यही बड़ी बात थी। राजा शिवप्रसाद के उद्योग तथा भारतेन्दु जी के उसके लिए अपना सर्वस्व आहूति दे देने के कारण उसको जीवन दान मिला था'।[3] इस समय हिंदी का न कोई उपयुक्त साहित्य लिखा गया था[4] और न ही हिंदी में कोई कोश, व्याकरण इत्यादि बना था। हिंदी की विभिन्न विधाओं–उपन्यास, कहानी, नाटक, एकांकी, यात्रावृत्त, जीवनचरित इत्यादि के साथ ही ज्ञान–विज्ञान के अन्य विषयों के ग्रन्थों का हिंदी में नितान्त अभाव था। अतएव, अपने प्रारम्भिक वर्षों में ही सभा ने अपने उद्देश्य के अनुरूप कार्य आरंभ किया और प्रथम वर्ष में ही जिन कार्यों को हाथ में लेने का निश्चय किया उनमें हिंदी भाषा, हिंदी उपन्यास तथा हिंदी पत्रों का इतिहास के साथ ही यात्रा विवरण, हिंदी विद्वानों के जीवनचरित्र, कोश, व्याकरण तथा वैज्ञानिक ग्रन्थों के लिखवाने और अन्य अनेंक बातों का सूत्रपात शामिल था।[5]

सभा ने अपनी स्थापना के प्रथम वर्ष में ही हिंदी भाषा एवं साहित्य के उत्थानार्थ व्यापक कार्य आरंभ किया। प्रथम वर्ष में ही हिंदी हस्तलिखित ग्रन्थों की खोज, विभिन्न समुदायों में हिंदी का प्रचार, हिंदी प्रचारार्थ स्थान–स्थान पर डेपुटेशन भेजना, हिंदी हस्तलिखित परीक्षा का आयोजन, हिंदी के वृहद् कोश का निर्माण, नागरी भण्डार पुस्तकालय (आर्यभाषा पुस्तकालय) की स्थापना इत्यादि प्रयास आरंभ किया। द्वितीय वर्ष में ही हिंदी भाषा के इतिहास एवं व्याकरण का अभाव देख सभा ने हिंदी भाषा के इतिहास के लिए चांदी का तथा व्याकरण के लिए सोने का पदक देने का विज्ञापन दिया।[6] तीसरे वर्ष में, जब भारत की ब्रिटिश सरकार उर्दू की जगह रोमन लिपि को जारी करना चाहती थी और हिंदी को लुप्त करने का प्रयास किया जा रहा था, ऐसे समय में सभा ने 'नागरी कैरेक्टर' नामक पुस्तिका अंग्रेजी में प्रकाशित कर उसका वितरण कराया और घोर आंदोलन कर कठिन समय में हिंदी की रक्षा की। इसके

अलावा तृतीय वर्ष में ही सभा ने 'वीरेन्द्रवीर' (उपन्यास) और कालबोध नामक दो ग्रन्थों का प्रकाशन किया।[7]

1896ई0 में सभा ने 'नागरीप्रचारिणी पत्रिका' का प्रकाशन आरंभ किया जिसमें पत्रकारिता के इतिहास के साथ ही हिंदी भाषा एवं साहित्य के इतिहास में एक नवीन युग का आरंभ होता है। हिंदी भाषा में ज्ञान–विज्ञान के अन्य अनेकानेक विषयों के साथ ही भाषा एवं साहित्य के इतिहास में इस पत्रिका ने प्रतिमान स्थापित किया। इस पत्रिका के माध्यम से ही सभा की भाषा–नीति भी स्पष्ट हो जाती है कि 'सभा ठेठ खड़ी बोली हिंदी का समर्थन करती है और संस्कृत तथा अरबी फारसी के कठिन शब्दों का बहिष्कार' जैसा कि पत्रिका में भी लिखा गया "सभा की ओर से लिखे हुए जो लेख व रिपोर्ट आदि प्रकाशित हों, उनमें ठेठ हिंदी के शब्द रहा करें, अर्थात् न बड़े संस्कृत के शब्द हों और न अरबी फारसी भाषाओं के हों। जो लेख सभा द्वारा प्रकाशित होने के लिए कहीं से आयें उनमें कहीं यदि फारसी अरबी के शब्द भरे रहें तो परीक्षक कमेटी उन्हें स्वीकृत न करें।"[8]

पत्रिका के प्रथम अंक से ही भाषा, साहित्य, लिपि, एवं हिंदी की विभिन्न विधाओं पर शोधपूर्ण लेखों का प्रकाशन आरंभ हुआ। प्रथम अंक में जो आठ लेख प्रकाशित हुए उनमें इन विषयों से सम्बन्धित लेख इस प्रकार थे–

समालोचना – पं0 गंगा प्रसाद अग्निहोत्री

यूरोप के लोगों में संस्कृत का प्रचार – रायबहादुर पं0 लक्ष्मीशंकर मिश्र, एम0ए0

भारतवर्षीय आर्य देशभाषाओं का प्रादेशिक विभाग और परस्पर सम्बन्ध

– बाबू श्यामसुन्दर दास खत्री, बी0ए0

समालोचनादर्श– बाबू जगन्नाथदास 'रत्नाकर,' बी0ए0

पोप कवि की संक्षिप्त जीवनी– जगन्नाथ दास 'रत्नाकर', बी0ए0

गद्यकाव्य मीमांसा – (पं0 अम्बिकादत्त व्यास)

ना0प्र0 प्रत्रिका के प्रथम अंक में ही 'समालोचना' (समीक्षा), 'समालोचनादर्श' (आलोचना) और 'गद्य काव्य मीमांसा' सदृश लेख प्रकाशित हुए। इन विषयों पर सर्वप्रथम शोधपूर्ण लेख प्रकाशित करने का श्रेय ना0प्र0 पत्रिका को ही जाता है।

'समालोचनादर्श' नामक निबन्ध में जगन्नाथदास 'रत्नाकर' ने आलोचना के 20 हजार प्रकार गिनाये हैं। इसी प्रकार चिंतन पर 1905ई0 में पं0 रामचन्द्र शुक्ल का 'कल्पना का आनंद' शीर्षक गंभीर लेख प्रकाशित हुआ। नाटकों के इतिहास पर सर्वप्रथम शोधपूर्ण लेख 1905ई0 में ही बाबू राधाकृष्णदास का 'हिंदी का पहिला नाटक' प्रकाशित हुआ। ना0प्र0 पत्रिका में नाटक भी प्रकाशित हुआ और इसका श्रेय महान् नाटककार जयशंकरप्रसाद को ही मिला है। पत्रिका के भाग-17, संख्या-2, 1912ई0 में 'कल्याणी परिणय' शीर्षक लघु नाटक जयशंकरप्रसाद का प्रकाशित हुआ जो वस्तुतः प्रसादजी के चन्दगुप्त नाटक का मूल उत्स था। इतना ही नहीं, 'मानव जीवन पर नाटकों का प्रभाव और हिंदी में उनकी अवस्था' विषय पर सांवलजी नागर का विवेचनात्मक लेख प्रकाशित करने का श्रेय ना0प्र0 पत्रिका को ही है जो 1914ई0 में प्रकाशित हुआ था। इस लेख पर लेखक को सभा द्वारा 'राधाकृष्णदास पदक' प्रदान किया गया था।[9] न केवल आलोचना और नाटक वरन् उपन्यास विषय पर भी सर्वप्रथम शोधपूर्ण लेख प्रकाशित करने का श्रेय ना0प्र0 पत्रिका को ही है। ना0प्र0 पत्रिका के भाग-15, संख्या-3, 1910ई0 में रामचन्द्र शुक्ल द्वारा लिखित 'उपन्यास' शीर्षक गंभीर लेख प्रकाशित हुआ। यह उपन्यास विधा पर हिंदी का सबसे पहला प्रमाणिक लेख है। अत्यन्त चिंतन पर आधारित 'मनोविकार' जैसे विषयों पर भी सर्वप्रथम लेख प्रकाशित करने का श्रेय ना0प्र0 पत्रिका को ही है जो पत्रिका के भाग-10, संख्या-3 में प्रकाशित हुआ था।[10] इतना ही नहीं, 'साहित्य' विषय पर भी पत्रिका में पं0 बालकृष्ण भट्ट लिखित 'साहित्य' शीर्षक लेख प्रकाशित हुआ था।[11]

ना0प्र0 पत्रिका के माध्यम से सभा ने हिंदी साहित्य की एक महत्वपूर्ण विधा 'जीवनी' पर शोधपूर्ण और गंभीर लेखों का प्रकाशन अपनी पत्रिका के आरंभिक वर्षों से ही किया क्योंकि यह सभा की मुख्य प्रतिज्ञा में शामिल था। प्रथम अंक में ही जगन्नाथदास 'रत्नाकर' लिखित 'पोप कवि की संक्षिप्त जीवनी' प्रकाशित हुई। दूसरे अंक में 'नागरीदास का जीवन चरित्र (बाबू राधाकृष्णदास), अहिल्या बाई का जीवन चरित्र (बाबू कार्तिकप्रसाद खत्री), श्री नागरीदासजी के जीवन चरित्र की पूर्ति (बाबू राधाकृष्णदास) सदृश लेख प्रकाशित हुए। शक्यवंशीय गौतम बुद्ध (बाबू श्यामसुंदरदास),

और नैषधचरितचर्चा (पं0 महावीरप्रसाद द्विवेदी) पत्रिका के पांचवें भाग में; कुछ प्राचीन भाषा कवियों का वर्णन (बाबू राधाकृष्णदास), प्रचीन कवि (मुंशी देवीप्रसाद), हिंदी का आदि कवि अर्थात् चंद (बाबू श्यामसुंदरदास) पत्रिका के छठे भाग में और बीसलदेव और विग्रहराज (पं0रामनारायण डूंगर), चक्रवर्ती महाराज अशोक का जीवन चरित (ठाकुर सूर्यकुमार वर्मा) सदृश उच्च कोटि के जीवन चरित्र पत्रिका के आगामी अंकों में प्रकाशित हुए और यह क्रम सतत जारी रहा।

ना0प्र0 पत्रिका में केवल साहित्य और उसकी विभिन्न विधाओं पर ही शोधपूर्ण लेखों का प्रकाशन नहीं हुआ वरन् ना0प्र0 सभा ने अपने उद्देश्य की पूर्ति के लिए हिंदी भाषा एवं लिपि पर भी शोधपूर्ण लेखों का प्रकाशन किया। न केवल हिंदी भाषा वरन् भारत की अन्य प्राचीन एवं अर्वाचीन भाषाओं पर हिंदी में सर्वप्रथम शोधपूर्ण एवं विस्तृत लेख प्रकाशित करने का सौभाग्य ना0 प्र0 पत्रिका को ही मिला। पत्रिका में प्रकाशित लेखों के अवलोकन मात्र से ही भाषा एवं लिपि के प्रचार–प्रसार में सभा का योगदान स्पष्ट हो जाता है–

क्रम	लेख	लेखक	प्रकाशन वर्ष
1	भारतवर्षीय आर्य देशभाषाओं का प्रादेशिक विभाग और परस्पर संबंध	श्यामसुंदरदास खत्री बी0ए0	1897ई0
2	नागर जाति और नगरी लिपि की उत्पत्ति	श्यामसुंदरदास खत्री बी0ए0	1898ई0
3	मुसलमानी दफ्तरों में हिंदी	बाबू राधाकृष्णदास	,,
4	पश्चिमोत्तर प्रदेश तथा अवध में अदालती अक्षर और प्राइमरी शिक्षा	बाबू श्यामसुंदरदास	,,
5	भारतवर्षीय भाषाओं की जाँच	बाबू श्यामसुंदरदास	1899ई0
6	राष्ट्रभाषा	पं0 गंगाप्रसाद अग्निहोत्री	1899ई0
7	पाली भाषा	पं0 सिद्धेश्वर शर्मा	1900ई0
8	महाराष्ट्री भाषा	पं0 सिद्धेश्वर शर्मा	1901ई0

9	भाषा कविता की भाषा	बाबू राधाकृष्णदास	1902ई0
10	भारतवर्ष की सब भाषाओं के लिए एक लिपि	गोपालदास द्वारा अनुवादित	1905ई0
11	अरबी भाषा में संस्कृत ग्रंथ	मुंशी देवीप्रसाद	1906ई0
12	अकबर के राजत्व काल में हिंदी	पं0 सूर्यनारायण दीक्षित, बी0ए0	1906ई0
13	भाषा तत्व	पं0 रामावतार पाण्डेय, एम0ए0	1906ई0
14	पंजाबी बोली की विलक्षणता	बाबू दुर्गाप्रसाद मिश्र	1908ई0
15	मुसलमान बादशाहों कें सिक्कों में हिंदी लिपि	मुंशी देवीप्रसाद	1910ई0
16	हिंदी भाषा की उत्पत्ति	जगन्मोहन वर्मा	1911ई0

स्रोत–नागरीप्रचारिणी पत्रिका 1896–1911ई0 तक

ना0प्र0 सभा ने अपने प्रारंभिक वर्षों में ही हिंदी भाषा एवं साहित्य को विश्वस्तर पर प्रतिष्ठित करने का सफल प्रयास किया जिसका सूत्रपात हिंदी भाषा एवं साहित्य के उन्नायक भारतेन्दु हरिश्चंद्र ने ही कर दिया था।[12] जब 5 सितम्बर, 1896ई0 से 'इंटरनेशनल कांग्रेस ऑफ ओरिएंटलिस्टस्' का 11वां अधिवेशन पेरिस में शुरू हुआ तो सभा ने संसारभर के पुरातत्व तथा भाषातत्ववेत्ताओं का ध्यान हिंदी की ओर आकृष्ट करने के उद्देश्य से एक पत्र और एक लेख अंग्रेजी भाषा में बाबू श्यामसुंदरदास से तैयार करवाकर भेजा जिसमें, संक्षेप में हिंदी का इतिहास, हिंदी की उत्तमता, हिंदी में अत्यन्त उपयोगी ग्रंथों का वर्तमान होते हुए भी अंधकार में पड़े रहना तथा एशियाटिक सोसाइटी के थोड़े से प्रयास से जिन ग्रंथों का पता लगाया गया था, इत्यादि बातों का वर्णन था।[13] इस लेख को काफी पसंद किया गया और इस बात से उत्साहित होकर डॉ0 सिल्वान लेवी, जो 11वीं ओरिएंटलिस्ट कांग्रेस के भारतीय विभाग के सेक्रेटरी थे, 1897ई0 में ना0प्र0 सभा देखने आये और सभा तथा उसके पुस्तकालय को देखकर परम प्रसन्नता प्रकट की थी।[14]

जब सभा की स्थापना हुई थी उस समय हिंदी की लेख प्रणाली के लिए कोई निश्चित नियम नहीं था, और साथ ही विभक्ति एवं प्रत्यय का झगड़ा भी हमेशा उपस्थित होता रहता था। सभा में इस संदर्भ में 4 जुलाई, 1894ई0 को ही पं0 गंगाप्रसाद अग्निहोत्री के दो प्रस्ताव पेश हुए जिसमें पहला लेख प्रणाली से और दूसरा लिपि प्रणाली के सुधार से सम्बन्धित था।[15] इस कार्य को आगे बढ़ाते हुए सभा ने 1898ई0 में भाषा के विद्वानों का मत संग्रह करके एक निश्चित मत स्थिर करने के लिए आठ प्रश्न भाषातत्ववेत्ताओं से किये गये और इन पर सम्मति संग्रह करने और विचार करने के लिए ग्यारह चुने हुए विद्वानों की एक उपसमिति गठित कर दी और ये प्रश्न प्रसिद्ध भारतीय और यूरोपिय विद्वानों (कुल 59) के पास भेंजे गये।[16]

सभा के सभासदों ने इस पर दो वर्ष तक कठिन मेहनत किया और मत संग्रह के उपरान्त सर्वसम्मति से 8 जनवरी, 1900ई0 को जो निश्चय हुआ उसके आधार पर भाषा संबंधी सब–कमेटी की रिपोर्ट प्रकाशित कर दी गई। यह जो रिपोर्ट प्रकाशित हुई उसमें लेख एवं लिपि प्रणाली कैसी होनी चाहिए, विभक्ति, प्रत्यय, चंद्र बिन्दु इत्यादि का प्रयोग कैसे होना चाहिए, के साथ ही साथ साधारण साहित्य एवं उच्चकोटि के साहित्य की भाषा कैसी होनी चाहिए, इन बातों का विस्तृत वर्णन था।[17] इस रिपोर्ट में कुल 24 पृष्ठ हैं जिनमें पृष्ठ 1–17 तक रिपोर्ट, 18–19 तक परिशिष्ट है जिसमें 8 प्रश्न हैं और पृष्ठ 20–22 तक उत्तरदाताओं की नामावली है। उत्तरदाताओं की सूची में जहां भारत के प्रसिद्ध–प्रसिद्ध विद्वान देखे जा सकते हैं वहीं विदेशी विद्वानों में जी0ए0 ग्रियर्सन, रेवरेंडई0 ग्रीब्ज, जे0जी0 ड्यान और डॉ0 डबल्यू0 हूपर सदृश लोग देखे जा सकते हैं।[18] इस रिपोर्ट की सर्वत्र प्रशंसा हुई और समस्त प्रांतों की शिक्षा–विभाग ने इसे हिंदी की लेख तथा लिपि प्रणाली के मानक के रूप में स्वीकार कर लिया था। यहां तक कि उर्दू की निवास भूमि पंजाब की टेक्स्ट बुक कमेटी ने भी सभा की भाषा संबंधी रिपोर्ट को स्वीकार कर लिया था।[19]

हिंदीं साहित्य की अभिवृद्धि के लिए हिंदी–लेखकों को उत्साहित करने के लिए सभा ने पुरस्कार और पदक प्रदान करने का विचार बहुत पहले ही कर लिया था। जिस प्रकार अच्छे साहित्य निर्माताओं के अभाव में साहित्य की उन्नति नहीं होती उसी

प्रकार निर्मित साहित्य को अभिरूचि के साथ पढ़नेवाले पाठकों की न्यूनता में भी साहित्य की वृद्धि मंद पड़ जाती है। इसलिए उन्नतिशील साहित्य का निर्माण करने के लिए विद्वान और सर्वसाधारण दोनों में ही अभिरूचि उत्पन्न करना आवश्यक होता है और पुरस्कार एवं पदक इसके बहुत अच्छे साधन समझे जाते हैं। सभा ने भी इस मार्ग का अवलंबन किया और अपनी स्थापना के दूसरे ही वर्ष हिंदी भाषा के इतिहास और व्याकरण पर पुस्तकें लिखने के लिए दो पदक देने का विज्ञापन दिया था। हिंदी भाषा में अच्छे लेख लिखने के लिए सभा ने 1900ई0 में दो रौप्य–पदक प्रतिवर्ष देने का निश्चय किया जिनमें एक विज्ञान विषय के लिए और दूसरा साधारण (विद्या) विषय के लिए था।[20] इस संबंध में कुल 10 नियम बना दिये गये थे और लेखों पर विचार करने के लिए 5 लोगों की प्रतिवर्ष एक कमेटी गठित की जाती थी। भाषा एवं साहित्य से संबंधित जो विषय सभा की ओर से निर्धारित किये गये, वे इस प्रकार थे[21]–

'ब्रिटिश राज्य में हिंदी' (1901), 'मनोविज्ञान' (1902), 'अकबर के राज्यकाल में हिंदी–साहित्य' (1905), 'हिंदी भाषा और नागरी लिपि की विशेष उन्नति के मुख्य उपाय' (1912) इत्यादि और इन विषयों पर लिखे सर्वोत्तम लेखों पर सभा द्वारा इनके लेखकों को रौप्य–पदक प्रदान किया गया।

पुरस्कार और पदक प्रदान करने का सभा का कार्यक्रम यहीं समाप्त नहीं हुआ वरन् हिंदी भाषा एवं साहित्य के साथ ही अन्य ज्ञान–विज्ञान विषयक पुस्तकों का हिंदी में प्रणयन हेतु सभा ने कई अन्य पुरस्कार एवं पदक देने का आयोजन किया जिनमें से अधिकांश दाताओं के नाम पर ही आधारित थे। इतिहास पर लिखी सर्वोत्तम पुस्तक पर 'जोधसिंह पुरस्कार' (सं0 1973 से), ब्रजभाषा तथा हिंदी की अन्य उप–भाषाओं यथा–डिंगल, राजस्थानी, अवधी, बुंदेलखंड़ी, भोजपुरी, छत्तीसगढ़ी आदि की रचनाओं पर 'रत्नाकर पुरस्कार' (1921ई0 से), सर्वोत्तम शिक्षाप्रद मौलिक नाटक तथा उपन्यास की रचना पर 'बटुकप्रसाद पुरस्कार' (सं0 1979 से), वैज्ञानिक विषय की सर्वोत्तम मौलिक रचना पर डां0 छन्नूलाल पुरस्कार (सं0 1978 से), आध्यात्म–तत्व, योगशास्त्र, सदाचार, नीति, मनोविज्ञान आदि विषयों की सर्वोत्तम रचना पर का राजा बिड़ला पुरस्कार (सं0 1988 से), साधारण विद्या विषयक लेखों पर 'राधाकृष्णदास–पदक

(1907ई0 से), विज्ञान–विषयक लेख पर चांदी का रेडिचे पदक (1907ई0 से), सं0 1983 से 'सुधाकर पदक' (बटुक प्रसाद पुरस्कार के साथ), सं0 1995 से चांदी का 'गुलेरी–पदक' (जोधसिंह पुरस्कार के साथ), सं0 1985 से चांदी का 'ग्रीब्ज पदक' (डॉ0 छन्नूलाल पुरस्कार के साथ), हिंदी की सर्वोत्तम रचना पर सं0 1985 से 'द्विवेदी स्वर्णपदक' (सं0 1991 से), चांदी का बलदेवदास–पदक (रत्नाकर पुरस्कार के साथ), तथा सं0 1992 से हिंदी में लिखी पुरातत्व, मुद्राशास्त्र, इंडोलाजी, भाषा–विज्ञान तथा एपिग्राफी संबंधी सर्वोत्तम रचना पर डॉ0 हीरालाल स्वर्ण–पदक देना आरंभ किया।[22] शायद संसार की कोई भी संस्था किसी एक भाषा एवं उसके साहित्य के विविध अंगोंपांगों के पूर्ण करने में इस प्रकार पदक और पुरस्कार देने का आयोजन नहीं किया होगा जैसा हिंदी में विविध विषयों का प्रभूत साहित्य तैयार कराने में काशी की ना0प्र0 सभा ने किया और सभा इस कार्य में आशातीत सफल भी थे।

हिंदी भाषा एवं साहित्य की श्रीवृद्धि एवं ज्ञानोपयोगी बातों को जन–जन तक पहुँचाने के लिए सभा ने 1904ई0 से 'सुबोध व्याख्यानमाला' का आयोजन आरंभ किया। यद्यपि इस व्याख्यानमाला में हिंदी में विज्ञान एवं स्वास्थ्य संबंधी विषय ही अधिकतर रखे जाते थे पर इसमें भी कतिपय व्याख्यान हिंदी भाषा एवं साहित्य से संबंधित थे। हिंदी भाषा एवं साहित्य से संबंधित जो व्याख्यान हुए वे इस प्रकार थे :

वर्ष (संवत)	विषय	व्याख्याता
सं0 1961	हिंदी भाषा और साहित्य	श्री श्यामसुंदरदास, बी0ए0
सं0 1961	हिंदी भाषा और साहित्य	श्री श्यामसुंदरदास, बी0ए0
सं0 1961	भाषा तत्व के मूल सिद्धान्त	रामावतार पांडे, बी0ए0
सं0 1968	एक लिपि तथा एक भाषा	श्री शारदाचरण मित्र, एम0 ए0, बी0 एल0 (भूतपूर्व हाई कोर्ट जज)
सं0 1968	एक लिपि तथा एक भाषा	श्री राय शरतचंद्रदास
सं0 1970	भोजपुरी बोली	श्री मन्नन द्विवेदी गजपुरी
सं0 1973	राष्ट्रलिपि	श्री श्यामसुंदरदास

हिंदी भाषा एवं साहित्य के उत्थान हेतु सभा द्वारा जो–जो कार्य किये गये उनमें शब्दकोश का निर्माण एक अत्यन्त ही महत्वपूर्ण कार्य था। हिंदी भाषा एवं साहित्य को हिंदी शब्दों से परिपूर्ण करने के लिये सभा ने हिंदी वैज्ञानिक कोश, हिंदी–शब्द सागर, संक्षिप्त हिंदी–शब्दसागर, कोशोत्सव स्मारक संग्रह, कचहरी हिंदी कोश सदृश कई कोशों का निर्माण करवाया क्योंकि हिंदी में इनका एकदम अभाव था। ऐसा करने के पीछे सभा के दो उद्देश्य थे–प्रथम, शब्दकोशों के निर्माण द्वारा हिंदी में इस अभाव को दूर करना, और द्वितीय, जातीय साहित्य को रक्षित करना एवं उसके भविष्य का मार्ग प्रशस्त करना, जैसा कि हिंदी–शब्दसागर की भूमिका में बाबू श्यामसुंदरदास ने लिखा "किसी जाति के जीवन में उसके द्वारा प्रयुक्त शब्दों का अत्यन्त महत्वपूर्ण स्थान है। आवश्यकता तथा स्थिति के अनुसार इन शब्दों का आगम अथवा लोप तथा वाच्य, लक्ष्य एवं द्योत्य भावों में परिवर्तन होता रहता है। अतएव और सामग्री के अभाव में इन शब्दों के द्वारा किसी जाति के जीवन की भिन्न–भिन्न स्थितियों का इतिहास उपस्थित किया जा सकता है। इस अवस्था में यह बात स्पष्ट समझ में आ सकती है कि जातीय जीवन में शब्दों का स्थान कितने महत्व का है। जातीय साहित्य को रक्षित करने तथा उसके भविश्य को सुचारू और समुज्जवल बनाने के अतिरिक्त वह किसी भाषा की संपन्नता या शब्द बहुलता का सूचक और उस भाषा के साहित्य का अध्ययन करने वालों का सबसे बड़ा सहायक भी होता है।"[23]

आधुनिक ढंग के शब्दकोशों का निर्माण अंग्रेजों के भारत से घनिष्ठ संबंध स्थापित होने के बाद आरंभ हुआ क्योंकि उन्हें इस देश की भाषाओं को जानने की विशेष आवश्यकता पड़ने लगी और अपने सुभीते के लिए वे शब्दकोश बनाने लगे। देश भाषाओं में सबसे पहले हिंदी (जिसे उस समय अंग्रेज हिन्दुस्तानी कहा करते थे) के कोश–निर्माण के इतिहास को देखा जाय तो ज्ञात होता है कि हिंदी के पहले दो कोशों का निर्माण जे0 फर्गुसन ने किया था जो रोमन अक्षरों में 1773ई0 में लंदन से छपा था जिसमें एक हिन्दुस्तानी–अंग्रेजी और दूसरा अंग्रेजी–हिन्दुस्तानी था। दूसरा शब्दकोश मद्रास से 1790ई0 में हेनरी हेरिस द्वारा छपा। 1808ई0 में जोसफ टेलर और विलियम हंटर के उद्योग से कलकत्ता से 'हिन्दुस्तानी अंगरेजी कोश' प्रकाशित हुआ। 1810 में

एडिनबरा से जे0बी0 गिलक्राइस्ट का और 1817 में लंदन से जे0 सेक्सपियर का 'अंगरेजी–हिंदुस्तानी' और हिंदुस्तानी–अंगरेजी कोश प्रकाशित हुए। ये सभी कोश रोमन अक्षरों में थे। हिंदी भाषा या देवनागरी अक्षरों में पहला कोश पादरी एम0टी0एडम का था जो 1829ई0 में कलकत्ता से छपा था और उसका नाम 'हिंदी कोश' था। 1884ई0 में जे0टी0 प्लाट्स का कोश लंदन से छपा जिसमें हिंदी तथा उर्दू शब्दों के अर्थ अंग्रेजी में दिये गये थे। 1873ई0 में मु0 राधेलाल जी का शब्दकोश प्रकाशित हुआ जिसके लिए इन्हें सरकार से पुरस्कार भी मिला। 1857 में काशी से जे0डी0 बेट का कोश प्रकाशित हुआ। इसी समय कलकत्ता बुक सोसायटी का कोश काशी से प्रकाशित हुआ जिसमें हिंदी शब्दों के अर्थ हिंदी में थे। 1875ई0 में एक कोश पेरिस से फ्रांसीसी भाषा में, 1880 में लखनऊ से सैयद जामिन अली जलाल का 'गुलशने फैज' प्रकाशित हुआ। 1887 में तीन महत्वपूर्ण कोश प्रकाशित हुए–मिरजा शाहजादा कैसर बख्त का 'कैसर कोश' इलाहाबाद से; पं0 मधुसूदन पंडित का 'मधुसूदन निघंटु' लाहौर से और मुन्नीलाल का कोश दानापुर से। इसके अलावा 1881–1895 के बीच पादरी टी0 केपन के कोश, 1892 में बांकीपुर से बाबा बैजूदास का 'विवेक कोश एवं गौरी नागरी कोश, हिंदी कोश', 'मंगल कोश' 'श्रीधर कोश' सदृश कई कोश प्रकाशित हुए।[24]

ना0प्र0 सभा ने जितने बड़े–बड़े और उपयोगी कार्य किये, जिस प्रकार प्रायः उन सबका सूत्रपात या विचार सभा के जन्म के समय, उसके प्रथम वर्ष में हुआ था, उसी प्रकार हिंदी का वृहत् कोश बनाने का सूत्रपात नहीं तो कम से कम विचार भी उसी प्रथम वर्ष में ही हुआ था। इस कार्य में आर्थिक सहयोग हेतु 8 ज्येष्ठ, सं0 1951 के अधिवेशन में बाबू राधाकृष्णदास के प्रस्ताव पर दरभंगा नरेश से प्रार्थना की गई फलस्वरूप महाराजा ने सभा की सहायतार्थ 125 रू0 तत्काल भेजा था और भविष्य में इस पर और विचार करने का आश्वासन दिया था। सभा ने कोश की व्यवस्था संबंधी कार्य की रूपरेखा प्रस्तुत करने हेतु 9 सज्जनों–पं0 लक्ष्मीशंकर मिश्र, म0म0पं0 सुधाकर द्विवेदी, इन्द्रनारायण सिंह, राधाकृष्णदास, श्यामसुंदरदास, कार्तिकप्रसाद, जगन्नाथदास 'रत्नाकर', अमीर सिंह और संकटाप्रसाद की एक उपसमिति बना दी। उप समिति ने जो निश्चय किया उसके अनुसार–बिना अच्छे विद्वानों की सहायता के यह कार्य न हो

सकेगा और लगभग 2 वर्ष तक इस पर रु0 250 मासिक का खर्च आयेगा। उस समय सभा धनाभाव के कारण यह कार्य आरंभ न कर सकी।

सन् 1904 में सभा को ज्ञात हुआ कि कलकत्ते की 'हिंदी–साहित्य सभा' ने हिंदी का एक वृहत् कोश बनाने का निश्चय किया है और कुछ कार्य आरंभ भी कर दिया है, तब सभा ने उसकी यथा सामर्थ्य सहायता करने की इच्छा प्रकट की परन्तु 3 वर्ष तक प्रतीक्षा करने पर भी कलकत्ते की सभा इस ओर कोई कार्य न कर सकी तब काशी की ना0प्र0 सभा ने स्वयं इस कार्य को करने का संकल्प लिया। सभा के संचालकों ने जब सब बातें पक्की कर ली, तब 23 अगस्त, 1907ई0 को सभा के परम हितैषी और उत्साही सभासद रेवरेंडई0 ग्रीब्ज ने सभा की प्रबंधकारिणी समिति में यह प्रस्ताव उपस्थित किया कि 'हिंदी के एक वृहत् और सर्वांगपूर्ण कोश बनाने का भार सभा अपने ऊपर ले और साथ ही यह भी बतलाया कि यह कार्य किस प्रणली से किया जाय।' इस प्रस्ताव पर उचित सम्मति देने के लिए सभा ने रेवरेंडई0 ग्रीब्ज, पं0 सुधाकर द्विवेदी, पं0 रामनारायण मिश्र, बाबू गोविन्ददास, बाबू इन्द्रनारायण सिंह, लाला छोटेलाल, मुंशी संकटाप्रसाद, पं0 माधवप्रसाद पाठक और श्यामसुंदरदास की उप समिति गठित कर दी।[25] इस उप समिति की रिपोर्ट 9 नवम्बर, 1907 को प्रस्तुत हुई जिसमें सुझाव था–सभा हिंदी भाषा के दो बड़े कोश बनवावे जिनमें से एक में हिंदी शब्दों के अर्थ हिंदी में हों, उनकी व्युत्पत्ति दी जाय और भिन्न–भिन्न अर्थ उदाहरण सहित दी जाय। कोश के संबंध में आवश्यक प्रबंध हेतु म0म0 सुधाकर द्विवेदी, लाला छोटेलाल, ग्रीब्ज, बाबू इन्द्रनारायण सिंह, बाबू गोविन्ददास, पं0 माधवप्रसाद पाठक और पं0 रामनारायण मिश्र की प्रबंधकारिणी समिति गठित की जाय और उसका मंत्री श्यामसुंदरदास को बनाया जाय और इस पर लगभग 30000 का व्यय होगा।[26]

प्रबंधकारिणी समिति ने उप–समिति की सारी रिफारिशें स्वीकार कर ली और कार्य आरंभ करने हेतु धन की अपील की गई। पहले ही वर्ष 2332 रू0 के वचन प्राप्त हुए जिसमें 1902 नकद प्राप्त हुआ। इस बड़े और आवश्यक कार्य को आरंभ कराने का श्रेय रायबहादुर श्री सुंदरलाल को है जिन्होंने 1000 रू0 आरंभ में दे कर सभा को उत्साहित किया।[27]

1907ई0 में शब्द–संग्रह का कार्य आरंभ हुआ और सब मिलकर 184 पुस्तकें शब्द–संग्रह के लिए चुनी गयीं। कोई शब्द छूट न जाय, इस हेतु कोशोपसमिति ने 169 पुस्तकों की सूची बनाई। केवल पुस्तकों से ही नहीं वरन् विविध व्यवसायियों की बोलचाल में प्रयुक्त शब्दों का संग्रह करने के लिए मुंशी रामलगनलाल को शहर में घूम–घूम कर अहीरों, कहारों, लोहारों, सोनारों, चमारों, तमोलियों, तेलियों, जोलाहों, भालू और बन्दर नचाने वाले मदारियों, कूचेबंदों, धुनियों, गाड़ीवानों, कुश्तीबाजों, कसेरों, राजगीरों, छापेखानेवालों, महाजनों, बजाजों, दलालों, जुआरियों, महावतों, पंसारियों, साईसों आदि के पारिभाषिक शब्दों का संग्रह करने के लिए लगाया गया।[28] समस्त भारत के पशुओं, पक्षियों, मछलियों, फूलों और पेड़ों आदि के नाम एकत्र करने हेतु बाबू रामचन्द्र वर्मा को कलकत्ता भेजा गया जिन्होंने ढ़ाई महीने तक इम्पीरियल लाइब्रेरी से 'फ्लोंरा ऑफ ब्रिटिश इंडिया सिरीज' की समस्त पुस्तकों से नाम और विवरण एकत्र किये। इसके अलावा हिंदी में व्यवहृत अन्य भाषा के शब्दों के संग्रह हेतु सभा ने एक उत्तम सूची बनाई और इसे घटाने–बढ़ाने के लिए सभा ने इसे हिंदी के बड़े–बड़े विद्वानों के पास भेजा।[29]

1910ई0 से संपादन कार्य आरंभ हुआ और उप–समिति ने सर्वसम्मति से बाबू श्यामसुंदरदास को कोश का प्रधान संपादक नियुक्त किया। संपादक महोदय को सहायता पहुँचाने हेतु सहायक–संपादक नियुक्त किये गये जिनमें समय–समय पर पं0 रामचन्द्र शुक्ल, लाला भगवानदीन, बाबू अमीरा सिंह, पं0 बालकृष्ण भट्ट, बाबू जगन्मोहन वर्मा और बाबू गंगाप्रसाद गुप्त सदृश हिंदी के विद्वान थे। मई 1912ई0 से छपाई का कार्य आरंभ हुआ और एक ही वर्ष में 96–96 पृष्ठों की चार संख्याएं प्रकाशित हुई जिनमें 8666 शब्द थे। सर्व साधारण तथा विद्वत् समाज यथा जार्ज ग्रियर्सन, डां0 रूडाल्फ हार्नली, प्रो0 सिलवान लेवी, रेवरेंड ई0 ग्रीब्ज, पं0 मोहनलाल विष्णुलाल पंड्या, म0म0 डां0 गंगानाथ झा, पं0 महावीरप्रसाद द्विवेदी, मि0 रमेशचन्द्र दत्त, पं0 श्यामबिहारी मिश्र आदि बड़े–बड़े विद्वानों तथा 'लीडर' 'हिंदी बंगवासी' आदि समाचार–पत्रों ने भी प्रकाशित अंकों की भूरि–भूरि प्रशंसा की। इस शब्दसागर के निर्माण का आयोजन 1908ई0 में आरंभ हुआ था और 1929ई0 में समाप्त हुआ। इस

प्रकार सम्पूर्ण शब्दसागर में सब मिलाकर 93115 शब्दों के अर्थ तथा विवरण दिये गये हैं और इसमें कुल 4281 पृष्ठ हैं। इस महान कार्य पर कुल मिलाकर 102050रू0 व्यय हुआ। इस शब्दसागर के आरम्भ में हिंदी-भाषा और साहित्य के विकास का इतिहास भी दिया गया है।[30]

हिंदी कोश के निर्माण का जैसा सुनियोजित आयोजन ना0प्र0 सभा ने किया, भारत की किसी भी भाषा में ऐसा आयोजन इससे पूर्ण नहीं हुआ था। इस शब्द-सागर में शब्दों के विवरण, उनके अर्थ और उनकी व्युत्पत्ति भी दी गई है और इसमें ऐसे-ऐसे शब्दों के विवरण दिये गये हैं जो पहले कभी किसी कोश में नहीं आये थे। ना0प्र0 सभा द्वारा हिंदी भाषा एवं साहित्य के लिए जो-जो कार्य किये गये शायद, हिंदी शब्द-सागर का निर्माण सबसे श्रमसाध्य, दुष्कर एवं महत्वपूर्ण था।

कोश की समाप्ति पर सभा ने बड़ा आनंद प्रकट किया और बड़े उत्साह के साथ उत्सव का आयोजन किया। सं0 1985 की वसंत पंचमी को इस उत्सव का आयोजन किया गया जिसमें कोश के सहायक-सम्पादकों को पुरस्कृत किया गया। बाबू श्यामसुंदरदास (प्रधान संपादक) ने सभा से कोई उपहार लेना स्वीकार नहीं किया तब सभा ने उनके प्रति अपनी कृतज्ञता प्रकट करने के लिए 'कोशोत्सव-स्मारक-संग्रह' नाम से एक लेख-संग्रह गौरी शंकर हीराचंद ओझा के निरीक्षण में तैयार करवाया और यह श्यामसुंदरदास को समर्पित किया गया। यह 'कोशोत्सव-स्मारक-संग्रह' 511 पृष्ठों का 30 चुने हुए हिंदी के लेखों का संग्रह था जिनमें काशी प्रसाद जायसवाल, हीरालाल, म0म0 गौरीशंकर हीराचंद ओझा, लोचनप्रसाद पांडेय, नलिनीमोहन सान्याल, गोपाल दामोदर तामस्कर, जयशंकर प्रसाद, केशव प्रसाद मिश्र, श्री वैजनाथ पंड्या, पीताम्बरदत्त बड़ख्वाल, जगन्नाथदास 'रत्नाकर', अयोध्यासिंह उपाध्याय, रायकृष्णदास और शांतिप्रिय द्विवेदी सदृश भारतीय विद्वान एवं प्रो0 बारानिकोफ, मान्श्योर जूल्स बलॉच एवं ए0 जी शेरिफ जैसे विदेशी विद्वान शामिल थे। इस कोश की समाप्ति एवं कोशोत्सव के अवसर पर अनेक लोग बाहर से आये एवं अनेक संस्थाओं एवं व्यक्तियों के बधाई पत्र प्राप्त हुए जिनमें संयुक्त प्रांत की गवर्मेंट, बंगाल की एशियाटिक सोसायटी, गुजरात वर्नाक्यूलर सोसाइटी, डॉ0 जी0ए0 ग्रियर्सन एवं पं0 महावीरप्रसाद

द्विवेदी के पत्र विशेष रूप से उल्लेखनीय थे।[31] सभा का शब्द कोश निर्माण का कार्य कितना महत्वपूर्ण था, यह पं0 महावीरप्रसाद द्विवेदी के पत्र से स्पष्ट हो जाता है, जिसमें उन्होंने लिखा था ''सभा ने देवनागरी–लिपि और हिंदी–भाषा के साहित्य की उन्नति के लिए यथा शक्य अनेक काम किए हैं। उन सबमें उसका एक काम सबसे अधिक उल्लेख योग्य है वह है हिंदी–शब्द–सागर नामक विस्तृत कोश का निर्माण। यह कोश शब्द–कल्पद्रुम, शब्द–स्तोम–महानिधि और सेंट–पीटर्सवर्ग में प्रकाशित प्रचंड कोश की समकक्षता करने वाला है।''[32]

ना0 प्र0 सभा द्वारा जो शब्द–सागर बनाया गया वह एक वृहत् कोश था और उसका मूल्य उस समय 50रू0 था। अतएव सर्वसाधारण और विद्यार्थियों की सुविधा को ध्यान में रखते हुए सभा ने सं0 1981 में 'संक्षिप्त हिंदी–शब्द सागर' बनाने का निश्चय किया। इस कार्य हेतु रामचन्द्र वर्मा को नियत किया गया। उनके अथक प्रयास से सं0 1989 में संक्षिप्त हिंदी–शब्द सागर छपकर तैयार हुआ। 1200 पृष्ठ के इस संक्षिप्त शब्द सागर का मूल्य 4रू0 रखा गया और यह काफी लोकप्रिय हुआ। इसकी लोकप्रियता इसी से ज्ञात हो जाती है कि सं0 1998 में ही उसका चतुर्थ संस्करण प्रकाशित करना पड़ा।[33] सभा ने न केवल हिंदी–शब्द सागर और संक्षिप्त हिंदी शब्द सागर का निर्माण करवाया वरन् उन दोनों का संशोधन भी करवाया और इस दौरान कई हजार शब्दों को पुनः शब्दकोश में सम्मिलित किया गया।

सभा ने अदालतों में नागरी (हिंदी भाषा एवं नागरी लिपि) को स्थान दिलवाया था और इसलिए कचहरी में प्रयुक्त होने वाले शब्दों के हिंदी कोश की आवश्यकता अनुभव की जा रही थी, अतएव सं0 1983 में सभा के सभासद माधवप्रसाद के प्रस्ताव पर 'कचहरी हिंदी कोश' बनाने का निर्णय लिया गया। यह कार्य माधवप्रसाद को ही सौंपा गया। यह कोश बड़े परिश्रम से तैयार किया गया और इसमें फारसी, अंग्रेजी और हिंदी तीन भाषाओं के शब्दों का संकलन किया गया। विभिन्न विद्वानों के संशोधन एवं एक उप–समिति के निरीक्षण के बाद 41 फर्मों में, जिनमें प्रत्येक का मूल्य 1 था, सं0 1989 में यह पूरी तरह छपकर तैयार हुआ। यह कोश अत्यन्त ही उपयोगी सिद्ध हुआ और इससे पूर्व किसी भी आधुनिक भारतीय भाषा में इस तरह का कोई कोश नहीं बना था।

यह कोश कितने परिश्रम एवं मनोयोग से तैयार किया गया था यह इसी से स्पष्ट हो जाता है कि रेवरेंड ए0 ग्रीब्ज विलायत से इसका संशोधन करके इसकी प्रतियां भेंजा करते थे।[34]

हिंदी–शब्दसागर की तरह ही ना0प्र0 सभा ने हिंदी भाषा एवं साहित्य की श्रीवृद्धि के लिए जो एक अन्य महत्वपूर्ण कार्य किया वह था हिंदी–व्याकरण का निर्माण क्योंकि किसी भाषा का व्याकरण उसके साहित्य की पूर्ति का कारण और उसकी प्रगति में सहायक होता है। सबसे महत्वपूर्ण यह है कि भाषा की सत्ता स्वतंत्र होने पर भी व्याकरण उसका सहायक अनुयायी बनकर उसे समय–समय और स्थान–स्थान पर आवश्यक सूचनाएं देता है और उसे लाभ पहुँचाता है। जिस प्रकार किसी संस्था के संतोषपूर्ण चलने के लिए सर्वसंमत नियमों की आवश्यकता होती है, उसी प्राकर भाषा की चंचलता दूर करने और उसे व्यवस्थित रूप में रखने के लिए व्याकरण ही प्रधान और सर्वोत्तम साधन है,[35] इस बात को ध्यान में रखते हुए हिंदी के व्याकरण के निर्माण का विचार सभा ने प्रथम वर्ष में ही किया था।[36] दूसरे वर्ष में व्याकरण के लिए सोने का पदक देने का विज्ञापन सभा ने दिया पर उसका भी कोई फल न निकला।[37] सभा ने व्याकरण संबंधी संदिग्ध विषयों पर भाषा तत्ववेत्ताओं की सम्मति संग्रह कर स्वयं व्याकरण तैयार करने का निश्चय किया और इस पर विचार करने हेतु ग्यारह विद्वानों की एक उप–समिति गठित कर दी।[38] इस उप–समिति की रिपोर्ट के आधार पर जगन्नाथदास 'रत्नाकर' श्यामसुंदरदास और किशोरीलाल गोस्वामी को व्याकरण तैयार करने का भार सौंपा गया पर इसका भी कोई विशेष फल न हुआ। 14 सितंबर, 1907ई0 को सभा में पारित एक प्रस्ताव के अनुसार एक सर्वांगपूर्ण व्याकरण पर 500 रू0 का पुरस्कार देने का विज्ञापन सभा ने दिया। सं0 1967 में सभा को तीन व्याकरण प्राप्त हुए पर उनमें से कोई पुरस्कार के योग्य न समझा गया। तब सभा ने गंगाप्रसाद और रामकरण के व्याकरण के एक–एक अंश के आधार पर, जो सभा को प्राप्त हुए थे, व्याकरण तैयार करने का कार्य श्री कामताप्रसाद गुरु को सौंपा। उन्होंने अत्यन्त परिश्रम और विद्वत्तापूर्ण ढंग से इसे सं0 1976 में पूरा किया। इस व्याकरण का प्रकाशन सन् 1974 से 1976 तक नागरीप्रचारिणी लेखमाला में हुआ। इस प्रकार हिंदी भाषा एवं

साहित्य के उत्थानार्थ सभा ने एक महान कार्य किया। इतना ही नहीं, विद्यार्थियों की सुविधा को ध्यान में रखते हुए सभा ने नीची श्रेणी के लिए 'प्रथम हिंदी व्याकरण', मिडल श्रेणी के लिए 'मध्य हिंदी व्याकरण' और हाईस्कूल के लिए 'संक्षिप्त हिंदी व्याकरण' और अन्त में हिंदी व्याकरण का प्रकाशन किया। हिंदी व्याकरण कितना महत्वपूर्ण एवं उपयोगी था यह इसी से स्पष्ट हो जाता है कि सं0 1981 तक इस व्याकरण के चार संस्करण बन गये।[39]

हिंदी भाषा एवं साहित्य का उत्थान तभी होगा जब हिंदी में विविध विषयों पर अधिकाधिक ग्रन्थों का प्रणयन हो। नागरीप्रचारिणी सभा ने प्रथम वर्ष में ही जिन उद्देश्यों को सामने रखा था उसमें हिंदी में ग्रन्थों का प्रणयन भी शामिल था "नियम (2) (ख) हिंदी को उत्तम और आवश्यक विषयों के ग्रन्थों से अलंकृत करना (नवीन ग्रन्थ अथवा दूसरी भाषाओं के अनुवाद द्वारा)"।[40] सभा ने 4 जून, 1894ई0 को जो प्रस्ताव पास किया उसमें हिंदी भाषा में विविध विषयों के ग्रन्थों का प्रकाशन करना शामिल था।[41] इतना ही नहीं, सभा के सभासदों—मुंशी नवलकिशोर, बाबू रामकृष्ण वर्म्मा, बाबू रामदीन सिंह ने प्रथम वर्ष में ही ग्रन्थों का प्रकाशन शुरू कर दिया जिस पर सभा ने उन्हें धन्यवाद दिया था।[42]

हिंदी भाषा एवं साहित्य को अधिकाधिक ग्रन्थों से अलंकृत करने के उद्देश्य से सभा ने 1900ई0 से 'नागरीप्रचारिणी ग्रंथमाला' का प्रकाशन आरंभ किया। इस ग्रंथमाला में हिंदी हस्तलिखित ग्रंथों की खोज में जो दुर्लभ ग्रंथ प्राप्त होते थे उसी का प्रकाशन किया जाता था। इस ग्रंथमाला में प्रकाशित सभी ग्रंथों का मूल्य आठ आने एवं पृष्ठ संख्या 64 रखी गई। इस ग्रंथमाला के संपादक क्रमशः राधाकृष्णदास म0म0सुधाकर द्विवेदी, माधवप्रसाद पाठक और श्यामसुंदरदास रहे। 1943ई0 तक इस ग्रंथमाला में विविध विषयों के 37 ग्रंथ प्रकाशित हुए।[43]

सं0 1966 से, जब नागरीप्रचारिणी पत्रिका त्रैमासिक से मासिक कर दी गई, तब सभा ने त्रैमासिक रूप में 'नागरीप्रचारिणी लेखमाला' का प्रकाशन आरंभ किया। इस लेखमाला में प्रायः वहीं लेख प्रकाशित होते थे, जो सभा द्वारा पुरस्कृत होते थे। इस लेखमाला का संपादन माधवप्रसाद पाठक (सं0 1966-67 तक) चंद्रधरशर्मा गुलेरी (सं0

1968–70 तक) गौरीशंकरप्रसाद (सं0 1971–74 तक) और रामचंद्र वर्मा ने (सं0 1975 से 1977 तक) किया। इस लेखमाला में सं0 1977 तक 38 संख्याएं प्रकाशित हुई।[44]

सं0 1970 (1913ई0) से सभा ने मनोरंजन पुस्तकमाला का प्रकाशन आरंभ करने का निश्चय किया और इसमें विविध विषयों के सर्वोत्तम सौ ग्रंथ निकालने की योजना बनायी गई। इस योजना में प्रकाशित प्रत्येक ग्रंथ का कागज, जिल्द, आकार और मूल्य सब एक समान रखना निश्चय हुआ। सं0 1971 में इसका प्रकाशन बाबू श्यामसुंदरदास के निर्देशन में शुरू हुआ और सं0 2000 तक इसमें 54 पुस्तकें प्रकाशित हुई। यह पुस्तकमाला इतनी लोकप्रिय हुई कि दूसरे ही वर्ष इसकी ग्राहक संख्या 600 हो गई थी।[45]

सं0 1961 में महाराज भिनगा द्वारा प्रदान 6300रु0 की सहायता से सभा ने महिला पुस्तकमाला का प्रकाशन आरंभ किया। इस पुस्तकमाला में महिलापयोगी सामग्री का प्रकाशन किया गया जो अत्यन्त ही लोकप्रिय हुई। बनिता–विनोद, सुघड़ दर्जिन, परिचर्य्या–प्रणाली, सरल व्यायाम, सौरी सुधार, छूतवाले रोग और उनसे बचने के उपाय और स्त्रियों के रोग और उनकी चिकित्सा सदृश लोकप्रिय पुस्तकें इस ग्रंथमाला में प्रकाशित हुई। यह पुस्तकमाला इतनी लोकप्रिय हुई कि बंगला में भी इन पुस्तकों का अनुवाद हुआ।[46]

सं0 1918ई0 में जोधपुर निवासी प्रसिद्ध इतिहासकार मुंशी देवीप्रसाद की सहायता से सभा ने 'देवीप्रसाद ऐतिहासिक पुस्तकमाला' का प्रकाशन किया। इस पुस्तकमाला में अत्यन्त ही महत्वपूर्ण ऐतिहासिक पुस्तकों का प्रकाशन किया गया।[47] इतना ही नहीं, सभा ने आगे भी इसी प्रकार की पुस्तकमालाओं का प्रकाशन विभिन्न महानुभावों के सहयोग से जारी रखा। सं0 1980 से सूर्यकुमारी पुस्तकमाला; सं0 1979–80 से 'बालाबख्श–राजपूत चारण पुस्तकमाला'; सं0 1995 से 'देव–पुरस्कार–ग्रंथावली'; सं0 1997 से 'श्रीमती रूक्मिणी तिवारी पुस्तकमाला'; सं0 1978 से 'श्री रामविलास पोद्दार स्मारक ग्रंथमाला'; सं0 1999 से 'श्री महेंदुलाल गर्ग विज्ञान ग्रंथावली'; सं0 1999 से 'नवभारत ग्रंथमाला'; सं0 2000 से 'सत्यज्ञान पुस्तकमाला' और प्रकीर्णक पुस्तकमाला का प्रकाशन सभा द्वारा किया गया। इन पुस्तकमालाओं में विविध विषयों की हजारों

उत्कृष्ट पुस्तकें हिंदी में प्रकाशित हुई।[48] इस प्रकार विविध ग्रंथमालाओं में अनेकानेक पुस्तकों का प्रकाशन कर सभा ने हिंदी भाषा एवं साहित्य में ग्रंथों के अभाव को दूर करने का भगीरथ उद्योग किया।

नागरीप्रचारिणी सभा का हिंदी भाषा एवं साहित्य के क्षेत्र में एक उत्कृष्ट योगदान 'हिंदी साहित्य का इतिहास' तैयार कराना था। नागरीप्रचारिणी सभा के स्थापना से पूर्व गार्दां द तांसी (सं0 1896), शिवसिंह सेंगर (1934वि0) और डॉ0 जार्ज ग्रियर्सन (सं0 1946 वि0) के द्वारा क्रमशः 'हिंदुस्तानी साहित्य का इतिहास', 'शिवसिंह सरोज' और 'माडर्न वर्नाक्यूलर लिटरेचर ऑफ हिंदुस्तान' नामक हिंदी साहित्य का इतिहास लिखे गये थे, परन्तु इस लेखन में ग्रियर्सन को छोड़ कर अन्य लोगों ने वैज्ञानिक कालक्रम विभाजन इत्यादि बातों पर ध्यान नहीं दिया था। सन् 1900ई0 से जब सभा ने हिंदी हस्तलिखित ग्रंथों की खोज का कार्य आरंभ किया तो उसके फलस्वरूप हिंदी साहित्य के इतिहास लेखन के लिए प्रचुर सामग्री उपलब्ध होनी आरंभ हुई। 1910ई0 तक खोज की उपलब्ध सामग्री का उपयोग कर मिश्र बन्धुओं ने 'मिश्रबन्धुविनोद' नामक हिंदी साहित्य का इतिहास लिखा। इस पुस्तक की गरिमा उसके काल विभाजन तथा तथ्य संग्रह की दृष्टि से अधिक है।[49]

सभा ने हिंदी साहित्य के इतिहास लेखन का गंभीर आयोजन हिंदी शब्दसागर की भूमिका के रूप में आचार्य रामचन्द्र शुक्ल द्वारा किया, जिसका परिवद्धित संशोधित रूप 'हिंदी साहित्य का इतिहास' के रूप में सभा से सं0 1986वि0 में प्रकाशित किया। इस इतिहास में शुक्लजी ने तब तक खोज से उपलब्ध समस्त सामग्री का उपयोग किया था। यद्यपि हिंदी साहित्य के सैकड़ों ग्रंथ लिखे गये परन्तु शुक्लजी का इतिहास आज भी सर्वाधिक मान्य एवं प्रमाणिक है।

सं0 1986 के बाद खोज के द्वारा हिंदी की सामग्री का विस्तार होता गया और स्वतंत्रता प्राप्ति तथा हिंदी के राजभाषा होने पर अपने हीरकजयंती (सं02010) के अवसर पर सभा ने 'हिंदी विश्वकोश' और 'हिंदी साहित्य का वृहत् इतिहास' प्रस्तुत करने की योजना बनाई। सभा के तत्कालीन सभापति तथा इस योजना के प्रधान संपादक डॉ0 अमरनाथ झा की प्रेरणा से इस योजना ने मूर्तरूप ग्रहण किया। हिंदी

साहित्य की व्यापक पृष्ठभूमि से लेकर उसके अद्यतन इतिहास तक का क्रमबद्ध वर्णन उपलब्ध सामग्री के आधार पर प्रस्तुत करने की योजना बनाई गई। भारत के राष्ट्रपति देशरत्न डॉ0 राजेन्द्रप्रसादजी ने इसमें रूचि ली और प्रस्तावना लिखना स्वीकार किया।[50] इस प्रकार प्रत्येक विभाग के लिए अलग–अलग मान्य विद्वान एवं संपादक नियुक्त कर 30 वर्षों से कुछ अधिक समय में लगभग 5 लाख रूपये व्यय करके सभा ने 'हिंदी साहित्य का वृहद् इतिहास' 16 खंण्डों में तैयार करवाया। हिंदी साहित्य का वृहद् इतिहास हिदी के उद्गम से लेकर उस समय तक का हिंदी साहित्य का क्रमबद्ध ढंग से तैयार कराया गया इतिहास है।

नागरीप्रचारिणी सभा का एक अत्यन्त ही महत्वपूर्ण कार्य 'हिंदी विश्वकोश' का निर्माण कराना था। हीरक जयंती के अवसर पर ही इसकी योजना बनी थी और 1954ई0 में ही सभा ने हिंदी में एक मौलिक तथा प्रामाणिक विश्वकोश के प्रकाशन हेतु आर्थिक सहायतार्थ अपनी योजना भारत सरकार के पास भेजी। 1956ई0 में योजना स्वीकृत हो जाने पर सभा ने 1957ई0 से कार्य आरंभ किया और 14 वर्षों के अथक परिश्रम के बाद सं0 2013 वि0 (1970ई0) में 12 खण्ड़ों में 'हिंदी विश्वकोश' का निर्माण कार्य पूरा किया। मानक के रूप में हिंदी में इस कोश का वहीं स्थान है जो स्थान अंग्रेजी में 'एनसाइक्लोपीडिया ब्रिटानिका' का है। इस कार्य द्वारा सभा ने हिंदी में एक बड़े अभाव की पूर्ति कीं।

हिंदी भाषा एवं साहित्य के क्षेत्र में नागरीप्रचारिणी सभा की उपलब्धियां निःसंदेह अविस्मरणीय है। जब सभा की स्थापना हुई थी, उस समय लोग हिंदी को 'गॅवारु भाषा' कहकर उसका उपहास किया करते थे किंतु नागरीप्रचारिणी सभा ने अपने सभासदों के परिश्रम द्वारा उसे एक समुन्नत भाषा के रुप में स्थापित किया। हिंदी की लेख एवं लिपि प्रणाली के लिए सभा ने ऐसा सराहनीय प्रयास किया कि भारत के अधिकांश प्रांतों ने उसे मानक के रुप में स्वीकार कर लिया। विभिन्न शब्दकोशों एवं हिंदी व्याकरण का निर्माण कर सभा ने एक बहुत बड़े अभाव की पूर्ति की। हिंदी हस्तलिखित ग्रंथों की खोज का कार्य कर उन अनेंक अलभ्य ग्रंथों का पता लगाया जो अभीं तक ज्ञात ही नहीं थीं और उनमें से अनेंक ग्रंथों को विविध ग्रंथमालाओं में

प्रकाशित कर उन्हें अमरत्व प्रदान किया। इसी खोज के आधार पर ही हिंदी साहित्य का जो इतिहास लिखा गया वहीं आज भी सबसे प्रामाणिक माना जाता है। हिंदी भाषा एवं साहित्य के विविध अंगोपांगों को परिपूर्ण करने के लिए सभा ने जिस प्रकार विविध ग्रंथमालाओं का प्रकाशन किया और साथ ही लोगों को प्रोत्साहन प्रदान करने के लिए कई पुरस्कार एवं पदक प्रदान करने का आयोजन किया, वह अपने आप में काफी महत्वपूर्ण था। निःसंदेह किसी एक भाषा एवं उसके साहित्य के उन्नयन के लिए संसार की किसी भी एक संस्था ने शायद ऐसा प्रयास नहीं किया होगा जैसा कि हिंदी के लिए काशी की नागरीप्रचारिणी सभा ने किया।

संदर्भ सूची

1. मिश्र, शितिकंठ, खडी बोली का आन्दोलन, पृष्ठ 78.
2. हिंदी ऐंड दि नागरीप्रचारिणी सभा, इंडियन प्रेस, इलाहाबाद, 1907, पेज 2.
3. दास, श्यामसुंदर सं0 मेरी आत्मकहानी, पृष्ठ 20.
4. जी0 ए0 ग्रियर्सन का 'हिस्ट्री ऑफ वर्नाकुलर लिटरेचर' और शिवसिंह सेंगर का 'शिवसिंह सरोज' नामक मात्र दो हिंदी साहित्य का इतिहास लिखा गया था।
5. नागरीप्रचारिणी सभा का प्रथम वार्षिक विवरण, 1893–94ई0 पृष्ठ 8–10; अर्द्ध शताब्दी का इतिहास, पृष्ठ 6; मेरी आत्मकहानी, पृष्ठ 22.
6. नागरीप्रचारिणी सभा का द्वितीय वार्षिक विवरण 1894–95ई0, पृष्ठ 5.
7. नागरीप्रचारिणी सभा का तृतीय वार्षिक विवरण 1895–96ई0, पृष्ठ 6
8. अर्द्ध–शताब्दी का इतिहास, पृष्ठ 177.
9. पाण्डे, पद्माकर, पत्रकारिता और सभा, पृष्ठ 43.
10. लेख का शीर्षक 'मनोविकारों का विकास' था और इसके लेखक महान चिंतक आचार्य रामचंद्र शुक्ल थे ।
11. नागरीप्रचारिणी पत्रिका भाग–16 संख्या–5, 1911ई0.
12. भारतेन्दु हरिचन्द्र ने जो प्रयास किया था उसका उल्लेख प्रथम अध्याय में किया गया हैं
13. नागरीप्रचारिणी सभा का चतुर्थ वार्षिक विवरण, 1896–97ई0, पृष्ठ 8.
14. नागरीप्रचारिणी सभा का पंचम वार्षिक विवरण, 1897–98ई0, पृष्ठ 2.

15. नागरीप्रचारिणी सभा का प्रथम वार्षिक विवरण 1893–94ई0, पृष्ठ 10–11.
16. नागरीप्रचारिणी सभा का पंचम वार्षिक विवरण 1897–98ई0, पृष्ठ 7; मेरी आत्मकहानी, पृष्ठ 63.
17. यह रिपोर्ट 1900ई0 में प्रकाशित हुई पर यह कहां से प्रकाशित हुई इसका उल्लेख इस पर नही हैं। विस्तृत जानकारी के लिए देखें—मेरी आत्मकहानी, पृष्ठ 63–79.
18. भाषा सब कमेटी की रिपोर्ट, पृष्ठ 20–22.
19. भारत जीवन, 30 सितम्बर, 1901ई0, पृष्ठ 6.
20. नागरीप्रचारिणी सभा का प्रथम वार्षिक विवरण 1894ई0, पृष्ठ 5.
21. अर्द्ध शताब्दी का इतिहास, पृष्ठ 155.
22. वहीं, पृष्ठ 158–167.
23. दास, श्यामसुंदर सं0 हिंदी शब्दसागर, नागरीप्रचारिणी सभा, वाराणसी, द्वितीय सं0 1986ई0, प्रथम सं0 की भूमिका, पृष्ठ 1
24. उपर्युक्त, भूमिका.
25. अर्द्ध शताब्दी का इतिहास, पृष्ठ 183.
26. अर्द्ध शताब्दी का इतिहास पृष्ठ 183–186.
27. वहीं, पृष्ठ 187.
28. वहीं, पृष्ठ 186.
29. वहीं, पृष्ठ, 187.
30. विस्तृत जानकारी के लिए देखिए—हिंदी शब्द—सागर की भूमिका.
31. अर्द्ध शताब्दी का इतिहास पृष्ठ 197.
32. मेरी आत्मकहानी, पृष्ठ 170–171.
33. अर्द्ध शताब्दी का इतिहास पृष्ठ 194.
34. अर्द्ध शताब्दी का इतिहास पृष्ठ 202.
35. गुरू, कामताप्रसाद, हिंदी व्याकरण, नागरीप्रचारिणी सभा, काशी 14वां संस्करण, सं 2045 वि0, पृष्ठ 4.
36. नागरीप्रचारिणी सभा का प्रथम वार्षिक विवरण, 1893–94ई0, पृष्ठ 10–11.
37. नागरीप्रचारिणी सभा का द्वितीय वार्षिक विवरण, 1894–95ई0, पृष्ठ 5.
38. नागरीप्रचारिणी सभा का पांचवा वार्षिक विवरण, 1897–98ई0, पृष्ठ 7.

39. अर्द्धशताब्दी का इतिहास, पृष्ठ 203.
40. नागरीप्रचारिणी सभा का प्रथम वार्षिक विवरण, 1893–94ई0, पृष्ठ 16.
41. वहीं, पृष्ठ 8–10.
42. वहीं, पृष्ठ 11.
43. प्रकाशित ग्रंथों की सूची के लिए देखिये–अर्द्ध शताब्दी का इतिहास, परिशिष्ट 5, पृष्ठ 263.
44. अर्द्ध शताब्दी का इतिहास, पृष्ठ 205.
45. वहीं, पृष्ठ–205.
46. वहीं, पृष्ठ 213.
47. इस पुस्तकमाला में प्रकाशित ग्रंथों की सूची तृतीय अध्याय में दी गयी है।
48. इन पुस्तकमालाओं में प्रकाशित ग्रंथों की सूची के लिए देखिये–अर्द्ध–शताब्दी का इतिहास, पृष्ठ 264–267.
49. अर्द्ध–शताब्दी का इतिहास, पृष्ठ–98
50. त्रिपाठी, करूणापति सं0 हिंदी साहित्य का वृहत् इतिहास, भाग–3, नागरीप्रचारिणी सभा, काशी सं0 2040 वि0, प्राक्कथन, पृष्ठ 1–2.

5. भारतीय शिक्षा का विकास और नागरीप्रचारिणी सभा

काशी अत्यन्त प्राचीन काल से ही भारतीय सभ्यता एवं संस्कृति के साथ ही साथ भारतीय शिक्षा का भी महत्वपूर्ण केन्द्र रहा है। इसी काशी में भारतीय सभ्यता एवं संस्कृति के उत्थानार्थ ना0 प्र0 सभा की स्थापना हुई जिसकी बहुमुखी साधन न केवल नागरी प्रचार, शब्दकोशों के निर्माण, हस्तलिखित ग्रन्थों की खोज, साहित्य एवं इतिहास के पुनरूत्थान वरन् शिक्षा के प्रणयन, प्रचार–प्रसार एवं विस्तार में भी फलीभूत हुई। ना0 प्र0 सभा के क्या उद्‌देश्य थे? इस संदर्भ में 'नागरी मेंमोरियल सब–कमेंटी' के सक्रेटरी और ना0 प्र0 सभा के सभासद श्री जगन्नाथ मेहता ने 1898ई0 में प्रकाशित एक पुस्तक की प्रस्तावना में लिखा था "कोई देश जब तक उसमें विद्या का प्रचार न हो उन्नति नहीं कर सकता और उसका इस प्रान्त में बड़ा अभाव है। कारण इसका यहीं है कि जब तक यहां की मातृभाषा हिंदी का प्रचार न होगा विद्या की उन्नति न होगी, इसलिए सन् 1893ई0 में इस उद्‌देश्य से कि हिंदी भाषा और नागरी अक्षरों की यथोचित उन्नति और उनका पूर्ण प्रचार इस देश में हो और यह देश भी शिक्षा प्राप्ति में उन्नति करे 'ना0 प्र0 सभा' काशी में स्थापित की गयी है।"[1] नागरी (हिंदी भाषा एवं नागरी लिपि) के प्रचार के साथ ही सभा ने जो उद्‌देश्य निर्धारित किये थे उनमें शिक्षा भी प्रमुख था जैसा कि सभा के वार्षिक विवरण से ज्ञात होता है–"शिक्षा के प्रसार को बढ़ावा देना और शिक्षित भारतीयों की उन्नति का प्रयास करना।"

"........... इस तरह के अन्य साधनों का प्रयोग करना, जो लाभदायक एवं आवश्यक हो, जिनसे सभा के लक्ष्य की प्राप्ति हो सके, सभा की बैठकों में समय–समय पर सुझाये जायेंगे।"[2]

जिस समय ना0 प्र0 सभा की स्थापना हुई उस समय भारत में शिक्षा अधोगति को प्राप्त हो रही थी जैसा कि सभा के सभासद रामचन्द्र वर्म्मा ने लिखा था कि "इस आर्यवर्त्त देश की अवनति और दुःखों का कारण एकमात्र अविद्या ही है बस जब यह सिद्ध हो गया कि अविद्या चाण्डाली ने ही इस पुण्यभूमि को पापभूमि बना दिया है तो हमको यह अवश्य मानना पड़ेगा कि इसको फिर पुण्यभूमि बनाने के लिए एकमात्र

उपाय विद्या का प्रचार ही हो सकता है''।[3] बनारस से प्रकाशित तत्कालीन प्रमुख समाचार पत्र भारत जीवन ने भी 'शिक्षा दोष से देश की हानि' शीर्षक लेख में इसी प्रकार का मंतव्य प्रकाशित किया था और लिखा था कि ''इस समय हमारे देश में तीन प्रकार की शिक्षा प्रचलित है–संस्कृत की, दूसरी महाजनी और तीसरी अंग्रेजी की।....... अब विचारना चाहिए कि जिस देश के शिक्षा के दोष से लाभ के बदले हानि हो रही हो उस देश की दशा जो दिनोंदिन हीन होती जायगी इसमें क्या आश्चर्य है।''[4]

जिस समय सभा की स्थापना हुई उस समय भारत में अंग्रेजी शासन कायम था और भारतीय जनता विदेशी शासन के विरूद्ध संगठित एवं सचेत होने लगी थी। राजनीतिक साधना का चरम उद्देश्य देश के हृदय को एक करना होता है और शिक्षा इसका सबसे सुगम और सशक्त माध्यम होती है। इस समय तक भारत में राष्ट्रवाद का उदय हो चुका था और राष्ट्रीयता का शिक्षा पर इतना गहरा संघात हुआ कि शिक्षा को राष्ट्रीयता का एक आवश्यक उपकरण मानना लोक–व्यवहार की वस्तु बन गयी थी। शिक्षा के द्वारा ही देशवाशियों में एक प्रकार का मनोंभाव उत्पन्न किया जा सकता है–राष्ट्र के प्रति अनुराग तथा निष्ठा का मनोभाव, इस बात को सभा ने स्वीकार किया।

शिक्षा समाज की उन्नति का आधार है। किसी भी समाज में शिक्षा का संबंध व्यक्ति और समष्टि दोनों से होता है। शिक्षा एक ऐसी प्रक्रिया है जिससे व्यक्ति का विकास और समाज की उन्नति इन दोनों की सिद्धि होती है। शिक्षा न केवल मनुष्य के व्यक्तित्व के निर्माण वरन् राष्ट्र के निर्माण के लिए भी अत्यन्त आवश्यक है। जो राष्ट्र शिक्षा में जितना पिछड़ा रहता है वह उतना ही सभ्यता में पिछड़ा रहता है। सभा ने शिक्षा के महत्व को समझा और उसके प्रचार–प्रसार पर बल दिया। इस सन्दर्भ में सभा के वार्षिक विवरण में लिखा गया–''केवल ज्ञान ही के द्वारा मनुष्य सर्वत्र खुशहाली और समृद्धि प्राप्त कर सकता है। भारतवर्ष ने प्राचीनकाल में जो उन्नति की थी वह समान भाषा एवं अद्वितीय शिक्षा पद्धति के बल पर की थी और उसकी उपेक्षा के कारण ही वह इस अधोगति को प्राप्त हुआ है।''[5]

अपनी स्थापना काल से ही भारतीयों की शिक्षा के सन्दर्भ में सभा के इरादे तो अत्यन्त पवित्र थे परन्तु उस समय भारत में अंग्रेजी राज था जो शिक्षा की एक विशेष

नीति पर अमल कर रही थी। संसार का इतिहास बताता है कि जब एक जाति ने किसी दूसरी जाति पर आक्रमण द्वारा अथवा किसी अन्य प्रकार से अधिकार किया तो उस अधिकार को स्थायी और सत्ता को कायम रखनें के लिए विजेता जाति ने विजित जाति के मनुष्यों के रहन–सहन, धर्म और साहित्य को अपने सा बना लेने की कोशिश की है, और जहॉ तक वह इस प्रयत्न में सफलता पा सकी हैं वहां तक उनका राज्य और शासन स्थायी हुआ है।[6] इस परियोजना में शिक्षा एक महत्वपूर्ण औजार थी अतः प्रशासकों ने देशभर में अंग्रेजी शिक्षा का जाल बिछाया।[7] अंग्रेज प्रशासकों का यह मत था कि पाश्चात्य शिक्षा के प्रचार से भारतीय जनता अंग्रेजों की अधीनता स्वीकार कर लेगी।

यदि भारत में अंग्रेजी शासन के दौरान शिक्षा के विकास का अध्ययन किया जाय तो यह बात प्रत्यक्ष होगी कि सरकार ने कभी भी सच्चाई से इस बात का प्रयत्न ही नहीं किया कि भारतीयों को शिक्षित किया जाय। सरकार का एकमात्र लक्ष्य भारतीय जनता के दोनों वर्गों–हिंदू एवं मुसलमानों की सद्भावना प्राप्त करना था। अंग्रेजी सरकार चाहती थी कि इन दोनों को अपने–अपने धर्म और संस्कृति की सेवा से संतुष्ट रखा जाय और साथ ही न्याय विभाग के लिए हिंदू और मुसलमान न्याय–पद्धति को जानने वाले उपयुक्त व्यक्ति मिल सकें। इसी ध्येय को सामनें रखते हुए वारेन हेस्टिंग्स ने 1781ई0 में 'कलकत्ता मदरसा' की स्थापना की जो पूर्णतः मुस्लिम संस्था थी।[8] इसी उदेश्य से बनारस के रेजीडेंट सर जोनाथन डंकन ने 1791ई0 में 'बनारस संस्कृत कालेज' की स्थापना की।[9] यह कालेज पूर्णतया हिंदू संस्था थी। हिंदू और मुसलमानों को अलग–अलग प्रसन्न रखने का प्रयास आरम्भ से ही किया गया तभी तो 1813ई0 के चार्टर के समय डाइरेक्टर्स ने गवर्नर जनरल को यह परामर्श दिया था कि विविध विषयों के विद्वानों की खोज में बनारस की ओर ध्यान दिया जाय।[10]

1833ई0 के चार्टर द्वारा अंग्रेजी भाषा भारत में शिक्षा का माध्यम बना दी गयी और इसके मूल में था अंग्रेजी राज की जड़ें मजबूत करना। कम्पनी सरकार को जन साधारण की नहीं वरन् उच्च वर्ग की शिक्षा की चिंता थी। भाई परमानन्द ने इस सन्दर्भ में स्पष्ट लिखा है ''लार्ड विलियम बेंटिक के शासनकाल में जिस कमेंटी ने अंग्रेजी

शिक्षा भारतवर्ष में प्रचलित करने का निश्चय किया उसका विचार केवल यह था कि इस देश के पुरातन साहित्य से लोगों का ध्यान हटाकर उन्हें अंग्रेजी साहित्य की ओर झुका दें। इससे उनकी जातीयता को निर्बल करके उन्हें अपने जातीय विचारों के प्रभाव में लाना था, जिसका अर्थ दूसरे शब्दों में उन्हें देशधर्म से पतित (डी–नेशनलाइज) करना था।''[11] इस प्रकार राज की प्रतिष्ठा, शासन की आवश्यकता, अंग्रेजी के माध्यम से वर्ग विशेष से संबंध और भाषा, शिक्षा, सभ्यता और ईसाइयत का प्रचार 1781 से 1833 तक कम्पनी सरकार की शिक्षा नीति रही।

शिक्षा के क्षेत्र में कम्पनी द्वारा अगला प्रयास 1854 के 'वुड डिस्पैच' के रुप में सामने आया जिसको 'मैग्नाकार्टा आफ इंडियन एजूकेशन' भी कहा गया है। यह परिपत्र अंतिम और ऐतिहासिक दस्तावेजों की सबसे परिपूर्ण श्रृखला थी जो ग्रांट के आब्जर्वेशंस, 1813 के चार्टर ऐक्ट का सेक्शन 43, लार्ड मिण्टो, लार्ड मोयरा, सर चार्ल्स मेटकॉफ, एलफिंस्टन, सर थॉमस मुनरो, लार्ड मैकाले और लार्ड ऑकलैंड के स्मरण पत्र को समाहित किए हुए था।[12] इस परिपत्र से पहले और इसके बाद जो कुछ सोचा गया था उन सबका सार इसमें था।[13] इस परिपत्र के आधार पर भारत में विश्वविद्यालय स्थापित हुए और प्रथम बार भारतीय भाषाओं को भी शिक्षा के माध्यम के रुप में स्वीकार किया गया और अंग्रेजी भाषा को उच्च शिक्षा का माध्यम बना दिया गया।

इस परिपत्र में 'डाउनवर्ड फिल्टेशन थियरी' को नकारा गया, माध्यमिक स्तर पर आधुनिक भारतीय भाषाओं को शिक्षा के माध्यम के रुप में स्वीकार किया गया परन्तु इस शिक्षा परिपत्र का मुख्य उद्देश्य भारतीयों की सद्भावना प्राप्त करना एवं अपने व्यापार का प्रसार करना था।

1857 से 1902ई0 तक विश्वविद्यालयी शिक्षा की एक गंभीर खामी आधुनिक भारतीय भाषाओं की उपेक्षा थी जिसने एक ज्वलंत बहस को उठाया। य़द्यपि 1854 के डिस्पैच में भारतीय भाषाओं की प्रोन्नति के लिए प्राध्यापकों की नियुक्ति का प्रावधान था परन्तु ऐसा कुछ नहीं किया गया। नये विश्वविद्यालय विशुद्ध रुप से परीक्षा निकाय थे और पठन–पाठन का कार्य करने के लिए प्राध्यापकों की नियुक्ति का अधिकार उन्हें नहीं था। किन्तु फिर भी, यह उनके लिए संभव था कि परीक्षाएं आधुनिक भारतीय

भाषाओं में कराते ताकि वे प्रारम्भ से ही सम्बद्ध कालेजों में पढ़ाई जा सकती।[14] इस प्रकार भारतीय भाषाओं की घोर उपेक्षा की गयी। भाषा, शिक्षा और साहित्य बदल देने से कोई भी जाति अपने गौरव को भूल जाती है। अंग्रेजों ने देश के स्वाभिमान को मिटा देने का भरसक प्रयास किया।

परंतु अंग्रेजों की इस शिक्षा नीति से भारतीय सचेत हुए और उनमें चेतना आयी। 19वीं सदी के उत्तरार्द्ध में भारतीयों में अपनी सभ्यता, संस्कृति, भाषा एवं साहित्य के प्रति अगाध श्रद्धा दिखाई पड़ती है। राजेन्द्रप्रसाद का कथन इस संदर्भ में ठीक ही है कि ''जब से विजित जाति को अपने देश, जाति, धर्म, भाषा, भाव, रहन–सहन, साहित्य इत्यादि का ज्ञान हुआ है, तब से उसे पराधीनता की जंजीरों में जकड़कर बंद रखना कठिन हो गया है। इसी सर्वव्यापी ऐतिहासिक नियम का एक प्रभाव भारतवर्ष में अंग्रेजी शासन की शिक्षा नीति से भी मिलता हैं।''[15] सभा के सभासद भी आरंभ से ही अंग्रेजों की इस अंग्रेजी भाषा के प्रचार का विरोध करते दिखलायी पड़ते है और देशी भाषाओं में शिक्षा के प्रचार का समर्थन करते हैं। बाबू श्यामसुंदरदास ने अपनी आत्मकथा में स्पष्ट ही लिखा है ''इस ओर गवर्नमेंट का सदा उपेक्षा का भाव रहा। उसने कभी सचाई से इस बात का उद्योग नही किया कि देशी भाषाओं के भांडार की पूर्ति हो। उसे तो सदा इस बात का भय रहा कि इन भाषाओं की उन्नति से कहीं अंगरेजी को धक्का न पहुॅचे। भाषा ही एक ऐसा अस्त्र है जिसके द्वारा किसी जाति का भाव बदला जा सकता है।''[16]

सभा के सभासद विद्या के महत्व से भलीभॉति परिचित थे और इसे जनता के बीच प्रचारित किया। 1897ई0 में ही रामचन्द्र वर्मा ने विद्या के महत्व को स्पष्ट ही रेखांकित किया–''प्यारे मित्रों! इस दुःखी भारत के दुःख दूर करने का उपाय केवल विद्या का प्रचार ही हो सकता है बाकी जबानी जमा खर्च और गाल बजाने से खाक भी सुधार न होगा सैकड़ों वर्ष सूखे व्याख्यान सुनाया कोरीकोरी धर्म धर्म की पुकार किया करो़........जब तक विद्या का प्रचार और उसी के अनुकूल आचार व्यवहार न होगा तब तक इन वाक्य आडम्बरों से देश का सुधार एक रत्ती भर भी नहीं हो सकता।''[17]

सभा ने अपनी स्थापना काल से, जब वह मात्र बालकों की संस्था थी, भारत में नागरी के माध्यम से शिक्षा के प्रचार को महत्व दिया। 16 जुलाई, 1893ई0 की बैठक में सर्वसम्मति से जो निश्चय हुआ था उसके अनुसार 'सर्वत्र नागरी का व्यवहार, अन्य भाषा की पुस्तकों को नागरी में उत्था करना, भारत के अन्य भागों में ना0 प्र0 सभाओं को स्थापित करना और एकता का फैलाना' इत्यादि बातें शामिल थीं।'[18]

शिक्षा के क्षेत्र में कार्य आरम्भ करते हुए सभा ने 1894ई0 से 'हिंन्दी हस्तलिपि परीक्षा' का आयोजन आरम्भ किया। उन दिनों फारसी और रोमी लिपियों की परीक्षाएं होती एवं उसके लिए पारितोषिक दिये जाते पर नागरी लिपि, जिसमें उस समय भी देश की अधिकांश जनता अपना कार्य करती थी, सुध भी न ली जाती थी। अतएव, सभा ने इस उपेक्षा का अनुभव किया और 4 जून, 1894ई0 की बैठक में श्यामसुंदरदास के प्रस्ताव पर वर्नाक्यूलर स्कूलों में उत्तम नागरी लिखने वाले छात्रों को उत्साहित करने के लिए पारितोषिक देने का निश्चय किया। इस सन्दर्भ में शिक्षा विभाग के डाइरेक्टर से पत्र व्यवहार किया गया और उन्होंने सभा का प्रस्ताव स्वीकार कर लिया। सभा ने वर्नाक्यूलर स्कूलों के विद्यार्थियों को क्रमशः 10, 8 और 5 रु0 के तीन पारितोषिक देना स्वीकार किया।[19] सभा ने यह परीक्षा पहले बनारस एवं गोरखपुर में और बाद में, समूचे प0 प्र0 और अवध में आयोजित करवायी। 1902ई0 से ग्वालियर और सं0 1961 से कश्मीर राज्य में भी यह परीक्षा आयोजित की गयी। इस आयोजन द्वारा सभा ने मातृभाषा हिंदी के माध्यम से देशवासियों में शिक्षा के प्रसार का प्रयास किया।

देशवाशियों को नागरी के माध्यम से शिक्षित करने एवं उठती हुई राष्ट्रीयता की भावना को दृढ़ करने के उद्देश्य से 1896ई0 से 'ना0 प्र0 पत्रिका' का प्रकाशन आरम्भ किया और प्रथम अंक की प्रस्तावना में ही शिक्षा के महत्व को रेखांकित किया ''कोई देश तब तक सभ्य कहलाने का गौरव नहीं प्राप्त कर सकता जबतक उसने यथोचित विद्या की उन्नति प्राप्त न कर ली हो और विद्या की उन्नति तब तक संभव नहीं जब तक देश के कृतविद्य जनों का ध्यान आकर्षित न हुआ हो। इसी अन्योन्य संबंध को एक दूसरे में सहायता पहुॅचाने के लिए ''काशी ना0 प्र0 सभा'' का जन्म हुआ, क्योकि

इस देश की मातृभाषा हिंदी की उन्नति करना ही इस सभा का मुख्य उद्देश्य है।''[20] जिस उद्देश्य एवं प्रतिज्ञा को लेकर यह पत्रिका अवतरित हुई उसका आजीवन पालन किया। इस पत्रिका ने अपने जन्मकाल से ही देश की शिक्षा की स्थिति एवं ग्रन्थकारों के ग्रंथप्रणयन दोनेां की उचित आलोचना की ''जिस हमारे देश में सम्प्रति विद्याभिरुचि चारो ओर फैल रही है, जिस हमारे देश में प्रतिवर्ष नगर में मुद्रणालय, पुस्तकालय, समाचार पत्र, पुस्तकें, सभा आदि नित्य नया स्वरुप धारण कर उत्पन्न हुआ करतें हैं, जिस हमारे देश में देशाभिमान, विद्वत्व, कवित्व, वक्तृता आदि ही, चारो ओर जहॉ तहॉ दीख पड़ती हैं,.........,कहॉ तक कहें जो बातें भारतवर्ष में और सम्पूर्ण एशिया खण्ड में कदापि किसी ने श्रवण भी न की थी उनके अर्थात् प्रति डिमासर्थनीस, प्रति सिसरो, और प्रति पार्लियामेंट का यहॉ बनना इत्यादि महत् कार्यो के सिद्धार्थ भी लोग आगे पीछे नहीं देखते उसी हमारे देश में इंग्लैण्ड के से सामान्य ग्रन्थकर्त्ताओं का न दीख पड़ना और वैसे ही सैकड़ों ग्रन्थवालों को प्रथम संस्करण के व्यतिरिक्त दूसरे संस्करण के प्रकाशित करने का धैर्य न होना, यह कितने आश्चर्य की बात है।''[21]

इस पत्रिका ने प्रारम्भ से ही शिक्षा को महत्वपूर्ण स्थान दिया। सरल हिंदी भाषा में इस पत्रिका में उच्चकोटि की सामग्री प्रकाशित की जाती थी। वास्तव में हिंदी प्रदेश में सांस्कृतिक जागरण का आरम्भ ना0 प्र0 पत्रिका के प्रकाशन के साथ आरम्भ होता है। पत्रिका के दूसरे ही भाग में 'विद्याध्ययन' शीर्षक लेख में विद्या के महत्व और उसके लाभ को विवेचित किया गया ''विद्या माता के समान रक्षा करती है, पिता के समान हित में तत्पर रहती है, कांता के समान खेदित चित्त को प्रसन्न करके सुख देती है, सम्पत्ति को बढ़ाती है, कीर्ति को दिशाओं में फैलाती है,.......कल्पलता के समान यह विद्या क्या क्या नहीं साधन करती अथात् सभी करती है।''[22]

1897ई0 में सभा ने बनारस नगर के बालको ंको नागरी की शिक्षा देने के लिए 'नागरी पाठशाला' खोला। 13 दिसम्बर, 1897ई0 को जबलपुर के नंदलाल दूबे के पत्र के आधार पर 27 दिसम्बर, 1897ई0 की बैठक में बाबू गदाधर सिंह के प्रस्ताव पर 1 जनवरी, 1898ई0 को पाठशाला खोला गया। इस पाठशाला का प्रबंध पुस्तकालय कमेंटी को सौपा गया था। नंदलाल दूबे का प्रस्ताव एक हिंदी युनिवर्सिटी खोलने का

था अतएव सभा ने उन्हें लिखा था कि सभा उनकी हर संभव सहायता करेगी और युनिवर्सिटी के खुलने पर यह पाठशाला उसमें मिला दी जायेगी।[23] आगे चलकर प्रबंध में कुछ अड़चन आने पर पाठशाला समिति तोड़ दी गयी और उसका भार पुस्तकालय समिति को सौंपा गया। इस कार्य में बाबू गदाधर सिंह की विशेष अभिरुचि थी और अचानक 27 जुलाई, 1898ई0 को उनका देहांत हो जाने पर यह कार्य बाबू श्यामसुंदरदास को सौंपा गया। 12 सितम्बर, 1898ई0 की साधारण बैठक में उन्हीं के प्रस्ताव पर यह निश्चय हुआ कि 30 सितम्बर 1898ई0 से पाठशाला बंद कर दी जाय। फलतः 30 सितंबर, 1898ई0 से पाठशाला बंद कर दी गयी।[24] यह पाठशाला यद्यपि अल्पकालीन सिद्ध हुई परन्तु फिर भी इसने बालकों में नागरी का प्रचार प्रारम्भिक स्तर पर किया।

प0 प्र0 और अवध प्रांत की पाठशालाओं में पाठ्यपुस्तक निर्वाचित करने के लिए टेक्स्ट बुक कमेंटी नाम की जो संस्था सरकार ने बनायी थी उसमें सभा 1897-98ई0 में अपना एक सभासद (बाबू इंद्रनारायण सिंह) नियत कराने में सफल रही[25] क्योंकि कमेंटी द्वारा हिंदी को प्रोत्साहन नहीं दिया जा रहा था। यह सभा की बहुत बड़ी उपलब्धि थी। इसके आगे भी सभा के सभासद कमेंटी में चुने जाने लगे।

1898ई0 में सभा ने एक ऐसा कार्य किया जो शिक्षा के क्षेत्र में चिरस्मरणीय रहेगा। इस वर्ष सभा ने सरकारी दफ्तरों और न्यायालयों में देशभाषा नागरी के व्यवहार के लिए 'नागरी मेमोरियल' प0 प्र0 तथा अवध के लेफ्टिनेंट गवर्नर की सेवा में उपस्थित किया जिसका शिक्षा से घनिष्ठ संबंध था क्योंकि किसी देश की शिक्षा अपनी उत्तमता के उच्च शिखर पर तब तक नहीं पहुच सकती जब तक जनता की मातृभाषा अपने उचित स्थान पर शिक्षा के माध्यम तथा सर्वसाधारण के व्यवहार के रुप में स्थापित न की जाय। सभा ने मेमोरियल में यह मत स्थापित किया कि सभ्य संसार के किसी भी जनसमुदाय की शिक्षा का माध्यम विदेशी भाषा नहीं है। जिस देश की जो भाषा है, उसी भाषा में उस देश के न्याय, कानून, राजकाज, कौंसिल इत्यादि का कार्य होता है। केवल यही एक ऐसा देश है जहां सरकारी दफ्तरों और न्यायालयों की भाषा न तो शासकों की मातृभाषा है और न प्रजा की। हिंदी भाषा और नागरी अक्षरों का

प्रचार तब तक संभव नहीं है जब तक उसके पढ़ने से लोगों की जीविका का निर्वाह न हो सके। नागरी के लाभकारी होने के लिए यह आवश्यक है कि गवर्न्मेंट में उसका सत्कार हो, जिसका उपाय इसके अतिरिक्त दूसरा नहीं कि अदालतों और सरकारी दफ्तरों में नागरी अक्षरों को उचित स्थान दिया जाय।[26] सभा ने नागरी को उसका उचित स्थान दिलाने एवं उसी के द्वारा देशवासियों की उन्नति का उद्योग किया और इस सन्दर्भ में स्पष्ट ही लिखा ''इस बात को सब लोग स्वीकार करते हैं कि प्रजा की प्रत्येक प्रकार की उन्नति विद्या के प्रचार पर निर्भर है। इसलिए यह आवश्यक है कि ऐसी विद्या के प्रचार का उद्योग किया जाय जो लाभकारी भी हो। साधारण प्रजा से यह आशा नहीं की जा सकती कि वह उच्च शिक्षा प्राप्त करे, अतएव प्रारम्भिक वा प्रायमरी शिक्षा द्वारा ही उनको शिक्षित बना कर निज मातृभाषा की उन्नति और उसके साथ ही साथ निज देश की उन्नति करना प्रत्येक देशहितैषी का मुख्य धर्म होना चाहिए।''[27]

ना प्र0 सभा ने 2 मार्च, 1898ई0 को गवर्नमेंट हाउस, इलाहाबाद में निवेदन पत्र उपस्थित करते हुए इस प्रदेश के सरकारी दफ्तरों, न्यायालयों तथा शिक्षा के माध्यम के रुप में नागरी अक्षरों के जारी करने की विनती की। निवेदन पत्र में इस सन्दर्भ में लिखा था ''हम सब प0 प्र0 और अवध के रहने वाले जिनके हस्ताक्षर नीचे हैं, बहुत ही नम्रता के साथ एक ऐसे काम के लिए विनती करते हैं कि जिससे इन प्रान्तों की प्रजा के न्याय, प्रबन्ध और उनकी प्रायमरी शिक्षा की उन्नति के साथ घना संबंध है अर्थात् सर्कारी दफ्तरों और अदालतों में सब कागजों और बहसों के लिखने के लिए नागरी अक्षरों का जारी किया जाना।''[28]

इस स्मरणपत्र में विविध प्रमाणों के आधार पर उर्दू भाषा एवं फारसी लिपि की दुरुहता एवं उसकी जगह देशभाषाओं के व्यवहार की सरकारी आज्ञाओं का उल्लेख किया गया था क्योंकि ये भाषाएं आम जनता समझ नहीं सकती। इतना ही नहीं, फारसी लिपि की दुरुहता एवं नागरी अक्षरों के पक्ष में प्रो0 ब्लाकम्यान, सर एर्सकिन पेरी, सर मोनियर विलियम्स इत्यादि विद्वानों के मत प्रमाण के रुप में उपस्थित किया और यह तथ्य उपस्थित किया कि देशवासियों को मातृभाषा के द्वारा ही शिक्षित किया जा सकता है और वहीं लाभकारी होता है ''.......पबलिक कामों में अपने अक्षरों में लिखी

हुई मातृभाषा के जारी होने से उसका पढ़ना लाभकारी हो जाता है और इसीलिए लोगों को उसके सीखने में उत्साह होता है। उन स्थानों में जहॉ ऐसा किया गया है; अर्थात् बम्बई, मद्रास, बंगाल, बिहार और मध्यप्रदेश में प्रायमरी शिक्षा की बहुत अधिक उन्नति हुई है पर उन स्थानों में जहॉ की कचहरियों में विदेशी भाषा और विदेशी अक्षरों से काम चलता है जैसा कि प0 प्र0 और पंजाब में होता है, साधरण प्रजा में प्रायमरी शिक्षा की बहुत कम उन्नति हुई है''[29] इस मिमोरियल में विभिन्न प्रदेशों में प्रायमरी शिक्षा की स्थिति के ऑकडों को भी सामने रखा गया और यह सत्य उद्घाटित किया कि जिस प्रदेश में सर्वप्रथम प्रायमरी शिक्षा का प्रचार किया गया उसी प0 प्र0 में उर्दू के प्रचलन के कारण प्रायमरी शिक्षा की स्थिति सबसे दयनीय हैं।[30] इस मेमोरियल में ऑकड़ों के आधार पर सभा ने यह भी उद्घारित किया कि इसी प्रदेश में कुमाऊँ क्षेत्र में जहां की कचहरियों में नागरी अक्षरों का व्यवहार है, शिक्षा का स्तर पूरे प्रदेश से तीन गुना है।[31]

इस मेमोरियल के साथ 16 जिल्दें, जिसमें इन प्रान्तों की सब जाति और सब श्रेणी की प्रजा के 60 हजार लोगों के हस्ताक्षर इस प्रार्थना के साथ कि हम लोग सरकार से अदालतों में नागरी अक्षर जारी करने के लिए प्रार्थना करते हैं', बॅधे हुए थे और साथ ही पं0 मदनमोहन मालवीय, वकील, हाईकार्ट एवं प्रतिनिधि ना0 प्र0 सभा द्धारा लिखित ''Court charecter and primary education in the N.W.Provinces and Oudh'' नामक अति महत्वपूर्ण पुस्तक भी बॅधी हुई थी जिसमें विभिन्न प्रमाणों एवं ऑकडों के आधार पर यह प्रमाणित किया गया था कि नागरी अक्षरों का प्रचार अत्यन्त प्राचीनकाल से ही इस देश में था और समस्त कार्य उसी के द्धारा संचालित किया जाता था। जब इस देश में सर्वप्रथम प0 प्र0 में प्रायमरी शिक्षा का प्रचार हुआ उस समय समस्त सरकारी कामकाज फारसी एवं उर्दू में होता था फिर भी नागरी का प्रचार ही अधिक था–''जिस समय गॉवों में स्कूल खोले गये उस समय हिन्दी पढने वालों की संख्या उर्दू पढने वालों सें 6 गुनी थी और अब 50 वर्ष तक उर्दू का आदर और हिन्दी का निरादर रहने पर भी 31 मार्च, सन् 1896ई0 को 105446 बालक हिन्दी और 52669 बालक उर्दू पढते थे।''[32]

सभा ने नागरी अक्षरों को अदालतों में स्थान दिलाने के लिए बहुत बड़ा आंदोलन खड़ा कर दिया। कतिपय विरोधियों ने, जिसमें कुछ फारसी परस्त हिन्दू और अधिकांशतः मुसलमान थे, इस उद्योग का विरोध किया, अनेंक विज्ञापन निकाले तथा हिन्दू–मुस्लिम वैमनस्य बढनें का भी भय दिखाया परंतु सभा अपने कार्य में तत्पर रही। कितने ही सुयोग्य मुसलमानों ने इस कार्य में सभा का पूर्ण समर्थन किया जिनमें हैदराबाद के तत्कालीन मंत्री प्रसिद्ध विद्धान समसुलउल्मा सैयदअली बिलग्रामी का नाम विशेष रूप से उल्लेखनीय है। उन्होंने स्पष्ट शब्दों में स्वीकार किया था कि "मुसलमानों में शिक्षा का कम प्रचार होने का मुख्य कारण बेढंगी फारसी लिपि ही है। इसे ठीक तरह सें सीखनें के लिए जहां कम सें कम दो वर्ष चाहिए वहॉ नागरी के लिए महीनें दो महीनें ही पर्याप्त होते हैं"।[33]

जो लोग इस मेमोरियल का विरोध कर रहें थे सभा नें उनसे निवेदन किया कि वे निष्पक्ष भाव होकर इस पर विचार करें। सभा ने अपना मत इस संदर्भ में प्रकाशित करवाया कि "....यदि विचारवान पुरुष तनिक विचार पूर्वक देखेंगे तो स्पष्ट प्रतीत होगा कि इस परिवर्तन से इस देश के हिंदू, मुसलमान और अंग्रेज मात्र को लाभ पहुॅचेगा और शिक्षा का प्रसार, न्याय का विस्तार, जालसाजी का प्रहार और राजा का प्रजा से तथा प्रजा का राजा से परस्पर के भावों को समझकर सुख उठानें का आधार इसी पर निर्भर है"।[34] सभा के उद्योग के साथ ही इस समय समस्त प्रदेश सें हजारों हस्ताक्षरों युक्त पत्र ले0 ग0 के पास पहुचनें लगे। सभा नें भी अग्रेजी में 'Should Nagari be introdused in Court' नाम की पुस्तिका छपवाकर वितरित करायी। समाचार पत्रों में श्रीवेंकटेश्वर समाचार, भारत जीवन, हिन्दी प्रदीप और हिन्दुस्तान ने अपने कर्तव्य बहुत अच्छी तरह पालन किया। उधर वैश्य कान्फेंस और कायस्थ कान्फेंस दोंनो ने मुक्त कंठ से नागरी के पक्ष में प्रस्ताव पास किऐ और सर मेंकडानेल कें पास इस परिवर्तन के विषय में सबल समर्थन भेंजे।[35]

इस प्रकार तीन वर्ष तक निरंतर उद्योग करने पर सभा को आंशिक सफलता 18 अप्रैल, 1900ई0 को प्राप्त हुई जब पश्चिमोत्वर प्रदेश तथा अवध की सरकार ने अपनें आज्ञापत्र सं0 585/3–343सी–68, 1900 द्वारा कचहरियों में नागरी अक्षरों में आवेदन

पत्र दाखिल करने की आज्ञा दे दी तथा अन्य आदेश भी इस सन्दर्भ में प्रकाशित किये। इस आज्ञा से मातृभाषा में प्रायमरी शिक्षा के प्रचार को अत्यधिक बल मिला और सभा नागरी अक्षरों को कचहरियों में प्रवेश दिलाने में सफल रही।

जनवरी, 1900ई0 से इंडियन प्रेस, प्रयाग से 'सरस्वती' नाम की जो पत्रिका सभा के तत्वावधान में प्रकाशित हुई उसने शिक्षा के क्षेत्र में महत्वपूर्ण कार्य किया। इस पत्रिका का आदर्श वाक्य ही था ''सरस्वती त्रुति महती न हीयताम्'' अर्थात ''सरस्वती ऐसी महती त्रुति है जिसका कभी नाश नही होता''। इस पत्रिका ने हिन्दी भाषा में विविध विषयों की सामग्री जन–जन तक पहुचाने का वीड़ा उठाया। पत्रिका में दिसम्बर, 1900ई0 में एक लेख 'भारतवर्ष की शिल्पविद्या' प्रकाशित हुआ, जिसमें किस विधि से भारत गरीब हुआ, यहॉ की कारीगरी नष्ट हुई, सरकार एवं व्यापारियों की क्या भागीदारी थी एवं भारत पुनः कैसे समृद्ध हो सकता है, इत्यादि का तथ्यात्मक विवेचन किया गया। पत्रिका ने भारतवासियों के समक्ष यह सत्य उद्घाटित किया कि भारतीय शिल्प उद्योग के विकास से बढ़कर दूसरा आनन्द और कोई नहीं हो सकता और इस उद्देश्य की सिद्धि के लिए शिक्षा का प्रचार आवश्यक है।[36]

सरस्वती पत्रिका ने शिक्षा को कितना महत्व दिया यह बात 1902ई0 में प्रकाशित 'शिक्षा' शीर्षक लेख से ही स्पष्ट हो जाता है जिसमें शिक्षा को अविद्या, अशिक्षा, अज्ञानता और असमानता को दूर करने वाली ऐसी ज्ञान राशि के रूप में व्याख्यायित किया गया जो मनुष्य को उसकी आत्मा का दर्शन कराती है। इस लेख में यह दिखाया गया कि अधोपतित जातियों की सांसारिक अवस्था के परिवर्तन के साथ वर्तमान अवस्था के अनुकूल बनाना आवश्यक है। राष्ट्र की उन्नति के लिए सामान्य शिक्षा, वैज्ञानिक शिक्षा और शिल्प शिक्षा अनिवार्य हैं एवं शिक्षा द्वारा ही मस्तिष्क की शक्तियाँ शास्त्र और विज्ञान से परिमार्जित होकर जाति उन्नति संभव कर पाती हैं।[37]

1885 से 1902ई0 के बीच की अवधि में भारत में राष्ट्रवाद की भावना बलवती होती जा रही थी। अतएव, ब्रिटिश शासन के लिए यह आवश्यक था कि वह इस पर नियंत्रण रखे। दूसरे, कर्जन महोदय को भारत समस्त एशिया का राज–केन्द्र और सारी दुनियाँ पर राज करने की चाबी के रूप में दिखाई दे रहा था जिसको वे किसी भी

कीमत पर गवॉना नहीं चहते थे। जैसे ही उन्होंने यूरोप और एशिया पर विहंग दृष्टि डाली वैसे ही भारत में उभरते हुए एक नए खतरे को भी देख लिया। यह खतरा वहीं था जिसे ग्रांट ने स्वयं देख लिया था और मकाले ने भी 1833 में देख लिया था। यह खतरा अंग्रेजी पढ़े–लिखे लोगों की ओर से उभर रहा था।[38] कर्जन महोदय ने शिक्षा पर नियंत्रण रखनें एवं अपने कार्यों में सहयोग के उद्देश्य से ब्रिटिश भारत के विश्वविद्यालयों की दशा एवं पाठ्क्रम की जाँच करने और उनकी अवस्था एवं कार्यप्रणाली में सुधार पर सुझावों को प्रतिवेदित करने के लिए 27 जनवरी, 1902ई0 को एक 'कमीशन' नियुक्त कर दिया।[39] यह कमीशन मद्रास, पूना, बम्बई, कलकत्ता आदि स्थानों में जाँच का काम किया। कमीशन ने ना0प्र0 सभा से भी साक्षी के लिए एक सदस्य मांगा।[40]

काशी ना0प्र0 सभा के प्रतिनिधि तथा उपसभापति बाबू गोविन्ददास ने 2 अप्रैल, 1902ई0 को काशी में कमिश्नरों के सम्मुख सभा की ओर से गवाही उपस्थित की। ऐसा करने का उद्देश्य सभा को अपनी स्थिति को सार्थक करना था क्योंकि किसी देश की उन्नति अथवा अवनति उसके शिक्षित लोगों पर निर्भर करती है क्योंकि वे ही लोग सब बातों को समझकर अपने देशवासियों को संमति देते और उन्हें कार्य करने के लिए उद्यत करते हैं। गवाही देते हुए बाबू गोविन्ददास ने कहा था "विश्वविद्यालय के मुख्य उद्देश्य (1) विद्या की उन्नति करना और (2) उसका प्रचार करना है। इन दोनों उद्देश्यों को पूरा करने के लिए विश्वविद्यालयों को शिक्षक और परीक्षक दोनों ही होना चाहिए। जो विद्यार्थी भारतवर्ष के विश्वविद्यालयों की परीक्षा देना चाहते हैं, उन्हें किसी संयुक्त विद्यालय में पढ़ना पड़ता है। अतएव भारतवर्ष के विश्वविद्यालय एक प्रकार से शिक्षक भी है। जब लण्डन का विश्वविद्यालय केवल परीक्षा ही लेता था, तब वहां यह बात नहीं थी, अतएव आजकल भारतवर्षीय विश्वविद्यालयों में और लण्डन और आक्सफोर्ड के विश्वविद्यालयों में मुख्य भेद यहीं है कि यहां विद्यालय देश भर में सर्वत्र बने हुए हैं परन्तु वहां उनके केन्द्र केवल मुख्य–मुख्य नगरों में ही हैं।'[41]

बाबू गोविन्ददास ने यह मत भी उपस्थित किया कि स्नातक विद्यार्थियों को छात्र–वृत्ति की व्यवस्था की जाय और साथ ही वे विविध विषयों पर जनता के समझने

योग्य व्याख्यान उन्हीं की भाषा में दें जैसे कि इंग्लैण्ड आदि देशों में विश्वविद्यालय के 'एक्सटेंशन सिस्टम' में किया जाता है। ऐसा उपस्थित करने का सभा का उद्देश्य यह था कि जो विद्यार्थी जिन बातों को जानने में अपना अमूल्य समय लगा रहें हैं, उसका सारांश अन्य लोगों को, जो न तो उतना समय दे सकतें हैं न उतना धन ही व्यय कर सकते हैं अथवा जिनकी बुद्धि गहन विषयों के मनन करने योग्य नहीं है, सहज में विदित हो जाय। इससे लाभ यह होगा कि लोगों में विद्या का प्रचार सहज में हो सकेगा।"[42]

विश्वविद्यालयों में पढ़ाये जाने वाले विषयों के संदर्भ में अपनी गवाही में बाबू गोविंददास कहा था कि कानून, इंजीनियरी, डाक्टरी और कृषि की शिक्षा विश्वविद्यालयों में दी जानी चाहिए और इस कार्य में उच्च शिक्षा को बढ़ावा देना चाहिए और इन विषयों में प्रवेश लेने में प्रतिभागियों को जाति धर्म इत्यादि का बंधन नहीं होना चाहिए। इन विषयों की पढ़ाई में क्या खामी है? और उसका निराकरण किस प्रकार हो सकता है, यह सत्य भी सामने रखा। गोविन्ददास की गवाही कितनी महत्वपूर्ण थी यह केवल कृषि की शिक्षा के सन्दर्भ में कही गई उनकी बातों से ही स्पष्ट हो जाता है जिसमें उन्होंने कहा था कि "भारतवर्ष के कृषि प्रधान देश होने के कारण, इस विभाग में रीत्यानुसार तथा वैज्ञानिक शिक्षा की बड़ी आवश्यकता है और बिना इस विषय के सम्मिलित किए, जैसा कि बंबई युनिवर्सिटी में होता है, कोई युनिवर्सिटी शिक्षा पूरी नहीं कही जा सकती।"[4]

इसके अलावा बाबू गोविंददास ने अपनी गवाही में शिक्षकगण, सेनेट, सिण्डिकेट, फेकल्टी, ग्रेजुएट, विश्वविद्यालय की शिक्षा, परीक्षा, परीक्षकगण, रजिस्टार और उसका दफ्तर, सम्मिलित कालेज, इंस्पेक्टर तथा फीस का क्या स्वरूप हो, वर्तमान में इन चीजों में क्या खामियां हैं, इनको कैसे दूर किया जा सकता है एवं इसके लिए मानक स्वरूप क्या हो सकता है, को युनिवर्सिटी कमीशन के कमिश्नरों के समक्ष रखा। इतना ही नहीं, बाबू गोविन्ददास ने अपनी गवाही में यह भी कहा था कि विश्वविद्यालय भारतवर्षीय देशी भाषाओं की उन्नति करें क्योंकि उन्नति का आधार भारतीय भाषाएं ही हो सकती हैं। और सबसे महत्वपूर्ण उन्होंने विश्वविद्यालय कमीशन के समक्ष इस बात

की जोरदार वकालत की कि विश्वविद्यालयों की प्रबंधकारिणी सभाओं को सरकार की ओर से शैक्षणिक प्रबंध की स्वतंत्रता रहनी चाहिए।[44]

सभा की ओर से बाबू गोविंददास ने जो गवाही दी उसे सुनकर कमिश्नर लोग बड़े प्रसन्न हुए और सभा के कार्यों की प्रशंसा की।[45] युनिवर्सिटी कमीशन के प्रतिवेदन के आधार पर ''भारतीय विश्वविद्यालय अधिनियम, 1904'' सरकार द्वारा पारित किया गया जिसमें प्राथमिक और माध्यमिक शिक्षा को इसकी परिधि से दूर रखा गया। इस अधिनियम में जो मुख्य बातें थी उनमें विश्वविद्यालयों को प्राध्यापकों एवं व्याख्याताओं की नियुक्ति, विश्वविद्यालयों के उपसदस्यों की संख्या एवं कार्यकाल नियत करने, उपसदस्यों का मनोनयन सरकार द्वारा किये जाने, सेनेट द्वारा पारित प्रस्ताव पर सरकार को निषेधाधिकार, अशासकीय कॉलेजों पर सरकार का अधिक कड़ा नियंत्रण एवं गवर्नर–जनरल को सपरिषद विश्वविद्यालयों की क्षेत्रीय सीमाएं निश्चित करने का अधिकार इत्यादि प्रमुख थीं।[46]

1904 के इस कमीशन रिपोर्ट की भारत में राष्ट्रवादी तत्वों ने कड़ी आलोचना की क्योंकि इस अधिनियम से विश्वविद्यालयों पर सरकारी नियंत्रण बढ़ा दिया गया। वास्तव में कर्जन महोदय जो चाहते थे, वहीं किया। जब कमीशन नियुक्त हुआ था तभी 'भारत जीवन' नामक पत्र ने लिखा था कि ''चाहे कमीशन उचित सम्मति दे पर उसके अनुसार चलने में हम लोगों को संदेह हैं''[47] और अधिनियम में जो कुछ किया गया उसकी भविष्यवाणी भी अप्रैल, 1902ई0 में ही कर दी थी और लिखा– ''............यों तो अभी कमीशन के आगे जो लोगों को उचित जॅचा वहीं कहा परन्तु अंत होना वहीं है जो श्रीमान् बड़े लाट बहादुर ने विचारा है और वहीं हमारे देशवालों के भाग में लिखा हैं।''[48]

1898ई0 में जब सभा ने कचहरियों में नागरी के प्रवेश के लिए आन्दोलन चलाया तो उसका प्रभाव यह हुआ कि सम्पूर्ण देश के समाचार–पत्रों एवं विद्वानों ने अपने–अपने क्षेत्रों में इस बात को उठाया कि देशी भाषाओं की उन्नति की जाय एवं अदालतों एवं शिक्षा के माध्यम के रूप में, यहां तक कि विश्वविद्यालयी परीक्षाओं में भी,

उन्हें स्थान दिया जाय। परिणामस्वरूप मद्रास विश्वविद्यालय और बम्बई विश्वविद्यालय ने दूसरी भाषा के स्थान में प्रान्तिक भाषाओं में परीक्षा देने की आज्ञा तक दे दी।[49]

सभा ने संपूर्ण राष्ट्र के लिए नागरी (हिंदी भाषा और नागरी लिपि) के लिए जो उद्योग आरंभ किया उसका फल यह हुआ कि न केवल हिंदी अपितु अहिंदी भाषी क्षेत्रों में भी इसके लिए आन्दोलन शुरू हो गये। बंगाल, महाराष्ट्र, गुजरात, दक्षिण–भारत, राजस्थान एवं पंजाब में इस सन्दर्भ में सभा–समाजों का संगठन एवं समाचार पत्रों में लेख लिखे जाने लगे। इस उद्योग में सर्वाधिक योगदान दिया आर्यसमाजियों ने और उन्हें सर्वाधिक सफलता पंजाब में मिली। उनके उद्योग का फल यह हुआ कि प0 प्र0 की ही भांति पंजाब की सरकार ने भी आज्ञा दी कि शिक्षा विभाग के सभी लोगों को हिंदी जानना अनिवार्य है।[50] इतना ही नहीं सभा की भाषा एवं लिपि के सन्दर्भ में जो रिपोर्ट 24 नवम्बर, 1901ई0 को प्रस्तुत हुई थी, को पंजाब की टेक्स्ट बुक कमेंटी ने स्वीकार कर लिया।[51] इस प्रकार पंजाब में हिंदी की शिक्षा का प्रचार बढ़ा।

सभा ने शिक्षा के माध्यम के रूप में हिंदी का जो प्रचार आरंभ किया उसकी सर्वत्र धूम मच गयी और देशभर में ना0 प्र0 सभाओं का संगठन होने लगा। फरवरी, 1902ई0 में ही 'दयानंद ऐंग्लो वैदिक कालेज' लाहौर के प्रिंसिपल लाल हंसराज ने अपने सभापतित्व में लाहौर में 'देवनागरी सभा' स्थापित की।[52] लाहौर की सभा के प्रचार का फल यह हुआ कि 1908ई0 में ही डी0 ए0 वी0 कालेज की एक शिक्षा कांफरेंस ने निचले दर्जो एवं अपर प्राइमरी दर्जो के बच्चों को हिंदी पढाना अनिवार्य कर दिया। कालेज के इस निर्णय की काशी की सभा ने भूरी–भूरी प्रशंसा की और इस संदर्भ में अपना हर्ष प्रकट किया।[53]

1902ई0 में सरकार की आज्ञा से संयुक्त प्रदेश का शिक्षा विभाग इस बात पर विचार करना आरंभ किया कि लड़कों के पढ़ने के लिए जो पुस्तकें हिंदी में बनाई जॉय उनकी भाषा कैसी हो अर्थात् संस्कृत–मिश्रित अथवा उर्दू–मिश्रित।[54] सभा ने अपना मत इस संदर्भ में यह रखा कि हिंदी ऐसी हो कि उसका हिंदीपन बना रहे और अनावश्यक रूप से उसमें न तो संस्कृत और न ही उर्दू–फारसी के शब्द भरे जॉय।[55] स्कूलों में हिंदी और उर्दू की पढ़ाई पर सरकार ने सब स्कूलों के हेडमास्टरों की सम्मति ली तो

सभीं हेडमास्टरों ने प्रायः गवर्नमेंट की इस आज्ञा के विरूद्ध लिखा। ना0 प्र0 सभा का एक पत्र इस सम्बन्ध में लखनऊ के एडवोकेट पत्र में छपा और उसके सम्पादक ने इस विषय में एक आंदोलन खड़ा कर दिया परिणाम यह हुआ कि ले0 ग0 ने शिक्षा सम्बन्धी विषयों पर बातचीत के लिए कुछ लोगों को बुलाया।[56]

इस सम्बन्ध में एक प्रतिष्ठित डेपुटेशन श्रीमान् से मिलने गया जिसमें सभा की ओर से बाबू श्यामसुंदरदास और काशीस्थ स्कूलों के हेडमास्टरों की ओर से मि0 ए0सी0 मुखर्जी गये। डेपुटेशन की अनेंक बातों को श्रीमान् ने स्वीकार किया पर इस संदर्भ में कुछ भी नहीं किया। इन सब आंदोलनों के पश्चात् भी सरकार दोनो भाषाओं की पढ़ाई जारी रखी और अन्त में जो बात स्वीकार की कि ''यद्यपि बालकों को दोनों भाषाओं को पढ़ने के लिए बाध्य करना अनुचित है पर यह उन्हीं के हित के लिए आवश्यक है कि वे दूसरी भाषा के पढ़ने और लिखने के लिए बाध्य किये जाय।'' का सभा ने विरोध किया और इस अनुचित कार्य के सन्दर्भ में अपना कड़ा रोष जताया और लिखा–''धन्य है गवर्नमेंट को! एक ओर तो वह स्वीकार करती है कि यह करना अनुचित है पर दूसरी ओर हमारे उपकार के लिए वह अनुचित कार्य को भी करने पर उद्यत है।''[57]

बंगाल–विभाजन के बाद शुरु हुए 'स्वदेशी और बहिष्कार आंदोलन' के साथ ही 'राष्ट्रीय शिक्षा' का सिद्धान्त भी सामने आया और जातीय अभ्युदय के उद्देश्य से जातीय शिक्षा का प्रचार आरंभ किया गया। इस जातीय अभ्युदय के लिए एवं देशवासियों में स्वाधीनता की भावना जागृत करने के उद्देश्य से देश के विविध भागों– पूना, कलकत्ता, मद्रास, लाहौर, बनारस आदि स्थानों में व्यक्तिगत (प्राइवेट) कालेज खोले गये।[58] 1905ई0 में बनारस में आयोजित भारतीय राष्ट्रीय कांग्रेस के अधिवेशन में स्वदेशी एवं बहिस्कार आन्दोलन को स्वीकृति प्रदान की गयी और यह आंदोलन समूचे देश में तीव्रता के साथ चलाया जाने गया। 31दिसंबर, 1905ई0 की प्रातःकाल ही टाउन हाल में 'नेशनल ऐजूकेशन' पर विचार करने के लिए भारतवर्ष के प्रधान–2 महानुभावों की एक सभा विष्णु मोरेश्वर महाजन एम0ए0 महोदय के सभापतित्व मे हुई। इस अवसर पर बनर्जी महोदय ने एक बड़ा ही प्रभावोत्पादक व्याख्यान दिया था और कहा

था कि ''बड़े ही हर्ष और आह्लाद का विषय है कि ''........ भारतवर्ष के समस्त प्रांतो में जातीय शिक्षा तथा जातीय अभ्युदय के विषय मे लोगों का ऐकमत्य है।'' उसके व्याख्यानसे उत्साहित होकर मुंशी माधवलाल, जो कांग्रेस की स्वागतकारिणी समिति के अध्यक्ष थे, ने खड़े होकर कहा कि 'नेशनल युनिवर्सिटी के लिए 10 हजार वार्षिक या एक लाख रु0 एकमुश्त उनसे ले ली जाय।[59] इस प्रस्ताव के उपरान्त एक कार्यकारी कमेठी बनी जिसके सेक्रेटरी मालवीयजी नियुक्त हुए। इसी समय सायंकाल कांग्रेस के पंडाल में पुनः इस विषय पर व्याख्यान हुए।[60] इसी अवसर पर सर्वप्रथम मालवीय जी ने 'काशी हिंदू विश्वविद्यालय' का विचार रखा था तब लोगों को यह बात हास्यास्पद लगी थी और लोगों ने इसे मालवीय जी का दिवास्वप्न कहकर उपहार किया था। परन्तु यह मालवीय जी ही थे जिन्होंने अपनी निष्ठा, कर्मठता, लगन और उत्साह को बनाये रखा और 4 फरवरी, 1916ई0 को इसे कार्यान्वित कर दिखाया, जब उन्होंने काशी हिंदू विश्वविद्यालय की स्थापना कर डाली।

बंगाल विभाजन के बाद जब स्वदेशी आंदोलन शुरु हो गया तब 3 अक्टूबर, 1906ई0 को सभाभवन में 'स्वदेशी आंदोलन' पर एक सभा का आयोजन किया गया। सेंट्रल हिंदू कालेज के प्रिंसिपल जार्ज एस0 अरण्डेल को सभापति बनाया गया। इस सभा में सभापति के अतरिक्त बाबू हीरेन्द्रनाथ दत्त, चारूचन्द्र बोस, रामदयाल मजूमदार और मालवीयजी सदृश विद्वानों के स्वदेशी विषय पर व्याख्यान हुए और लोगों को स्वदेशी का गुण बताया गया। ''स्वदेशी भारत की उन्नति की एक सीढ़ी है; स्वदेशी बॅटी हुई शक्तियों को संयुक्त करने वाला विषय है।''[61] ऐसी बातें व्याख्यानकर्ताओं ने लोगों के सामने रखीं।

जिस समय स्वदेशी और बहिष्कार आन्दोलन अपने चरम पर था उसी समय ना0 प्र0 सभा के सभासद एवं अधिकारी माधवराव सप्रे ने 'स्वदेशी आंदोलन और बायकाट' नामक पुस्तक लिखी और उस पुस्तक के प्रारम्भ में ही 'देशोपालम्भ' शीर्षक कविता में भारत की विद्या विषयक महिमा और उसकी वर्तमान दशा का चित्रण किया–

''हा! सभ्य–भाव तुमने जिनको सिखाया,
विद्या–कलादि गुण से जिनको लजाया।

देखो, वहीं अब असभ्य तुम्हैं बनाते,
तौ भी कभी न कुछ भी तुम चित्त लाते।।''[62]

इस पुस्तक में अन्य अनेंक बातों के अलावां शिक्षा की भी चर्चा की गई और लेखक ने बड़ी दृढ़ता के साथ इस बात को स्थापित किया है कि विदेशी शासकों द्वारा हमारे देशवासियों को स्वतंत्रता और नैतिक विषयों की शिक्षा नहीं दी जा सकती क्योंकि इससे देशवासियों की उन्नति एवं परस्पर संबंध की भावना मजबूत होगी। लेखक ने लिखा ''जिस देश में, न्याय करने वाले न्यायाधीश और शिक्षा देने वाले गुरू राज सत्ताधिकारियों के अधीन रहते हों, उस देश में न तो यथार्थ न्याय हो सकता है और न सत्य–विद्या प्राप्त हो सकती है। न्याया देवता की स्वाधीनता और गम्भीरता, तथा सरस्वती देवी की रमणीयता और महिमा तभी तक पवित्र रह सकती है जब तक वह राज सत्ताधिकारियों के दास या दासी न हों। यह बात तो मनुष्य स्वभाव ही के विरूद्ध है कि विजयी लोग, पराजित लोगों को, राष्ट्रधर्म के स्वतंत्र तत्वों की शिक्षा दें।[63]

1910ई0 में सभा द्वारा स्थापित हिं0 सा0 स0 के पहले ही अधिवेशन में शिक्षा के प्रसार को महत्व दिया गया और चौथा ही प्रस्ताव इस सन्दर्भ में पास हुआ कि 'यूनिवर्सिटी कमीशन की सम्मति स्कूल, कालेजों में देश भाषाओं की पढ़ाई के पक्ष में होने पर भी व्यवहार में ऐसा नहीं किया जाता। युक्त प्रांत में रूड़की इंजिनियरिंग कालेज और कानपुर के एग्रीकल्चरल कालेज में परीक्षा पास करने के लिए जिस प्रकार उर्दू आवश्यक कर दिया गया है उसी प्रकार हिंदी को भी स्थान दिया जाय।'[64] बाबू श्यामसुंदरदास का छठां प्रस्ताव यह भी पास हुआ कि 'भिन्न–भिन्न प्रांतों के स्कूलों में और पाठशालाओं में हिंदी पढ़ाने के लिए जो पुस्तकें नियत की जाती हैं उनके चुनाव के लिए उन प्रांतों की टैक्स्ट बुक कमेटियों में हिंदी की प्रधान सभाओं को अपना एक प्रतिनिधि चुनने का अधिकार दिया जाय।'[65]

सभा ने नागरी के द्वारा शिक्षा दिये जाने का जो अन्दोलन आरम्भ किया उसका फल यह हुआ कि हिंदी भाषी शिक्षित ही नहीं वरन् अशिक्षित भी हिंदी की उन्नति करने के लिए कटिबद्ध हुए और हिंदी की अनेंकानेक सभासमाजों, पुस्तकालयों एवं वाचनालयों का प्रकाश में आना इसका परिणाम साबित हुआ। इस बात पर हर्ष प्रकट

करते हुए सभा के वार्षिक विवरण में लिखा गया–''हर्ष की बात है कि अब हिंदी भाषा–भाषी क्या शिक्षित, क्या अशिक्षित सभी का ध्यान हिंदी की ओर दिनोंदिन खींचा जा रहा है। देशवासियों के ह्रदय में यह बात दृढ़ता से जमती जाती है कि हमारी मातृभाषा हिंदी है। इतना ही नहीं, उसका पढ़ना, पढ़ाना, उसके साथ सहानुभूति दिखाना, उसकी उन्नति के उपाय सोचना, यह सब हमारा ही कर्तव्य है।[66]

काशी की इस सभा ने संयुक्त प्रांत के शिक्षा विभाग द्वारा हिंदी की दुर्दशा किये जाने पर अपना खेद प्रकट किया और साथ ही शिक्षा विभाग द्वारा हिंदी और उर्दू को एक करने की चेष्टा तथा ब्रेकेटबन्दी एवं हिंदी की पुस्तकों को ठीक करने के लिए बनी कमेटी में किसी भी प्रसिद्ध हिंदी के विद्वान के न होने पर अपना रोष प्रकट किया।[67] प्रयाग विश्वविद्यालय की अवस्था एवं उसकी नीतियों, विशेषकर देश भाषाओं को स्थान न देने की सभा ने कटु आलोचना की[68] वहीं, बिहारी वकीलों और रईसों द्वारा अपने प्रांतीय सरकार से विश्वविद्यालय में हिंदी के प्रवेश दिलाने की जिन युक्तियों से प्रार्थना की गई थी, का समर्थन किया।[69]

1905ई0 से 1921ई0 तक का समय भारतीय शिक्षा के इतिहास में 'संक्रमण काल' के रूप में जाना जाता है। यह काल भारत में राष्ट्रीय शिक्षा के अभ्युदय का काल भी माना जाता है। इस दौरान राष्ट्रीय विद्यालयों की स्थापना का कार्यक्रम तेजी से चला और इस कार्य को सुचारू रूप से चलाने के लिए 'Society for the Promotion of National Education in Bengal' नामक संस्था का गठन गुरूदास बनर्जी की अध्यक्षता में किया गया। इस संस्था के द्वारा बंगाल और बंगाल से बाहर कई 'National High School' खोले गये।[70] 1916 से 1920ई0 के दौरान भारत में कई विश्वविद्यालय–मैसूर विश्वविद्यालय (1916), बनारस विश्वविद्यालय (1916), पटना विश्वविद्यालय (1917), उस्मानिया विश्वविद्यालय (1918) अलीगढ़ विश्वविद्यालय (1920), ढ़ाका विश्वविद्यालय (1920) और लखनऊ विश्वविद्यालय (1920) स्थापित हुए और शिक्षा के प्रचार में तेजी आयी परन्तु 1920ई0 से शुरू हुए 'असहयोग आन्दोलन' के साथ ही शिक्षा के क्षेत्र में एक नवीन युग का आरंभ हुआ।

1920ई0 में असहयोग आंदोलन आरंभ हुआ। कांग्रेस का विशेष अधिवेशन कलकत्ता में 4–9 सितंबर, 1920ई0 तक हुआ। गांधी जी द्वारा उपस्थित प्रस्ताव में असहयोग की सार्थकता को बताया गया कि "सरकारी उपाधियां त्याग दी जॉय। सरकारी बोर्डों से लोग इस्तीफे दे दें। सरकारी कार्यों में सहयोग न दिया जाय। सरकारी सहायता पर चलने वाले स्कूलों और कालेजों का बहिष्कार हो और विद्यार्थियों के पढ़ाने के लिए राष्ट्रीय विद्यालय और कालेज विभिन्न प्रांतों में खोले जॉय।"[71]

असहयोग आन्दोलन के आरंभ होने के साथ ही महात्मा गांधी ने कतिपय नेताओं के विरोध के बाद भी सरकारी स्कूलों और कालेजों के बहिष्कार का प्रचार आरंभ कर दिया। गांधी जी के प्रचार का देश के विद्यार्थियों पर प्रभाव पड़ा, सभी सरकारी स्कूल और कालेज बंद तो नहीं हो गये लेकिन बहुत से विद्यार्थियों ने उनमें पढ़ना बंद कर दिया। इस बीच कितने ही राष्ट्रीय विद्यालय खोले गये और सरकारी शिक्षा संस्थाओं को छोड़–छोड़ कर विद्यर्थी उनमें जाने लगे। गुजरात विद्यापीठ, बिहार विद्यापीठ, काशी विद्यापीठ, बंगाल राष्ट्रीय विश्वविद्यालय, तिलक महाराष्ट्र विद्यापीठ, कौमी विद्यापीठ और अनेंक अन्य राष्ट्रीय विद्यालय देश के विभिन्न भागों में स्थापित हुए। काशी की ना0प्र0 सभा ने इन विद्यालयों की स्थापना का जोरदार समर्थन किया क्योंकि इन विद्यालयों में भारतीय भाषाओं, विशेषकर हिंदी भाषा में शिक्षा दी जाती थी। सभा के वार्षिक विवरण में लिखा गया कि–"यह सभा काशी विद्यापीठ तथा अन्य राष्ट्रीय विद्यालयों का विशेषकर इसलिए स्वागत करती है कि इनमें हिंदी के माध्यम द्वारा शिक्षा दी जाती है और ये इस भाषा के प्रचार में विशेष सहायक हो रहे हैं।"[72] इन सब बातों से भी महत्वपूर्ण यह कि ना0 प्र0 सभा के अग्रणी सभासद एवं अपने नागरी प्रेम के लिए विख्यात बाबू शिवप्रसाद गुप्त ने स्वयं काशी विद्यापीठ की स्थापना की।

असहयोग आंदोलन के दौरान ना0प्र0 सभा विश्वविद्यालयों में हिंदी को प्रवेश दिलाने के लिए काफी प्रयास किया और इस उद्योग में सफलता भी प्राप्त की। प्रयाग और लखनऊ विश्वविद्यालयों में हिंदी की घोर उपेक्षा पर जहां असंतोष प्रकट किया वहीं, कलकत्ता विश्वविद्यालय, हिन्दू विश्वविद्यालय और पटना विश्वविद्यालय में हिंदी

को अन्य विषयों के साथ पाठ्यक्रम में बी0ए0 और एम0ए0 स्तर तक स्थान मिलने पर हर्ष भी प्रकट किया।[73]

सभा ने न केवल ब्रिटिश भारत वरन् देशी रियासतों में भी नागरी (हिंदी भाषा एवं लिपि) के द्वारा शिक्षा प्रचार का प्रयास किया और उसके लिए आवश्यक सामग्री इकट्ठा करने का प्रयास किया और इस हेतु प्रारूप चुना हैदराबाद के उस्मानिया विश्वविद्यालय को, जहां उर्दू के द्वारा शिक्षा दी जाती थी।[74] परन्तु शायद अपनी दयनीय आर्थिक स्थिति के कारण सभा यह कार्य न कर सकी। इतना ही नहीं वि0सं0 1982 में ही ना0प्र0 सभा ने देश की निरक्षरता दूर करने के लिए एक प्रतिज्ञापत्र छपवाया और 10 वर्षों में 1436 मनुष्यों की निरक्षरता दूर करने की प्रतिज्ञा इस प्रतिज्ञापत्र के द्वारा की गई। सभा ने यह प्रतिज्ञापत्र 3200 लोगों के पास भेंजवाया जिसका फल यह हुआ कि उसी वर्ष गोरखपुर निवासिनी श्रीमती धर्मराज मिश्र ने देशवासियों को साक्षर करने का प्रयास आरंभ कर दिया।[75]

1930–31ई0 में ना0प्र0 सभा ने भारतीय यूरोपियन स्कूलों में हिंदी की शिक्षा दिये जाने का प्रयास आरंभ किया। इन सकूलों में हिंदी की शिक्षा का कोई प्रबंध नहीं था और छात्रों को उर्दू ही सीखनी पड़ती थी। इस सन्दर्भ में सभा ने इन स्कूलों के इंस्पेक्टर से पत्र व्यवहार किया जिसका फल यह हुआ कि इंस्पेक्टर ने आदेश जारी किया कि 'जो स्कूल चाहें अपने यहां हिंदी की शिक्षा का प्रबंध कर सकते हैं।' इस संदर्भ में सभा ने समस्त यूरोपियन स्कूलों के हेड़मास्टरों को अपने यहां हिंदी प्रचलित करने के लिए पत्र लिखा और कई हेड़मास्टरों ने काफी संतोषप्रद उत्तर दिया।[76] इस प्रकार सभा न केवल प्राथमिक व माध्यमिक वरन् विश्वविद्यालयों और यूरोपियन स्कूलों तक में हिंदी भाषा की शिक्षा को प्रवेश दिलाने में सफल रही।

अदालतों में नागरी के प्रवेश के लिए 1837ई0 में मिली आज्ञा के 100 वर्ष पूरे होने के उपलक्ष्य में ना0प्र0 सभा ने अपना वार्षिकोत्सव तथा नागरी प्रचार उत्सव दोनों का आयोजन किया। यह उत्सव 16 जनवरी–2फरवरी, 1939ई0 तक मनाया गया जिसमें अदालतों में हिंदी प्रचार दिवस के साथ–साथ 'इतिहास दिवस' (16 जनवरी, 1939ई0), 'हिंदी दिवस' (18–19 जनवरी, 1939ई0) 'विज्ञान दिवस' (22 जनवरी, 1939ई0) और

'शिक्षा दिवस' का भी आयोजन किया गया। 'शिक्षा दिवस' का आयोजन 27 जनवरी, 1939ई0 को पं0 सीताराम चतुर्वेदी एम0ए0, के सभापतित्व में किया गया। अन्य महत्वपूर्ण लोगों के अतरिक्त प्रो0 लालजीराम शुक्ल और सभापति जी के महत्वपूर्ण व्याख्यान हुए।[77] सभा में कई सौ लोगों की उपस्थिति थी।

1919ई0 के 'भारत सरकार अधिनियम' के अन्तर्गत् जिसे 'द्वैध शासन' भी कहा जाता है, शिक्षा हस्तान्तरित विषय के अन्तर्गत् रखी गयी। द्वैध शासन (1921–37) के बीच शिक्षा का प्रसार काफी हुआ परन्तु फिर भी जैसी अपेक्षा थी, वैसा नहीं हुआ। 1930 के बाद से ही कांग्रेस दल ने हिंदी और उर्दू के मेल से बनी हिन्दुस्तानी भाषा का प्रचार व्यापक पैमाने पर प्रारंभ किया और गांधीजी का समर्थन भी कांग्रेस को प्राप्त था। 1935ई0 के शासन विधान के अनुसार 1937 के चुनाव में कांग्रेस दल को भारी सफलता मिली। इस विधान के अनुसार शिक्षा को 'प्रांतीय विषय' के अन्तर्गत रखा गया और कांग्रेस ने अपनी पूर्व घोषित नीति के अनुसार प्रांतीय भाषाओं को प्रोत्साहन दिया और समूचे राष्ट्र के लिए एक भाषा हिंदुस्तानी का प्रचार आरंभ किया। कांग्रेस ने सभी प्रांतों में शिक्षा के माध्यम के रूप में हिन्दुस्तानी का प्रचलन किया जिसका ना0प्र0 सभा ने विरोध किया क्योंकि वह और कुछ नहीं वरन् नागरी लिपि में लिखित उर्दू ही थी। इतना ही नहीं, संयुक्त प्रांत, मध्य प्रांत, एवं बिहार सदृश प्रांतों में जो रीडरें तैयार की गयी थीं, उस पर सभा ने क्षोभ प्रकट किया।[78] इतना हीं नहीं, 1938ई0 की हरिपुरा कांग्रेस के अध्यक्ष पद से जब सुबाषचन्द्र बोस ने रोमन लिपि का समर्थन किया तब सभा ने इसका कड़ा विरोध किया और जब 1939ई0 में आसाम सरकार ने अपने पहाड़ी जिलों में शिक्षा के माध्यम के रूप में हिन्दुस्तानी की जगह रोमन लिपि का प्रयोग शुरू किया तब सभा ने आसाम के प्रधानमंत्री को पत्र लिख कर अपना रोष प्रकट किया और अपना मत उपस्थित किया कि ''हिन्दुस्तानी' सिखाने के लिए नागरी तथा अन्य सुन्दरतापूर्ण देशी लिपियों के होते हुए विदेशी लिपि का प्रयोग किया जाना बड़े दुःख की बात है।''[79]

15 अगस्त, 1947 को भारत स्वतंत्र हुआ तब उस समय शिक्षा, भाषा, सभ्यता एवं संस्कृति सब एक नए मोड़ पर थे। इसी पृष्ठभूमि में, 1948ई0 में स्वतंत्र भारत के

निर्माण के लिए शिक्षण एवं शिक्षा पद्धति के पुर्नगठन हेतु डॉ0 एस0 राधाकृष्णन् की अध्यक्षता में 'विश्वविद्यालय शिक्षा आयोग' का गठन किया गया। आयोग ने 4–12–1948ई0 से 19–7–1949ई0 तक संस्थाओं का दौरा किया तथा शिक्षा और संस्थाओं से संबद्ध व्यक्तियों, अफसरों और प्रतिनिधियों से साक्षात्कार लिया।[80] आयोग की रिपोर्ट 1949 में पेश हुई जिसमें शिक्षा–माध्यम के रूप में अंग्रेजी के पक्ष में प्रबल प्रमाण दिये गये। इतना हीं नही, विश्वविद्यालयों की शिक्षा के माध्यम के प्रश्नपर विचार हेतु हिंद के विश्वविद्यालयों के कुलपतियों–सर शांतिस्वरूप भटनागर एवं सुनीतिकुमार चटर्जी की समिति ने यह प्रस्ताव पास किया कि शिक्षा का माध्यम 5 वर्ष तक अंग्रेजी रहे साथ ही माध्यमिक एवं उच्च शिक्षा प्राप्त करने वाले विद्यार्थियों को विधान परिषद द्वारा निर्धारित राष्ट्रभाषा में परीक्षा देना अनिवार्य होगा किन्तु इसका फल विद्यार्थी के शैक्षणिक जीवन में बाधक न होगा।[81] साथ ही समिति ने प्रत्येक विश्वविद्यालय में विद्यार्थी को राष्ट्रभाषा साहित्य का वैकल्पिक विषय के रूप में अध्ययन करने की सुविधा उपलब्ध होने का भी सुझाव दिया।[82]

काशी की ना0प्र0 सभा शिक्षा आयोग के सुझावों पर बारीकी से नजर रखी हुई थी। केन्द्रिय सरकार द्वारा नियुक्त विश्वविद्यालय शिक्षा माध्यम–समिति द्वारा 5 वर्ष तक शिक्षा का माध्यम अंग्रेजी के रहने की अनुशंसा का सभा ने तीव्र विरोध किया और 1 ज्येष्ठ, 2005वि0 के अधिवेशन में उक्त समिति के निर्णय के संबंध में प्रस्ताव पास करके केन्द्रिय सरकार के पास भेजा जिसमें निश्चय किया गया था कि "यह सभा भारत सरकार द्वारा आहूत भारतीय विश्वविद्यालय के उपकुलपतियों के उस निश्चय के प्रति हार्दिक खेद प्रकट करती है जिसमें आगामी 5 वर्षों तक अंगरेजी का शिक्षा माध्यम रखना स्वीकार किया गया है। यह निर्णय भारत के मर्यादा के विपरीत एवं उसकी भविष्योन्नति के लिए घातक है। अतएव यह सभा भारत–सरकार से आग्रहपूर्वक यह मांग करती है कि उपर्युक्त निर्णय रद्द करके नागरी लिपि में लिखी जाने वाली हिंदी को उच्च शिक्षा का माध्यम स्वीकार करे।"[83] ऐसा करने के पीछे सभा का उद्देश्य यह था कि यहां की मातृभाषा हिंदी के द्वारा उच्च शिक्षा प्रदान की जाय क्योंकि मातृभाषा ही शिक्षा का सर्वोत्तम माध्यम होती है। परन्तु सभा के प्रस्ताव पर ध्यान नहीं दिया

गया और अंग्रेजी का प्रभुत्व कायम रहा। डॉ० तुलसीराम का कथन सत्य ही है कि 'स्वतंत्रता के चढ़ते सूरज के आलोक में अंग्रेजी की छाया बढ़ती गई। विचित्र समय था। अंग्रेजी साम्राज्य का सूर्य अस्त हो रहा था और अंग्रेजी भाषा का प्रभुत्व प्रशस्त हो रहा था।"[84]

इस प्रकार काशी की ना० प्र० सभा अपने जन्म के समय से ही देशभाषा हिंदी के माध्यम से देशवासियों में शिक्षा के व्यापक प्रचार–प्रसार का प्रयास किया। एक तरफ जहां देशवासियों में हस्तलिपि परीक्षा के माध्यम से हिंदी का प्रचार किया वहीं प० प्र० की टेक्स्ट बुक कमेटी में अपना प्रतिनिधि नियुक्त कर सरकार की शिक्षा–नीति को प्रभावित किया। नागरी को कचहरियों में स्थान दिलाया तथा उसी के माध्यम से सम्पूर्ण देशवासियों को शिक्षित करने का सुझाव 'युनिवर्सिटी कमीशन' को दिया। स्वदेशी, असहयोग एवं सविनय अवज्ञा आंदोलनों के दौरान शिक्षा का व्यापक प्रचार किया। यहां तक कि स्वतंत्र भारत में भी देशवासियों को देशभाषा के माध्यम से शिक्षा दी जाय, इस बात का पुरजोर प्रयास कर सभा ने एक आदर्श स्थापित किया।

संदर्भ सूची

1. पश्चिमोत्तर प्रदेश तथा अवध के न्यायालयों और सरकारी दफ्तरों में नागरी अक्षरों का प्रचार, चन्द्रप्रभा प्रेस कम्पनी लिमिटेड, काशी, 1898ई०, पृष्ठ 1.
2. दि रिपोर्ट ऑफ दि नागरीप्रचारिणी सभा ऑफ बनारस फ्राम 1893–1902, पेज 3.
3. विद्या का महत्व, आर्य्यन टेक्स्ट सुसाइटी, मेरठ, प्रथम सं० 1897ई०, पृष्ठ 2.
4. भारत जीवन पत्र, 28 नवम्बर, 1998ई०, पृष्ठ 3–4.
5. दि रिपोर्ट ऑफ दि नागरीप्रचारिणी सभा ऑफ बनारस फ्राम 1893–1902, पेज 1.
6. प्रसाद, राजेन्द्र, भारतीय शिक्षा, आत्माराम एण्ड संस, दिल्ली, 1953ई०, पृष्ठ 53
7. तिवारी, कमलाकर एवं तिवारी, रमेश अनु० इंडिया : ह्वाट् कैन इट टीच अस, मूल ले० मैक्समूलर, इतिहास प्रकाशन संस्थान, इलाहाबाद, 1964ई०, प्रस्तावना, पृष्ठ 16डी.
8. हावेल, ए०, एजूकेशन इन इंडिया प्रायर टू 1854 ऐंड इन 1870–71, कैलकटा, 1872, पेज 1.

9. शार्प, डब्ल्यू0 एच0, सेलेक्संस फ्रॉम एजूकेशनल रिकार्ड्स, सुपरिंटेंडेंट गवर्नमेंट प्रेस, कैलकटा, 1920, पेज 11–12.
10. वहीं, पृष्ठ 91–92.
11. भारतवर्ष का इतिहास, पृष्ठ 472.
12. नुरुल्लाह, सैयद ऐंड नायक, जे0 पी0, ए स्टूडेंट हिस्ट्री ऑफ एजूकेशन इन इंडिया (1800–1947), मैकमिलन ऐंड कं0 लि0 कैलकटा, 2 एडि0, 1955, पेज 121.
13. राम, तुलसी, भारत में अंग्रेजीः क्या खोया क्या पाया, पृष्ठ 101.
14. नुरुल्लाह ऐंड नायक, ए स्टूडेंट हिस्ट्री ऑफ एजूकेशन इन इंडिया, पेज 161–162.
15. भारतीय शिक्षा, पृष्ठ 53.
16. मेरी आत्मकहानी, पृष्ठ 49.
17. विद्या का महत्व, पृष्ठ 3.
18. शास्त्री, वेदव्रत, अर्द्ध–शताब्दी का इतिहास, पृष्ठ 8.
19. नागरीप्रचारिणी सभा का द्वितीय वार्षिक विवरण, 1894–95ई0, पृष्ठ 6.
20. नागरी प्रचारिणी पत्रिका, भाग–1,अंक–1, 1897ई0, पृष्ठ 1.
21. वहीं, पृष्ठ 17.
22. नागरी प्रचारिणी पत्रिका, भाग–2, 1898ई0, पृष्ठ 111.
23. वार्षिक विवरण, नागरीप्रचारिणी सभा 1897–98ई0, पृष्ठ 24.
24. शास्त्री, अर्द्ध–शताब्दी का इतिहास, पृष्ठ 63–64.
25. नागरीप्रचारिणी सभा का 5वां वार्षिक विवरण, 1897–98ई0 पृष्ठ 9.
26. पश्चिमोत्तर प्रदेश तथा अवध के न्यायालयों और सरकारी दफ्तरों में नागरी अक्षरों का प्रचार, चन्द्र प्रभा प्रेस कम्पनी लि0 बनारस, 1898ई0, निवेदन, पृष्ठ 1.
27. वहीं, पृष्ठ 1.
28. वहीं, पृष्ठ 3.
29. वहीं, पृष्ठ 7.
30. वहीं, पृष्ठ 7–8.
31. वहीं, पृष्ठ 8.

32. पश्चिमोत्तर प्रदेश तथा अवध के न्यायालयों और सरकारी दफ्तरों में नागरी अक्षरों का प्रचार और प्रायमरी शिक्षा, हरिप्रकाश यंत्रालय, बनारस, 1898ई0, पृष्ठ 17.
33. वहीं, पृष्ठ 129.
34. नागरीप्रचारिणी सभा का पंचम वार्षिक विवरण, 1897–98ई0, पृष्ठ 18.
35. शास्त्री, वेदव्रत, अर्द्ध–शताब्दी का इतिहास, पृष्ठ 129–30.
36. सरस्वती पत्रिका, भाग–1, संख्या–8, अगस्त, 1900ई0, पृष्ठ 379
37. सरस्वती पत्रिका, भाग–2, संख्या–7, जुलाई, 1901ई0, पृष्ठ 239.
38. राम, तुलसी, भारत में अंग्रेजी : क्या खोया क्या पाया, पृष्ठ 147.
39. भारत जीवन पत्र, 31 मार्च, 1902ई0, पृष्ठ 6.
40. नुरुल्लाह ऐंड, नायक, एस्टूडेंड हिस्ट्री आफ एजूकेशन इन इंडिया, पृष्ठ 217
41. भारत जीवन, 7 अप्रैल, 1902ई0, पृष्ठ 6.
42. सरस्वती पत्रिका, भाग–3, संख्या–4, अप्रैल, 1902ई0, पृष्ठ 119–120.
43. वहीं, पृष्ठ 121
44. सरस्वती पत्रिका, भाग–3, संख्या–4, अप्रैल, 1902ई0, पृष्ठ 123
45. वहीं, पृष्ठ 179
46. भारत जीवन, 7 अप्रैल, 1902ई0, पृष्ठ 6.
47. नुरुल्लाह ऐंड नायक, ए स्टूडेंट हिस्ट्री ऑफ एजूकेशन इन इंडिया, पेज 219–20.
48. भारत जीवन, 31 मार्च, 1902ई0, पृष्ठ 4.
49. भारत जीवन, 7 अप्रैल, 1902ई0, पृष्ठ 4.
50. भारत जीवन, 8 अप्रैल, 1901ई0, पृष्ठ 7.
51. भारत जीवन, 5 अगस्त, 1901ई0, पृष्ठ 4.
52. भारत जीवन, 30 सितम्बर, 1901ई0, पृष्ठ 6.
53. भारत जीवन, 24 मार्च, 1902ई0, पृष्ठ 5.
54. वार्षिक विवरण, नागरी प्रचारिणी सभा, 1908ई0 पृष्ठ 45.
55. सरस्वती पत्रिका, भाग–3, संख्या–9, सितंबर, 1902ई0, पृष्ठ 20.
56. वहीं, पृष्ठ 20.
57. वार्षिक विवरण, ना0प्र0 सभा 1903–04ई0, पृष्ठ 28.

58. वहीं, पृष्ठ 29.
59. सप्रे, माधवराव, स्वदेशी–आन्दोलन और बायकाट, पृष्ठ 49.
60. भारत जीवन, 8 जनवरी, 1906ई0, पृष्ठ 8.
61. वहीं, पृष्ठ 8.
62. भारत जीवन, 8 अक्टूबर 1906ई0, पृष्ठ 5.
63. सप्रे, माधवराव, स्वदेशी–आन्दोलन और बायकाट, पृष्ठ 2.
64. वहीं, पृष्ठ 50.
65. हिन्दी साहित्य सम्मेलन, काशी का कार्य विवरण, पहला भाग, हितचिंतक प्रेस बनारस सीटी, 1911ई0, पृष्ठ 37.
66. वहीं, पृष्ठ 41.
67. नागरीप्रचारिणी सभा का 21वां वार्षिक विवरण 1913–14ई0, पृष्ठ 33–24.
68. वहीं, पृष्ठ 38.
69. वहीं, पृष्ठ 38.
70. वहीं, पृष्ठ 37.
71. नुरुल्लाह ऐंड नायक, ए स्टूडेंट हिस्ट्री ऑफ एजूकेशन इन इंडिया, पेज 264.
72. सीतारमैया, पट्टाभि, हिस्ट्री ऑफ दि इंडियन नेशनल कांग्रेस, वो0 1, पेज 203.
73. नागरीप्रचारिणी सभा का 28वां वार्षिक विवरण, 1920–21ई0, पृष्ठ 20.
74.. नागरीप्रचारिणी सभा का 29वां वार्षिक विवरण, 1921–22ई0, पृष्ठ 21.
75.. नागरीप्रचारिणी सभा का 33वां वार्षिक विवरण सं0 1982 वि0, पृष्ठ 33.
76. वहीं, पृष्ठ 33
77. नागरीप्रचारिणी सभा का 38वां वार्षिक विवरण सं0 1987वि0, पृष्ठ 26.
78. नागरीप्रचारिणी सभा का 46वां वार्षिक विवरण, 1938–39ई0, पृष्ठ 38.
79. वहीं, पृष्ठ 51.
80. आज, 27 अगस्त, 1948ई0, पृष्ठ 2.
81. आज, 4 मई, 1948ई0, पृष्ठ 1.
82. वहीं, पृष्ठ 1.
83. वार्षिक विवरण, नागरीप्रचारिणी सभा, 2005 वि0, पृष्ठ 35.
84. भारत में अंग्रेजी : क्या खोया क्या पाया, पृष्ठ 178

6. पत्रकारिता और नागरीप्रचारिणी सभा

भारतीय राष्ट्रीय आंदोलन में पत्रकारिता का महत्वपूर्ण स्थान रहा है। पत्रकारिता और राष्ट्रीय आंदोलन एक दूसरे के बिम्ब और सहायक थे। राष्ट्रीय आंदोलन ने जहां पत्रकारिता को श्री, शक्ति और बल दिया वहीं, पत्रकारिता ने उसे दशा एवं दिशा दी। जन–जागरण की जो क्षमता पत्रकारिता में है, वह विश्व के किसी व्यक्ति, वस्तु या वाद में नहीं है। पत्रकारिता ज्ञानान्धकार में पड़ी निश्चेष्ट जातियों का सामाजिक, धार्मिक, आर्थिक तथा राजनीतिक दृष्टि से कल्याण करने की क्षमता रखती है। न केवल भारत वरन् विश्व के अन्य राष्ट्रो में, राजनीतिक, आर्थिक, सामाजिक एवं सांस्कृतिक परिवर्तनों के पीछे समाचार–पत्रों की अहम भूमिका रही है। नेपोलियन सदृश व्यक्तित्व भी पत्रकारिता के महत्व से परिचित था। उसके शब्दों में ''सौवों हजारो संगीनों से उतना डर नही लगता जितना चार समाचार पत्रों से''।[1] 19वीं शताब्दी में, भारत में जनजागृति लाने एवं स्वतंत्रता संग्राम को व्यापक फलक प्रदान करने में पत्र–पत्रिकाओं का महत्वपूर्ण योगदान रहा। पत्र–पत्रिकाओं के महत्व को उर्दू के राष्ट्रवादी कवि अकबर इलाहाबादी के इस शेर से आकलित किया जा सकता है–

''खीचों न कमानों को न तलवार निकालों।
जब तोप मुकाबिल हो तो अखबार निकालों।।''[2]

काशी की ना0प्र0 सभा ने भी पत्रकारिता के महत्व को समझा और इस क्षेत्र में कार्य करते हुए राष्ट्रीय आंदोलन की गति को त्वरा प्रदान करने का प्रयास किया।

अंग्रेज जाति अत्यंत ही चतुर थी और आरम्भ में ही उसने पत्र–पत्रिकाओं के महत्व को भॉप लिया था। तब भला अंग्रेज ऐसे प्रभावशाली माध्यम को अपनाने में क्यों चूकते। अंग्रेजी शासन का प्रारम्भ ही शिक्षा नीति, शिक्षा–संस्था, पत्र–पत्रिका, धर्म परिवर्तन आदि समस्याओं को लेकर हुआ। उनका राज जमाने में इन समाचार पत्रों ने बड़ा काम किया था।[3] परन्तु ऐसे साधन सदा दो धारी तलवार का काम करते हैं और भारत मे पत्रकारिता का जन्म ही ब्रिटिश सरकार एंव नौकरशाही की कटु आलोचना से हुआ और भारतीयों ने भी इस कला को सीखकर भारत में राष्ट्रीयता को पोषित किया।[4]

19वीं शताब्दी के तीसरे दशक से ही भारतीय भाषाओं में पत्रकारिता का श्रीगणेश हो चुका था और इस शताब्दी की पत्र–पत्रिकाएं देशवासियों में पत्रकारिता का क्या महत्व है? प्रचारित कर रही थीं। इस संदर्भ में 'भारतमित्र' का प्रथमांक अवलोकनीय है ''समाचार पत्रों से जो उपकार होता हैं, वो बम्बई और बंगाल को देखने से साफ जान पड़ेगा, इसलिए इस विषय में बहोत लिखने का कुछ प्रयोजन नही है। क्योंकि जब तक जिस देश में, जिस भाषा में और जिस समाज में समाचार पत्र का चलन नहीं है, तब तक उसकी उन्नति कि आशा भी दुराशा मात्र है। कारण यें वो चीज है कि जिसे घर की कोठड़ी के भीतर बैठ के सारी दुनिया को हथेली पर देख लो अर्थात् अखण्ड भूमण्डल में जहां जो कुछ विशेष बात होती है वो इसी के द्वारा प्रकाश होती है और अपना दुःख–सुख प्रधान राज्याधिकारियों को सुनाने और प्रार्थना करने का ये ही मुख्य उपाय है।[5]

देश के अभ्युत्थान में सबसे बड़ी बाधा थी पराधीनता और जातीय संघशक्ति की दुर्बलता। कलकत्ते के हिन्दी पत्रकारों ने इसे आपेक्षित वरीयता के साथ उजागर किया और इसे त्वरा प्रदान किया देश के अधिसंख्य भाग की हिंदी पत्रकारिता ने। जातीय स्वाभिमान को प्रखर बनाना और राष्ट्रीय चेतना का प्रसार करना हिंदी पत्रकारिता के मूल में था। देश की जातीय संवेदना की एक सूत्रता और राष्ट्रीय संघशक्ति को हिंदी भाषा और देवनागरी लिपि ही श्रृंखलित और पुष्ट कर सकती है, यह प्रतीति हिंदी के सेवाव्रती तत्कालीन पत्रकारों की ही नही थी, बल्कि देश के समग्र अभ्युत्थान के स्वप्नदर्शी उन महापुरूषों की थी जिनकी मातृभाषा बॉग्ला और गुजराती थी और जो अंग्रेजी और संस्कृत पर असाधारण अधिकार रखने वाले पंडित थे।[6] राष्ट्रीय समेकन के उद्‌देश्य से अहिंदी भाषी महापुरूषों ने पत्रकारिता का जो आंदोलन आरम्भ किया उसमें हिंदी भाषी पत्रकारो ने भी बढ़ चढ़ कर हिस्सा लिया। देश सेवा के व्रती पत्रकारों ने अंग्रेजी राज की अनुदारता और दुर्नीतियों का न केवल अपने चरित्र बल से मुकाबला किया बल्कि विदेशी सरकार के जुल्मों के प्रति देश की आम जनता को जागरूक बनाया था, पराधीनता के अभिशाप का परिचय देकर उसने मुक्त होने की जागृति पैदा की थी।[7] इस आंदोलन में काशी की पत्र–पत्रिकाओं की महत्वपूर्ण भूमिका रही और

''नागरीप्रचारिणी'' पत्रिका के प्रकाशन के साथ ही जातीय अभ्युत्थान का एक नया युग आरम्भ हुआ।

यदि पत्रकारिता के इतिहास पर विचार किया जाय तो ज्ञात होता है कि भारत में इसका जन्म सर्वप्रथम बंगाल में हुआ पर काशी का भी इस क्षेत्र में महत्वपूर्ण योगदान था। भारतवर्ष में सबसे पहला पत्र सन् 1780ई0 में ''हिक्कीज गजेट'' (Hickey's Gazette) निकला और उसके बाद 1793ई0 में ''इंडियन वर्ल्ड'' और 1816ई0 में ''बंगला गजेट'' नामक पत्र प्रकाशित हुए। इस समय पश्चिमात्य सभ्यता के प्रभाव से भारतवर्ष के प्रायः सब खण्डों में सब भाषा के उतमोत्तम पत्र प्रकाशित होते है।[8] 1818 में देशभाषा में पहला पत्र प्रकाशित हुआ और इसके भी संपादक और प्रकाशक अंग्रेज ही थे। यह मासिक पत्र बॅगला भाषा में सिरामपुर के बैपरिष्ट मिशनरियों ने निकाला था और जिसका नाम ''दिग्दर्शन'' था।[9]

हिंदी पत्रकारिता का इतिहास 19वीं शताब्दी के तीसरे दशक से आरंभ होता है। इस काल में जिन हिंदी पत्रों का पता चलता है उनमें तीन कलकत्ते से प्रकाशित हुए थे। पहला, उदंत–मार्तंड, जिसका प्रथमांक 30 मई, 1826ई0 निकला था और डेढ वर्ष चलकर बंद हो गया। दूसरा, 'बंगदूत' 9 मई 1829ई0 को निकला, जिसके राजा राममोहन राय व्यवस्थापक थे। इन दोनों की भाषा में बंगला का प्रभाव स्पष्ट था। तीसरा, समाचार 'सुधावर्षण' था, जो बहुत दिनो तक चला।[10] बंगाल के बाद काशी हिंदी पत्रकारिता का गढ़ रहा। यद्यपि भारत में हिंदी पत्रकारिता का उद्भव 19वी सदी के तीसरे दशक में बंगाल में हुआ पर वास्तविक रूप से इसका जन्म स्थान काशी ही रही है। मुद्रण का पहला पुरातात्विक साक्ष्य भी बनारस से ही मिलता है। इस संदर्भ में हिंदी में समाचारपत्रों का प्रथम इतिहास लिखने वाले बाबू राधाकृष्णदास ने लिखा है–''मुहर पर अक्षर खोद कर छापना (मुद्रा) यह तो प्राचीन प्रथा चली ही आती थी परन्तु अंगरेजों के प्रथम गवर्नर जेनरल वारेन हेस्टिंज के समय में काशी में एक मुद्रा यंत्र (press) गड़ा हुआ मिला था जो कि अनुमान किया जाता है कि एक हजार वर्ष से कम का गड़ा नहीं था, इसका वृत्तांत डॉक्टर जोगेन्द्रनाथ घोष अपने लेख में, जो सन् 1870ई0 में ''नैशनल सोसाइटी'' में पढ़ा गया था, दिया है।[11]

हिंदी में सबसे पहले जनवरी, 1845ई0 में राजा शिवप्रसाद की सहायता से ''बनारस अखबार'' का जन्म हुआ। यह पत्र लिथो में बहुत ही दरिद्र कागज पर छपता था और इसके सम्पादक गोविन्द रघुनाथ थत्ते राजा साहब के आदेशानुसार इसे लिखते थे।[12]

हिंदी भाषा में सर्वप्रथम समाचार–पत्रों का इतिहास बाबू राधाकृष्णदास ने 1894ई0 में लिखा और हिंदी में प्रकाशित प्रथम पत्र की पदवी 'बनारस अखबार' को ही प्रदान की थी। उस समय हिंदी के प्रथम पत्र 'उदन्त मार्तंड' का किसी को ज्ञान ही नहीं था। 'मॉडर्न रिव्यू' और 'प्रवासी' के उप–सम्पादक बाबू ब्रजेन्द्रनाथ बन्द्योपाध्याय को बंगला के पुराने पत्रों की खोज में हिंदी के प्रथम पत्र 'उदन्त मार्तंड' को प्रकाश में लाने का सौभाग्य प्राप्त हो गया। ब्रजेन्द्र बाबू ने यह जानकारी 'विशाल भारत' के सम्पादक पं0 बनारसीदास चतुर्वेदी को दी और उन्होंनें विशाल भारत के 1931ई0 के फरवरी, मार्च, अप्रैल, मई, और जुलाई में अंकों में विस्तार पूर्वक इसका वर्णन किया। तब से 'उदन्त मार्तंड' हिन्दी के प्रथम समाचार पत्र के पद पर प्रतिष्ठित है।[13]

''बनारस अखबार'' के पश्चात हिंदी में कई पत्र–पत्रिकाएं प्रकाशित हुई परंतु सन् 1893ई0 का भारतीय पत्रकारिता के इतिहास में बड़ा महत्व है। इस वर्ष काशी की ना0प्र0 सभा की स्थापना हुई और इस सभा ने पत्रकारिता के क्षेत्र में उत्तमोत्तम कार्य करते हुए प्रतिमान स्थापित किए। सभा ने आरम्भ में ही जिन कार्यो को हाथ में लेने का विचार किया था, उन 11 विषयों में पत्रकारिता से सम्बंधित निम्न बातें शामिल थीं[14]–

''प्रमुख हिंदी लेखकों और पत्र–सम्पादकों के जीवन चरित तैयार करना।''

'' हिंदी भाषा के सामयिक पत्रों का इतिहास लिखना।''

इस प्रकार अपनी स्थापना के दूसरे ही वर्ष 22मई, 1894ई0 की बैठक में श्री राधाकृष्णदास का यह प्रस्ताव स्वीकृत हुआ कि 'हिंदी भाषा के प्रसिद्व पत्र–सम्पादकों, ग्रंथकारों, लेखकों के जीवनचरित्र लिखवाकर प्रकाशित किए जॉय।' इस प्रस्ताव के आधार पर ही उसी वर्ष (1894ई0 में) बाबू राधाकृष्णदास द्वारा ''हिंदी भाषा के सामयिक

पत्रों का इतिहास'' लिखा गया और सभा से प्रकाशित हुआ।[15] सभा से प्रकाशित यह प्रथम ग्रंथ था।

इस पुस्तक का शीर्षक यद्यपि 'हिंदी भाषा के सामयिक पत्रों का इतिहास' है फिर भी इस पुस्तक में छापेखाने के आविष्कार, छपाई एवं सर्वप्रथम समाचार पत्र कब और कहाँ से प्रकाशित हुए उसका वर्णन संक्षेप में किया गया है। इसके अतिरिक्त इस ग्रंथ में संसार के किस देश से कितने पत्र और किस–किस प्रकार के (दैनिक, साप्ताहिक, पाक्षिक, मासिक, त्रैमासिक इत्यादि) पत्र प्रकाशित होते हैं, का पूरा विवरण दिया हैं। इसके साथ ही हिंदी भाषा के पत्र–पत्रिकाओं का पूरा इतिहास दिया गया है। इस पुस्तक में प्रथम बार सामयिक पत्रों के कुल मुख्य–मुख्य 10 नियमों का वर्णन किया गया जिसमें सामयिक पत्र क्या हैं? दैनिक, साप्ताहिक, पाक्षिक, मासिक, त्रैमासिक इत्यादि का वर्णन है और साथ ही सामयिक पत्रों के भेद भी गिनाए गयें है। इस पुस्तक के पृष्ठ 58 से 68 तक में हिंदी भाषा के समाचार–पत्रों की सूची दी गई है। जिसमें समाचार पत्र का नाम, सम्पादक, स्थान, समय, मूल्य, जन्म समय एवं विशेष (जिसमें यह संकेत है कि समाचार पत्र निकल रहा है या बंद है) का विवरण दिया गया है जो अत्यंत ही महत्वपूर्ण है।

पत्रकारिता के क्षेत्र में कार्य करते हुए सभा ने दूसरा कदम 1896ई0 में उठाया जब 'नागरीप्रचारिणी पत्रिका' का प्रकाशन आरम्भ किया। तत्कालीन मंत्री श्री देवकीनंदन खत्री ने यह प्रस्ताव किया कि 'हिंदी में लेख प्रणाली में सुधार को ध्यान करके ना0प्र0 सभा की ओर से 'समालोचक' नामक एक पत्र हर तीसरे महीने निकला करे और मौका मिलने पर उस पत्र की तरक्की की जाय।''[16] इस विषय पर 6 जनवरी और 11 मई, 1896ई0 की बैठकों में काफी वाद–विवाद हुआ और अंत में सर्वसम्मति से जो निश्चय हुआ उसके अनुसार 'पत्र त्रैमासिक निकाला जाय, इसका नाम 'नागरीप्रचारिणी पत्रिका' रहे, इसमें नियत 6 फर्मे अर्थात् 48 पृष्ठ रहा करें, इसमें इतिहास, साहित्य, भाषा तत्व, भू–तत्व, पुरातत्व आदि विद्याविषयक लेख रहा करें, इसके संपादक एक वर्ष के लिए बाबू श्यामसुंदरदास नियत किये जाय और जो लेख इस इस पत्रिका में छॉपे जाय, वे परीक्षक कमेटी की स्वीकृति के बाद छापे जॉय।[17]

सभा को पत्रिका के प्रकाशन की आवश्यकता क्यों पड़ी? इस तथ्य को सभा के तीसरे वार्षिक प्रतिवेदन से जाना जा सकता है कि ''सभा की कोई सामयिक पत्रिका के न होने के कारण उसकी निर्णीत अथवा विवादित बातें सर्वसाधारण में प्रचारित होने से रह जाती थीं और सभा के बहुतेरे उद्योग सरोवर में खिलकर ही मुरझाजाने वाले कमलों के समान हो जाते थें। दूसर, बहुतेरे भावपूर्ण उपयोगी लेख सभा में आकर पुस्तकालय की आलमारियों को ही अलंकृत करते थें, जिससे उसके सुयोग्य लेखक हतोत्साह हो जाते और सुरसिक उत्साही पाठकजन प्यासे चातक की भॉति बाट जोहते ही रह जाते थे। इन्ही बातों को विचार और हिंदी में भाषातत्व, भू–तत्व, विज्ञान, इतिहास आदि विद्याविषयक लेखों और ग्रंथों का पूर्ण अभाव देख सभा ने 'नागरी प्रचारिणी पत्रिका' निकालना आरम्भ किया है।''[18]

इस प्रकार हिंदी–साहित्य–सेवा के एक मात्र उद्‌देश्य को लेकर सं0 1953वि0 (जून, 1896ई0) में 'नागरीप्रचारिणी पत्रिका' का जन्म हुआ। पत्रिका के पहले ही अंक में उसके उद्‌देश्य इन शब्दो में वर्णित थे ''यद्यपि वर्तमान समय में बहुतेरे हिंदी के बड़े–बड़े पत्र प्रकाशित होते हैं परन्तु उनके उद्‌देश्य ऐसे महान, उदार और सर्वविषय पूरित हैं कि अपनी दीनहीन मातृभाषा पर विशेष ध्यान देने का उन्हें अवसर ही कम मिलता है। इसलिए इस पत्रिका का उद्‌देश्य केवल हिंदी साहित्य सेवा ही रखा गया है। आशा है कि और सहयोगीगण इसमें इसके साथ सहयोगिता करगें।''[19]

जून, 1896ई0 से प्रारंभ पत्रिका के प्रथम संपादक बाबू श्यामसुंदरदास थे। प्रथम वर्ष में इसके चार अंक निकले जिनमें प्रथम अंक की प्रस्तावना के अतिरिक्त आठ लेख प्रकाशित हुए–

1– केतुतारों का संक्षिप्त वृत्तांत (बाबू गोपाल प्रसाद खत्री)

2– समालोचना (पं0 गंगा प्रसाद अग्निहोत्री)

3– यूरोप के लोगो में संस्कृत का प्रचार (रायबहादुर पं0 लक्ष्मीशंकर मित्र, एम0 ए0)

4– भारतवर्षीय आर्य देशभाषाओं का प्रादेशिक विभाग और परस्पर सम्बन्ध (बाबू श्यामसुंदरदास खत्री, बी0 ए0)

5– अद्‌भुत रश्मि (पं0 लोकनाथ शर्मा, बी0 और बाबू कृष्णबलदेव वर्मा)

6– समालोचनादर्श (बाबू जगन्नाथदास रत्नाकर, बी0 ए0 द्वारा अनुदित)
7– पोप कवि की संक्षिप्त जीवनी (बाबू जगन्नाथदास रत्नाकर, बी0 ए0)
8– गद्यकाव्यमीमांसा (पं0 अम्बिकादत्त व्यास)

नागरीप्रचारिणी पत्रिका का प्रकाशन कब आरम्भ हुआ यह विवाद का विषय है और इसका मूलकारण सभा के पुस्तकालय में उपलब्ध नागरी प्रचारिणी पत्रिका का प्रथमांक है जिस पर प्रकाशन वर्ष 1897ई0 अंकित है। परन्तु यह तिथि भ्रामक है और पत्रिका का प्रकाशन जून, 1896ई0 से ही किया गया था। सभा के प्रतिवेदन में यह घोषणा की गयी है कि '1896ई0 से सभा एक त्रैमासिक पत्रिका का प्रकाशन कर रही है।[20] 1907ई0 में रेवरेंड ई0 ग्रीब्ज द्वारा लिखित पुस्तिका ''हिंदी एंड दि ना0 प्र0 सभा'' में भी पत्रिका का प्रकाशन वर्ष 1896ई0 बताया गया है।[21] एक अन्य पुस्तक ''नागरीप्रचारिणी सभा, काशी–47 वर्ष के मुख्य–मुख्य कार्यो का संक्षिप्त विवरण'' में पत्रिका का प्रकाशन वर्ष 1896ई0 बताया गया है।[22] नागरीप्रचारिणी पत्रिका के वर्ष 58, अंक–3, विक्रम सं0 2010 का अंक, जिसका शीर्षक ''पत्रिका की प्रगति एंव अनुक्रमिका'' है, जिसमें पत्रिका के 57 वर्षो के इतिहास एंव पत्रिका में प्रकाशित संपूर्ण लेखों की सूची है, में भी पत्रिका का प्रकाशन वर्ष 1896ई0 ही दिया गया है।

आर्यभाषा पुस्तकालय, काशी में उपलब्ध पत्रिका के प्रथमांक के आवरण पृष्ठ पर मुद्रित वर्ष 1897 भ्रामक है किन्तु यह मुद्रणगत अशुद्धि नही हैं। पत्रिका का प्रथमांक जून, 1896ई0 में प्रकाशित हुआ और 1897ई0 में अर्थात् वि0 सं0 1954 में उसके प्रकाशन के प्रथम वर्ष के चारों अंको का पुनर्मुद्रण वि0 सं0 1954 तद्नुसार 1897ई0 में हरिप्रकाश यंत्रालय, बनारस से कराया गया था। प्रथम वर्ष की पत्रिका के उक्त चारो अंक काशी के चंद्रप्रभा प्रेस में मुद्रित हुए थे।[23] इस प्रकार 'नागरीप्रचारिणी पत्रिका' का प्रकाशन 1896ई0 से ही हुआ था।

प्रकाशनारंभ से ही पत्रिका का आदर्श बहुत ऊँचा था और पत्रिका के लिए लेखों का चयन उपयोगिता की दृष्टि से किया जाता था और यह उद्योग किया जाता था कि हिंदी भाषा के विविध विषय रखे जॉए। प्रथम वर्ष मे ही लेखों की जाँच के लिए परीक्षक समिति नियत की गयी थी। समिति की अनुमति के बिना कोई भी लेख पत्रिका

में प्रकाशित नहीं हो सकता था।''[24] इस प्रकार संस्थागत पत्रकारिता और परीक्षक–कमेटी का प्रावधान सर्वप्रथम 'नागरीप्रचारिणी पत्रिका' से आरंभ होता है।

पत्रिका की भाषा हिंदी थी जिसमें हिंदी के ठेठ शब्दो की बहुलता रहती थी क्योंकि आम जनता उससे लाभान्वित हो सके। सभा की भाषा नीति उसके 3 अगस्त, 1896ई0 के निश्चय से स्पष्ट होता है कि ''सभा की ओर से लिखे हुए जो लेख व रिपोर्ट आदि प्रकाशित हों, उनमें ठेठ हिंदी के शब्द रहा करें। अर्थात् न कड़े संस्कृत के शब्द हों और न अरबी फारसी भाषाओं के हों। जो लेख सभा द्वारा प्रकाशित होने के लिए कही से आएँ उनमें यदि फारसी अरबी के शब्द रहें तो परीक्षक–कमेटी उन्हें स्वीकृत न करे।''[25]

वर्गीयता, प्रान्तीयता जैसी संकीर्ण भावनाओं के विरूद्ध एक सम्पूर्ण राष्ट्र भारतवर्ष की संकल्पना और राष्ट्रीयता की भावना का विकास करने के उद्देश्य से सभा ने पत्रकारिता को माध्यम बनाया। सभा से प्रकाशित प्रथम पुस्तक 'हिंदी भाषा के सामयिक पत्रों का इतिहास' में बाबू राधाकृष्णदास ने पत्र–पत्रिकाओं के लिए जो मानक निर्धारित किये थे, उसके अनुरूप ही ना0प्र0 पत्रिका प्रकाशित हुई और प्रथम अंक में ही पत्र–पत्रिकाओं के उद्देश्य एवं कर्तव्य की चर्चा की गयी : ''देश में प्रचलित राज्य, व्यापार और अन्यान्य लौकिक वर्ताओं के विषय में लोगों की चित्तवृत्ति को समान करना जैसे समाचार पत्रों का कर्तव्य है वैसे ही मासिक पत्रों का विद्या के सम्बंध में है अर्थात् अनेकानेक विषयों के विषय में पाठकों को जिसके द्वारा थोड़े ही में उत्तम बोध हो उसका अनुष्ठान ही उनका कर्तव्य है।''[26]

सभा के सभासदों ने समाचारपत्रों के महत्व को समझा इसीलिए देशवासियों को समाचार–पत्रों की उपेक्षा न करने का आह्वाहन किया और उन्हें पढ़ने का आग्रह किया कि ''जो संवाद पत्र ईमानदारी से चलाए जाते हैं और जो सर्वसाधारण की संमति का पता देते हैं अथवा जिनमें बड़े–बड़े बुद्धिमानों के विचार निकलते हैं उनका तिरस्कार न करना चाहिए। उन्हें तो जहाँ तक हो सके ध्यान देकर पढ़ना चाहिए।''[27]

19वीं सदी के अन्तिम दशक में ना0प्र0 पत्रिका के माध्यम से सभा ने देशवासियों में चेतना लाने एवं संगठित करने का प्रयत्न किया। एक तरफ जहाँ सभा ने भारत की

प्राचीन सांस्कृतिक विरासत को उद्घाटित किया वहीं दूसरी तरफ देश-विदेश की लाभदायक बातों से जन सामान्य को परिचित कराया। सभा के सभासद और हिंदी हितैषी यह जानते थे कि निजभाषा की उन्नति सब उन्नतियों का मूल है और जब तक सबकी निजता सार्वभौमिकता में परिवर्तन नहीं होगी तब तक देश का कल्याण संभव नहीं है। नागरीप्रचारिणी पत्रिका के माध्यम से इस महत्वपूर्ण कार्य को बहुत मनोयोग से किया गया।

पत्रिका में प्रकाशित होने वाले लेखों का चयन, मूल्यांकन और संपादन अत्यन्त, निष्ठा, कुशलता और व्यापक दृष्टिकोण से किया जाता था। भारतेन्दु हरिश्चंद्र और आचार्य महावीरप्रसाद द्विवेदी के मध्य के काल में संपादन कला की जो विशेषताएं हैं, उसका श्रेय ना0 प्र0 पत्रिका और उसके संपादक-मंडल को ही जाता है। सम्पूर्ण भारत-विद्या और प्राच्य विद्या पर हिंदी के माध्यम से गहन शोध के नव-नवीन द्वारों का उद्घाटन ना0 प्र0 पत्रिका ने अपने प्रकाशनारंभ काल से ही अत्यन्त निष्ठा और मनोयोगपूर्वक किया। इसमें भारतीय इतिहास, विश्व इतिहास, पुरातत्व, कला, संस्कृति और साहित्य के विभिन्न अंगोंपांगों के विषय में गवेषणापूर्ण एवं वैविध्यपूर्ण सामग्री सन्निविष्ट की जाती रही[28] और इस पत्रिका का स्वरूप प्रारम्भ से ही शोधपूर्ण रहा।

नागरीप्रचारिणी पत्रिका त्रैमासिक प्रकाशित होनी आरम्भ हुई और उसके प्रथम संपादक बाबू श्यामसुंदरदास थे। पाँचवें वर्ष तक पत्रिका का संपादन श्यामसुंदरदास परीक्षक-समिति के निरीक्षण में करते रहे। छठे वर्ष उन्होने स्वतंत्र रूप से पत्रिका का संपादन किया। सातवें वर्ष महामहोपाध्याय पं0 सुधाकर द्विवेदी उसके संपादक रहे। आठवें वर्ष पुनः श्यामसुंदरदास को ही पत्रिका का संपादनभार सौंपा गया और नवें वर्ष किशोरीलाल गोस्वामी उनके सहायक बनाये गये। दसवें वर्ष कालीदास ने पत्रिका का संपादन किया और ग्यारहवें वर्ष बाबू राधाकृष्णदास ने।[29]

यदि 1896ई0 से 1906ई0 तक नागरीप्रचारिणी पत्रिका में प्रकाशित लेखों का वर्गीकरण किया जाय तो यह ज्ञात होता है कि इस अवधि में पत्रिका में प्रकाशित कुल 68 लेखों में से 8 विज्ञान विषय पर, 7 हिंदी भाषा एवं साहित्य की विविध विधाओं पर, 10 जीवन चरित्र, 15 इतिहास पर, 10 हिंदी भाषा एवं लिपि के इतिहास एवं विविध

कालों में उसकी अवस्था पर, 2 अन्य भाषाओं के इतिहास पर, 1 पुरातत्व पर एवं 15 अन्य विविध विषयों पर प्रकाशित हुए। इस प्रकार प्रारम्भ से ही पत्रिका में विविध विषयों को प्रमुखता दी गई।

1907ई0 से पत्रिका त्रैमासिक की जगह मासिक प्रकाशित होनी आरम्भ हुई और इसके संपादक बाबू श्यामसुंदरदास थे। 1908ई0 में भी संपादन का कार्य उन्होंने ही किया। उनके संपादन काल में पत्रिका में हिंदी भाषा एवं साहित्य के साथ ही इतर विषयों को भी प्रमुखता दी गई। चौदहवें वर्ष में पत्रिका के आकार और विषय दोनों में कुछ परिवर्तन किया गया। इसके साथ ही, जुलाई, 1909ई0 से पं0 रामचन्द्र शुक्ल पत्रिका के संपादक नियुक्त हुए। चौदहवें से लेकर 19वें वर्ष तक उन्होने संपादन कार्य किया। 20वें वर्ष से 21वें वर्ष तक रामचन्द्र वर्म्मा पत्रिका के संपादक रहें एवं बाइसवें वर्ष वेणीप्रसाद एवं तेइसवें एवं चौबीसवें वर्ष पुनः शुक्ल जी पत्रिका के संपादक रहे।[30] इस संपूर्ण अवधि में पत्रिका ने हिंदी भाषा एवं लिपि पर विशेष ध्यान केन्द्रित किया जिसके कारण वह हिंदी भाषा आंदोलन की एक तरह से वाहक बन गयी थी।

सं0 1977 से (1920ई0) पत्रिका मासिक से फिर त्रैमासिक कर दी गई।[31] अब पत्रिका में पुरातत्व, इतिहास तथा अन्यान्य शोध संबंधी गंभीर लेख प्रकाशित करने का आयोजन किया गया। प्रत्येक अंक में रॉयल अठपेजी आकार के 120 पृष्ठ देने का निश्चय हुआ। संपादन का भार सर्वश्री रायबहादुर गौरीशंकरहीराचन्द ओझा, श्यामसुंदरदास, चन्द्रधरशर्मा 'गुलेरी' और मुंशी देवीप्रसाद को सौंपा गया। पत्रिका के इस नवीन रूप का महत्व उसके पहले भाग (वि0सं0 1977) के 'प्राक्कथन' शीर्षक संपादकीय से ही हो जाता है : ''यह बहुत आवश्यक है कि हिंदी में ऐसी सामयिक पत्रिका हो जिसमें प्राचीन शिलालेख, दानपत्रादि, सिक्के, ऐतिहासिक ग्रंथों के सारांश, विदेशियों की पुस्तकों में लिखी हुई भारतीय ऐतिहासिक बातों, प्राचीन भूगोल, राजाओं और विद्वानों आदि के समय का निर्णय आदि भिन्न–भिन्न विषयों पर लेख प्रकाशित होते रहें। इससे प्राचीन शोध संबंधी साहित्य का प्रचार तथा ऐतिहासिक ज्ञान की वृद्धि होगी। इस अभाव की पूर्ति तथा हिंदी का गौरव बढ़ाने के लिए काशी ना0प्र0 सभा ने

अपनी मुख्य पत्रिका को यह नया रूप देने का निश्चय किया है और उसी सिद्धान्त के अनुसार इस पत्रिका का यह नवीन संस्करण इस अंक से प्रारंभ होता है।''[32]

पत्रिका के नवीन संस्करण में भाषा एवं साहित्य के साथ ही इतिहास, पुरातत्व, प्राचीन कवियों व विदेशी विद्वानों के यात्रा विवरण आदि प्रकाशित होने आरंभ हुए तथा पत्रिका को विशुद्ध शोध पत्रिका का रूप दिया गया। पत्रिका ने विविध विषयों पर गंभीरतापूर्ण एवं शोधपरक निबंधों को प्रकाशित कर भारतीय अतीत के गौरव का उद्घाटन आरंभ किया और भारतीय राष्ट्रीय आंदोलन की गति को त्वरा प्रदान की। पत्रिका के इस नवीन संस्करण का देश और विदेश में सम्मान हुआ। नागरीप्रचारिणी पत्रिका की समालोचना करते हुए ख्यातिलब्ध हिंदी के विदेशी विद्वान डॉ0 जी0ए0 ग्रियर्सन ने लिखा कि ''... हम वास्तव में एक गंभीरतापूर्ण पत्रिका को प्रकाशित करने पर सभा का अभिवादन करते हैं। इसका संपादन उस ढंग पर हो रहा है जो पश्चिमी विद्वानों को प्रिय है। सब लेख हिंदी में लिखे हैं। यह सभा भारतीय संस्था है और अपने पाठकों को भारतीय भाषा द्वारा ही संबोधन करती है। इसके लेख यूरोपीय विद्वानों की सम्मतियों या अनुसंधानों की जुगाली मात्र नहीं हैं, वरन् स्वतंत्र शोध से लिखे गये हैं। इसलिए उनमें स्थिर किये गए सिद्धान्तों से हम चाहे सहमत न हों, परन्तु पश्चिम में इनका अति सम्मानपूर्वक स्वागत होना चाहिए।''[33]

पत्रिका के नवीन संस्करण अर्थात् सं0 1977 से लेकर सं0 1989 तक तेरहवर्ष पत्रिका के संपादक ओझाजी रहे। सं0 1990 से सं0 1994 तक श्यामसुंदरदास पत्रिका का संपादन किये। सं0 1995 में पत्रिका के संपादन हेतु एक संपादक मण्डल बनाया गया जिसमें सर्वश्री रामचन्द्र शुक्ल, मंगलदेव शास्त्री, केशवप्रसाद मिश्र, जयचंद नारंग, लल्लीप्रसाद पाण्डेय और कृष्णानंद शामिल थे। इसके आगे सर्वश्री रायकृष्णदास, हजारीप्रसाद द्विवेदी, डॉ0 वासुदेवशरण अग्रवाल, पं0 सुधाकर पाण्डेय सदृश सज्जन इस पत्रिका के संपादक रहे।[34] इस प्रकार इस महती पत्रिका को महान संपादकों का वरद्हस्त सर्वदा प्राप्त रहा।

नागरीप्रचारीणी पत्रिका में हिंदी साहित्य की विधाओं–जीवन चरित, उपन्यास, नाटक, कहानी, यात्रावृत्त इत्यादि विषयों पर तो लेख प्रकाशित किया ही साथ ही

साहित्येतर विषयों पर भी गंभीरतापूर्ण शोधपत्र प्रकाशित किया गया। इस पत्रिका ने हिंदी भाषा को विषय वस्तु की दृष्टि से विस्तृत एवं गंभीर बनाया। जिन विद्वानों ने हिंदी भाषा को मात्र कविता कहानी आदि का माध्यम स्वीकार कर लिया था, उनकी मान्यताओं के विपरीत पत्रिका ने साहित्य से अधिक साहित्येतर विषयों के प्रकाशन पर ही विशेष बल दिया। इस प्रकार, हिंदी भाषा को सम्पूर्ण भारतीय वांगमय तथा ज्ञान विज्ञान की सशक्त अभिव्यक्ति के माध्यम के रूप में विकसित और स्थापित करने में अनेंक सफल और सार्थक प्रयत्न हिंदी प्रत्रकारिता के इतिहास में सबसे पहली बार नागरीप्रचारिणी पत्रिका ने किए।[35]

20वीं सदी के प्रारम्भ में हिंदी में ना0प्र0 पत्रिका के अतरिक्त ऐसी कोई पत्रिका नहीं थी जिसमें प्राचीन शिलालेख, सिक्के, दानपत्रादि, ऐतिहासिक ग्रन्थों के सारांश इत्यादि प्रकाशित होते। इस तरह की सामग्री केवल अंग्रेजी में ही प्रकाशित होती थी। ना0प्र0 पत्रिका में ऐसे ही लेखों का प्रकाशन किया गया जिसमें नवीनता और मौलिकता रहती थी, जिनसे प्रबुद्ध पाठकों की ज्ञान वृद्धि हो, इतिहास के किसी अगवेषित भाग पर नया प्रकाश पड़ता हो और जिसमें लेखकों के निजी परिश्रम, ज्ञान और निष्ठा की प्रचुरता हो। इस पत्रिका ने शोध को हमेशा प्रश्रय दिया और शोध के क्षेत्र में विचारों की भिन्नता को इस पत्रिका ने सदैव बल और प्रोत्साहन प्रदान किया। हिंदी में इस पत्रिका का वहीं महत्व था जो अंग्रेजी में बंगाल की एशियाटिक सोसाइटी के 'जर्नल' का था।

ना0 प्र0 सभा ने पत्रकारिता के क्षेत्र में एक महत्वपूर्ण कदम जनवरी, 1900ई0 में उठाया, जब 'सरस्वती' पत्रिका का प्रकाशन आरम्भ किया। सरस्वती पत्रिका के माध्यम से सभा ने हिंदी साहित्य की प्रगति में महान योगदान दिया और इस क्षेत्र में प्रतिमान स्थापित किये। इस पत्रिका के माध्यम से ही खड़ी बोली काव्य का माध्यम बनी और सम्पादन का ऐसा उच्च प्रतिमान स्थापित हुआ कि अनेंक साहित्यिक पत्र–पत्रिकाओं के प्रकाशन में यह पत्रिका प्रेरणा श्रोत बनी।

ना0प्र0 सभा के अनुमोदन और संपादन में ही ऐतिहासिक महत्व की पत्रिका 'सरस्वती' का प्रकाशन इलाहाबाद से आरंभ हुआ। सरस्वती के लिए सभा से अनुरोध

इंडियन प्रेस, इलाहाबाद के स्वामी ने 20 अगस्त, 1899ई0 के पत्र द्वारा किया था। फलस्वरुप सभा की 26 भाद्रपद, 1956 वि0 की बैठक में उनका पत्र उपस्थित किया गया। व्यापक विचार–विमर्श के पश्चात् यह निश्चय हुआ कि 'सभा इंडियन प्रेस को सम्मति देती है कि वह उस पत्र को अवश्य निकाले क्योंकि उससे भाषा के उपकार की संभावना है।''[36]

इस प्रकार इंडियन प्रेस के स्वामी के अनुरोध करने पर सभा ने अपनी उक्त बैठक में प्रस्तावित पत्रिका के लिए सर्वश्री श्यामसुंदरदास, राधाकृष्णदास, जगन्नाथदास 'रत्नाकर', कार्तिकप्रसाद और किशोरीलाल गोस्वामी–इन पॉच विद्वानों की एक संपादक–समिति नियत कर दी। इसी समिति के संपादकत्व में सभा के अनुमोदन पर जनवरी, 1900ई0 में इंडियन प्रेस से 'सरस्वती' नामक सचित्र मासिक पत्रिका (हिंदी में) प्रकाशित हुई। उसके मुखपृष्ठ पर 'काशी–नागरीप्रचारिणी सभा के अनुमोदन से प्रतिष्ठित' शब्दावली मुद्रित रहती थी। जनवरी, 1900ई0 में डिमाई अठपेजी आकार और 32 पृष्ठों की पत्रिका 'सरस्वती' प्रकाशित होनी आरंभ हुई जिस पर अंकित रहता था– 'सरस्वती श्रुति महती न हीयताम्'। पत्रिका के प्रथम अंक में भूमिका के अतिरिक्त निम्नलिखित लेख प्रकाशित हुए–

भूमिका –	सम्पादक समिति
भारतेन्दु हरिश्चन्द्र	बाबू राधाकृष्णदास
सिंबेलिन	बाबू राधाकृष्णदास
प्रकृति की विचित्रता	पं0 किशोरीलाल गोस्वामी
कश्मीर यात्रा	बाबू कार्तिकप्रसाद
कविकीर्ति कलानिधि	पं0 किशोरीलाल गोस्वामी
आलोकचित्रण अथवा फोटोग्राफी	बाबू श्यामसुंदरदास

सरस्वती पत्रिका का प्रकाशन हिंदी पत्रकारिता के इतिहास की एक बहुत बड़ी घटना थी। जिन आदर्शों और उद्देश्यों को लेकर पत्रिका अवतरित हुई उसे प्रथम संख्या की भूमिका में ही प्रकाशित किया कि ''.....इसका नाम सरस्वती है। भरतमुनि के महाकाव्यानुसार कि ''सरस्वती श्रुति महति न हीयताम्'' अर्थात् सरस्वती ऐसी महती

श्रुति है जिसका कभी नाश नहीं होता। ....इसके नवजीवन धारण करने का केवल यहीं उद्देश्य है कि हिंदी रसिकों के मनोरंजन के साथ ही साथ भाषा के सरस्वती भण्डार की अंगपुष्टि, वृद्धि और यथायथ पूर्ति हो, तथा भाषा सुलेखकों की ललित लेखनी उत्साहित और उत्तेजित होकर विविध भावभरित ग्रन्थराशि को प्रसव करे और इस पत्रिक में कौन–कौन से विषय रहेंगें, यह केवल इसी से अनुमान करना चाहिए कि इसका नाम सरस्वती है। इसमें गद्य, पद्य, काव्य, नाटक, उपन्यास, चम्पू, इतिहास, जीवन–चरित्र, पश्य, हास्य, परिहास, कौतुक, पुरावृत्त, विज्ञान शिल्प, कलाकौशल आदि साहित्य के यावतीय विषयों का यथावकाश समावेश रहेगा और आगत ग्रन्थादिकों की यथोचित समालोचना की जायेगी।''[37]

इस प्रकार अपने जन्मकाल से ही 'सरस्वती' का दृष्टिकोण व्यापक था और जिन उच्च आदर्शों को लेकर यह पत्रिका अवतरित हुई उसमें निरंतर प्रगति ही करती गई। इस पत्रिका ने भी सभा द्वारा पत्रकारिता के जो मानक निर्धारित किये गए थे, उसे विधिवत पूरा किया और मासिक पत्रों के महत्व एवं उसके लाभ को व्याख्यायित किया कि ''मासिक पत्रों से क्या लाभ होता है, इसके उत्तर में स्थूल रूप से हम केवल इतना ही कहना उचित समझते हैं कि आप लोग लाख चेष्टा कीजिए परन्तु बिना मासिक पत्र के साहित्य का मूल कदापि सुदृढ़ नहीं हो सकता। एक दिन ऐसा था कि बंगालियों कि भाषा (बंगला) हिंदी से भी हीन, मलीन और रोगग्रस्त थी। उस समय बंकिमचन्द्र आदि बड़े–बड़े उदार पुरूषों ने अपनी मातासदृशी मातृभाषा का उद्धार करने के लिए दृढ़ता से लेखनी धारण की और मासिक पत्रों ही की सहायता से उन महानुभावों ने बंगभाषा के रोग को दूर किया।''[38]

सरस्वती पत्रिका का प्रथम वर्ष का संपादन संपादक समिति ने किया। दूसरे एवं तीसरे वर्ष पत्रिका का संपादन श्यामसुंदरदास ने अकेले ही किया। चौथे वर्ष (जनवरी, 1903ई0) से पत्रिका के संपादक पं0 महावीरप्रसाद द्विवेदी नियत हुए। इस परिवर्तन की बात संपादकीय विज्ञप्ति में दिया गया।[39] 1903ई0 में पत्रिका का संपादन पं0 द्विवेदी ने किया और पत्रिका को ना0प्र0 सभा का अनुमोदन प्राप्त था। 1904ई0 में भी पत्रिका को सभा का अनुमोदन प्राप्त था परन्तु जनवरी, 1905ई0 से सभा ने पत्रिका से अपना

अनुमोदन वापस ले लिया। इसका कारण यह था कि अक्टूबर, 1904ई0 की पत्रिका में 'पुस्तक परीक्षा' स्तम्भ के अन्तर्गत 'किताबों की खोज की रिपोर्ट' शीर्षक से ना0प्र0 सभा द्वारा प्रकाशित हस्तलिखित ग्रन्थों की खोज की रिपोर्ट की निर्भीक और स्वतंत्र समालोचना पं0 महावीरप्रसाद द्विवेदी द्वारा की गई जिसके फलस्वरूप पं0 महावीरप्रसाद द्विवेदी और सभा में मतभेद हो गया। सभा ने उस समालोचना का प्रतिवाद करते हुए इण्डियन प्रेस के स्वामी को एक पत्र लिखा। इस पत्रांक के उत्तर में दिसम्बर, 1904ई0 में द्विवेदी जी ने 'सभा और सरस्वती' शीर्षक लेख में सभा के रिपोर्ट की निर्भीक समालोचना की। इस घटना के बाद सभा के अधिकारियों और शुभचिंतकों में हलचल मच गई। फलतः सभा की प्रबन्धकारिणी समिति की बैठक कर निश्चयानुसार इण्डियन प्रेस को यह सूचना दे दी गई कि 'सभा जनवरी, 1905ई0 से सरस्वती पर से अपना अनुमोदन समाप्त करती है।' इस सूचना के उपरान्त इंडियन प्रेस के स्वामी ने जनवरी, 1905ई0 के सरस्वती के मुद्रित आवरण पृष्ठ को रद्द करा दिया और दूसरा आवरण पृष्ठ 'ना0प्र0 सभा के अनुमोदन से प्रतिष्ठित' शीर्षक शब्दावली हटाकर मुद्रित करवा दिया। इस प्रकार सभा और सरस्वती का औपचारिक सम्बन्ध समाप्त हो गया।[40]

1905ई0 के आरंभ में ही सरस्वती और सभा का संबंध विच्छेद हो गया परंतु जैसे सभा बहुत पहले से ही सभा में आगत सभी पत्र-पत्रिकाओं की समालोचना करती थी वैसे ही सरस्वती की समालोचना भी निष्पक्ष भाव की। 1905ई0 के वार्षिक विवरण में में ही सभा ने सरस्वती की समालोचना करते हुए लिखा कि ''मासिक पत्रों में अब सबसे श्रेष्ठ सरस्वती है। यद्यपि कई कारणों से अब इस पत्रिका के साथ इस सभा का कोई सम्बन्ध नहीं है, पर यह सभा इस पत्रिका की उन्नति देखकर प्रसन्न होती है।''[41]

सरस्वती आरम्भ से ही विविध विषयों की पत्रिका बनकर निकली और हिंदी हित साधन उसके मूल में था। द्विवेदी जी के संवादकत्व में यह पत्रिका हिंदी के परिमार्जन का एक प्रमुख माध्यम बनी और साहित्य एवं संस्कृति के उत्थान की तो यह वाहक ही बन गई थी। साहित्य और संस्कृति के माध्यम से 'सरस्वती' उसी रोशनी को जगा रही थी, जिसकी रचना में 'वन्देमातरम्' 'मराठा', 'केशरी', 'युगान्तर', 'सन्ध्या', 'पंजाबी' और 'भारतमित्र' क्रियाशील थे।[42] इस प्रकार 'सरस्वती' जनजागृति लाने में मील का पत्थर

साबित हुई। सरस्वती पत्रिका के महत्व की समालोचना करते हुए महान आलोचक डॉ0 रामविलास शर्मा ने लिखा–''सरस्वती के पूर्व–पश्चात हिंदी में अनेक स्तरीय पत्रिकाओं का प्रकाशन हुआ और उनकी भूमिका भी कम महत्वपूर्ण नहीं थी, परन्तु 'सरस्वती' जैसी लोकप्रियता और सम्मान किसी को नहीं मिला। 'सरस्वती की लोकप्रियता का एक कारण हिंदी नवजागरण की अपनी शक्ति थी। यह शक्ति बिखरी हुई थी। द्विवेदीजी की युगान्तकारी भूमिका यह थी कि उन्होने बिखरी हुई शक्ति को एक पत्रिका के माध्यम से एकताबद्ध किया।[43]

20वीं सदी के चौथे दशक में जब राष्ट्रीय आन्दोलन एक निर्णायक दौर से गुजर रहा था, उस समय भारत का भाषा–विवाद भी अपने उत्कर्ष पर था। हिंदी–हिन्दुस्तानी का विवाद जोरों पर था और देश के लगभग सभी राजनीतिज्ञ एवं भाषाविद् किसी न किसी पक्ष का समर्थन कर रहे थे। ऐसी विषम स्थिति में, जब कि हिंदी भाषा एवं नागरी लिपि पर अनेक ओर से आघात हो रहे थे, नागरीप्रचारिणी, सरस्वती, सम्मेलन पत्रिका, हिन्दुस्तानी पत्रिका एवं न जाने कितनी अन्य पत्र–पत्रिकाएं एवं व्यक्ति इस आंदोलन में सम्मिलित होकर भाषा–विवाद समाप्त करने एवं वास्तविकता सामने लाने का उद्योग कर रहे थे, तब सभा के लिए भी यह आवश्यक हो गया वह इस आन्दोलन में सक्रिय भूमिका निभाये। इस हेतु सभा ने अपने तत्वाधान में 'हिंदी' नामक मासिक पत्र का प्रकाशन आरम्भ किया।[44]

जब सभा ने 'हिंदी' नामक मासिक पत्र का प्रकाशन आरंभ किया तब हिंदी भाषा एक ऐतिहासिक दौर से गुजर रही थी। महात्मा गांधी के नेतृत्व में हिन्दुस्तानी आन्दोलन, स्वराज्य आन्दोलन के साथ ही चलाया जा रहा था। महात्मा गांधी के अनुसार 'हिन्दुस्तानी वह भाषा है जो देवनागरी और उर्दू दोनों की लिपियों में लिखी जाती है अर्थात् इसकी दो लिपियां हैं।' महात्मा गांधी ने इसे हिंदू–मुस्लिम ऐक्य की दृष्टि से परिभाषित किया था। देवनागरी और फारसी लिपियों की तरह हिंदी–उर्दू विवाद भी लम्बी अवधि से चल रहा था जिसका रूप इस समय तक अत्यन्त विषाक्त हो गया था। महात्मा गांधी ने इस सम्बन्ध में ऐक्य का रास्ता अपनाया और अपना अभिमत इन शब्दों में व्यक्त कि ''राष्ट्रभाषा के सम्पूर्ण विकास में हिंदी और उर्दू को

एक साथ स्थान देना होगा और अन्त में जिसे लोग ज्यादा पचा सकें वहीं ज्यादा फैलेगी। उन्होंने तो यहां तक कह दिया था कि जो उर्दू लिपि को पसंद नहीं करता वह स्वराज्य नहीं चाहता।''[45]

हिंदी की राष्ट्रीयता पर दो ओर से प्रबल आक्रमण हो रहे थे। एक आक्रमण उस समुदाय की ओर से हो रहा था जो हिंदू संस्कृति, हिंदू सभ्यता और आचार–विचार का विद्वेषी था। यह आक्रमण ऐंग्लो–मुस्लिमों–सरकारी संवर्ग की ओर से, जिसकी एक शाखा केन्द्रीय भारत सरकार का सूचना और प्रसार विभाग था, और दूसरा, हिंदी विरोधी–हिदुस्तानी का आंदोलन एक ऐसे महापुरूष द्वारा संचालित था जो कभी हिंदी की राष्ट्रीयता का प्रबल समर्थक, प्रचारक और पोषक था। इस हिंदुस्तानी का केन्द्र वर्धा था। वर्धा की हिंदुस्तानी अत्यन्त घातक थी अतः हिंदी सेवियों ने यह निष्कर्ष निकाला कि यदि वर्धा की हिंदुस्तानी का विरोध न किया गया और वह सफल हो गयी तो हिंदी का रूप इतना विकृत हो जायेगा कि उसकी संपूर्ण संस्कृति ही नष्ट हो जायेगी। अतएव हिंदी भाषा एवं नागरी लिपि के रक्षार्थ 'हिंदी' पत्रिका का सृजन सभा द्वारा किया गया।

ना0प्र0 सभा से पूर्व भी 'हिंदी' नामक पत्रिकाएं देश एवं विदेश से प्रकाशित हो चुकी थीं। 1922ई0 की मई के प्रथम सप्ताह में जेकोब्स, नेटाल (दक्षिण अफ्रिका) से भावानीदयाल संयासी के संपादन में 'हिंदी' नामक मासिक पत्र प्रकाशित हुआ था।[46] यह राजनीति, साहित्य, वाणिज्य, उद्योग, धर्म, और समाजसुधार पर आधारित निर्भीक पत्र था जिसने प्रवासी भारतीयों की समस्याओं और जन आकांक्षाओं को वाणी देते हुए भारतीय स्वतंत्रता के युद्ध को अफ्रीका से ही अपना विशिष्ट योगदान वैचारिक क्रांति के द्वारा दिया। 1938ई0 में 'तमिलनाडु हिंदीप्रचार सभा' के तत्वाधान में टेप्पाकुलम, त्रिचनापल्ली (तमिलनाडु) से 'हिंदी पत्रिका' नामक मासिक पत्र का प्रकाशन हुआ था। इस पत्र का सिद्धान्त वाक्य था :

'एक राष्ट्रभाषा हिंदी हो, एक हृदय हो भारत जननी।'

यह सिद्धान्त वाक्य तमिल और देवनागरी लिपि में समान्तर रूप से इसके प्रत्येक अंक में मुद्रित–प्रकाशित रहता था।[47]

1941ई0 में रामप्रसाद गोंडाल के संचालन में हिंदी भाषा प्रचार और विविध भाषा शिक्षण की साहित्यिक पत्रिका 'हिंदी पत्रिका' का प्रकाशन विद्यामंदिर लिमिटेड, कनाट सर्कस, नई दिल्ली से हुआ। हिंदी हित साधन इसका प्रमुख उद्‌देश्य था।[48]

उक्त हिंदी की परम्परा में सन् 1940ई0 से ना0 प्र0 सभा के तत्वाधान में मासिक पत्रिका ''हिंदी'' का प्रकाशन आरंभ हुआ। इसके संपादक आचार्य चन्द्रबली पांडे थे।[49] इस पत्रिका का प्रकाशन इंडियन प्रेस की वाराणसी शाखा बिना मूल्य करती थी[50] और इस पत्रिका के मुख्यपृष्ठ पर ''ना0 प्र0 सभा काशी के तत्वाधान में प्रकाशित मासिक पत्रिका'' अंकित रहता था और इस पत्रिका का सिद्धान्त वाक्य था:–

'निज भाषा उन्नति अहै सब उन्नति कौ मूल''। (भारतेन्दु)[51]

'हिंदी' क्यों उदित हुई और उसका क्या उद्‌देश्य था? यह उसके प्रथम अंक के 'निवेदन' शीर्षक संपादकीय से ही स्पष्ट होता है कि ''हिंदी में पत्र–पत्रिकाओं की कमी नहीं। वे एक से एक बढ़कर सजधज के साथ हिंदी हित में लीन हैं। फिर भी यह 'हिंदी' आप के सामने आ पड़ी है और चाहती है कि आप इसे भी अपना लें। यदि आप उपयोगिता की दृष्टि से देखेंगे तो सम्भवतः आप को कुछ भी दिखाई न देगा। मनोविनोद की सामग्री भी न मिलेगी, उल्लास और सुख के साधन भी प्राप्त न होंगे; फिर होगा क्या यह हम नहीं कह सकते।...... 'हिंदी' का जन्म आपको जगाने के लिए हुआ है। 'हिंदी' राजनीति को लेकर नहीं आई है। वह तो लोकहृदय की वाणी है और उसी को सजग एवं सम्पन्न करने के लिए अवतरित हुई हैं। वह उसी प्रकार हिंद के व्यापक हृदय को व्यक्त करना चाहती है जिस प्रकार विश्व की अन्य शिष्ट भाषाएं अपने लोकहृदय को व्यक्त कर रही हैं। उसके सामने सम्प्रदाय नहीं समूचा हिन्द है। वह हिंद में अन्य देशभाषाओं के साथ समस्त जीवों के योग से बनी है और आज भी सबको अपना अंग समझती है। 'हिंदी' इसी को कर दिखाना चाहती है। हिंदी भेदभाव का नहीं योग का नाम है। जो लोग उसे बनावटी बताने का कष्ट करते हैं उनके बनावटी हृदय को खोल दिखाना इस हिंदी का काम है।''[52]

अपनी प्रथम 'संपादकीय' में पत्रिका ने जिन कारणों और उद्‌देश्यों की चर्चा की उसी के अनुरूप कार्य करते हुए उन समस्त तथ्यों पर प्रकाश डाला जिसके कारण

सम्पूर्ण भारत में भाषा–विवाद फैला था और साथ ही वास्तविक्ता क्या है? तथा कुछ लोग विवाद क्यों बढ़ा रहे हैं और उसके मूल में क्या है? इन समस्त बातों को तथ्यों एवं साक्ष्यों के आधार पर इस पत्रिका ने उद्‌घाटित किया।[53] वास्तविकता यह थी कि हिंदी के नाम पर उर्दू का प्रचलन हिंदू–मुसलिम एकता की भाषा के नाम पर किया जा रहा था और जब यह बात प्रकट होने लगी तो उसका नाम बदल कर 'हिन्दुतानी' कर दिया गया था। 'हिंदी' पत्रिका ने इस 'हिंदुस्तानी' का विरोध किया और प्रमाणों के आधार पर यह बात प्रकट की कि वह एकदम बनावटी और कृत्रिम भाषा है। पत्रिका ने लिखा ''हिंदी या उर्दू का एकीकरण 'हिन्दुस्तानी' नहीं हैं। 'हिन्दुस्तानी' बाजारू, कामचलाऊ चीज है और उसकी रूप–रेखा निर्धारित करने के लिए किसी आचार्य की आवश्यकता नहीं हैं।''[54] इसीलिए भदंत आनंद कौशल्यायन ने हिंदुस्तानी की तुलना हिरण्यकश्यप से की जो न हिंदुओं की भाषा थी और न मुसलमानों की। उन्होंने इस संदर्भ में लिखा कि ''हिन्दुस्तानी हिंदू–मुस्लिम पैक्ट की भाषा है हिंदू–मुस्लिम ऐक्य की नहीं, एकदम बनावटी। इसका उद्‌देश्य है–ऐसी भाषा लिखने का प्रयत्न करना, जिसमें न संस्कृत के शब्द हो, न अरबी फारसी के, और जो दोनों लिपियों में लिखी जा सके।''[55]

हिंदुस्तानी वास्तव में उर्दू का ही एक रूप थी जिसे 'हिंदुस्तानी की हकीकत' शीर्षक लेख में पत्रिका ने स्पष्ट शब्दों में उद्‌घाटित किया।[56] इतना ही नहीं, सभा ने उन समस्त व्यक्तियों एवं संस्थाओं की आलोचना 'हिंदी' पत्रिका के माध्यम से की जो हिन्दू–मुसलिम एकता के नाम पर हिंदुस्तानी का समर्थन कर रहे थे। इसके अलावा इस पत्रिका ने बिहार, पंजाब, कश्मीर, हैदराबाद, पश्चिमोत्तर प्रदेश इत्यादि प्रदेशों एवं लखनऊ रेडियों के द्वारा जो दुश्चक्र चल रहे थे, उनकी जानकारी देशवासियों को दी। इस पत्रिका ने कांग्रेस की नीतियों की भी कटु आलोचना की और यह सुझाव रखा कि कांग्रेस हिन्दुस्तानी की जगह हिंदी से भी काम ले सकती है।[57]

'हिंदी' पत्रिका ने, भारत की कौन सी भाषा राष्ट्रभाषा हो सकती है, इस बात की गवेषणा की और विविध आधारों एवं प्रमाणों पर यह बात सिद्ध की कि हिंदी ही इस देश की राष्ट्रभाषा हो सकती है। पत्रिका ने अपना मत लिखा कि ''इस बात पर

मत–भेद होने की कोई संभावना नहीं हो सकती कि जिस भारतीय भाषा को अधिक से अधिक लोग बोलते, लिखते व समझ सकते हों, और जो पुराने समय में बोली जानेवाली भाषा से निकली हो, वहीं हमारे देश की उपयुक्त राष्ट्रभाषा बन सकती है।..... .... यदि इस दृष्टि से आजकल की भारतीय भाषाओं को परखा जाय तो हिंदी ही भारत की राष्ट्रभाषा हो सकती है।''[58]

उर्दू के समर्थक धीरे–धीरे राष्ट्रीय आंदोलन की मुख्य धारा से दूर होते गये और 1940ई0 में तो एक अलग राष्ट्र की मांग भी हो गई और उसे प्राप्त करने के लिए प्रयास तेज हो गये। 'हिंदी' पत्रिका ने स्पष्ट शब्दों में लिखा है कि ''जिन मुसलमानों को मिलाने के लिए हिंदोस्तानी का ढकोसला खड़ा किया गया वे दिन पर दिन और भी दूर जा रहे हैं। वे कश्मीर में हों चाहे कुमारी अन्तरीय में, कलकत्ता में चाहे कराची में, एक स्वर से उर्दू की मांग कर रहे हैं।''[59] सभा ने स्पष्ट शब्दों में यह भी प्रकाशित कर दिया कि पाकिस्तान के समर्थक और कोई नहीं वरन् उर्दू के समर्थक हैं और राष्ट्र को विखंडित करने पर तुले हुए हैं।[60]

अपने जन्म काल से 'हिंदी' पत्रिका दिनोदिन उन्नति करती गई और उसका घाटा भी उसी अनुपात में बढ़ता गया। इंडियन प्रेस यद्यपि इसे निःशुल्क ही प्रकाशित करता था फिर भी आरंभ से ही यह पत्रिका घाटे में रही।[61] इसलिए सितम्बर, 1944ई0 में सभा ने अपने तत्वावधान में इसका प्रकाशन बंद कर दिया।[62] 1945ई0 से पं0 चन्द्रवली पाण्डे के ही संपादन में 'हिंदी' पत्रिका का पुनः प्रकाशन सरस्वती मंदिर, जतनवर, वाराणसी से हुआ जो अप्रैल 1946ई0 तक प्रकाशित हुई। इस प्रकार 'हिंदी' पत्रिका ना0प्र0 सभा व जतनवर प्रेस की सरस्वती मंदिर दो संस्थाओं से प्रकाशित हुई, परंतु एक बात जो प्रकाश में आयी वह यह कि इस पत्रिका ने अत्यधिक ख्याति भारत एवं भारत के बाहर अर्जित की। यह पत्रिका सभा की मुख्य पत्रिका 'नागरी प्रचारिणी' से भी लोकप्रिय हो गई थी। प्रकाशन के प्रथम वर्ष (1940–41) में ही इसके नियमित ग्राहकों की संख्या जहाँ 1399 थी वहीं 'ना0 प्र0' पत्रिका की ग्राहक संख्या मात्र 130 थी।[63]

'हिंदी' पत्रिका ने भाषा आंदोलन में निर्णायक भूमिका का निर्वहन किया और हिंदी भाषा एंव नागरी लिपि पर हो रहे आघातों से उसकी रक्षा की। देश में कतिपय

व्यक्तियों एवं सम्प्रदायों द्वारा फैलाई जा रही साम्प्रदायिकता की नीति का जहाँ विरोध किया, तो वहीं वास्तविकता क्या है? इसको जनता की भाषा में जनता के समक्ष रखा। इस पत्रिका ने कांग्रेस और गांधीजी सदृश व्यक्तित्व की तुष्टिकरण की नीति की कटु आलोचना की और साथ ही, देशभर के विद्वानों एवं राजनीतिज्ञों की भाषा नीति क्या है? इसका उद्‌घाटन जनता के समक्ष किया। जो लोग भ्रमवश हिंदी को छोड़कर हिंदुस्तानी के समर्थक हो गये थे, उन्हें इस पत्रिका ने फिर से वास्तविक राह दिखाई। भाषा आंदोलन के इतिहास में इस पत्रिका का पृष्ठ–पृष्ठ दस्तावेज हैं। इस पत्रिका का सर्वाधिक महत्व यह है कि इसने राष्ट्रीय आंदोलन में आ रहे गतिरोध को दूर करने एवं राष्ट्रीय समेकन को दृढ़ता प्रदान करने का अथक प्रयत्न अपनी जीवन की अल्पावधि में किया।

पत्रकारिता के क्षेत्र में नागरीप्रचारिणी सभा का योगदान अत्यंत ही महत्वपूर्ण था। पत्रकारिता क्या है? और दैनिक, साप्ताहिक एवं मासिक पत्रों से क्या लाभ हैं, इसे सभा ने अपने आरंभिक दिनों में ही व्याख्यायित कर दिया था। जून, 1896ई0 से 'नागरीप्रचारिणी पत्रिका' का प्रकाशन कर सभा ने पत्रकारिता के इतिहास में एक नवीन युग का आरंभ किया। इस पत्रिका में विशुद्ध अनुसंधान के द्वारा भारतीय अतीत के गौरव को तो उद्‌घाटित किया ही गया साथ ही, हिंदी भाषा, साहित्य, ज्ञान–विज्ञान एवं अन्योन्य समसामयिक एवं नवीन विषयों पर आलेखों का प्रकाशन किया गया और साथ ही संपादक मंडल का विधान कर सभा ने पत्रकारिता को एक नवीन मानक प्रदान किया। उत्तर भारत में हिंदी में इस पत्रिका का वहीं महत्व था जो कि अंग्रेजी में बंगाल की एशियाटिक सोसाइटी के 'जर्नल' का था। सरस्वती पत्रिका के प्रकाशन के साथ ही भाषा एवं साहित्य के परिमार्जन का युग आरंभ हुआ और राष्ट्रीय आंदोलन की तो यह पत्रिका एक प्रकार से वाहक ही बन गयी थी। भाषा–विवाद के चरम पर पहुँच जाने पर सभा द्वारा 'हिंदी' पत्रिका का प्रकाशन किया गया और अपने अल्पायु काल में इस पत्रिका ने भाषा आंदोलन एवं स्वतंत्रता आंदोलन में जो योगदान दिया उसके कारण इस पत्रिका का नाम पत्रकारिता के इतिहास में सुनहरे अक्षरों में हमेंशा के लिए लिख दिया गया

संदर्भ सूची

1. Four hostile newspapers are more to be feared then a hundred thousand bayonets" – Napoleon
2. चक्रवर्ती, श्रीनारायण सं0 श्री कवि पुस्कर अभिनंद ग्रंथ, पृष्ठ 14
3. सिंह, लालजी, भारत का भाषावाद (सन् 1800ई0 से 1960 तक) सुरजा देवी, कैथी, वाराणसी, 1971ई0, पृष्ठ 139.
4. वहीं, पृष्ठ 139.
5. भारत मित्र, 17 मई, 1878ई0, पृष्ठ 1.
6. मिश्र, कृष्णबिहारी, पत्रकारिता : इतिहास और प्रश्न, वाणी प्रकाशन, नई दिल्ली, 1993ई0, पृष्ठ 32.
7. मिश्र, कृष्णबिहारी, हिंदी पत्रकारिता (जातीय अस्मिता की जागरण भूमिका) लोकभारती प्रकाशन, इलाहाबाद, 1994ई0, पृष्ठ 21.
8. दास, राधाकृष्ण, हिंदी भाषा के सामयिक पत्रों का इतिहास, नागरीप्रचारिणी सभा, काशी 1894ई0, पृष्ठ 8.
9. वाजपेयी, अम्बिकाप्रसाद, समाचार पत्रों का इतिहास, ज्ञानमण्डल प्रकाशन लिमिटेड, बनारस, सं0 2010, पृष्ठ 33.
10. दास, ब्रजरत्न, खड़ी बोली हिंदी साहित्य का इतिहास, हिंदी साहित्य कुटीर, बनारस, सं0 1998, पृष्ठ 179.
11. हिंदी भाषा के सामयिक पत्रों का इतिहास, पृष्ठ 7.
12. वहीं, पृष्ठ 9.
13. विशाल भारत, भाग–8, जुलाई–दिसम्बर 1931, विशाल भारत कार्यालय, कलकत्ता, पृष्ठ 596.
14. नागरीप्रचारिणी सभा का प्रथम वार्षिक विवरण, 1893–94ई0, पृष्ठ 10.
15. दि रिपोर्ट ऑफ दि नागरीप्रचारिणी सभा ऑफ बनारस फ्रॉम 1893–1902, पेज 24.
16. शास्त्री, वेदव्रत, अर्द्ध–शताब्दी का इतिहास, पृष्ठ 174.
17. वहीं, पृष्ठ 175.
18. नागरीप्रचारिणी सभा का दूसरा वार्षिक विवरण, 1895–96, पृष्ठ 6.

19. नागरीप्रचारिणी पत्रिका, पहिला भाग, हरिप्रकाश यंत्रालय, बनारस, 1897ई0, प्रस्तावना, पृष्ठ 1.
20. नागरीप्रचारिणी सभा का तृतीय वार्षिक विवरण 1895–96ई0, पृष्ठ 6.
21. ग्रीब्ज, आर0ई0, हिंदी एण्ड दि नागरीप्रचारिणी सभा, इंडियन प्रेस, इलाहाबाद, पेज 3.
22. नागरीप्रचारिणी सभा, काशी–47 वर्ष के मुख्य–मुख्य कार्यो का संक्षिप्त विवरण, नागरीप्रचारिणी सभा, काशी, सं0 1997वि0, पृष्ठ 1.
23. पाण्डे, पद्माकर, पत्रकारिता और सभा, पृष्ठ 29.
24. अर्द्ध–शताब्दी का इतिहास, पृष्ठ 177.
25. वहीं, पृष्ठ 177.
26. नागरीप्रचारिणी पत्रिका, भाग–1, अंक–1, 1897ई0, पृष्ठ 25.
27. गुलेरी, चन्द्रधरशर्मा, सं0 नागरीप्रचारिणी लेखमाला, मेडिकल हाल प्रेस, बनारस, सं0 1968वि0, पृष्ठ 63.
28. पांडे, पद्माकर, पत्रकारिता और सभा, पृष्ठ 213–14.
29. लाल, श्रीकृष्ण एवं त्रिपाठी, करूणापति सं0 हीरक जयंती ग्रंथ, पृष्ठ 27.
30. अर्द्ध शताब्दी का इतिहास, पृष्ठ 178–89.
31. वार्षिक विवरण, ना0प्र0 सभा, 1916–17ई0, पृष्ठ 5.
32. नागरीप्रचारिणी पत्रिका (नवीन संस्करण) भाग–1, वि0सं0 1977, प्राक्कथन, पृष्ठ 13–14.
33. जर्नल ऑफ दि रायल एशियाटिक सोसाइटी ऑफ ग्रेट ब्रिटेन ऐंड आयरलैंड, एप्रिल, 1921, लंडन, पेज 186–87.
34. लाल एवं त्रिपाठी, सं0 हीरक जयंती ग्रंथ, पृष्ठ 28–29.
35. पाण्डे, पद्माकर, पत्रकारिता और सभा, पृष्ठ 218.
36. शास्त्री, वेदव्रत, अर्द्ध–शताब्दी का इतिहास, पृष्ठ 160.
37. सरस्वती पत्रिका, भाग–1, अंक–1, जनवरी, 1900ई0, भूमिका, पृष्ठ 1–2.
38. सरस्वती पत्रिका, भाग–4, संख्या–2, फरवरी, 1903ई0, संपादकीय, पृष्ठ 1
39. सरस्वती पत्रिका, भाग–4, संख्या–1, जनवरी, 1903ई0, पृष्ठ 1.
40. सरस्वती पत्रिका, भाग–6, संख्या–2, फरवरी, 1905ई0 पृष्ठ 57–60.
41. नागरीप्रचारिणी सभा का वार्षिक विवरण, 1905–06ई0, पृष्ठ 38.
42. मिश्र, कृष्णबिहारी, हिंदी पत्रकारिता (जातीय अस्मिता की जागरण भूमिका), पृष्ठ 18.

43. महावीरप्रसाद द्विवेदी और हिंदी नवजागरण, पृष्ठ 366.
44. वार्षिक विवरण, नागरीप्रचारिणी सभा, 1940ई0, पृष्ठ 34.
45. हिंदी पत्रिका, वर्ष–5, संख्या–5, 1946ई0, पृष्ठ 3.
46. संयासी, भवानीदयाल, प्रवासी की आत्मकथा, पृष्ठ 245.
47. पांडे, पद्माकर, पत्रकारिता और सभा, पृष्ठ 139.
48. हिंदी पत्रिका, भाग–1, अंक–2–3, अप्रिल–मई, 1941ई0, नवजीवन प्रकाशन मंदिर, नई दिल्ली, पृष्ठ 42.
49. वार्षिक विवरण, ना0प्र0सभा, सं0 1997वि0, पृष्ठ 34.
50. वार्षिक विवरण, ना0प्र0सभा, सं0 1998वि0, पृष्ठ 38.
51. 'हिंदी' पत्रिका, भाग–1, अंक–1, दिसंबर, 1940ई0, नागरीप्रचारिणी सभा, काशी, मुखपृष्ठ।
52. वहीं, पृष्ठ 1–2.
53. देखिए 'हिंदी' पत्रिका, भाग–1, संख्या–2, 1941ई0, पृष्ठ 2.
54. वहीं, पृष्ठ 3.
55. 'हिंदी' पत्रिका, भाग–4, संख्या–9, 1944ई0, पृष्ठ 21.
56. 'हिंदी' पत्रिका, भाग–1, संख्या–2, 1941ई0, पृष्ठ 13.
57. 'हिंदी' पत्रिका, भाग–1, संख्या–4, 1941ई0 पृष्ठ 4.
58. 'हिंदी' पत्रिका, भाग–1, संख्या–2, 1941ई0, पृष्ठ 8.
59. 'हिंदी' पत्रिका, भाग–2, संख्या–4, 1942ई0, पृष्ठ 3.
60. 'हिंदी' पत्रिका, भाग–2, संख्या–10, 1942ई0, पृष्ठ 1.
61. वार्षिक विवरण, नागरीप्रचारिणी सभा, सं0 1997वि0, पृष्ठ 34.
62. 'हिंदी' पत्रिका, भाग–4, संख्या–9, 1944ई0, पृष्ठ 48; वार्षिक विवरण नागरीप्रचारिणी सभा, सं0 2001वि0, पृष्ठ 18.
63. वार्षिक विवरण, नागरीप्रचारिणी सभा, काशी, सं0 1997वि0, पृष्ठ 2

7. भारत में विज्ञान और नागरीप्रचारिणी सभा

विज्ञान आधुनिक सभ्यता के विकास का मूल कारण माना जाता है। विज्ञान ही के द्वारा मानव सभ्यता उन्नति पथ पर अग्रसर है। सभ्यता एवं संस्कृति की गत्यात्मकता में विज्ञान मूल है। प्रत्येक समाज एवं संस्कृति कुछ निश्चित मूल्यों पर अवलम्बित होती है। सामान्यतः यह विचार किया जाता है कि ये मूल्य केवल सामाजिक, नैतिक और धार्मिक है, परन्तु, यदि मानव समाज एवं इसके मूल्यों के विकास का गहन अवलोकन किया जाय तो यह बात प्रत्यक्ष होगी कि समाज एवं उसके मूल्यों, दोनो को, आकार देने में विज्ञान और तकनीकी की महत्वपूर्ण भूमिका रही है। आधुनिक सभ्यता का नियंत्रण वैज्ञानिक और तकनीकी विशेषज्ञों के हाथ में है। प्रत्येक विशेषज्ञ विवकेयुक्त व्याख्या की महान विधि की उत्पत्ति है और अलम्बदार भी। इसी विधि ने प्राकृतिक विज्ञानों, टेक्नॉलाजी, आर्थिक प्रतियोगिता और राजनीतिक प्रतिद्वन्द्विता के साथ गठबन्धन करके आधुनिक औद्योगिक समाज को जन्म दिया है। इसलिए, विज्ञान और टेक्नॉलाजी आधुनिक संसार का निर्माण करने वाले मूल कारणों में से हैं।[1]

19वीं शताब्दी को आधुनिक वैज्ञानिक युग की पहली शताब्दी कहा जाता है। इस शताब्दी का महत्व यह है कि इस शताब्दी में संसार के अनेक देशों ने विज्ञान एवं प्रौद्योगिकी में कौशल प्राप्त कर संसार की दिशा एवं दशा बदल दी। वैज्ञानिक प्रगति के बल पर अनेक देशों ने अपने सुख और ऐश्वर्य में वृद्धि की और संसार में गौरव और प्रतिष्ठा प्राप्त की। इस सदी के विचारकों ने प्राकृतिक व्यवस्था की एकता को स्वीकार लिया और मानव को उसी व्यवस्था के नियमों और परिमितताओं के अधीन, उसका एक अंग मानना आरम्भ कर दिया।[2]

19वी शती के अंतिम दशक में जब संसार के अधिसंख्य देश ज्ञान–विज्ञान में उन्नति कर अपनी सामाजिक, आर्थिक, राजनीतिक एंव सांस्कृतिक अवस्था सुधार कर राष्ट्रीयता की भावना दृढ़ कर रहे थे, ऐसे समय में भारत की अवस्था अत्यन्त दयनीय थी। ऐसी सोचनीय स्थिति में, जब कि सर्वत्र वैज्ञानिक क्रान्तियां हो रही थीं, काशी की

ना0 प्र0 सभा ने भारतवासियों में ज्ञान विज्ञान के लोकप्रियकरण एवं उसे लोकभाषा हिंदी के माध्यम से प्रचारित करने का बीड़ा उठाया और अपने वार्षिक विवरण में यह बात प्रकाशित की कि ''केवल ज्ञान ही के द्वारा मनुष्य सर्वत्र खुशहाली और समृद्धि प्राप्त कर सकता हैं। प्राचीन काल में भारतवर्ष ने जो उन्नति की थी वह समान भाषा एंव अद्वितीय शिक्षा पद्धति के बल पर की थी और उसकी उपेक्षा के कारण ही वह इस अधोगति को प्राप्त हुआ हैं।''[3] सभा का यह अभिमत था कि सारी उन्नतियों का मूल विज्ञान की उन्नति हैं और देश का कल्याण तभी होगा जब भारतवासी वैज्ञानिक ज्ञान के प्रति आकर्षित होंगे। इस संदर्भ में सभा ने अपनी एक प्रमुख पत्रिका सरस्वती में यह तथ्य उद्‌घाटित किया था कि ''आजकल लोग विज्ञान विज्ञान पुकारा करते हैं परन्तु विज्ञान से क्या लाभ है सो बहुत से लोग नही समझते। वे विज्ञान को नीरस जान उनसे दूर भागते हैं। परन्तु यह उनका भ्रम हैं। सब विषयों का कुछ–कुछ ज्ञान होना चाहिए।''[4]

काशी नगरी अनंत काल से ज्ञान–विज्ञान का केन्द्र रही हैं। इस सन्दर्भ में आचार्य प्रफुल्लचन्द्र राय का कथन विशेष उल्लेखनीय हैं कि ''काशी सभ्यता की लीलाभूमि हैं। बहुत प्राचीन समय से यह सभ्यता का केन्द्र बना हुआ हैं। यूरोप में जब प्राचीन रोम और एथेन्स का जन्म भी नही हुआ था उस समय बनारस हिन्दू विचार और हिंदू शिक्षा का केन्द्र स्थान था ––––– बनारस शल्य विज्ञान का (चीड़ा फाड़ी शास़्त्र) जन्म स्थान है। कहावत है कि शल्यशास्त्र के जन्मदाता धनवन्तरि जी महाराज बनारस मे जन्में थे। बनारस अंकशास्त्र तथा ज्योतिषशास्त्र का केन्द्र स्थान हैं। जयपुर के स्वर्गीय महाराजा सवाई जयसिंह ने बनारस का मान मंदिर यहीं बनवाया था।''[5]

काशी की इस सांस्कृतिक चेतना के निर्वहन में ना0 प्र0 सभा ने अपनी व्यापक गतिविधियों द्वारा योगदान दिया और भारतवासियों में जातीय चेतना लाने के उद्‌देश्य से विज्ञान का प्रचार प्रसार लोकभाषा हिंदी के माध्यम से आरम्भ किया। जातीय पुनरूत्थान के लिए वैज्ञानिक शिक्षा की बड़ी आवश्यकता होती हैं, क्योकि यदि इस संसार में प्रतिष्ठित पद प्राप्त करना हैं तो विज्ञान में उन्नति कर दूसरी जाति के साथ

प्रतिस्पर्धा अनिवार्य है, इस बात को सभा ने प्रचारित किया। परन्तु, वैज्ञानिक उन्नति के लिए स्वतंत्रता भी परमावश्यक हैं।

हमारा देश दीर्घकाल तक पराधीन रहा और जब 19वीं शताब्दी के उत्तरार्द्ध में सर्वत्र वैज्ञानिक क्रान्तियां हो रही थी, उस समय भी हमारा देश अंगेजों द्वारा दलित रहा। उपनिवेशक उपनिवेशीकरण और नियंत्रण के एक बहुत प्रभावशाली औजार के रूप में विज्ञान से पूरी तरह परिचित थे। विज्ञान की उनकी अवधारणा साम्राज्य की जरूरतों से नजदीकी से जुड़ी थीं।[6] साम्राज्य का विज्ञान उपनिवेशों के विरूद्ध पक्षपाती भाव रखने वाला था। भारत में ब्रिटिश सरकार की जरूरतों नें विज्ञान को परनिर्भर बना दिया था और इसमें निहित संभावनाओं को काफी कम कर दिया था। विज्ञान ने पश्चिमी प्रभुत्व को इस तरह स्थापित किया जिस तरह इसे कर पाना किसी भी फौज के बूते के बाहर था। वैज्ञानिक ज्ञान भारतीयों में जागरूकता ला सकता था इसलिए भारत में वैज्ञानिक ज्ञान को हमेंशा हतोत्साहित किया गया। उपनिवेशकों ने अपनी प्रशासनिक और व्यक्तिगत दोनो ही भूमिकाओं में निश्चत रूप से विज्ञान की एक खास विचारधारा पर अमल किया। विज्ञान की उनकी अवधारणा सामाज्य की जरूरतों से धनिष्ठतापूर्वक जुड़ी हुई थी। वे अपने गृहदेश में विज्ञान द्वारा लगाई जा रही छलांगों को भूले नही थे पर सामाज्य निर्माण में विज्ञान की भूमिका और महत्व को भॉपने के लिहाज से भी वे बहुत तेज थे।[7]

ब्रिटिश शासन ने अपने हित के लिए हमेशा पूर्वी पारलौकिकता को दोष दिया। उन्होंने हमेशा यह तर्क उपस्थित किया कि भारतीयों में नवीन ज्ञान–विज्ञान के प्रति एक खास किस्म का सांस्कृतिक दुराग्रह है। मुख्य बात यह थी कि वे भारत में नवीन ज्ञान–विज्ञान आने देना ही नहीं चाहते थे। ब्रिटिश शासन के अभिमत में यदि भारत में विज्ञान का प्रचार प्रसार किया गया तो भारतीय अपने अधिकार की मांग करेंगे इसीलिए यह चौकाने वाला तथ्य है कि ब्रिटिश लोग हमेशा इस देश में वैज्ञानिक शिक्षा के प्रसार में उदासीन रहे।[8]

परंतु यह संभव नहीं था कि एक उन्नतशील विदेशी संस्कृति से संपर्क भारतीयों में हलचल पैदा न करती। 19वी सदी में परतंत रहते हुए भी भारत वैज्ञानिक ज्ञान को

ग्रहण करने में पीछे नहीं रहा। भारतीय विद्वानों ने भी नाना प्रकार की कठिनाइयों और विघ्न बाधाओं का सामना करते हुए ज्ञान के प्रचार प्रसार एवं विकास में पूर्व योग दिया।[9] भारत ने सम्पूर्ण उन्नीसवी सदी में विज्ञान के उपयोग विचारों को स्वीकारा एवं उसे सभाहित किया। 19वीं सदी के अंतिम चतुर्थांश में विज्ञान के क्षेत्र में मौजूद इस रंगभेद ने भारतीयों को कड़ी प्रतिक्रिया व्यक्त करने पर बाध्य कर दिया। महेन्द्रलाल सरकार, प्रेमनाथ बोस, जगदीशचन्द्र बोस और प्रफुल्लचन्द्र राय सदृश व्यक्तित्व इस श्रृखला में महत्वपूर्ण कड़ी थे।

देशी लोग वैज्ञानिक ज्ञान के प्रति आरम्भ से ही ग्रहणशील थे और ना0प्र0 सभा ने अपने स्थापनाकाल से ही लोकभाषा के माध्यम से सरकार की कुटिल नीति का प्रचार किया–"ईश्वर पक्षपाती नहीं है। वह सब प्रकार पक्षपात रहित हैं। वह सबसे बड़ा न्यायी है। इसलिए हम यह नही कह सकते कि यूरोप अथवा अमेरिकावालों ही को उसने नये–नये आविष्कार करने की शक्ति दी है। सब देश, सब जाति और सब अवस्था के मनुष्यों में ईश्वर समान रूप से स्थित है। उसका लक्षण सज्ञानता सब में बराबर विद्यमान है। अभ्यास, मनन और शिक्षा आदि कारणों से यह सज्ञानता किसी–किसी में विशेष उद्दीप्त हो उठती है और अनेक आश्चर्यजनक काम करने लगती है। इसके उद्दीपन के जो कारण है वे और देशों में अधिकता से पाये जाते हैं।"[10] और देशों में जो सज्ञानता द्वश्यमान होती है वह इस कारण कि वहां अनुसंधान के लिए आवश्यक सामाग्री एवं उपयुक्त परिस्थितियां विद्यमान होती है एवं भारत में अंग्रेजी सरकार द्वारा यें बातें प्रतिबन्धित की जाती है। सभा ने इस बात को भी दृढ़तापूर्वक प्रसारित किया कि भारतीय हीन नही हैं जैसा कि विविध माध्यमों से सरकार उनके हीन होने को प्रचारित करती है "बहुधा पुस्तकों और समाचार पत्रों में हम यह पढ़ते हैं कि इस देश के निवासी केवल वक्कृता देना जानते हैं; व्यर्थ भाषण और व्यर्थ लेख लिखने के अतिरिक्त उनसे कुछ नही बन पड़ता। न उनको व्यापार करना आता हैं और न कला–कौशल की ओर प्रवृत्त होकर कोई नवीन आविष्कार करने में वे समर्थ होते हैं। कई अंशों में ये दोषारोपण सत्य हैं; परन्तु इससे यह सिद्ध नहीं होता कि इस देश के निवासियों में नूतन बातों का पता लगाने की शक्ति ही नही हैं। यथार्थता यह है कि

हम लोगों को पूर्वोक्त विषयों में प्रवीण होने के लिए प्राय; योग्य अवसर ही नहीं मिलता। अध्यापक बसु ने अपने आविष्कारों से योरप और अमेरिका के बड़े-बड़े वैज्ञानिकों को चकित करके यह सिद्ध कर दिखाया हैं कि भारतवासियों में भी अद्भुत बातों का पता लगाने की शक्ति है। और अवसर मिलने पर वे उस शक्ति को काम में भी ला सकते हैं।"[11] महाराष्ट के पं० नीलकण्ठ वागेल को विलायत में शीशे का काम सीखने में किन-किन विघ्न-बाधाओं को झेलना पड़ा और उनके प्रति ब्रिटिश लोगों का कैसा भेदभावपूर्ण व्यवहार था, उसका भी यथार्थ चित्रण सभा ने किया।[12]

सभा ने भारतवासियों के बीच यह बात उपस्थित की कि शासक जाति की उन्नति, उनका गौरव और सभ्यतागत् श्रेष्ठता का उनका दावा विज्ञान ही के कारण है। अपनी पत्रिका 'नागरीप्रचारिणी' के तीसरे ही भाग में सभा ने यह प्रकाशित किया कि "आजकल की सभ्य जाति का गौरव विज्ञान से ही है अर्थात् केवल विज्ञान की चर्चा और विज्ञान की उन्नति साधन ही इस समय का पूर्ण गौरव है।"[13] इसी प्रकार नागरीप्रचारिणी पत्रिका के 13वें भाग में यह बात दृढ़ता से स्थापित की गयी कि उन्नतशील जातियों ने जो कौशल और बल प्राप्त किया है उसके मूल में वैज्ञानिक शिक्षा ही है। पत्रिका में इस संदर्भ में लिखा गया कि "आजकल उन्नतिशील जातियों ने जो महाकौशल और बल प्राप्त किए हैं वे इसी वैज्ञानिक शिक्षा का प्रभाव है। नवीन यंत्र, इंजिन, तार आदि का विज्ञान के द्वारा ही आविष्कार हुआ है जिनसे कार्य की गति शीघ्र और सहज हो गई है।"[14]

सभा ने भारतीयों के समक्ष जापान का उद्धरण रखा और अपनी पत्रिका में यह बात प्रत्यक्ष की कि भारत को भी जापान का अनुसरण कर औद्योगिक उन्नति करनी चाहिए। पत्रिका ने लिखा–"जापान ने कुशल प्रबन्ध द्वारा व्यावसायिक और औद्योगिक उन्नति की है। इस विषय में भारतवर्ष की स्थिति पूर्व जापान ऐसी हो रही है अतएव उसी का अनुकरण करना श्रेयस्कर है।"[15]

ना०प्र० सभा ने प्रारंभ से ही विशुद्ध साक्ष्यों के आधार पर यह मत स्थापित किया कि प्राचीनकाल में भारत का विज्ञान अत्यधिक उन्नत था और देश में भांति-भांति के कला-कौशल और शिल्प का प्रचार था, परन्तु भारतीय समय के साथ न चल सके और

ज्ञान–विज्ञान के अभाव में देश पतन को प्राप्त हुआ। सभा ने प्राचीन भारत की महिमा को इन शब्दों में अंकित किया "भारतवर्ष की महिमा गहन वन की घोर अंधियारी में दबी पड़ी है। भारत भूमि ने मानवजाति की क्या–क्या भलाई की है इसे भारत ही के कोई सपूत सोचते हों, इसमें सन्देह है? क्या यह उन लोगों का कर्तव्य नहीं है कि हम इस विषय का अनुसंधान किया करें कि हमारी भारतभूमि ने भूमण्डल की क्या–क्या भलाई की है?"[16] सभा ने भारतवासियों को इस ध्रुव सत्य से परिचित कराया कि इसी विज्ञान के बल से ही पश्चिम वालों ने उन्नति की है और उनकी औद्योगिक उन्नति और समृद्धि का मूल कारण विज्ञान और प्रौद्योगिकी है। ना0प्र0 पत्रिका ने इस सन्दर्भ में लिखाः "नवीन–नवीन आविष्कारों ने और सुशिक्षा के प्रचार ने इंग्लैण्ड को एक सौ वर्ष के अर्न्तगत् ही समस्त संसार में अत्यन्त बलशाली और धनवान देश बना दिया। यह कहना नहीं होगा कि भारतवर्ष इसी क्रम से शक्तिहीन, दीन, दरिद्र और निरूद्यमी होता गया।"[17]

भारतवासियों के विज्ञान की ओर ध्यान न देने पर नागरीप्रचारिणी सभा ने क्षोभ प्रकट किया और तत्कालीन भारतीयों की हीन अवस्था को काफी बारीकी से पटल पर रखा कि 'आज भारत की जो अवस्था है इसे देख क्या कोई अनुमान करेगा कि क्या इसी भारत की प्राचीनकाल में ऐसी उन्नत अवस्था थी'।[18] इसी प्रकार 'सरस्वती' पत्रिका के 'मंगल' शीर्षक लेख में भी तत्कालीन भारत की दशा का चित्रण मिलता है कि "मंगल का बहुत कुछ सच्चा वृत्तांत पाश्चात्य ज्योतिषियों को अभीं विदित हुआ है; परन्तु बिना आजकल की दूरबीन के उसके रूप, रंग, परिमाण और गति का ज्ञान हमारे प्राचीन आचार्य्यों ने हजारों वर्ष पहले ही प्राप्त कर लिया था। हमारे लिए यह गर्व की बात है, परन्तु साथ ही, हमारे लिए, यह लज्जा का भी विषय है कि जिनके पूर्वजों ने बांस की नालियों से ग्रहों का बेध करके अनेंक सत्य सिद्धान्त स्थिर किए, उनके वंशज बड़ी–बड़ी दूरबीनो के होते भी कुछ न कर सके।"[19]

सभा का उद्‌देश्य था कि आम जनता तक वैज्ञानिक ज्ञान का प्रचार जनता की भाषा में किया जाय। इस दिशा में पहला प्रयास तब हुआ जब 4जून, 1894ई0 की बैठक में यह प्रस्ताव स्वीकृत हुआ कि 'हिंदी भाषा एवं साहित्य के साथ ही

मस्तिष्क–विज्ञान इत्यादि के ग्रंथ लिखवाये जांय।"[20] इस क्षेत्र में कार्यारंभ करते हुए सभा ने जून, 1896ई0 से 'नागरीप्रचारिणी पत्रिका' का प्रकाशन आरम्भ किया। वह हिंदी में प्रकाशित होने वाली हिंदी की पत्रिकाओं से सर्वथा विलग थी। उसमें जहां साहित्य और संस्कृति के माध्यम से राष्ट्रीय अस्मिता उजागर किया गया वहीं ज्ञान–विज्ञान की सारगर्भ सामग्री का भी प्रकाशन किया गया। इस सन्दर्भ में 11मई, 1896ई0 की सभा की साधारण बैठक में सर्वसम्मति से जो निश्चय किया गया, विज्ञान के सम्बन्ध में यह बात महत्वपूर्ण थीं–"इस पत्र में इतिहास, साहित्य, भाषा–तत्व, भू–तत्व, पुरातत्व आदि विद्या– विषयक तथा सभा–संबंधी आवश्यक लेख रहा करेंगें। प्रथम अंक में निम्नलिखित लेख रहें–दुमदार तारे, समालोचना और पं0 लक्ष्मीशंकर मिश्र का एक लेख।"[21]

सभा ने पत्रिका के संबंध में अपना जो अभिमत स्थापित किया और जिन विषयों को पत्रिका में स्थान दिया उनके अवलोकन से ही स्पष्ट होता है कि इस पत्रिका ने विज्ञान को काफी महत्व दिया। सभा के तीसरे वार्षिक विवरण में लिखा गया है कि 'हिंदी में भाषा–तत्व, भू–तत्व, विज्ञान, इतिहास आदि विद्या विषयक लेखों और ग्रंथों का पूर्ण अभाव देख सभा ने 'ना0प्र0 पत्रिका' निकालना आरंभ किया है,'[22] सभा के विज्ञान प्रेम को प्रदर्शित करता है, जो आगे पत्रिका में दिखलायी दिया।

इस प्रकार 1896ई0 के जून माह में 'ना0प्र0 पत्रिका' का जन्म हुआ। प्रथम वर्ष में पत्रिका के चार अंक निकले, जिनमें प्रथम अंक की प्रस्तावना के अतिरिक्त आठ लेख प्रकाशित हुए जिसमें केतुतारों का संक्षिप्त वृतांत (बाबू गोपालप्रसाद खत्री) और अद्भुत रश्मि (पं0 लोकनाथ त्रिपाठी बी0ए0 और बाबू कृष्णबलदेव वर्मा) शीर्षक दो अत्यंत ही विस्तृत एवं शोधपूर्ण लेख विज्ञान विषय पर थे और और सबसे महत्वपूर्ण ध्यान आकर्षित करने वाली बात यह थी कि यह संस्था हिंदी भाषा एवं नागरी लिपि के प्रचारार्थ स्थापित हुई थी परंतु उसकी पत्रिका का प्रथम लेख विज्ञान विषय पर 'केतुतारों का संक्षिप्त वृतांत' था[23]।

नागरीप्रचारिणी पत्रिका में सभा ने विज्ञान को काफी महत्व दिया और वैज्ञानिक ज्ञान को लोकभाषा हिंदी के माध्यम से प्रचारित करने के प्रति अपनी कटिबद्धता आरंभ

में ही जाहिर कर दी थी। सभा ने अपनी पत्रिका के प्रथम अंक की प्रस्तावना में ही देशवासियों को वैज्ञानिक ज्ञान प्राप्त करने का परामर्श दिया कि : ''कोई देश तब तक सभ्य कहलाने का गौरव नहीं प्राप्त कर सकता जब तक उसने यथोचित विद्या की उन्नति प्राप्त न कर ली हो और विद्या की उन्नति तब तक संभव नहीं है जब तक देश के कृतविद्य जनों का ध्यान आकर्षित न हुआ हो।''[24] पत्रिका में विज्ञान विषय को दिये गये महत्व को रेवरेन्ड एडविन ग्रीब्ज जैसे व्यक्ति ने भी उसी काल में स्वीकार किया था और लिखा था कि "During the 11years of its existence, some able and useful articles in a variety of subjects have appeared. The articles have dealt not only with Hindi and Sanskrit literature; but interesting short biographies have been given, also papers on History, Topography, Archealogy and Science.''[25]

ना0 प्र0 पत्रिका के प्रथम अंक के अवलोकन से ही यह बात स्पष्ट हो जाती है कि आरम्भ से ही पत्रिका का आदर्श बहुत ऊँचा था। पत्रिका का प्रथम लेख ही विज्ञान विषय पर था। इस लेख में केतुतारों के रूप, रंग, उनकी गति, आकार इत्यादि के साथ ही वे कब–कब दिखाई दिये थे और उनके दिखने के पश्चात् क्या–क्या घटित होता है, इसका वैज्ञानिक कारण क्या है और साथ ही इस संदर्भ में जो लोकगाथा है, उसका भी खोजपूर्ण वर्णन किया गया है।[26]

पत्रिका के प्रथम अंक से ही सभा ने संसार में जो वैज्ञानिक उन्नति हो रही थी उसको जनभाषा के माध्यम से जन–जन तक पहुँचाने का उद्योग आरम्भ किया। 'अद्भुत रश्मि' शीर्षक लेख में स्पष्ट लिखा गया कि : ''यद्यपि योरप और अमेरिका के तत्ववेत्ता बहुत सी पदार्थ विज्ञान संबंधी बातें निकाल चुके हैं परन्तु एक बड़ी ही आश्‍चर्जनक परीक्षा वर्तमान काल में वर्जवर्ग के प्रख्यात विद्वान प्रो0 रोन्टजेन ने की है। उक्त प्रोफेसर ने परीक्षा करते हुए एक भांति की किरणों का पता लगाया है जो अन्धकार में पाई जाती हैं और जो हमारी प्रकाश की साधारण किरणों के किसी प्रकार से सदृश नहीं है। प्रो0 रोन्टजेन ने अपनी भाषा में इन किरणों का नाम X-Rays रखा है।[27] इस लेख में एक्सरे का विस्तृत वर्णन किया गया है। इसमें प्रकाश–वर्ण–विभेदक यंत्र, फोटोग्राफी, इलेक्ट्रिक बैटरी, परावर्तन आदि का भी विस्तार से वर्णन किया गया है और इस किरण के लाभों को भी जनता को बताया गया है।

सन् 1900ई0 में सभा के अनुमोदन से 'सरस्वती' नाम की जो पत्रिका (हिंदी मासिक) प्रकाशित हुई उसमें भी विज्ञान विषय को महत्व दिया गया और पत्रिका का उद्देश्य ही इस प्रकार वर्णित था : ''यह केवल इसी से अनुमान करना चाहिए कि इसका नाम सरस्वती है। इसमें गद्य, पद्य, काव्य, नाटक, उपन्यास, चम्पू, इतिहास, जीवन चरित, पश्च, हास्य, परिहास, कौतुक, पुरावृत्त, विज्ञान, शिल्प, कलाकौशल, आदि साहित्य के यावतीय विषयों का यथावकाश समावेश रहेगा और आगत ग्रन्थादिकों की यथोचित समालोचना की जायेगी।''28

पत्रिका के प्रथम अंक में ही विज्ञान विषयक लेख 'आलोक चित्रण' अथवा 'फोटोग्राफी' प्रकाशित हुआ जिसके लेखक बाबू श्यामसुंदरदास थे। यह लेख आलोक चित्रण के महत्व और इतिहास पर हिंदी का सबसे पहला विस्तृत लेख था। इस लेख में फोटोग्राफी के आविष्कार एवं उसके प्रचार–प्रसार का विवेचन तो किया ही गया, साथ ही इस नवीन आविष्कार ने विज्ञान में क्या नवीन क्रांति की और इस पदार्थ से मानव जाति की क्या-क्या भलाई हो सकती है, इसका भी उल्लेख किया गया। पत्रिका ने इस संदर्भ में लिखा कि '' फोटोग्राफी शिल्प और विज्ञान ने भूमण्डल पर मानो दूसरे युग की अवतारण की है। इसे यदि वैज्ञानिक विद्वानों की अतीव गवेषणा द्वारा विज्ञान–सागर मथित सार–सामग्री वा सुधार कहें तो अत्युक्ति न होगी। इसकी सहायता से कोई अपने संबंधियों की प्रतिमूर्ति को सदैव नेत्रगोचर कर सकते हैं। ...और यह फोटोग्राफी की ही महिमा है कि इसकी सहायता से हमलोग सभी पार्थिव पदार्थ के दुष्प्राप्य और अमूल्य प्रतिरूप को प्रत्यक्ष की भांति अवलोकन करते हैं। यदि इस अद्भुत विद्या का प्रादुर्भाव न होता तो आज दिन हम लोग घर बैठे विभिन्न स्थानों का यथार्थ अवलोकन नहीं कर पाते।''29

सरस्वती पत्रिका ने विज्ञान को कितना महत्व दिया यह बात पत्रिका के प्रथम वर्ष के समस्त अंकों में प्रकाशित विज्ञान विषयक लेखों के अवलोकन से ही स्पष्ट हो जाता है। प्रथम वर्ष में पत्रिका में विज्ञान विषयक प्रकाशित लेख इस प्रकार थे :

1. फोटोग्राफी   बाबू श्यामसुंदरदास
2. जन्तुओं की सृष्टि   बाबू श्यामसुंदरदास

3. चन्द्रोदय (बिम्बादि)	पं0 किशोरीलाल गोस्वामी
4. चन्द्रोदय (पूर्ण बिम्ब रक्ताया)	पं0 किशोरीलाल गोस्वामी
5. कोहनूर	बाबू केशवप्रसाद सिंह
6. रेल	बाबू दुर्गाप्रसाद
7. चन्द्र लोक की यात्रा	बाबू दुर्गा प्रसाद
8. मानवी शरीर	बाबू केशवप्रसाद सिंह
9. भारत वर्ष की शिल्प विद्या	बाबू श्यामसुंदरदास

....

स्रोतः सरस्वती पत्रिका, जनवरी से दिसम्बर, 1900ई0 तक।

'नागरीप्रचारिणी' एवं 'सरस्वती' पत्रिकाओं द्वारा सभा ने राष्ट्रीय अस्मिता को उजागर करने का यत्न किया। इन दोनों पत्रिकाओं के माध्यम से सभा ने प्रचीन भारत के उन्नत कला–कौशल का ज्ञान जन–जन तक पहुँचाकर भारतीय नवजागरण को त्वरा देने एवं भारतीय राष्ट्रीयता को पुष्ट करने का भगीरथ उद्योग किया। इन पत्रिकाओं के माध्यम से सभा ने भारत के गौरव और ज्ञान–विज्ञान में उसके योगदान को जनता के समक्ष रखा और "भारतवर्ष को इस जगत का मुकुट" करार दिया।[30] विज्ञान विषय के सन्दर्भ में पत्रिका ने लिखा कि, "देखना चाहिए कि इस विषय में भारतवर्ष से जगत को क्या लाभ हुआ है और इसने किस विद्या को सिखाया है"।[31] ना0 प्र0पत्रिका ने यह प्रमाण उपस्थित किया कि गणितशास्त्र ही विज्ञान का मूल है और भारत ने गणित के क्षेत्र में महान कार्य किये हैं और समस्त अंकों का उत्पत्ति स्थान भारत ही है और साथ ही अपने मत के सत्यापन में एलफिंस्टन के 'भारतवर्ष का इतिहास' एवं 'एशियाटिक रिसर्च' को प्रमाण के तौर पर उपस्थित किया।[32] इस मत की पुष्टि महान गणितज्ञ और नागरीप्रचारिणी सभा के सभापति (1902–1910ई0) म0म0 पं0 सुधाकर द्विवेदी के कथन से भी हो जाती है। उनके शब्दों में "बनारस ही के किसी पंडित ने सबसे पहले इस अंक विद्या का प्रचार किया। फिर यहां से अरब के लोग इस विद्या को अपने देश ले गए और अच्छी रीति समझकर हिंन्दुस्तान के आदर के लिए इन अंकों को 'हिंदीसा' और इसकी रीति को 'हिसाबे हिंद' कहने लगे।"[33]

सभा ने यह बात भी प्रचारित की कि केवल व्यक्त गणित ही नहीं वरन् बीज गणित भी भारतीयों की ही देन है और प्रमाण देते हुए लिखा '' केवल व्यक्त गणित ही नहीं, बीजगणित भी भारतवासियों की ही सृष्टि है। वर्तमान यूरोपवासियों ने बीजगणित मुसलमानों से सीखी और मुसलमानों ने भारत से।''[34]

अपनी पत्रिकाओं के माध्यम से सभा ने न केवल गणित और बीजगणित, बल्कि रसायन के क्षेत्र में भारत ने क्या योगदान किया था, इस बात को भी दृष्टिपटल पर रखा : 'गणित के उपरान्त रसायन के द्वारा ही वर्तमान काल में विज्ञान शास्त्र को विशेष उन्नति हुई है; परन्तु रसायन का मूल भी भारतवर्ष ही है। रसायन 'अलकेमी' नामक अर्बी शब्द से निकला है। इससे प्रमाणित होता है कि अरब वालों से ही यूरोप में इसकी प्रथम शिक्षा हुई थी और अरब वालों को यह ज्ञान भारत से मिला।[35] इस मत के सत्यापन में पत्रिका में एलफिंस्टन सदृश विद्वान व्यक्ति का मत उपस्थित किया कि 'प्राचीन भारत के लोग आन्धकिक अम्ल, यावक्षारिक अम्ल और लावनिक अम्ल, ताम्र, लौह, सीसा, रांगा एवं दस्ते का अम्लजानज; इत्यादि अनेंक रासायनिक प्रक्रिया समुन्नत यौगिक पदार्थ बना सकते थे'।[36]

अपनी पत्रिका के माध्यम से सभा ने इस मत का खंडन किया कि समुद्री–यात्रा करना पाप है। इस भ्रम का कारणात्मक स्पष्टीकरण देते हुए यह तथ्य उपस्थित किया कि प्राचीन भारत में समुद्री यात्रा युक्तिसंगत थी। पत्रिका ने इस सम्बन्ध में रेखांकित किया ''पूर्वकाल में भारतवासी अपने जहाज पर चढ़ के सिंहल आदि द्वीपों में जाते थे और वहां से दारूचीनी, इलायची आदि वस्तु ला के पश्चिम देशों में भेंजते थे। उस समय यहां के सामुद्रिक वाणिज्य के गुण से यहूदी, फिनीशियन, ग्रीक, रोमन प्रभृति अनेंक जाति इनसे उपकृत होती थी।''[37]

अपनी पत्रिकाओं द्वारा सभा ने ज्ञान की विकसित विधाओं से जन सामान्य को परिचित कराया और विज्ञान में हो रही नवीन गवेषणाओं के सानिध्य में उन्हें लाया। विज्ञान की उन्नति पर सभा ने अपनी प्रमुख पत्रिका 'सरस्वती' की सम्पादकीय में लिखा कि ''विज्ञान की ऐसी आश्चर्यजनक उन्नति हो रही है कि किसी समय शायद मनुष्य अपने विज्ञान बल से अजर और अमर हो जावै। पुराणों में अमृत का नाम सुनते

आए हैं। अमेरिका के फिल्ड नामक डॉक्टर ने अमृत के समान गुणकारिणी एक औषधि का पता लगाया है। डॉ0 साहब कहते हैं कि यदि किसी का अंग–भंग न हो गया हो तो वे मृतक को जीवित कर सकते हैं। सुनते हैं कि मरे हुए पशुओं पर इस औषधि का प्रयोग कर डॉक्टर साहब ने उन्हें जीवित कर दिया है।''[38]

'नागरीप्रचारिणी' और 'सरस्वती' पत्रिका के प्रारम्भिक वर्षों की विषय–सूची पर दृष्टिपात किया जाय तो यह स्पष्ट होगी कि ये पत्रिकाएं केवल हिंदी भाषा और साहित्य की नहीं वरन् ज्ञान–विज्ञान की हिंदी में तत्कालीन युग की अकेली पत्रिकाएं थीं। सभा ने हिंदी में जब विज्ञान लेखन का कार्य आरम्भ किया, उस समय हिंदी में विज्ञान लेखन का बीज वपन काल था, परन्तु उस समय भी विज्ञान लेखकों ने अपूर्व धैर्य और उत्साह का परिचय दिया। इस समय विशुद्ध साहित्यिक लेखकों ने विज्ञान विषय पर शोधपूर्ण लेख लिखे। इन लेखकों में पं0 लक्ष्मीशंकर मिश्र, पं0 सुधाकर द्विवेदी, बाबू दुर्गाप्रसाद के अतरिक्त बाबू श्यामसुंदरदास, पं0 किशोरीलाल गोस्वामी, चन्द्रधरशर्मा 'गुलेरी', पं0 महावीरप्रसाद द्विवेदी सदृश विशुद्ध हिंदी साहित्यकार सम्मिलित थे।[39]'

सभा विज्ञान के क्षेत्र में कार्य करने के लिए कटिबद्ध थी। सभा ने विज्ञान संबन्धी विभिन्न विषयों के ग्रंथ निर्माण करने का विचार तो सं0 1951 में ही किया था, किन्तु प्रयत्न करने पर भी उसे इस कार्य में सफलता नहीं मिली। इसका मुख्य कारण था विज्ञान के पारिभाषिक शब्दों का हिंदी में अभाव।[40] इस कमी को पूरा करने के लिए सभा ने एक वैज्ञानिक कोश बनाने का निर्णय लिया। इस कोश को बनाने की आवश्यकता सभा को क्यों हुई इस सन्दर्भ में 'वैज्ञानिक शब्दावली' की भूमिका में लिखा है ''जब कभी किसी व्यक्ति से किसी वैज्ञानिक विषय की पुस्तक लिखने या अनुवाद करने के लिए कहा जाता है तो वह इसके लिए तभी तैयार होता है यदि सभा उन वैज्ञानिक शब्दों के पर्यायवाची शब्द हिन्दी में बनाकर दे दे जिनकी उस पुस्तक या लेख को लिखने में जरूरत पड़ेगी''। वैज्ञानिक शब्दकोश के निर्माण का एक अन्य कारणा देशी भाषाओं में विज्ञान–शिक्षा की घोर उपेक्षा थी।[41] इस कोश के निर्माण का एक कारण यह भी था कि जिस युग में वैज्ञानिक शब्दावली जितनी सुस्पष्ट और सरल

रही है, उस युग में वैज्ञानिक उपलब्धियां उतनी ही अधिक मात्रा में मानव समाज के लिए उपयोगी सिद्ध हुई है। यहीं कारण है कि विज्ञान के क्षेत्र में प्रयुक्त होने वाले शब्द प्रारम्भ से ही बहुत महत्वपूर्ण रहे हैं।[42]

सभा ने हिंदी में वैज्ञानिक कोश के अभाव की पूर्ति करने का निश्चय किया और संवत् 1955 (31 अक्टूबर, 1898) में एक उपसमिति इस कार्य के लिए बना दी। इस समिति में सदस्य चुने गये–लक्ष्मीशंकर मिश्र, म0म0 सुधाकर द्विवेदी, अभयचरण सान्याल, कार्तिकप्रसाद, रामनारायण मिश्र और श्यामसुन्दरदास।[43] इस समिति ने यह निश्चय किया कि आरंभ में भूगोल, गणित, ज्योतिष, अर्थशास्त्र, पदार्थ–विज्ञान, रसायन–शास्त्र तथा दर्शन के शब्दों का संग्रह वेवस्टर की डिक्शनरी से किया जाय। इस संग्रह के प्रस्तुत हो जाने और सातों विषयों के शब्दों की अलग–अलग सूची लिखकर तैयार हो जाने पर प्रत्येक शब्द के लिए हिंदी–शब्द चुनने का काम भिन्न–भिन्न व्यक्तियों को दिया जाय और अस्थायी शब्दकोश (Tentative glossary) सभा के निम्नलिखित सभासदों द्वारा तैयार की जाय[44] :

नक्षत्रशास्त्र –	महामहोपाध्याय पंडित सुधाकर द्विवेदी
रसायन शास्त्र –	बाबू ठाकुर प्रसाद
गणित शास्त्र –	महामहोपाध्याय पंडित सुधाकर द्विवेदी
दर्शनशास्त्र –	पंडित महावीर प्रसाद द्विवेदी
भौतिकशास्त्र –	बाबू ठाकुर प्रसाद
राजनीतिक अर्थशास्त्र –	पंडित माधवराव सप्रे बी0ए0

सभा ने नियत समिति का सुझाव मानकर अपना दृष्टिकोण बंगाल, पंजाब, मध्यप्रांत और संयुक्त प्रांत के शिक्षा विभागों के सामने रखा और इस सन्दर्भ में मार्ग दर्शन करने को कहा।[45] सभा ने प्रांतीय शिक्षा विभागों से प्रार्थना की कि वे इस कोश पर विचार करके अपने यहां की पाठ्य पुस्तकों में इस कोश के शब्द ही व्यवहार करने का नियम बना दें। सभी विभागों से सभा को सहानुभूतिपूर्वक पत्र प्राप्त हुए और शिक्षा विभागों ने अपनी ओर से विद्वानों को कोश पर विचार करने के लिए भी भेंजा।[46]

सभा ने कोश के संबंध में सम्मति एकत्र किया और उनपर विचार करने और कोश को दुहराने के लिए विद्वानों की सभा की। इस सभा में इस कोश के रचयिताओं, शिक्षा विभागों के प्रतिनिधियों और चुने हुए अन्य वैज्ञानिकों को निमंत्रित करने का विचार था। इस कार्य हेतु भिन्न-भिन्न विद्वानों से परामर्श करने और उसकी संमति एवं सहानुभूति प्राप्त करने के उद्देश्य से पं० माधवराव सप्रे बम्बई तथा पूना एवं श्यामसुंदरदास कलकत्ता भेजे गये। कलकत्ते में श्यामसुंदरदास ने जगदीशचंद्र बोस, प्रफुल्लचंद्र राय और रामेंद्रसुन्दर त्रिवेदी से मिलकर परामर्श किया वहीं बंबई में माधवराव सप्रे ने प्रो० टी० के गज्जर, डा० आर०जी० भंडारकर एवं डा० एम०जी० देशमुख आदि विद्वानों से मिले।[47]

इस प्रकार सभा ने इस कार्य को विभिन्न उपसमितियों में वितरण कर पूरा किया और निश्चय किया गया कि प्रूफ के लिए विज्ञान के शब्द निम्न महाशयों के पास भेजे जायँ—बाबू भगवानदास, बाबू भगवतीसहाय, बाबू दुर्गाप्रसाद, पं० गंगानाथ झा, लाला खुशीराम, प्रो० रानाडे, पं० सुधाकर द्विवेदी, बाबू ठाकुरप्रसाद, पं० विनायक राव और बाबू श्यामसुंदरदास। यह कार्य इसी तरह किया गया और 30 जून, 1906ई० को जाकर यह कोश 8 वर्षों के निरन्तर उद्योग और परिश्रम तथा अनेक विद्वानों के सहयोग से पूर्ण तथा संपन्न हुआ।[48] इस महत्वपूर्ण कार्य में किन विद्वानों का सहयोग लिया गया, इसके अवलोकन से ही स्पष्ट हो जायेगा कि इस कार्य में देश के समस्त शिक्षाशास्त्रियों का योग था जिसकी सूची श्यामसुन्दरदास ने दी है।[49]

इस प्रकार सभा के अथक प्रयास से यह वैज्ञानिक कोश 1906ई० में छपकर तैयार हुआ। इस शब्दकोश के विषय, लेखक, शब्द संख्या इस प्रकार थे :

विषय	लेखक	अंग्रेजी शब्द	हिंदी शब्द
भूगोल	बाबू श्यामसुंदरदास,	457	532
खगोलशास्त्र	पं० सुधाकर द्विवेदी	813	948
राजनीतिक अर्थशास्त्र	पं०माधवराव सप्रे	1320	2115
रसायन शास्त्र	बाबू ठाकुर प्रसाद	1638	2212
भौतिक शास्त्र	बाबू ठाकुर प्रसाद	1327	1541

दर्शन शास्त्र	पं0 महावीरप्रसाद द्विवेदी	3511	7198
गणितशास्त्र	पं0 सुधाकर द्विवेदी	124	1580

....

स्रोत– हिंदी साइंटिफिक ग्लॉसरी

यदि भारतीय भाषाओं में वैज्ञानिक शब्दावली के निर्माण का इतिहास देखा जाय तो यह बात स्पष्ट होगी कि सभा से पूर्व भी इस क्षेत्र में प्रयास किया गया था। किसी भी भारतीय भाषा में शब्दकोश निर्माण का प्रथम संगठित प्रयास 1888ई0 में प्रो0 टी0के0 गज्जर द्वारा श्री सयाजीराव गायकवाड़, बड़ौदा के संरक्षकत्व में और दूसरा प्रयास 'बंगीय साहित्य परिषद, कलकत्ता' द्वारा किया गया पर असफल रहीं।[50] तीसरा प्रयास ना0 प्र0 सभा द्वारा किया गया और इसने इसकार्य को सफलतापूर्वक पूरा किया।

1906ई0 में इस कोश के प्रकाशित होने पर देशभर के विद्वानों और सभा समाजों से सभा को बधाई पत्र प्राप्त हुए। यहां तक कि इंगलैण्ड के वैज्ञानिक पत्रों में भी इस कृति की सुन्दर समालोचना हुई।[51] भारतीय भाषाओं में वैज्ञानिक कोश होंने का सर्वप्रथम सौभाग्य ना0 प्र0 सभा के उद्योग से हिंदी को ही प्राप्त है। इस कोश का एक संस्करण कन्नड़ में प्रकाशित हुआ, गुजराती और मराठी के कोशों में इसके शब्द संमिलित होने लगे और मद्रास की भाषाओं में जो विज्ञान विषयक ग्रंथ उस समय लिखे गये उनमें इसी कोश से सहायता ली गई। इस प्रकार सुनियोजित रूप में सभा ने एक महान कार्य किया जिसके महत्व को डॉ0 ओमप्रकाश शर्मा ने लिखा ''ना0 प्र0 सभा का यह प्रयत्न चिरस्मरणीय है क्योंकि इससे एक ऐसी प्रक्रिया का जन्म हुआ जिससे देश में सभी प्रचलित भाषाओं में वैज्ञानिक शब्दावली और साहित्य के निर्माण की एक श्रृंखला प्रक्रिया आरम्भ हो गई।[52]

हिंदी मे वैज्ञानिक पुस्तकों की वृद्धि को ध्यान मे रखकर जून 1901ई0 से सभा ने दुर्लभ पुस्तको की एक श्रृंखला प्रकाशित करना आरम्भ किया। इसके प्रकाशन का एकमात्र उद्देश्य लोककल्याण था। इस श्रृंखला मे 'कालबोध' 'खेती विद्या की पहिली पुस्तक' एवं 'रेखागणित' सदृश विज्ञान विषयक पुस्तकें प्रकाशित हुईं। इस श्रृंखला मे प्रकाशित 'कालबोध' नामक पुस्तक मे कालगणना का अत्यन्त सूक्ष्म विवेचन किया गया

है। इसमें हिन्दू, ईसाई और मुस्लिम मतों के अनुसार काल गणना किस रीति से की जाती है और उसके क्या नाम व विधियां हैं, का वर्णन है। वहीं रेखागणित को हिंदी भाषा मे लिखकर देशवासियों को रेखागणित से परिचित कराया। इतना ही नहीं, ज्योतिष की महत्ता भी सभा के सभासद डॉ0 सम्पूर्णानंद ने अपनी कृति के माध्यम से प्रतिपादित किया और अपनी पुस्तक में लिखा कि ''हम भारतवासियों को इस बात का अभिमान है कि किसी समय में ज्योतिष ने हमारे यहां बड़ी उन्नति की थी। यह अभिमान अनुचित नहीं परन्तु इस पुस्तक के अवलोकन से प्रतीत हो जायेगा कि पाश्चात्य विद्वानों ने पिछली दो तीन शताब्दियों में इस विद्या की कैसी अश्रुतपूर्व वृद्धि की है। जो कुछ पूर्वकालीन ज्योतिषी जानते थे वह आधुनिक विद्या के विस्तार के सामने निरतिशय हल्का पड़ जाता है। इससे हमारी श्रद्धा प्राचीन ज्योतिषियों के लिये कम नहीं होती परन्तु आज कल के ज्योतिषियों के लिए बढ़ अवश्य जाती है। इन बातों से हमारा उत्साह और भी बढ़ना चाहिए क्योंकि विद्या का क्षेत्र अपरिमित है और सरस्वती का सच्चा उपासक कभी रिक्तपाणि नहीं रहता।''[53]

सभा ने हिंदी भाषा में वैज्ञानिक साहित्य की श्रीवृद्धि के लिए पुरस्कार एवं पदक प्रदान करने का भी आयोजन किया। सन् 1901ई0 से अच्छे वैज्ञानिक लेख पर चांदी का पदक देना निर्धारित किया और इसके लिए 10 नियम स्वीकृत किये गये और लेखों की जांच के लिए 5 सदस्यों की एक उपसमिति बना दी गयी।[54] 1902ई0 के लिए वैज्ञानिक पदक के लिए विषय नियत किया गया (क) देशी भाषाओं में विज्ञान का अध्ययन, उसका उपाय और उससे लाभ और (ख) मनोविज्ञान।[55]

इस प्रकार सभा ने उद्योग आरंभ किया और प्रतिवर्ष यह पदक किसी न किसी को दिया जाने लगा। यह क्रम संवत, 1964 तक चलता रहा। सं0 1965 से विज्ञान विषयक लेख पर दिये जाने वाले पदक का नाम 'रेडिचे पदक' कर दिया गया।[56] 1914ई0 तक विज्ञान विषयक लेख और उसपर पदक पाने वाले लेखकों के नाम इस प्रकार है–

सन्	**लेखक का नाम**	**विषय**
1902	गणपत जानकी राम दूबे बी0ए0	मनोविज्ञान

1903	अच्युतप्रसाद द्विवेदी बी0,ए0	मंगल ग्रह
1904	ठाकुरप्रसाद	भूगर्भ विद्या
1905	ठाकुरप्रसाद	ज्योतिष शास्त्र
1906	किसी को नहीं दिया गया	
1907	ठाकुरप्रसाद	ध्रुवीय देश
1914	उमराव सिंह शर्मा	हवाई जहाज

स्रोत : वार्षिक विवरण ना0 प्र0 सभा 1902 से 1915ई0 तक।

सं0 1971 के बाद सं0 1976 में कतिपय कारणवश यह पदक किसी को नहीं दिया गया। सं0 1976 में एक प्रस्तावानुसार प्रबंध–समिति ने यह निश्चय किया कि 'रेडिचे पदक' 'डॉ0 छन्नूलाल पुरस्कार' पाने वाले व्यक्ति को दिया जाय।[57] तब से यह पदक उस पुरस्कार के साथ ही दिया जाने लगा।

सभा ने देश में वैज्ञानिक शिक्षा के देशी भाषाओं में प्रचार–प्रसार पर बल दिया क्योंकि जब तक देशी भाषा में शिक्षा न दी जायेगी, देश का किसी दशा में उन्नत होना मनमोदक और आकाश में महल बनाने के तुल्य है। इसलिए 1902 में 'युनिवर्सिटी कमीशन' के सम्मुख काशी ना0 प्र0 सभा के प्रतिनिधि तथा उपसभापति बाबू गोविन्ददास ने 2 अप्रैल, 1902ई0 को गवाही पेश करते हुए निष्पक्ष भाव से यह सम्मति रखी थी कि 'विश्वविद्यालयों द्वारा कानून की शिक्षा के साथ ही इंजिनियरी, चिकित्सा एवं कृषि की शिक्षा भारतवासियों को भारतीय भाषाओं में दी जानी चाहिए और पाठ्यक्रम यथासंभव सभी विश्वविद्यालयों के समान होने चाहिए। जिससे विद्यार्थी अधिकाधिक लाभ उठा सकें।[58]

सभा ने न केवल शिक्षित वरन् अल्पशिक्षित और सर्वसाधारण तक ज्ञान–विज्ञान को पहुँचाने का उद्योग आरंभ किया। इस कार्य हेतु सभा ने 'व्याख्यानमाला' का आयोजन किया। बनारस में 'यूनिवर्सिटी कमीशन' के सम्मुख साक्षी देते हुए गोविन्ददास ने यह सुझाव रखा था कि जिस प्रकार योरोप के इंग्लैण्ड आदि देशों में वहां के अच्छे–अच्छे विद्वान जनता (जिसमें मजदूर आदि साधारण बुद्धि के लोगों की संख्या अधिक होती है) के लिए निर्धारित स्थानों पर बहुत गहन विषयों पर व्याख्यान देते हैं, जिसे 'युनिवर्सिटी

एक्सटेंशन लेक्चर्स' कहते हैं, उसी प्रकार का प्रबन्ध सरकार यहां भी करे और उच्च कक्षा के छात्रों तथा अध्यापकों के लिए ऐसे व्याख्यान नियत संख्या में देना अनिवार्य कर दे साथ ही समय ऐसा नियत हो कि जनता उन्हें सुनने का अवकाश पा सके।[59]

कमिश्नरों ने सभा के सुझाव को सुन तो लिया पर इसके कार्यान्वयन पर कोई ध्यान नहीं दिया। ऐसी स्थिति में सभा ने सं0 1961 में 'सुबोध व्याख्यानमाला' का आयोजन आरंभ किया। इसके लिए सभा ने सर्वश्री रेवरेड ई0 ग्रीब्ज, राधाकृष्णदास, डा0 छन्नूलाल, श्यामसुंदरदास और पं0 रामनारायण मिश्र (मंत्री) की एक उपसमिति भी बना दी। इस समिति के उद्योग से पहले ही वर्ष सात व्याख्यान हुए।[60] सभा को यह आशंका थी कि इससे सफलता न मिलेगी पर इस कार्य में सभा को आशातीत सफलता प्राप्त हुई। व्याख्यान सुनने के लिए सभा में इतनी भीड़ होती थी कि हॉल तो क्या बरामदों में भी तिल रखाने की जगह नहीं बचती थी।

सर्वसाधारण तक वैज्ञानिक और ऐतिहासिक बातें पहुँचाने के लिए गूढ़ और रूखे विषयों को भी रोचक और साधारण बुद्धिगम्य बनाने की बड़ी आवश्यकता थी। इस कार्य हेतु सभा ने एक 'मैजिक लालटेन' और 'स्लाइड' की आवश्यकता अनुभव की और 1905ई0 में ही मैजिक लालटेन और स्लाइड को एनी बेसेंट महोदया के माध्यम से इंग्लैण्ड से क्रयकर मॅगवाया।[61]

व्याख्यानों की सफलता के लिए व्याख्याता को जनता की रूचि, उसकी योग्यता एवं शक्ति का स्मरण रखना पड़ता है ताकि जनता उन्हें हृदयंगम कर सके। ये व्याख्यान सं0 1961 से सं0 1975 तक होते रहे और इन वर्षों में पं0 रामनारायण मिश्र, माधोप्रसाद, सरयूप्रसाद त्रिपाठी और श्रीप्रकाशजी कमशः इन व्याख्यानों के प्रबंधकर्ता रहे। ये व्याख्यान सरलता, स्वच्छता, स्पष्टता, प्रभावोत्पादकता, शिष्टता और लय के साथ दिये जाते थे। इन व्याख्यानों में विज्ञान के क्या विषय रखे जाते थे, उसकी व्यापकता सं0 1951 से सं0 1965वि0 तक की व्याख्यान सूची से ही स्पष्ट होता है :

वर्ष (संवत्)	**विषय**	**व्याख्याता**
1951	सूर्य	दुर्गाप्रसाद, बी0 ए0
,,	सौर जगत	दुर्गाप्रसाद, बी0 ए0

,,	मौखिक शिक्षा	सुशीला टहलराम
,,	प्रणव अर्थात् ओंकार की एक पुरानी कहानी	भगवानदास,एम0 ए0
1962	मानव शरीर	दुर्गाप्रसाद, बी0 ए0
,,	व्यावहारिक कृषि विक्षा	भैरवप्रसाद सिहं
,,	उत्तरी ध्रुव	दुर्गाप्रसाद, बी0 ए0
1963	चंद्रमा	दुर्गाप्रसाद, बी0 ए0
,,	रसायनशास्त्र के मूल तत्व (प्रयोग सहित)	लक्ष्मीचंद एम0ए0
,,	नसा न पीना	ए0 सी0 मुकर्जी
1964	आँख (अवयवों के नमूनो सहित)	बद्रीनाथ वर्मा
,,	सूक्ष्मजन्तु विद्या	डॉ0 शरत् कुमार चौधरी
,,	ज्योतिष	जिला इंजीनियर छोटलाल
1965	रक्त और शरीर मे उसका प्रभाव	केशवदेव शास्त्री
,,	विकास सिद्धान्त	,, ,,
,,	गर्भ विधान	,, ,,
,,	जीवन का विकास	,, ,,
,,	सृष्टि की उत्पत्ति अथवा विकासवाद	,, ,,

....

स्रोत : वार्षिक विवरण, ना0प्र0 सभा, 1904ई0 से 1909ई0 तक

महान नाटककार जयशंकर प्रसाद ने सं0 1988 में 900रु0 की निधि सभा को 'साहित्य परिषद' की स्थापना के लिए दी जिससे सभा ने 'प्रसाद–व्याख्यानमाला' की आयोजना की।[62] इस व्याख्यानमाला में भी अनेंक व्याख्यान महत्वपूर्ण व्यक्तियों के हुए जिनमें विज्ञान विषय भी शामिल था। इस व्याख्यानमाला में विज्ञान विषयों पर जो व्याख्यान हुए उसकी सूची इस प्रकार है–

वर्ष (संवत)	**विषय**	**व्याख्याता**
1995	प्राचीन मुद्राविज्ञान तथा उससे ज्ञात होने वाली ऐतिहासिक बातें (सचित्र)	दुर्गाप्रसाद खत्री

1995	खगोल विज्ञान (सचित्र)	दीनानाथ शास्त्री चुलैट
1996	रेडियो (सचित्र)	यू0ए0 असरानी
,,	आखों की रक्षा (सचित्र)	डॉ0 अमूल्य कुमार बनर्जी
1997	बच्चों के रोग और युवकों के रोग	श्री प्राणाचार्य कविराजप्रताप सिंह
,,	मानस–चिकित्सा	डॉ0 उदयभानु
1998	मनुष्य का आदर्श आहार	श्री प्राणाचार्य कविराजप्रताप सिंह
,,	प्राचीन भारतीय गणित का इतिहास	श्रीमती कुमारी सुप्ति सिनहा
,,	मानमंदिर और अनुभूत प्रयोग	चंडीप्रसाद
1999	हिन्दुओं के उत्सव और स्वास्थ्य	श्री प्राणाचार्य कविराजप्रताप सिंह

स्रोत : अर्द्ध शताब्दी का इतिहास, पृष्ठ 145–47

हिंदी साहित्य के वैज्ञानिक भण्डार की पूर्ति करना आरंभ से ही सभा के उद्देश्यों में शामिल था। सभा ने हिंदी के भंडार को विविध ग्रंथों से पूरित करने के लिए जितनी भी लेखमालाओं अथवा ग्रंथमालाओं का प्रकाशन किया, अधिकांश में विज्ञान विषय को प्रमुखता दी। सं0 1966 से सभा ने 'नागरीप्रचारिणी लेखमाला' त्रैमासिक प्रकाशित करना आरंभ किया। यह लेखमाला सं0 1966 से सं0 1977 तक प्रकाशित हुई जिसके संपादक क्रमशः माधवप्रसाद पाठक (सं0 1966–67वि0), चंद्रधरशर्मा गुलेरी (सं01968–70वि0), गौरीशंकरप्रसाद (सं0 1971–74वि0) और रामप्रसाद वर्मा (1975–77) रहे। इस लेखमाला में 'निगमन और आगमन', 'आयुर्वेद निदान समीक्षा', 'छूत वाले रोग और उनसे बचने के उपाय' और स्त्रियों के रोग सदृश वैज्ञानिक लेख प्रकाशित हुए।[63]

1913ई0 से सभा ने 'मनोरंजन पुस्तकमाला' की 100 पुस्तकों की पुस्तकावली प्रकाशित करना आरम्भ किया जिनमें से प्रत्येक के मूल्य और पृष्ठ संख्या समान थी। इस पुस्तकमाला में नैतिक दर्शन, राजनीति, संसारिक उत्पत्ति, भौतिक विज्ञान, नक्षत्र शास्त्र इत्यादि विषयों पर पुस्तकें प्रकाशित हुईं। विज्ञान विषय पर भौतिक विज्ञान, ज्योतिर्विनोद, कृषि कौमुदी, शिशु–पालन जैसी कई पुस्तकें प्रकाशित हुईं।[64]

सं0 1961 से सभा ने 'महिला पुस्तकमाला' का प्रकाशन आरम्भ हुआ जिसमें महिलाओं की शिक्षा से सम्बन्धित बातों का ही प्रकाशन होता था। इस पुस्तकमाला में

विज्ञान विषय को सर्वोपरि रखा गया। इस पुस्तकमाला में वनिता–विनोद, सुधड़, दर्जिन, परिचर्य्या–प्रणाली, सरल व्यायाम, सौरी सुधार, छूतवाले रोग और उनसे बचने का उपाय, स्त्रियों के रोग और उनकी चिकित्सा सदृश जितनी भी पुस्तकें प्रकाशित हुईं सब की सब विज्ञान विषयों पर थी और विषय वस्तु की दृष्टि से उत्कृष्ट थीं।[65]

हिंदी में वैज्ञानिक साहित्य की श्रीवृद्धि के लिए कानपुर के श्री प्यारेलाल गर्ग ने सं0 1998–99वि0 में रु0 1000 की निधि अपने पिता महेंदुलाल गर्ग, जो कि विज्ञान के एक प्रसिद्ध लेखक थे, के नाम पर 'महेंदुलाल गर्ग विज्ञान ग्रन्थावली' के प्रकाशनार्थ सभा को प्रदान किये। इस निधि से सभा ने केवल विज्ञान विषय अति उपयोगी पुस्तकें प्रकाशित की। कृषि–शब्दावली इस ग्रंथमाला की पहली पुस्तक थी[66] और सभा की हीरक जयंती अर्थात् सं0 2000वि0 तक इस ग्रंथमाला में 5 ग्रंथ विज्ञान विषयक प्रकाशित हो चुके थे।

भारत में हिंदी भाषा में विज्ञान को बढ़ावा देने के लिए सं0 1963 में पं0 रामनारायण मिश्र ने अपने मामा स्व0 डॉ0 छन्नूलाल की पुण्य स्मृति में एक 'र्स्वण पदक' देने का निश्चय किया जिसके लिए विषय प्रतिवर्ष निर्धारित किया जाता था तथा विषय पर विचार करने हेतु सर्वश्री डॉ0 ईशानचंद्र राय, डॉ0 बसन्तकुमार मुकर्जी और डॉ0 मुन्नालाल की समिति गठित की गयी। सं01972 तक यह पदक पाने वाले व्यक्ति इस प्रकार थे[67] :

वर्ष (सं0)	**व्यक्ति**	**विषय**
1963	श्री प्रसादीलाल झा	शारीरिक आघातों की प्रारंभिक चिकित्सा
1964	श्री मुरलीधर वर्मा	सौरी सुधार
1965	श्रीमती जगरानी देवी	छूतवाले रोग और उससे बचने का उपाय
1966	श्री श्रीलाल उपाध्याय	स्त्री रोग
1969	,, ,, ,,	गृहस्वास्थ्य रक्षा
1972	श्री संतराम, बी0ए0	स्कूलों की स्वास्थ्य रक्षा

ना0 प्र0 सभा के सभासदों ने हिंदी में वैज्ञानिक साहित्य की अभिवृद्धि के लिए व्यापक पैमाने पर अनुवाद कार्य किया। ये अनुवाद न केवल बॅगला, मराठी, गुजराती

इत्यादि भारतीय भाषाओं वरन् अन्य विदेशी भाषाओं के उपयोगी ग्रन्थों का हिंदी भाषा में किया गया क्योंकि अनुवाद कार्य द्वारा ही किसी भी भाषा के ज्ञान को अपनी भाषा में रूपान्तरित किया जा सकता है। सभा के सभासदों यथा श्यामसुंदरदास, चन्द्रधरशर्मा 'गुलेरी', बाबू दुर्गाप्रसाद, आचार्य महावीरप्रसाद द्विवेदी, सदृश कितने ही विद्वानों ने व्यापक मात्रा में हिंदी भाषा में अनुवाद कार्य किया।

19वीं शताब्दी के उत्तरार्द्ध में भारतीय भाषाओं में वैज्ञानिक साहित्य का नितान्त अभाव था। हिंदी भाषा में विज्ञान लेखन की बात सोचना, शायद, उस समय मूर्खता होती थी क्योंकि हिंदी उस समय 'गॅवारू' भाषा समझी जाती थी। हिंदी में विज्ञान लेखन की परम्परा 1840ई0 से शुरू होती है। अंकगणित तथा ज्योतिष पर लिखी गई प्रथम पुस्तक 'ज्योतिष चन्द्रिका' ओंकारभट्ट ज्योतिषी द्वारा 1840 में; रसायनशास्त्र पर 'रसायन प्रकाश प्रश्नोत्तरी' 1847ई0 में; कृषि पर 'कृषि कौमुदी' लालप्रताप सिंह द्वारा 1856ई0 में; भौतिकशास्त्र पर 1862 में, औद्योगिक विज्ञान पर 1886 में, वनस्पति शास्त्र पर 1890 में छपीं।[68] भारतीय भाषाओं में विज्ञान लेखन का कार्य बंगाल और महाराष्ट्र के बाद संयुक्त प्रांत के तीन स्थानों—काशी, प्रयाग और लखनऊ में हुआ। हिंदी में विज्ञान—लेखन के प्रारम्भिक दौर में काशी और प्रयाग से विशेष प्रयास हुए। विज्ञान लेखन के प्रारम्भिक दौर में भारतेन्दु हरिश्चन्द्र ने 1880 के दशक में काशी से कविवचन सुधा (1867ई0) और हरिश्चन्द्र मैगजीन (1875) जैसी साहित्यिक पत्रिकाओं में विज्ञान विषयक निबन्धों को स्थान दिया। काशी से प्रकाशित 'काशी पत्रिका' और प्रयाग से प्रकाशित 'हिंदी प्रदीप' में भी वैज्ञानिक विषयों का पोषण किया गया।[69] इन प्रयासों के बावजूद भी 19वीं सदी के उत्तरार्द्ध में भारत में विज्ञान की प्रगति संतोष जनक नहीं थी।

19वीं सदी के अंतिम दशक में भारत में विज्ञान के प्रचार—प्रसार में उल्लेखनीय भूमिका निभाई काशी की ना0प्र0 सभा ने। 1895 से 1899 के बीच घटित दो घटनाएं— जगदीशचंद्र बोस और प्रफुल्लचन्द्र राय की सफलताएं और जमशेदजी टाटा की उदारतापूर्ण परियोजना ने भी भारत में विज्ञान के विकास में आशा की नई किरण दिखलाई।[70] ना0 प्र0 सभा ने आरम्भ से ही मातृभाषा हिंदी में विज्ञान का प्रचार आरंभ

किया। सभा ने अपनी प्रमुख पत्रिका 'ना0 प्र0' के प्रथम अंक से ही विज्ञान विषय को प्रमुखता दी और जनवरी, 1900से प्रकाशित 'सरस्वती' पत्रिका में तो सतत् विज्ञान विषयक लेख प्रकाशित होते रहे। सभा द्वारा 1910ई0 में स्थापित 'हिंदी साहित्य सम्मेलन' की पत्रिका 'सम्मेलन पत्रिका' (1913ई0 से प्रकाशित) ने भी विज्ञान विषय को अछूता नहीं रखा।

सभा ने विज्ञान लेखन के उसके आरंभिक काल में उसके प्रचार–प्रसार का जो उद्योग आरंभ किया वह अन्य व्यक्तियों एवं संस्थाओं के लिए प्रेरणास्रोत सिद्ध हुआ। सभा के बाद जिस एक और महत्वपूर्ण संस्था का जन्म हुआ, वह थी 'विज्ञान परिषद'। प्रयाग में 14 मार्च, 1913ई0 को म्योर सेण्ट्रल कालेज के चार अध्यापकों महामहोपाध्याय डॉ0 गंगानाथ झा, प्रो0 हमीदृद्दीन बाबू रामदास गौड़ तथा श्री सालिगराम भार्गव ने मिलकर इसकी स्थापना की जिसके दो उद्देश्य थे[71]–

1. भारतीय भाषाओं में साहित्य की रचना का प्रकाशन।
2. देश में वैज्ञानिक सिद्धान्तों का प्रचार।

इस संस्था के आविर्भाव में ना0 प्र0 सभा और सरस्वती पत्रिका का ही प्रमुख योगदान था। इस सम्बन्ध में विज्ञान परिषद के 'रजतजयंती' के अवशर पर प्रकाशित ग्रन्थ में लिखा है ''महामना पं0 मदनमोहन मालवीयजी ने जिस समय हिंदी साहित्य सम्मेलन की स्थापना प्रयाग में की थी उसी समय से म्योर सेण्ट्रल कालेज के कुछ छात्रो और अध्यापकों में इस बात की चर्चा होने लगी कि क्या आधुनिक वैज्ञानिक साहित्य देशी भाषाओं में नहीं हो सकता है? इन विचारों को कार्यरूप में लाने के लिए हिंदी की प्रसिद्ध पत्रिका सरस्वती में कुछ लेख सन् 1912 में प्रकाशित किये गये।'[72] यह बात तब चरितार्थ हुई जब म्योर सेण्ट्रल कालेज के चार अध्यापकों ने 10 मार्च 1913 के दिन एक मीटिंग की फलस्वरुप 'विज्ञान परिषद' का जन्म हुआ।[73]

विज्ञान–परिषद ने भी अपने उद्देश्य पूर्ति के लिए पत्रिका प्रकाशन की ओर ध्यान दिया और स्थापना के दूसरे ही वर्ष अप्रैल, 1915 से 'विज्ञान' पत्रिका का प्रकाशन आरंभ किया जिसके प्रथम संपादक (अप्रैल, 1915 से मार्च, 1916ई0 तक) पं0 श्रीधर पाठक तथा दूसरे संपादक लाला सीताराम, हिंदी के गण्यमान् साहित्यकार थे।[74] यदि

हिंदी के सृजन एवं प्रोत्साहन के लिए नागरीप्रचारिणी पत्रिका एवं सरस्वती पत्रिका का प्रकाशन हुआ तो हिंदी भाषा में वैज्ञानिक साहित्य की पूर्ति के निमित्त विज्ञान पत्रिका का प्रकाशन आरंभ हुआ।

ना0 प्र0 सभा ने जब हिंदी में विज्ञान लेखन एवं लोकप्रियकरण का कार्य आरंभ किया उस समय हिंदी साहित्य का वैज्ञानिक पक्ष अत्यन्त बलहीन था। जो कुछ रचा गया था वह पूर्णतः व्यक्तिगत अभिरूचि पर आश्रित था जिसका श्रेय न तो ब्रिटिश सरकार और न किसी आंदोलन को था। ना0 प्र0 सभा की स्थापना के साथ ही निज भाषा प्रेमी एवं देशभक्त हिंदी लेखकों ने वैज्ञानिक साहित्य के लेखन का कार्य आरंभ किया और इस प्रकार प्रथम बार संस्थागत रूप में हिंदी के वैज्ञानिक साहित्य के प्रचार का आंदोलन आरंभ हुआ। इस आंदोलन की प्रथम पंक्ति में हिंदी साहित्यकारों ने विज्ञान विषयों पर गंभीरतापूर्ण लेख लिखे और उसे जन–जन तक पहुँचाने का कार्य किया। एक तरफ जहाँ सरकार की विज्ञान नीति की कटु आलोचना की तो, वहीं दूसरी तरफ, भारतीय वैज्ञानिकों की सफलता पर हर्ष प्रकट कर उनका उत्साहवर्द्धन किया। सभा ने जहाँ स्वयं ही, विविध पुस्तकों के अलावा, नागरीप्रचारिणी एवं सरस्वती सदृश पत्रिकाएं एवं 'हिंदी साहित्य सम्मेलन' जैसी संस्था स्थापित कर विज्ञान विषय को प्रोत्साहन दिया वहीं विज्ञान परिषद सदृश संस्थाओं एवं न पता कितनी पत्र पत्रिकाओं के प्रकाशन का प्रेरणा स्रोत बनी। सभा ने भारत में विज्ञान के प्रचार–प्रसार का जो आंदोलन आरंभ किया उसमें अनेंक आंदोलनकारियों ने सम्मिलित हो कर इस आंदोलन को चरम पर पहुँचा दिया और स्वतंत्रता प्राप्ति के समय तक हिंदी में विज्ञान का इतना साहित्य तैयार हो चुका था कि यदि पूरे मनोयोग से प्रयास किया गया होता तो विज्ञान की पूरी शिक्षा हिंदी भाषा में दी जा सकती थी।

संदर्भ सूची

1. वर्मा, रमेश अनु0, पूर्व और पश्चिम : कुछ विचार, मूल ले0, सर्वपल्ली राधाकृष्णन्, राजपाल एण्ड संस, दिल्ली, 1981ई0, पृष्ठ 120.
2. वहीं, पृष्ठ 107.
3. दि रिपोर्ट ऑफ दि नागरीप्रचारिणी सभा ऑफ बनारस फाम 1893–1902, पेज 1.

4. सरस्वती पत्रिका, भाग–5, संख्या–1, जनवरी, 1904ई0, पृष्ठ 7.
5. 6 फरवरी, 1916ई0 को काशी हिंदू विश्वविद्यालय की स्थापना के अवसर पर दिया हुआ व्याख्यान। स्रोत–भारतजीवन (साप्ताहिक), 21 फरवरी, 1916ई0, पृष्ठ 3.
6. कुमार, दीपक, विज्ञान और भारत में अंग्रेजी राज, पृष्ठ 239.
7. वहीं, पृष्ठ 61.
8. बिस्वास, अरुन कुमार, साइंस इन इंडिया, फर्मा के0 एल0 मुखोपाध्याय, कैलकटा, 1969, पेज 85.
9. कपूर, श्यामनारायण, भारतीय वैज्ञानिक, साहित्य निकेतन कानपुर, 1942ई0, पृष्ठ 8.
10. सरस्वती पत्रिका, भाग–4, संख्या–6, जून, 1903ई0, पृष्ठ 205–206.
11. सरस्वती पत्रिका, भाग–4, संख्या–2, फरवरी, 1903ई0, पृष्ठ 89.
12. सरस्वती पत्रिका, भाग–2, संख्या–5, मई, 1901ई0, पृष्ठ 148.
13. नागरी प्रचारिणी पत्रिका, भाग–3, 1899ई0, पृष्ठ 3.
14. नागरी प्रचारिणी पत्रिका, भाग–13, 1908ई0, पृष्ठ 20.
15. वहीं, पृष्ठ 29
16. नागरी प्रचारिणी पत्रिका, भाग–3, 1899ई0, पृष्ठ 3.
17. नागरी प्रचारिणी पत्रिका, भाग–13, 1908ई0, पृष्ठ 5.
18. नागरी प्रचारिणी पत्रिका, भाग–3, 1899ई0, पृष्ठ 12.
19. सरस्वती पत्रिका, भाग–4, संख्या–4, अप्रैल, 1903ई0, पृष्ठ 131.
20. नागरीप्रचारिणी सभा का प्रथम वार्षिक विवरण, 1893–94ई0, पृष्ठ 10.
21. नागरीप्रचारिणी सभा का तृतीय वार्षिक विवरण, 1895–96ई, पृष्ठ 6.
22. नागरीप्रचारिणी सभा का तृतीय वार्षिक विवरण, 1895–96ई0, पृष्ठ 6 .
23. देखिये– नागरीप्रचारिणी पत्रिका, भाग–1, 1897ई0
24. वहीं, प्रस्तावना, पृष्ठ 2
25. हिंदी ऐंड दि नागरीप्रचारिणी सभा, पेज 3.
26. नागरीप्रचारिणी पत्रिका, भाग–1, 1897ई0, पृष्ठ 1, 7.
27. वहीं, पृष्ठ 82.
28. सरस्वती पत्रिका, भाग–1, अंक–1, जवरी, 1900ई0, प्रस्तावना, पृष्ठ 1.
29. वहीं, पृष्ठ 27.

30. नागरीप्रचारिणी पत्रिका, भाग—3, 1899ई0, पृष्ठ 3.
31. वहीं, पृष्ठ 3.
32. वहीं, पृष्ठ 3
33. गणित का इतिहास, भाग—2, पृष्ठ 41.
34. नागरीप्रचारिणी पत्रिका, भाग—3, 1899ई0, पृष्ठ 4
35. वहीं, पृष्ठ 7—8.
36. वहीं, पृष्ठ 8.
37. वहीं, पृष्ठ 10.
38. सरस्वती पत्रिका, भाग—4, अंक—2, 1903ई0, पृष्ठ 38.
39. मिश्र, शिवगोपाल सं0 हिंदी में विज्ञान लेखन के सौ वर्ष, प्रथम खंड, विज्ञान—प्रसार, नई दिल्ली, 2001ई0, प्रस्तावना, पृष्ठ 15.
40. शर्मा ओमप्रकाश, वैज्ञानिक शब्दावली का इतिहास, फ्रैंक ब्रदर्स एण्ड कम्पनी, दिल्ली, 1968ई0, प्रस्तावना, पृष्ठ 1.
41. शास्त्री, वेदव्रत, अर्द्ध—शताब्दी का इतिहास, पृष्ठ 200
42. दि हिंदी साइंटिफिक ग्लॉसरी, पेज 2.
43. शास्त्री, वेदव्रत, अर्द्ध—शताब्दी का इतिहास, पृष्ठ 200.
44. दास, श्यामसुंदर, मेरी मेरी आत्मकहानी, पृष्ठ 53—54.
45. दास, श्यामसुंदर एडि0 दि हिंदी साइंटिफिक ग्लॉसरी, प्रीफेस, पेज 8.
46. शास्त्री, वेदव्रत, अर्द्ध—शताब्दी का इतिहास, पृष्ठ 200.
47. दास, श्यामसुंदर, मेरी आत्मकहानी, पृष्ठ 56
48. दास, श्यामसुंदर एडि0 हिंदी साइटिफिक ग्लॉसरी, प्रीफेस, पेज 12—13; शर्मा, ओमप्रकाश, वैज्ञानिक शब्दावली का इतिहास, पृष्ठ 130. दास, श्यामसुंदर एडि0 दि हिंदी साइटिफिक ग्लॉसरी, प्रीफेस पेज 6.
49. अर्द्ध—शताब्दी का इतिहास, पृष्ठ 201.
50. दास, श्यामसुन्दर, मेरी मेरी आत्मकहानी, पृष्ट 52
52. वैज्ञानिक शब्दावली का इतिहास, पृष्ठ 141.
53. ज्योतिर्विनोद, नागरीप्रचारिणी सभा, काशी, 1917ई0, भूमिका, पृष्ठ 2.
54. दि रिर्पोर्ट ऑफ दि नागरीप्रचारिणी सभा ऑफ बनारस फ्राम 1893—1902, पेज 9

55. वहीं, पृष्ठ 10.
56. नागरीप्रचारिणी सभा का वार्षिक विवरण 1908–9ई0, पृष्ठ 27.
57. अर्द्ध–शताब्दी का इतिहास, पृष्ठ 156.
58. सरस्वती पत्रिका, भाग–3, संख्या–4, अप्रैल, 1902ई0, पृष्ठ 121–22.
59. वहीं, पृष्ठ 122.
60. अर्द्ध–शताब्दी का इतिहास, पृष्ठ 141.
61. नागरीप्रचारिणी सभा का वार्षिक विवरण, 1905–6ई0, पृष्ठ 14.
62 अर्द्ध–शताब्दी का इतिहास, पृष्ठ 142.
63. वहीं, पृष्ठ 204–205.
64. वहीं, पृष्ठ 263–264.
65. वहीं, पृष्ठ 265.
66. वहीं, पृष्ठ 212.
67. वहीं, पृष्ठ 156–57.
68 मिश्र, शिवगोपाल सं0 हिंदी में विज्ञान लेखन के सौ वर्ष, प्रथम खंड, प्रस्तावना, पृष्ठ 16.
69. वहीं, पृष्ठ 17
70. बिस्वास, अरुन कुमार, ग्लिनिंग्स ऑफ पास्ट एंड दि साइंस मूवमेंट, एशियाटिक सोसाइटी कैलकटा, 2000, पेज 299
71. मिश्र, शिवगोपाल सं0 हिंदी में विज्ञान लेखन : कुछ समस्याएं, पृष्ठ 4.
72. विज्ञान परिषद और हिंदी का वैज्ञानिक साहित्य, विज्ञान परिषद प्रयाग, 1939ई0 पृष्ठ 17.
73. वहीं, पृष्ठ 17.
74. वहीं, पृष्ठ 21.

8. राजभाषा आंदोलन और नागरीप्रचारिणी सभा

नागरीप्रचारिणी सभा का एक अत्यन्त ही सफल प्रयास 'निजभाषा' के रूप में हिंदी भाषा एवं नागरी लिपि को अंग्रेजी के खिलाफ 'राजभाषा' एवं लिपि का पद दिलाने हेतु एक अत्यंत दीर्घ, एवं संघर्षशील आंदोलन करना था जिसका आरंभ 16 जुलाई 1893 को हुआ और समाप्ति 14 सितम्बर, 1949ई0 को तब हुई, जब भारतीय संविधान निर्मात्री सभा ने हिंदी को राजभाषा के पद पर प्रतिष्ठित कर दिया। सभा द्वारा जो यह आंदोलन चलाया गया उस दौरान कहीं भी उसे राजभाषा आंदोलन नहीं वरन् सर्वत्र 'राष्ट्रभाषा आंदोलन' ही कहा गया और यह परंपरा इतनी सशक्त निकली कि परवर्ती सभी विद्वानों ने भी इसे उसी नाम से पुकारा। परंतु अंग्रेजी के स्थान पर हिंदी को प्रतिष्ठित करने के लिए इस आंदोलन का किया जाना स्पष्ट करता है कि यह राष्ट्रभाषा का नहीं वरन् 'राजभाषा का आंदोलन' रहा है जैसा कि उदयनारायण दूबे ने अपने शोध प्रबंध में लिखा' 'इस आंदोलन का प्रारंभ राजभाषा अंग्रेजी के खिलाफ होना, राजभाषा अंग्रेजी के स्थान पर हिंदी को बिठाने के उद्देश्य से इसका अनुप्राणित रहना, अंततः स्वाधीन भारत के संविधान में हिंदी को राजभाषा का पद दिया जाना आदि बातें स्पष्ट प्रमाण हैं कि हिंदी का यह आंदोलन राष्ट्रभाषा का नहीं, बल्कि 'राजभाषा का आंदोलन' रहा है।"[1]

यहाँ पर 'राष्ट्रभाषा' एवं 'राजभाषा' को स्पष्ट करना आवश्यक है। राष्ट्रभाषा का अर्थ है 'राष्ट्र की भाषा' अर्थात् वह भाषा जिसके माध्यम से सम्पूर्ण देश में विचार संपर्क किया जा सके। वस्तुतः राष्ट्रभाषा किसी देश में एक सिरे से दूसरे सिरे तक बोली और समझी जाने वाली भाषा होती है। जब कोई भाषा क्षेत्रीयता के बंधन को तोड़कर देश के अन्य भाषा क्षेत्रों एवं भाषा परिवारों में प्रविष्ट हो जाती है तथा अपने व्यापक रूप में समस्त राष्ट्र के सार्वजनिक कार्यों के संपादनार्थ विचार-विनिमय का प्रमुख माध्यम बन जाती है, तब वह राष्ट्रभाषा का गौरव पद प्राप्त करती है।[2] आचार्य नंददुलारे वाजपेयी ने राष्ट्रभाषा को परिभाषित करते हुए लिखा है "उसी भाषा का गौरव सबसे अधिक हो सकता है और वहीं राष्ट्रभाषा कहला सकती है, जिसको सब जनता समझती हो और

जिसका अस्तित्व सामाजिक और सांस्कृतिक दृष्टि से महत्वपूर्ण हो।''[3] राष्ट्रभाषा से अभिप्राय यहां उस व्यापक और सर्वप्रिय भाषा से है, जो सारे राष्ट्र में सुगमता से बोली और समझी जा सके तथा जिसके द्वारा सब राष्ट्रीय कार्य सरलता से चलाये जा सकें'' ऐसा 'हिंदी' पत्रिका ने व्याख्यायित किया है।[4] उदयनारायण दूबे ने राष्ट्रभाषा को व्यापक रूप में व्याख्यायित किया है। उनके शब्दों में ''वस्तुतः किसी राष्ट्र अथवा देश में एक छोर से दूसरे छोर तक बोली और समझी जाने वाली भाषा राष्ट्रभाषा कहलाती है। यह देश में सर्वाधिक प्रचलित, विचार संपर्क की विविध संभावनाओं से पूर्ण, उच्चकोटि के विशाल साहित्य एवं वाड़मय से सम्पन्न, सरल लिपि संयुक्त, राष्ट्र के कण–कण में देश की सांस्कृतिक एवं राष्ट्रीय चेतना का संचार करने वाली होती है। इसमें सम्पूर्ण राष्ट्र को एकता के सूत्र में बॉधने की, राष्ट्रीयता की भावना से राष्ट्र–हृदय को आंदोलित करने की तथा राष्ट्रीय गौरव की महत्ता प्रदर्शित करने की असीम शक्ति निहित रहती है।''[5]

राजभाषा से तात्पर्य 'राजकार्य की भाषा' से है। ''राजभाषा'' से 'शासक की भाषा' अथवा 'राज्य की भाषा' दोनों अर्थ ग्रहण किये जा सकते हैं।[6] ''राजभाषा उसे कहते हैं, जो केन्द्रीय और प्रादेशिक सरकारों द्वारा पत्र–व्यवहार, राजकार्य और सरकारी लिखा–पढ़ी के काम में लायी जाये।'' ऐसा नंददुलारे वाजपेयी मानते हैं।[7] वहीं, राजभाषा को ज्योतिरिन्द्रदास गुप्ता ने शासक एवं शासित के मध्य संचार साधन के रुप में व्याख्यायित किया है कि–''राजभाषा प्रशासन द्वारा स्वीकृत भाषा होती है साथ ही शासक एवं शासित के मध्य संचार का माध्यम होती है।''[8]

उपर्युक्त विवेचन से यह स्पष्ट है कि राष्ट्रभाषा सम्पूर्ण देश में संचरण करने वाली अखिल देशीय संपर्क भाषा होती है, वहीं प्रशासनिक कार्यों में व्यवहृत भाषा राजभाषा कहलाती है। एक सांस्कृतिक एवं सामाजिक दृष्टि से महत्वपूर्ण होती है तो दूसरी राजनीतिक दृष्टि से। एक का कार्यक्षेत्र राष्ट्रीय एवं अंतर्राष्ट्रीय स्तर तक फैला होता है तो दूसरी में राष्ट्रीय जीवन की विविधताएं परिलक्षित होती हैं। दोनों में साम्य यह है कि किसी देश की राष्ट्रभाषा को ही सामान्यतः उस देश की राजभाषा बनाया जाता है और वहीं देशवासियों द्वारा सर्वाधिक व्यवहृत भाषा होती है। दोनों में भेद यह है कि

राजभाषा जहां शासन, विधान, न्यायपालिका और विधानपालिका में व्यवहृत होती है, वहीं राष्ट्रभाषा शिक्षित और अशिक्षित दोनों द्वारा व्यवहृत होती है। एक जहां शासनसूत्र से सम्बन्धित है जिससे सत्ता का वैभव झॉकता है वहीं दूसरी जनसाधारण व्यापिनी है जिससे वास्तविक राष्ट्र झॉकता है।

सामान्यतः किसी भी राष्ट्र में बहुसंख्यक जनता द्वारा व्यवहृत भाषा (राष्ट्रभाषा) को ही राजभाषा का पद दिया जाता है और वह सम्पूर्ण देश में आदर की अधिकारिणी समझी जाती है। इस प्रकार राजभाषा और राष्ट्रभाषा दोनों देश की अधिसंख्य जनता की भाषा होती है। प्रायः प्रत्येक स्वतंत्र राष्ट्र में राष्ट्रभाषा को ही राजभाषा के पद पर प्रतिष्ठित किया जाता है और इस स्थिति में एक ही भाषा राष्ट्रभाषा एवं राजभाषा दोनों के दायित्व का निर्वहन करती है। किसी भी राष्ट्र की उन्नति एवं उसके सुख एवं शांति के लिए राजभाषा और राष्ट्रभाषा का समन्वय, उनका एकीकरण नितान्त आवश्यक है। प्रशासनिक उलटफेर एवं कभी–कभी विदेशी प्रभुत्व स्थापित हो जाने से राजभाषा बदल दी जाती है, यहां तक कि विदेशी भाषाएं भी अधिकार जमा लेती हैं, परंतु राष्ट्रभाषा वहीं रहती है और अपना वास्तविक पद प्राप्त करने हेतु संघर्ष करती है। यह देखा गया कि किसी भी राष्ट्र में राजभाषा और राष्ट्रभाषा में जब भी दूरी रही है, तब देश की स्थिति काफी बिगड़ी हुई नजर आती है। उदाहरणार्थ प्राचीन भारत की तुलना में मुस्लिम शासन–तंत्र व अंग्रेजी शासन काल को देखा जा सकता है।

राजभाषा एवं राष्ट्रभाषा की दृष्टि से यदि भारतीय इतिहास पर दृष्टिपात किया जाय तो यह स्पष्ट होता है कि प्राचीन भारत में देश की राष्ट्रभाषाएं क्रमशः संस्कृत, पाली, शौरसेनी प्राकृत और शौरसेनी अपभ्रंश थीं और इन्हीं भाषाओं के माध्यम से तत्कालीन शासक राजकाज किया करते थे। विक्रम की 7वीं शताब्दी से 11वीं तक अपभ्रंश की प्रधानता रही और फिर वह पुरानी हिंदी में परिणत हो गयी।[9] राजा मुंज पुरानी हिंदी का प्रसिद्ध कवि था जो उसके दानपत्रों (संवत् 1031वि0, एवं सं0 1036वि0) से प्रमाणित होता है।[10] हिंदी क्रमश अपभ्रंश से निकली है जिसका क्षीण सूत्र 7वीं सदी से मिलता है जिसमें हिंदी का संत साहित्य लिखा जाना आरंभ हुआ।[11] भारतवर्ष में मुसलमानों के आने (1100–1200ई0) के पहले इस देश की देशभाषा हिंदी

और नागरी–लिपि या नागरी ही के रूपान्तर वाली थी। उसी के द्वारा देश के राजा और प्रजा का काम चलता था।

मुसलमानों के भारत में आगमन एवं सत्ता पर स्थापित होने के साथ ही सदियों से चली आयी राजभाषा की परंपरा खंडित हो गयी और फारसी को राजभाषा बना दिया गया और जनता पर लाद दिया गया जैसा कि रामैश्वरप्रसाद ने रेखांकित किया है कि ''लगभग 1000 वर्षों से भारत का अधिकांश राजकार्य कतिपय ऐसी भाषाओं में चलता रहा है, जो या तो घोड़े की पीठ पर यहां लायी गयी हैं या जहाज पर।............... वे सदैव लादी जाती रही हैं।''[12] मुस्लिम सत्ता के जमने के साथ ही फारसी का बोलबाला हो गया और हिंदी को द्वितीय श्रेणी में ढकेल दिया गया।[13] यद्यपि हिंदी का पद छीन गया परन्तु फिर भी वह राष्ट्रभाषा के रूप में और कुछ काल तक कुछ विभागों में राजभाषा के पद पर भी प्रतिष्ठित रही।[14]

दिल्ली के लम्बे समय से भारतीय राजनीति का केन्द्र रहने के कारण दिल्ली एवं मेरठ के आस–पास की भाषा को ही साधारणतः राजभाषा का पद दिया जाता रहा है। मुसलमानों की सत्ता जम जाने के समय से ही यह धारणा बलवती होने लगी कि शासकों तथा उसके कर्मचारियों को देश में प्रचलित भाषा की जानकारी हो क्योंकि बिना लोकभाषा की सहायता के शासन नहीं चल सकता। अलाउद्दीन खिलजी ने देश भाषा का व्यापक प्रचार किया। उसकी आज्ञा से खुसरो ने 'खालिकबारी' पुस्तक तैयार की, जिसमें खड़ी बोली, पंजाबी तथा ब्रजभाषा के शब्दों के फारसी तथा अरबी पर्याय संकलित किये गये थे; ग्रामों एवं नगरों में वितरित किये गये। कहावत ही प्रसिद्ध है कि ''एक खाल ऊँट सवा लाख गारी, तिस पर लादी खालिकबारी''।[15] खालिकबारी पुस्तक में लेखक ने सर्वत्र फारसी शब्द के पर्याय के लिए हिंदी शब्द खोजने का प्रयास किया है।[16]

हिंदी ही सल्तनतकाल में देशभाषा थी जिसकी महत्ता सल्तनतकाल के महानतम् साहित्यकार अमीर खुसरो ने स्वीकार की थी, उन्हीं के शब्दों में ''मैं भूलों में था, पर अच्छी तरह सोचने पर हिंदी भाषा फारसी से कम नहीं ज्ञात हुई। अरबी के सिवा, जो प्रत्येक भाषा की मीर और सबों में मुख्य है, रई (अरब का एक नगर) और रूम की

प्रचलित भाषाएं समझने पर हिंदी से कम मालूम हुईं।"[17] 1347ई0 में जब दक्षिण के मुसलमान सरदारों ने दिल्ली सल्तनत के विरूद्ध विद्रोह कर बहमनी राज्य की स्थापना की तो दक्खिनी (हिंदी) को राजभाषा बनाया। वस्तुतः दक्खिनी उत्तर भारत की बोली थी जिसका विकास दक्षिण में हुआ था।[18]

मुसलमानी राज्य के आरंभ (1200ई0) से लेकर अकबर के राज्य के मध्यतक (1565ई0 तक) माल विभाग में हिंदी का और फौजदारी कचहरियों में फारसी भाषा का प्रचार था।[19] राजा टोडरमल (1523–1589ई0) के सुझाव पर अकबर के शासनकाल में माल विभाग में भी फारसी का प्रचलन कर दिया गया। यह राजा टोडरमल का ही प्रभाव था कि हिंदुओं को फारसी सीखने को बाध्य होना पड़ा।[20]

भारत में मुगल सत्ता की स्थापना एवं शक्तिशाली मुगल शासकों–अकबर, जहाँगीर और शाहजहाँ के शासनकाल में संरक्षण के अभाव के बावजूद हिंदी अत्यधिक विकसित हुई। यह काल हिंदी साहित्य का 'स्वर्णयुग' था।[21] अठारहवीं शताब्दी के दौरान मुगल साम्राज्य के पतन के साथ ही फारसी भाषा के बासी पड़ जाने के कारण उर्दू राजभाषा के रूप में चालू की गई।[22] फारसी भाषा तो कचहरी से उठ गई पर फारसी लिपि यहां बनी रह गई। मुस्लिम काल की नागरी अंग्रेजी शासन से विदा हो गई और हिन्दुस्तानी का अर्थ हो गया वह हिंदी जो फारसी लिपि में लिखी जाती है और हिंदुस्तानी सरकार की कृपा से वह हिंदी न रह कर फारसी हो गई।

अंग्रेजी राज्य स्थापित होने पर अंग्रेजों ने मुसलमान शासकों की भाषा संबंधी नीति को ही अपनाया। अदालती भाषा तो फारसी रही, परंतु द्वितीय भाषा के रूप में हिंदी का प्रयोग जारी रहा। समस्त आदेश एवं सूचनाएं फारसी के साथ ही हिंदी में भी लिखे जाते थे। सन् 1803ई0 के आईन 31 से स्पष्ट हो जाता है जिसमें कहा गया कि ''हरी एक जिले के कलीक्टर साहेब को लाजीम है इस आईन के पावने पर एक केता इस्तहारनामा निचे के सरह से फारसी बो नागरी अच्छर कि भाषा में लिखाये के अपने मोहर वो दस्तखत से अपने जिला के——— कचहरी में भी तमामी आदमी के बुझने के वास्ते लटकावहीं''।[23]

राजा राममोहन राय सदृश भारतीयों के अंग्रेजी के प्रति उत्साह से प्रभावित हो बंगाल सरकार ने 'कोर्ट ऑफ डाइरेक्टर्स' को सरकारी कामकाज की भाषा अंग्रेजी करने का सुझाव प्रस्तावित किया। निर्देशकों ने अपने 29 सितम्बर, 1830ई0 के उत्तर पत्र में कहा था कि ''क्या ही अच्छा हो यदि सब विभागों में अंग्रेजी भाषा का प्रयोग होने लगे। परंतु निर्देशकों ने यह परामर्श दिया कि अदालतों में देशी भाषाओं को मान्यता देना जरूरी है।[24] परन्तु इस आज्ञा का 1837ई0 के पूर्व पालन नहीं हुआ। 1837 ई0 में सरकार ने जनता की सुविधा के लिए यह आज्ञा प्रचारित की कि ''न्याय और माल संबंधी समस्त काम फारसी के बदले यहां की देशभाषा में हुआ करें और अंग्रेजी का प्रचार केवल ऐसी चिट्ठी–पत्री में सरकारी अफसर किया करें जिससे सर्वसाधारण से कोई संबंध न हो।''[25] इस निश्चय के अनुसार बंगाल में बॅगला, उड़ीसा में उड़िया भाषा का प्रचार हुआ परंतु हिन्दुस्तान (जिसके अन्तर्गत् बिहार, पश्चिमोत्तर प्रदेश और मध्य प्रदेश का कुछ भाग था) उर्दू जारी की गई। इसका कारण यह था कि यूरोपीय लेखकों ने उर्दू भाषा को 'हिंदुस्तानी' नाम से उल्लिखित किया था जिससे यह समझा गया कि जैसे बंगाल की भाषा बंगला, और गुजरात की भाषा गुजराती है, वैसे ही हिंदुस्तान की भाषा हिन्दुस्तानी (उर्दू) है।[26] इस भूल के संशोधन हेतु 1840ई0, 1854ई0 और 1876ई0 में पुनः आज्ञाएं निकली परन्तु उसका कोई फल नहीं हुआ। इस महाभूल का संशोधन सन् 1881ई0 में बिहार और मध्य प्रदेश में हुआ जब वहां हिंदी भाषा और नागरी अक्षरों का प्रचार हुआ, परन्तु पश्चिमोत्तर प्रदेश और अवध प्रांत में इस सुधार का होना शेष रह गया।[27]

1858ई0 की महारानी के घोषणापत्र ने भारतीय इतिहास को एक नया मोड़ दिया। इस घोषणा पत्र से हिंदी भाषियों में आशा की किरण जागी। उन्हें ऐसा लगने लगा कि वे अब मुसलमानों के प्रभुत्वकाल और 19वीं सदी के प्रथमार्द्ध में अंग्रेज शासकों के एक पक्षीय व्यवहार की दमनकारी नीति से मुक्ति पा जायेंगे और उनकी इच्छा के विरूद्ध आरोपित फारसी, उर्दू से उन्हें मुक्ति मिल जायेगी।[28] इस प्रकार हिंदी को उर्दू के समकक्ष शासकीय मान्यता दिलाने के लिए पृष्ठभूमि तैयार करने का श्रेय 1858ई0 की महारानी की घोषणा को है

1858ई0 की घोषण के बाद ही हिंदी को उर्दू के समकक्ष राजभाषा का पद दिलाने हेतु उद्योग आरंभ हुआ। 1858ई0 में ही, जब राजा शिवप्रसाद विद्यमान थे, उस समय अनेंक सज्जनों ने इस बात को कहा था कि 'सरकारी दफ्तरों में हिंदी भाषा का प्रवेश हो', किंतु उस समय यह बात बातों में ही में रह गयी।[29] 1858ई0 के बाद कुछ प्रमुख भारतीय राजनीतिज्ञों ने भी हिंदी की चर्चा व्यापक रूप से उठाई जिसमें डा0 राजेन्द्रलाल मित्र का नाम प्रमुख है। उन्होंने बंगाल की एशियाटिक सोसाइटी के 1864ई0 की पत्रिका में अपना मत हिंदी के पक्ष में व्यक्त किया था।[30]

सर्वप्रथम 1668ई0 में इस बात का उद्योग किया गया कि प0 प्र0 की राजभाषा परिवर्तित हो। इस वर्ष प्रथम जनवरी और बाद में अगस्त महीने में राजा शिवप्रसाद 'सितारैहिंद' ने शिक्षा पदाधिकारी की हैसियत से मेमोरेंडम उपस्थित किया[31] जिसमें, विशेषकर दूसरे में, उन्होंने, हिंदी तथा देवनागरी की जोरदार वकालत की। प्रथम मेमोरेंडम में उन्होंने कहा था कि जनता को कोर्ट की भाषा (उर्दू) सीखनी चाहिए लेकिन दूसरे में उन्होंने कहा कि कोर्ट की भाषा जनता की भाषा (हिंदी) होनी चाहिए।[32] परन्तु इस उद्योग का कोई फल नहीं निकला।

इस उद्योग का तो कोई फल नहीं निकला परंतु हिंदी का एक वर्ग विशेष (मुसलमानों) द्वारा विरोध आरंभ हो गया और इसके अगुवा बने सर सैय्यद अहमद खां। 31 अक्टूबर, 1868ई0 को (एकाउंटेंट जनरल) सरोदाप्रसाद संदेल द्वारा सर सैयद अहमदखां से पूछे गये प्रश्न कि 'क्या हिंदी को प0 प्र0 की दफ्तरी भाषा होनी चाहिए?'[33] के उत्तर में 8 नवम्बर, 1868ई0 को अहमदखां ने कहा था कि 'यह देवनागरी, फारसी या रोमन लिपि में लिखि जाये, यह निरर्थक है' कहकर हिंदी का विरोध किया था।[34] इसी प्रश्न के उत्तर में 14 नवम्बर, 1868ई0 को अहमदखां द्वारा सरोदाप्रसाद संदेल को लिखा गया कि ''इस प्रदेश की वर्तमान मिश्रित भाषा और कोई नहीं बल्कि उर्दू है और हमारे पबलिक क्रिया कलापों के संचालन के लिए देवनागरी अथवा रोमन अक्षर अनुपयुक्त हैं।''[35]

पुनः 1882ई0 में, जब 'एजुकेशन कमीशन' बैठा था, इस बात का पुनः उद्योग किया गया कि हिंदी को राजभाषा का पद दिलाया जाय। स्वयं भारतेन्दु हरिश्चन्द्र ने

कमीशन के सम्मुख गवाही देते हुए हिंदी को अदालती भाषा का दर्जा देने की मांग की थी।[36] उन्होंने विविध प्रमाणों एवं आधारों पर हिंदी को राजभाषा का पद दिये जाने की वकालत की।[37] 1882ई0 में ही हिंदी समर्थकों द्वारा शिक्षा आयोग को प0 प्र0 से 67000 हस्ताक्षरों सहित 118 मेमोरियल विभिन्न शहरों एवं कस्बों से भेंजे गये जिनमें मुख्य रूप से हिंदी को उर्दू के समान सरकारी दफ्तरों की भाषा बनाने एवं विद्यालयों में हिंदी के प्रयोग करने की बात कही गई थी जिससे कि प्रायमरी शिक्षा उन्नति कर सके।[38] परंतु इस उद्योग का भी कोई फल न हुआ।

यद्यपि अनेक बार के उद्योग मार्ग में नैराश्य का घोर अन्धकार पूर्ण रूप से फैल रहा था कि अपने नये उत्साह और नये उद्योग रूपी विद्युत प्रकाश से उस तिमिर को क्रमशः छिन्न–भिन्न कर विचारे, उत्साहहीन पथिकों के भविष्यत् मार्ग को प्रदर्शित करने की आकांक्षा से काशी में ना0 प्र0 सभा का जन्म हुआ। स्थापना के समय ही सभा के जो उद्देश्य निर्धारित किये गये उनमें नागरी भाषा के द्वारा अपनी उन्नति करना, परस्पर में मित्रता एवं ऐक्य बढ़ाना तथा हिंदी भाषा के उचित अधिकार पाने के लिए सरकार तथा एतद्देशीय और परदेशीय सज्जनों में उद्योग करना[39] इत्यादि बातें शामिल थीं।

अपनी स्थापना के दूसरे वर्ष सभा ने 'प्रान्तीय बोर्ड आफ् रेवेन्यू' का ध्यान इस बात की ओर आकृष्ट किया कि 'सन् 1875 और 1881 के क्रमशः 12वें और 19वें विधानों के अनुसार 'समन' आदि हिंदी और उर्दू दोनों में भरे जाने चाहिए परन्तु इस नियम का पालन नहीं होता और केवल उर्दू का प्रयोग होता हैं।' परन्तु बोर्ड ने इसका कोई उत्तर नहीं दिया।[40] तब एक वर्षोपरांत विवश होकर सभा ने निवेदन पत्र प्रान्तीय सरकार के यहां भेजा।[41] सभा के उद्योग का फल यह हुआ कि 'बोर्ड आफ रेवेन्यू' विषयक सभा की प्रार्थना सरकार ने स्वीकार कर ली और अपने 20 अगस्त 1896ई0 के पत्र में प्रान्तीय सरकार ने सभा को बताया कि 'सब जिले के हाकिमों को सूचना दे दी गई है कि 'समन' आदि सब कागज हिंदी में भी जारी किये जायँ'।[42] इस प्रकार सभा हिंदी को 'बोर्ड आफ रेवेन्यू' में प्रविष्ट कराने में सफल हो गयी।

नवम्बर, 1894ई0 में प्रांतीय गवर्नर के काशी आने पर सभा ने श्रीमान् के सम्मुख एक अभिनन्दन पत्र उपस्थित करने का निश्चय किया परंतु प्रबंधकर्ताओं की असावधानी से अभिनंदन पत्र उपस्थित न हो सका और अंत में वह डाक द्वारा भेंजा गया जिसमें हिंदी के साथ न्याय करने एवं सभा की उद्देश्यपूर्ति में सहायता करने की प्रार्थना की गई थी।[43] पत्र के उत्तर में गवर्नर के प्राइवेट सेक्रेटरी ने सभा को जो पत्र भेजा उसका आशय था : ''गवर्नर महोदय ने अभिनन्द–पत्र रूचिपूर्वक पढ़ा। इसमें जिस मुख्य प्रश्न की चर्चा की गई है अर्थात् अदालती भाषा उर्दू की जगह हिंदी कर दी जाय। उस पर गवर्नर महोदय अपनी कोई सम्मति अभी प्रकट नहीं कर सकते। फिर भी वे यह अवश्य स्वीकार करते हैं कि सभा की प्रार्थना ध्यानपूर्वक विचार करने योग्य है और वे भविष्य में समुचित अवसर पर उस पर अवश्य विचार करेंगे।''[44]

1895–96ई0 में रोमन लिपि को दफ्तर की लिपि बनाने का प्रयत्न चल रहा था। सभा में यह विचार किया गया कि यदि एक बार रोमन अक्षरों का प्रचार हो गया तो फिर देवनागरी अक्षरों के प्रचार की आशा करना व्यर्थ होगा अतएव सभा ने एक आन्दोलन शुरू कर दिया और एक छोटी सी पुस्तक नागरी और रोमन अक्षरों के गुणदोष विवेचनार्थ 'दि नागरी कैरेक्टर' तैयार करके उसे अंग्रेजी में प्रकाशित करवाया और इसकी कई सौ प्रतियां सरकारी अधिकारियों एवं जनता में वितरित करवाया[45] जिसमें अनेक उदाहरणों एवं प्रमाणों से सिद्ध किया गया था कि शुद्धता, सरलता और उपयोगिता की दृष्टि से यहां की अदालतों के लिए नागरी लिपि ही सर्वोत्तम है। सभा के इस आन्दोलन का फल यह हुआ कि सरकार ने अपने 27 जुलाई, 1896ई0 के आज्ञापत्र नं0 945/3–117सी के द्वारा उर्दू के स्थान पर अदालतों में रोमन को प्रचलित करना अस्वीकार कर दिया।[46] इन कार्यों के साथ ही सभा ने सम्बलपुर और रीवां राज्य में हिंदी का प्रचार हो जाने पर हर्ष प्रकट किया[47] और महाराज पन्ना और महाराजा ग्वालियर को अपने–अपने राज्यों में हिंदी का प्रचार करने के लिए प्रेरित किया।[48]

गवर्नर के उत्तर तथा प्रयाग में 'भारती भवन' के वार्षिकोत्सव पर सभापति जस्टिस नाक्स के भाषण कि 'यह अवसर है कि तुम लोगों को अदालतों में नागरी प्रचार के

लिए उद्योग करना चाहिए। तुम्हें सफलता प्राप्त करने की पूरी आशा है।'[49] से प्रभावित हो सभा ने पं0 जगन्नाथ मेहता के 3 अगस्त, 1896ई0 के प्रस्ताव के आधार पर निश्चय किया कि प्रांतीय गवर्नर की सेवा में प्रतिनिधि मंड़ल भेजकर निवेदन पत्र उपस्थित किया जाय जिसमें प्रार्थना की जाय कि संयुक्त प्रांत के राजकीय कार्यालयों में देवनागरी लिपि को स्थान दिया जाय।[50] इस उद्देश्य की सिद्धि के लिये सभा में 8 सज्जनों की एक सब–कमेटी बना दी गई जिसके अध्यक्ष जगन्नाथ मेहता बनाये गये। इस कमेटी ने अपने एजेन्ट मिर्जापुर, गाजीपुर, बलिया, गोरखपुर, गोंन्डा, बहराइच, बस्ती, फैजाबाद, लखनऊ, कानपुर, बिजनौर, इटावा, मेरठ, सहारनपुर, मुजफ्फरनगर, झांसी, ललितपुर, जालौन, आदि नगरों में भेज कर लगभग 60 हजार हस्ताक्षर एकत्र करवाये। सभा के इस कार्य में मेरठ की 'देवनागरीप्रचारिणी सभा' ने काफी सहायता की।[51] सभा के इस उद्योग में पं0 मदनमोहन मालवीय, वकील इलाहाबाद हाईकोर्ट, ने काफी परिश्रम किया। उन्होंने दो वर्ष के कठिन परिश्रम से ''कोर्ट कैरेक्टर एण्ड प्राइमरी एजुकेशन इन नार्थ वेस्ट प्राविंसेस एण्ड अवध'' नामक ग्रन्थ तैयार किया जो 1897ई0 में इंडियन प्रेस में छपा था, काफी महत्वपूर्ण था।[52]

सब तैयारी पूर्ण कर मेमोरियल देने के लिए सभा में एक डेपुटेशन बनाया गया जिसमें प्रांत भर के प्रमुख–प्रमुख 17 व्यक्ति शामिल थे। इस डेपुटेशन के द्वारा 2 मार्च, 1898ई0, वृहस्पतिवार को दिन के 12 बजे गवर्नमेंट हाउस, इलाहाबाद में लेफ्टिनेंट गवर्नर सर एंटनी मैकडानेल को प0 प्र0 तथा अवधवासी प्रजा की ओर से साठ हजार हस्ताक्षरों की सोलह जिल्दों तथा मालवीयजी की पुस्तक की एक प्रति के साथ निवेदन पत्र (मेमोरियल) अर्पण किया गया जिसमें मुख्य रूप से यह बात कही गयी कि अदालतों में नागरी–अक्षरों का प्रचार न होने से प्रजा विशेष कर ग्रामीण प्रजा को बड़ी असुविधा और कष्ट होता है तथा आरम्भिक शिक्षा के प्रचार में बाधा उपस्थित होती है। निवेदन पत्र में कहा गया कि ''आनरेबल सर एंटोनी पैट्रिक मैकडोनेल, जी0सी0एस0आई0, सी0आई0ई0, ले0 ग0 प0 प्र0 और चीफ कमिश्नर अवध की सेवा में हम सब प0 प्र0 और अवध के रहने वाले जिसके हस्ताक्षर नीचे हैं बहुत ही नम्रता के साथ एक ऐसे काम के लिए विनती करते हैं कि जिससे इन प्रांतों की प्रजा के न्याय,

प्रबंध और उनकी प्रायमरी शिक्षा की उन्नति के साथ घना संबंध है अर्थात् सरकारी दफ्तरों और अदालतों में सब कागजों और बहसों के लिखने के लिए नागरी अक्षरों का जारी किया जाना।''[53]

गवर्नर महोदय ने विशेष ध्यान देकर निवेदन–पत्र सुना और उसके विषय में कुछ आवश्यक प्रश्नोत्तर किया[54] और अंत में पूरी जाँच करके तब इस विषय में निज आज्ञा देने की प्रतिज्ञा की। उस दिन से तो निरंतर अनेंक स्थानों से आवेदन–पत्र श्रीमान् की सेवा में पहुँचने लगे और हिंदी समाचार–पत्रों ने भी अच्छा आंदोलन खड़ा किया। इसके कुछ ही दिन पश्चात् जब प0 प्र0 के स्थानापन्न गवर्नर जेम्स लाटूश काशी आये तब 11 जुलाई, 1898ई0 को सभा का डेप्युटेशन, जिसके सदस्य श्री प्रमदादास मित्र, रामकाली चौधरी, सुधाकर द्विवेदी, माधवलाल, इद्रनारायण सिंह और राधाकृष्णदास थे, मिला और हिंदी–उर्दू के विषय में बहुत सी बातें हुई। इस मुलाकात से लाटूश महोदय ने हिंदी अक्षरों की स्पष्टता और सुंदरता स्वीकार की। इस मुलाकात के दौरान ही शमसुलउल्मा बिलग्रामी की पुस्तक 'तमदन अरब' के आधार पर नागरी अक्षरों की उत्तमता और उर्दू अक्षरों की अपकृष्टता को भी रेखांकित किया गया।[55]

हिंदी को अदालतों में स्थान दिलाने के लिए सभा ने बहुत बड़ा आंदोलन खड़ा कर दिया और चारो ओर नागरी–प्रचार की धूम मच गयी। अवश्य कतिपय विरोधियों ने इस उद्योग में विघ्न डालने का प्रयास किया, अनेक विज्ञापन निकले, हिंदू–मुस्लिम वैमनस्य बढ़ने का भी भय दिखाया गया। नागरी मेमोरियल के विपक्ष में फारसी लिपि के पक्षवालों द्वारा मेमोरियल तक दिया गया। परंतु इस संदर्भ में एक बात जो महत्वपूर्ण थी वह यह कि जितनी प्रार्थनाएं नागरी के पक्ष में थी उन सबों में केवल अक्षरों में परिवर्तन की बात कही गयी थी, परन्तु जितने आवेदन–पत्र विपक्ष में थे, उनमें भाषा का झगड़ा उठाया गया था।[56] कितने ही सुयोग्य मुसलमानों ने इस कार्य में सभा का पूर्ण समर्थन किया जिसमें हैदराबाद के तत्कालीन मंत्री सैयदअली विलग्रामी का नाम विशेष उल्लेखनीय है।[57]

नागरी मेमोरियल का उर्दू और फारसी समर्थकों द्वारा कड़ा विरोध किये जाने पर देशवासियों के हित को ध्यान में रखते हुए हिंदी समाचार–पत्रों द्वारा अपना कर्तव्य

पालन पूरी निष्ठा से किया गया। हिंदी समाचार–पत्रों ने देशहित के लिए क्या आवश्यक है? को जनता के समक्ष रखा और विरोधियों का विरोध दूर करने का पूरा प्रयास किया। इन समाचार–पत्रों में भारत जीवन[58], हिंदी प्रदीप,[59] श्रीवेंकटेश्वर और हिन्दोस्थान अग्रणी रहे। जो लोग नागरी का विरोध कर रहे थे उनसें निवेदन करते हुए 'ना0 मे0 स0 क0' के सेक्रेटरी जगन्नाथ मेहता ने स्वयं 1898ई0 में लिखा–''हम उन सज्जनों से जो बिना विचारे इसका विरोध करते हैं निवेदन करते हैं कि इस पर पहिले विचार कर लें तब निष्पक्ष भाव होकर कुछ कहें, उन्हें उचित है कि जो मेमोरियल तथा नोट श्रीमान् ले0 ग0 को दिया गया है उसे आद्योपान्त एक बेर देख लें तथा देश भाइयों की दशा पर विचार कर तब कुछ कहने का साहस करें।''[60]

इस विषय पर दो वर्ष तक व्यापक आंदोलन होता रहा। इस विषय में सभा को आंशिक सफलता तब मिली जब व्यापक और पूर्ण विचार करके और बोर्ड आफ रेवेन्यू, हाईकोर्ट तथा जुडिशियल कमिश्नर अवध से सम्मति लेकर प0 प्र0 और अवध के ले0 ग0 ने 18 अप्रैल, 1900ई0 को अपने आज्ञापत्र नं0 585/3–343सी–68, 1900 द्वारा कचहरियों और दफ्तरों में नागरी के प्रयोग की अनुमति प्रदान कर दी जिसका आशय था :

1–सब मनुष्य अपनी इच्छानुसार नागरी या फारसी लिपि में लिखित प्रार्थनापत्र दे सकते हैं।

2–सरकारी न्यायालयों के प्रधान अधिकारियों की ओर से जो समन, सूचनापत्र तथा अन्य प्रकार के कागज पत्रादि प्रकाशित किये जायँगे वे सब नागरी और फारसी दोनों लिपियों में छापे जायँगे और नागरी अक्षरों में भी भरे जा सकेंगे।

3–ऐसे दफ्तरों को छोड़ कर जहां केवल अंग्रेजी में काम होता है हिंदी न जानने वाला कोई व्यक्ति सरकारी दफ्तरों में नियुक्त न हो सकेगा और जो इस एक वर्ष के बीच में नियत किया जायगा और दोनों में से केवल एक भाषा जानता होगा उसे नियुक्ति की तारीख से एक वर्ष के भीतर दूसरी भाषा लीख लेना आवश्यक होगा।[61]

प0 प्र0 की सरकार द्वारा प्रसारित आज्ञा की पुष्टि कुछ संसोधनों के उपरान्त भारत सरकार द्वारा भी कर दी गयी। इस आज्ञा का कुछ मुसलमानों द्वारा विरोध किया गया,

विशेषतः उन्हीं मुसलमानों द्वारा जो वकालत या मुख्तारी करते थे। इस प्रकार 1900ई0 में हिंदी आन्दोलन के नेताओं को एक महत्वपूर्ण राजनीतिक विजय प्राप्त हुई, जैसा कि क्रिस्टोफर आर0 किंग ने अपने शोध प्रबंध में लिखा, 'इस प्रकार प0प्र0 और अवध की सरकार ने हिंदी भाषा और नागरी लिपि को आधिकारिक तौर पर उर्दू भाषा और फारसी लिपि के बराबर मान्यता प्रदान कर दी'[62] और इस बात का सबसे बड़ा श्रेय ना0 प्र0 सभा को था।

1837ई0 की छोटी सी भूल के कारण जो आंशिक सफलता 60 वर्षों के परिश्रम से प्राप्त हुई थी उसे सभा निष्फल नहीं होने देना चाहती थी, अतएव सभा ने अपनी नागरी–प्रचार विषयक योजना जारी रखी। अदालतों में नागरी का व्यवहार बढ़ाने एवं उसे सर्वप्रिय बनाने के उद्देश्य से 4 जून, 1900ई0 को सात सदस्यों–सुधाकर द्विवेदी, माधोलाल, राधाकृष्णदास, राय शिवप्रसाद, कालीप्रसाद सिंह, श्यामसुंदरदास और बाबू गोविन्ददास की एक उपसमिति बना दी गयी।[63] सभा ने पूरे पश्चिमोत्तर प्रदेश में अपने प्रचारक भेंजे और वकीलों और मुहर्रिरों को नागरी–लिपि का प्रयोग करने की प्रेरणा दी। इन लोगों को नागरी सिखाने के लिए कई स्थानों पर रात्रि पाठशालाओं का भी आयोजन किया गया।[64] सभा द्वारा 20 फरवरी, 1904ई0 को पारित एक प्रस्तावानुसार 'अदालतों एवं देशी रियासतों में नागरी के प्रचार के लिए किन उपायो का अवलम्बन किया जाय' की एक योजना तैयार की गयी।[65]

नागरी के प्रचार के लिए सभा ने कचहरियो में ऐसे लेखक (मुहर्रिर) नियुक्त करने का निश्चय किया जो लागों के प्रार्थना पत्र आदि नागरी में लिख दिया करें। 1903ई0 में ही सभा ने काशी की फौजदारी कचहरी में एक लेखक नियुक्त कर दिया। 1904ई0 में बहराइच और 1905ई0 से रसड़ा (बलिया) में भी एक लेखक नियुक्त किया गया।[66] सं0 1962 से बुलंदशहर के वंशीधर वैश्य की आर्थिक सहायता से सभा ने सबसे अधिक अर्जी लिखने वाले को पुरस्कार तक दिया। जनता को सुविधा पहुँचाने के लिए सं0 1974 में सभा ने वकालतनामें, इजरायडिगरी और रेहन के फार्म हिंदी में छपवाकर बिक्री के लिए बनारस की दीवानी कचहरी में रखवाया जिससे जनता को काफी सुविधा हुई।[67]

1905ई0 का वर्ष हिंदी भाषा एवं नागरी लिपि के लिए मील का पत्थर साबित हुआ। इस वर्ष 'बंगीय साहित्य परिषद' के अध्यक्ष शारदाचरण मित्र द्वारा 'एक लिपि विस्तार–परिषद' की स्थापना कलकत्ते में की गयी।[68] मित्र महोदय ने राष्ट्र भाषा के रूप में हिंदी का प्रबल समर्थन किया और प्रांतीय भाषाओं की अनेंकता को लिपि की एकता में लाने के लिए 'नागरी लिपि' का प्रचार आरंभ किया। 'राष्ट्रभाषा और राष्ट्र–लिपि'' शीर्षक उनके लेख से ही उनका भाषा एवं लिपि संबंधी आशय स्पष्ट हो गया जिसमें उन्होंने लिखा था कि ''हिंदी समस्त आर्य्यावर्त की भाषा है। बोलचाल का विभेद कोई बड़ा कंटक नहीं है। ––– महाराष्ट्र, गुजरात और उड़ीसा की भाषाओं में परस्पर पार्थक्यवस्तुतः कुछ नहीं हैः और विशेषकर हिंदी के साथ इनका संबंध बहुत घनिष्ठ है। ––– जिस प्रकार बंगला भाषा के द्वारा बंगाल में एकता का पौधा प्रफुल्लित हुआ है उसी प्रकार हिंदी भाषा के साधारण भाषा होने से समस्त भारतवासियों के एकता तरू की कलियां अवश्य ही खिलेगी।''[69] राष्ट्रभाषा के लिए मित्र महोदय ने एक लिपि (नागरी) का समर्थन किया और उसे राष्ट्रीयता का एक आवश्यक अंग बतलाया। ना0प्र0 सभा ने जहां स्वयं एकाक्षर प्रचार के लिए पंजाब और बम्बई में डेप्युटेशन भेंजे वहीं समस्त देशवासियों का ध्यान इस ओर आकृष्ट किया और जो लोग इसके लिए उद्योग कर रहे थे उन्हें साधुवाद दिया–''राष्ट्रभाषा के लिए राष्ट्र अक्षर ही उपाय हैं। इसलिए सब देशहितैषियों को इस ओर ध्यान देना चाहिए। सभा को इस बात पर बड़ी प्रसन्नता है कि इस आवश्यक विषय पर लोगों का ध्यान आकर्षित हुआ है। कलकत्ते में शारदाचरण मित्र ने इसी विषय पर उद्योग कर लोगों का ध्यान इस आवश्यक सुधार की ओर दिलाया है।''[70]

13 मई, 1905ई0 को काशी में श्यामसुंदरदास, न0 चि0 केलकर और लोकमान्य तिलक के मध्य वार्तालाप हुआ जिसका उद्देश्य एक लिपि का प्रचलन करना था। 'देवनागरी लिपि संबंधी ऐतिहासिक वार्तालाप' शीर्षक लेख में केलकर ने तिलक का यह विचार प्रचारित किया कि ''देवनागरी लिपि के प्रचार द्वारा मराठी की तरह गुजराती, बंगाली आदि भाषाएं लिखना संभव होगा तो देश के विषय का बहुत कार्य सुलभ हो जावेगा। यदि एक भाषा न हो, एक लिपि भी यदि हो जाय तो कम लाभ न होंगे।[71]

इसी एकाक्षर प्रचार के उद्योग में सहायता पहुँचाने के उद्देश्य से 29 दिसम्बर, 1905ई0 को नागरीप्रचारिणी सभा में बाबू रमेशचन्द्रदत्त की अध्यक्षता में एक सभा का आयोजन किया गया जिसमें बालगंगाधर तिलक, अम्बालाल शाकरलाल देसाई, सर भालचन्द्र कृष्ण, प्रो0 एन0 बी0 रानाडे, प्रो0 क्षीरोधप्रसाद विद्याभूषण, मि0 विजय राघवाचार्य सदृश लोग उपस्थित थे।[72] इस सभा में भाषण करते हुए उपर्युक्त समस्त लोगों ने हिंदी भाषा एवं नागरी लिपि का समर्थन किया और नागरी को ही राष्ट्रभाषा एवं राष्ट्रीय लिपि का दर्जा देने की वकालत की।[73] ना0 प्र0 सभा के इस आयोजन का फल यह हुआ कि सम्पूर्ण देश में नागरी का व्यवहार होना चाहिए यह भावना बलवती होने लगी और सुदूर दक्षिण में मद्रास तक नागरी अक्षर की चर्चा होने लगी।[74]

1907–08ई0 में सभा के एक उत्साही सभासद बाबू गौरीशंकरप्रसाद के प्रस्ताव पर सभा ने संयुक्त प्रांत की हाईकोर्ट से प्रार्थना की कि 'जो कागजाद नागरी अक्षरों में लिखें हों उनके साथ उनकी प्रतिलिपि फारसी अक्षरों में न दाखिल करनी पड़े और जो कागज दूसरे अक्षरों में रहें उनकी प्रतिलिपि नागरी के अक्षरों में भी स्वीकार हो'। सभा के प्रयास का फल यह हुआ कि हाईकोर्ट ने सभा का यह प्रस्ताव स्वीकार कर लिया और इसकी आज्ञा 20 जून, 1908ई0 के गजेट में प्रकाशित कर दी।[75]

हिंदी का प्रचार करने एवं उसे उसका वास्तविक पद प्रदान करने के उद्देश्य से 10 अक्टूबर, 1910ई0 को ना0प्र0 सभा में मालवीयजी की अध्यक्षता में हिंदी साहित्य सम्मेलन का आयोजन किया गया। अदालतों में नागरी का प्रचार, पाठ्य पुस्तकों का हिंदी में प्रचलन, विश्वविद्यालयों में हिंदी का प्रवेश, राष्ट्रभाषा और राष्ट्रलिपि का पद हिंदी को दिलाना, स्टाम्पों और सिक्कों पर नागरी को स्थान दिलाना, प्रांतीय कांफ्रेंसों द्वारा नागरी का आदर तथा नृपतिगणों से नागरी प्रचार की प्रार्थना इत्यादि बातें सम्मेलन के उद्देश्यों में शामिल की गई।[76] प्रथम सम्मेलन में ही लाये गये चौदह प्रस्तावों में चौथा ही प्रस्ताव बाबू पुरूषोत्तमदास टंडन का पास हुआ कि "अदालती कागजाद नागरी में हों, गजट अंग्रेजी, उर्दू के साथ नागरी में भी प्रकाशित हों। चुंगी तथा दूसरे टेक्सों की रसीदें तथा अन्य कागजात जो डिस्ट्रिक्ट बोर्ड और म्यूनिसिपलटियों से जारी होते हैं, नागरी में भी हों।"[77]

ना0प्र0 सभा ने देशवासियों का आह्वाहन किया कि वे नागरी में ही सब काम करें। सभा ने सरकार की इस नीति का विरोध किया कि जो अदालती फार्म हिंदी और उर्दू दोनों अक्षरों में छपे होते हैं उनमें उर्दू में तो पूरित किये जाते हैं पर हिंदी में नहीं किये जाते तथा गवाहों के नाम समन निकालने के लिए प्रार्थना पत्र का फार्म केवल उर्दू में होता है।[78] इसके साथ ही सभा ने सरकार से इस बात की भी शिकायत की कि अदालती फार्म, जो दो पन्ने का होता है, उसमें नागरी अक्षरों वाला फार्म छठी उँगली की तरह इस्तेमाल किया जाता है अतएव अच्छा यह होगा कि एक ही फार्म आधे–आधे पन्नों पर दोनों अक्षरों में छपे।[79]

ना0 प्र0 सभा ने हिंदी को राजभाषा का पद दिलाने हेतु जो आंदोलन आरंभ किया, यद्यपि सर्वत्र उसे 'राष्ट्रभाषा' ही कहा गया, के दौरान हिंदी भाषा एवं नागरी लिपि विषय पर अपने प्रकाशनों में व्यापक चर्चा की। 1896ई0 से प्रकाशित अपनी मुख्य पत्रिका 'ना0प्र0 पत्रिका' में 'नागर जाति और नागरी लिपि की उत्पत्ति', 'मुसलमानी दफ्तरों में हिंदी' 'भारतवर्षीय भाषाओं की जाँच' और 'राष्ट्रभाषा', 'भारतवर्ष की सब भाषाओं के लिए एक लिपि' सदृश महत्वपूर्ण लेखों का प्रकाशन किया और देशवासियों के सामने यह लक्ष्य रखा कि एक विशेष हेतु की पूर्ति के लिए भाषा एवं एक लिपि का होना आवश्यक है। 'राष्ट्रभाषा' शीर्षक लेख में पत्रिका में इस बात की व्यापक चर्चा की कि 'यदि 28 कोटि भारतवासियों की एक ही भाषा हो जाय तो भारत का कल्याण हो जाय।'[80] 1900ई0 से प्रकाशित 'सरस्वती' पत्रिका ने इस सन्दर्भ में निर्णायक भूमिका निभाई जैसा कि पद्माकर पाण्डे ने लिखा है ''देवनागरी लिपि को राष्ट्र लिपि के रूप में प्रतिष्ठित करने का प्रथम स्वप्न काशी ना0प्र0 सभा की सहायता से प्रतिष्ठित सरस्वती पत्रिका के माध्यम से देखा गया जो हिंदी पत्रकारिता और हिंदी विषयक चिंतन के इतिहास में एक दुर्लभ घटना ही है।''[81] 1910ई0 में स्थापित हि0 सा0 सम्मेलन के प्रत्येक अधिवेशनों में हिंदी भाषा एवं नागरी लिपि पर व्यापक चर्चा होती थी। सम्मेलन में जो शोधपत्र पढ़े जाते थे उससे निष्कर्ष निकलता है कि नागरी लिपि का मूल अर्थात् प्राचीन रूप अशोक के अभिलेखों में मिलता है। अशोक के समय की लिपि का नाम 'ललितविस्तार' में जहां 'ब्राह्मी' मिलता है वहीं 'नित्याषोडसिकार्णव' के

भाष्य सेतुबंध' में भाष्करानंद उसका नाम–नागर' (नागरी लिपि) होना मानते हैं।[82] इन साक्ष्यो के आधार पर ही विद्वानों ने नागरी लिपि को ब्राह्मी लिपि से विकसित माना है। परंतु हरेन्द्रकुमार भट्टाचार्य ने गहन शोध के आधार पर सिद्ध किया है कि नागरी लिपि की उत्पत्ति ब्राह्मी से नहीं हुई है वरन् दोनों का स्वतंत्र अस्तित्व है।[83]

1913ई0 में सभा ने काशी की म्यूनिसिपेलिटी के उर्दू, हिंदी तथा अंग्रेजी इन तीन भाषाओं में कार्य करने की निंदा की और साथ ही सरकार के समक्ष जनसाधारण की सुविधा को ध्यान में रखते हुए यह सुक्षाव रखा कि उन स्थानों के नाम वैसे अक्षरों में लिखा जाना चाहिए जिनके पढ़ने वाले अधिक से अधिक हों।[84] इसी वर्ष सभा ने सरकारी सिक्कों, नोंटों, स्टाम्प, कोर्ट फीस, डॉक टिकट इत्यादि पर नागरी अक्षरों को स्थान दिलाने के लिए प्रयास आरंभ किया और लगातार सरकार का ध्यान इस ओर आकृष्ट किया। सभा के सतत उद्योग का फल यह हुआ कि 1922–23ई0 में सरकार द्वारा जारी 10 रूपये के नोंटों पर नागरी को स्थान मिल गया तब सभा ने अपार हर्ष प्रकट किया।[85]

1901ई0 से 1910ई0 तक हिंदी की जो प्रगति हुई उसकी प्रेरणा उसे राजनैतिक आंदोलन से मिली और सभा के उद्योग में सबसे सबल समर्थन लोकमान्य तिलक का था। फिर 1910से 1920 तक हिंदी की प्रगति बड़े बेग से हुई, जो उसी जागरण का फल थी। 1916ई0 में महात्मा गांधी अपने 36 समर्थकों सहित ना0 प्र0 सभा में आये और 5 फरवरी, 1916ई0 को सभा में भाषण करते हुए आजीवन हिंदी के व्यवहार की शपथ ली।[86] गांधीजी के हिंदी पर अत्यधिक जोर देने के कारण ही उन्हें हि0 सा0 स0 के इंदौर अधिवेशन का सभापति बनाया गया। उनके प्रयास से सुदूर दक्षिण में हिंदी का प्रचार करने के लिए 1918ई0 में मद्रास में 'दक्षिण भारत हिंदी प्रचार सभा' स्थापित की गई जिसने दक्षिण में हिंदी प्रचार में निर्णायक भूमिका निभाई। 1920 तक हिंदी का जितना प्रचार हो गया था उस पर सभा ने प्रसन्नता प्रकट की और अपने वार्षिक प्रतिवेदन में लिखा कि "प्रायः आधे भारतवासियों की उस भाषा को जिसे कुछ समय पहले उच्च समाज में ग्रामीण भाषा कहकर हेय मानते थे .....उसी भाषा को आज समग्र

भारतवासियों की राष्ट्रभाषा के पद पर आरूढ़ होते देखकर हिंदी के किस सपूत का हृदय दूना न होता होगा।''[87]

1920ई0 के असहयोग आंदोलन का हिंदी के प्रचार पर सकारात्मक प्रभाव पड़ा। इस आंदोलन ने हिंदी को राष्ट्रव्यापी बना दिया। हिंदी राष्ट्रीयता के साथ बढ़ रही थी और जहां हिंदी पहुँच जाती, वहां राष्ट्रीयता सुदृढ़ हो जाती थी। न केवल उत्तर भारत वरन् दक्षिण में मद्रास प्रांत की जनता एवं कांग्रेसी नेता भी हिंदी एवं हिंदी संस्थाओं की ओर अग्रसर हो रहे थे। असहयोग आंदोलन के दौरान स्थापित विश्वविद्यालयों एवं विद्यापीठों में भी अधिकांशतः हिंदी माध्यम से ही शिक्षा दी जानी आरंभ हुई थी। ना0 प्र0 सभा ने असहयोग आन्दोलन के दौरान हिंदी की जो अवस्था थी उस पर अपना मत प्रकट करते हुए लिखा ''राजनैतिक आंदोलन में हिंदी का ऐसा प्रचार हो गया है कि कदाचित ही कहीं दो चार वकृताएं अन्य किसी भाषा में दी गई हों। भारतवासियों के अपने उन्नतिमार्ग की ओर अग्रसर होने का यह एक शुभ लक्षण है कि वे अन्य राष्ट्रीय आंदोलनों के साथ अपनी मातृ–भाषाओं और एक राष्ट्रभाषा के मूल्य को समझने लगे हैं।''[88]

असहयोग आंदोलन के दौरान हिंदी का राष्ट्रव्यापी प्रचार हो गया और इस आन्दोलन के उपरांत सभा ने भारत के भिन्न–भिन्न प्रदेशों में नागरी (हिंदी भाषा एवं नागरी लिपि) की जो प्रगति हुई थी उसका लेखा–जोखा प्रस्तुत किया। सभा ने संयुक्त प्रांत, पंजाब, महाराष्ट्र, बंगाल और मद्रास में नागरी की जो प्रगति हो रही थी एवं इस प्रगति में जो व्यक्ति, संस्थाएं एवं अन्य कारक सहयोग कर रहे थे, सबके प्रति अपनी कृतज्ञता प्रकट की।[89] इतना ही नहीं उपनिवेशों में, विशेषकर दक्षिण अफ्रिका में हिंदी के लिए जो संघर्ष चल रहा था, उसमें भी यथासामर्थ्य सहयोग किया।[90]

1924ई0 में संयुक्त प्रांत की मुस्लिम लीग ने, जिसकी बैठक इलाहाबाद में हुई थी, पुनः नागरी अक्षरों का विरोध किया तथा फारसी लिपि और उर्दू भाषा का प्रचार बिल्कुल धार्मिक दलबंदी के सिद्धान्तों पर आरंभ कर दिया तथा डिस्ट्रिक्ट बोर्डों और म्युनिसिपल बोर्डों से नागरी के हटाने के लिए प्रस्ताव तक भेंजा। अतएव सभा को भी अपनी उद्देश्यरक्षा के लिए उद्योग करना पड़ा। सभा ने अपने निश्चित प्रस्तावों को

लगभग 66 पत्र–पत्रिकाओं में भेंजा और अपने सभासदों तथा सहयोगी संस्थाओं से प्रार्थना की कि इन प्रस्तावों की सफलता के लिए पूर्ण उद्योग करें जिससे डिस्ट्रिक्ट और म्युनिसिपल बोर्डों में हिंदुओं के साथ हिंदी में और मुसलमानों के साथ उर्दू में पत्र व्यवहार किया जाय और इत्तलानामें आदि जारी हों।[91] सभा इस तरह का प्रस्ताव पारित करना नहीं चाहती थी परन्तु राष्ट्रहित को ध्यान में रखते हुए उसे ऐसा करना पड़ा था जिसका स्पष्टीकरण भी सभा ने अपने वार्षिक विवरण में दिया था।[92]

सभा द्वारा हिंदी भाषा एवं नागरी लिपि के व्यवहार का आंदोलन तो चल ही रहा था कि इसी दौरान सभा के एक सभासद ने 1927ई0 में नागरी के व्यवहार का प्रश्न 'कौंसिल ऑफ स्टेट' में उठा दिया। 16 मार्च, 1927ई0 को सभा के सभासद् और हिंदी के अनन्य प्रेमी सेठ गोविन्ददास ने यह प्रस्ताव 'कौंसिल ऑफ स्टेट' में उपस्थित किया कि 'नियमों में इस प्रकार का संशोधन हो कि सदस्य भारतीय विधान–मण्डल में हिंदी या उर्दू में भी भाषण कर सकें और अपनी मांग के समर्थन में विश्व एवं भारतीय इतिहास एवं विदेशी विद्वानों के मत, जो हिंदी के समर्थन में थे उपस्थित किया।[93] इस प्रस्ताव पर सदन में काफी वाद–विवाद हुआ जिसमें प्रस्ताव का मुख्य विरोध एस0 आर0 दास और सर उमर हयात खां ने किया और उर्दू के पक्ष में दलीलें दीं। बाद में मतदान की स्थिति आ गई जिसमे प्रस्ताव के पक्ष में 12 और विपक्ष में 22 मत पड़े। जिन्होंने पक्ष में मत दिये उनमें 3 मुस्लिम सदस्य, तीन बंगाली सदस्य और तीन दक्षिण भारतीय थे। जिन लोगों ने विपक्ष में मत दिया उनमें 14 अंग्रेज और बाकी 8 में अधिकांश नामजद सदस्य थे, क्योंकि उस समय नामजद सदस्यों की संख्या अधिक होती थी। यह भाग्य की विडम्बना ही थी कि हिंदी के प्रसिद्ध विद्वान श्यामबिहारी मिश्र को नामजद सदस्य होने के कारण विपक्ष में मत देना पड़ा।[94] इससे यह स्पष्ट हो गया कि मुसलमानों का बहुसंख्यक वर्ग भी हिंदी का समर्थक था।

सं0 1984 में सभा ने अदालतों में नागरी लिपि में प्रार्थनापत्रादि देने के संबंध में सवा लाख सूचना पत्र छपवाकर संयुक्त प्रांत के प्रत्येक जिले में वितरित कराया और सं0 1985 में अपनी यह योजना कार्य–रूप में परिणित कर दी कि नागरी में दावे आदि लिखने वाले मुहरिरों को प्रत्येक अर्जीदावे के लिए, तथा प्रत्येक इजरायडिगरी की

दरखास्त के लिए, पुरस्कार दिया जायेगा।[95] इस योजना से सभा को पर्यापत सफलता मिली। इस कार्य का फल यह हुआ कि केवल काशी में ही सं0 1986 में 44 और सं0 1987 में 49 वकीलों ने नागरी में कार्य करना आरंभ कर दिया।[96]

सं0 1986 (1929–30ई0) में सभा ने संयुक्त प्रांत की नहर और सिंचाई विभाग में नागरी लिपि का प्रवेश कराने के लिए उद्योग आरंभ किया। सभा ने सिंचाई और नहर विभाग से पत्र व्यवहार किया जिसका उत्तर सभा को उक्त विभाग के अधिकारियों ने लिखा कि वे जमाबंदी और पर्चों को नागरी अक्षरों में लिखे जाने के सम्बन्ध में विचार कर रहे हैं और इसकी उचित आज्ञा वे शीघ्र निकालेंगे।[97] सभा के सतत उद्योग का फल यह हुआ कि उक्त विभाग ने सं0 1987 (1930–31ई0) में यह आज्ञा दे दी कि जो सज्जन नागरी में चाहें उन्हें नागरी में और जो उर्दू में चाहें उन्हें उर्दू में पर्चे दिये जाँय। इस प्रकार सिंचाई और नहर विभाग में नागरी को स्थान दिलाने में सभा सफल रही।[98]

1930ई0 में गांधीजी द्वारा जब सविनय अवज्ञा आन्दोलन आरंभ हुआ तो इसके फलस्वरूप राष्ट्रभाषा हिंदी का सम्पूर्ण देश में व्यापक प्रचार हो गया और दो चार भाषणों को छोड़कर अधिकांश भाषण हिंदी में ही हुए। 1930–31 के आंदोलन का हिंदी भाषा एवं नागरी लिपि पर जो प्रभाव पड़ा उसका मूल्यांकन करते हुए सभा ने लिखा ''इस आन्दोलन के कारण एक दृष्टि से यह कहा जा सकता है कि हिंदी का प्रचार और विशेषतः हिंदी के समाचार पत्रों का प्रचार पहले की अपेक्षा बहुत बढ़ गया है। हजारों लाखों नये आदमियों में हिंदी के समाचार–पत्र आदि पढ़ने की रूचि उत्पन्न हो गई है, और हिंदी के भविष्य के लिए यह एक बहुत शुभ लक्षण है।[99]

जिस प्रकार हिंदी का प्रचार बढ़ रहा था उसी क्रम में उसका विरोध भी बढ़ रहा था जो क्रमशः तीव्रतर होता गया। एक वर्ग विशेष हिंदी का विरोध तो कर ही रहा था, परंतु हिंदी का विरोध ऐसे व्यक्तियों द्वारा हिंदू मुस्लिम एकता के नाम पर किया गया जो कभी हिंदी के सबसे बड़े समर्थकों में से थे। इनमें परमपूज्य गांधीजी एक थे। 1918 के हिंदी साहित्य सम्मेलन के अध्यक्ष पद से दिया गया भाषण और अन्य संस्थाओं से दिये गये भाषण इसके प्रमाण हैं।[100] हिंदु–मुस्लिम एकता प्राप्त करने मे गांधीजी जीवन

पर्यंत लगे रहे। उनके लिए लिपि का प्रश्न उनके इस निष्कर्ष से भिन्न नहीं था कि 'राजनीतिक प्रगति के लिए तथा स्वाधीनता संग्राम के लिए हिंदू-मुस्लिम एकता जरूरी है।' अतः उन्होंने एक नयी भाषा 'हिन्दुस्तानी (हिंदी+उर्दू=हिन्दुस्तानी) का राष्ट्रभाषा के रूप में प्रचार आरंभ किया।[101] पुरूषोत्तमदास टंडन और गांधीजी के प्रयासों से ही विधान सभाओं और कांग्रेस (1918ई0) में हिंदी का प्रयोग आरंभ हुआ था और 1924ई0 में कांग्रेस में तो यह प्रस्ताव तक पास हो गया कि ''कांग्रेस यह संकल्प करती है कि कांग्रेस की कार्यवाही यथासंभव हिंदुस्तानी में हुआ करेगा। यदि कोई वक्ता हिंदुस्तानी नहीं बोल सकता तो वह अंग्रेजी या प्रांतीय भाषाओं में भाषण कर सकता है।''[102] पुराने पत्रों के पन्नों को उलटने से स्पष्ट होता है कि गांधीजी ने 'हिंदुस्तानी' शब्द का प्रयोग 1920-22ई0 के खिलाफत आंदोलन के दौरान किया था, इससे पूर्व 'हिंदी' शब्द का प्रयोग करते थे जिसका आशय सरल भाषा था। उनके विचारों में परिवर्तन का ही फल था कि जहां 1918ई0 में उनके प्रयासें से ही जो दक्षिण भारत हिंदी प्रचार सभा, मद्रास में बनी थी उसका नाम ही बदल कर दक्षिण भारत हिंदुस्तानी प्रचार सभा कर दिया गया।[103] ज्ञातव्य हो कि 'हिंदुस्तानी' शब्द के प्रयोग की सबसे पुरानी तिथि 1616ई0 हैं जिसका अर्थ लोक-प्रचलित भाषा है।[104] टेरी ने 1655ई0 में 'इंदोस्तान' नाम को देश की जन प्रचलित बोली को कहा था। प्रसिद्ध यात्री पेत्रो देलावेली (1613-1624ई0) ने 1663ई0 में प्रकाशित 'भारतीय यात्राएं' में यूरोप में सर्वप्रथम 'नागरी' अथवा उसके शब्दों में 'नाघेर' शब्द का प्रयोग किया था,[105] जबकि गिलक्रइस्ट ने लगभग 1787ई0 में पहले पहल 'Hindostani' या उसके अक्षर विन्यासके अनुसार 'Hindoostanee' शब्द गढ़ा था।[106] हिंदुस्तानी की दो अन्य परिभाषाएं हुई-पहला, 1891ई0 की जनगणना में पश्चिमोत्तर प्रांत के सामने यह समस्या आयी कि जनसाधारण की बोली को क्या संज्ञा दी जाय, तो सरकार ने गणना विभाग को 'हिंदुस्तानी' शब्द सुझाया था और दूसरा, राजनीतिक संघर्ष तथा हिंदू-मुस्लिम मतभेद के काल में राष्ट्रीय नेताओं ने विशेष कर महात्मा गांधी ने की।[107]

हिंदी और उर्दू को मिलाकर जो हिन्दुस्तानी नामक नई भाषा का प्रचार किया जा रहा था, सभा ने उस पर आपत्ति की तथा इसे साहित्य तथा राष्ट्र दोनों के लिए

अहितकर बताया। सभा ने अपना मत लिखा ''भारतीय राष्ट्र की भाषा का क्या रूप होगा, इसका निर्णय समय, स्थिति और आवश्यकता करेगी। इस संबंध में केवल युक्त प्रांत का ही ध्यान नहीं रखा जायगा किंतु समस्त भारतवर्ष की आवश्यकताओं और सुभीते का ध्यान रखते हुए यह राष्ट्रभाषा स्वतः यथासमय विकसित होगी। अभी से उसके प्राकृत विकास के मार्ग में रोड़े डालना असंगत, अनुचित और अहितकर है।''[108]

सं0 1994 (1937–38ई0) में अदालतों में प्रान्तीय–भाषा–प्रवेश के 100 वर्ष समाप्त होते पर सभा ने 'ना0–प्र0–सप्ताह' मनाने का आयोजन किया जो 3 फरवरी से 9 फरवरी 1938 तक राजबहादुर लमगोड़ा के सभापतित्व मनाया गया। सभा ने यह नागरी प्रचार सप्ताह मनाने के लिए अन्य संस्थाओं को भी लिखा। अनेक संस्थानों पर यह सप्ताह बड़े समारोह के साथ मनाया गया।[109] 1939ई0 में सभा ने अपने वार्षिकोत्सव के साथ ही 'नागरी प्रचार उत्सव' का भी आयोजन किया। यह उत्सव 16 जनवरी, 1939ई0 से 2 फरवरी 1939ई0 तक मनाया गया। 17 जनवरी को हिंदी साहित्य सम्मेलन, प्रयाग के प्रचारमंत्री भगवानदास अवस्थी के सभापतित्व में 'अदालतों में हिंदी प्रचार दिवस' मनाया गया। सभापति के अतिरिक्त अनेंक लोगों के प्रभावशाली व्याख्यान हुए।[110]

सन् 1935 के शासनविधान के अनुसार 1937ई0 के चुनाव के बाद अधिकांश प्रांतों में पहली बार कांग्रेसी मंत्रिमंण्डल बने, तब भाषा की समस्या भी सामने आयी। कांग्रेस ने अपनी पूर्व घोषित नीति के अनुसार प्रांतीय भाषाओं के साथ ही 'हिंदुस्तानी' का राष्ट्रभाषा के रूप में प्रचार करना अपना लक्ष्य बनाया।[111] कांगेस के सभी उच्च नेता गांधीजी के प्रभाव से हिंदुस्तानी का समर्थन कर रहे थे और साधारण लोग भी हाँ में हाँ मिला रहे थे परन्तु जनता निःसंदेह हिंदी–नागरी के पक्ष में थी। सभा ने आसाम, महाराष्ट्र, बंगाल, युक्तप्रांत, दिल्ली, पंजाब, सिंध, उड़ीसा के साथ ही उपनिवेशों में हिंदी के प्रचार के लिए जो व्यक्ति एवं संस्थाएं कार्य कर रहीं थी उस पर संतोष प्रकट किया और एक राष्ट्र के निर्माण में योग देने के कारण इन सबको धन्यवाद दिया।[112] वहीं बिहार सरकार की उर्दू के पक्षपात और हिंदी की उपेक्षा पर सभा ने असंतोष व्यक्त किया।[113] 1937ई0 से 'हिंदुस्तानी' भाषा के प्रचार के बाद मद्रास में उसका तीव्र विरोध

होने लगा और वहां आंदोलन ही नहीं वरन् कारावास जाना एवं अनशन तक शुरू हो गया। दक्षिण में हिंदी का विरोध मुख्यतः 'जस्टिस दल' के द्वारा किया जा रहा था क्योंकि कांग्रेस के हर कार्य का विरोध करना वे अपना धर्म समझते थे। जब तक हिंदी का मद्रास में प्रचार किया गया तब तक वहां के लोगों को हिंदी से यथेष्ट सहानुभूति थी और वह क्रमशः व्यापक होती जा रही थी और वे उत्साह से उसे सीख भी रहे थे परन्तु हिंदुस्तानी को अपने ऊपर लदता देख वे तिलमिला उठे और वे उसका तीव्र विरोध करने लगे।[114]

इस समय 'ऑल इंडिया रेडियो' द्वारा 'हिंदुस्तानी' का जो प्रचार किया जा रहा था, उसका भी सभा ने विरोध किया, कारण नाम 'हिंदुस्तानी' और चीज ईरान या अरब की चलती थी। रेडियो के डायरेक्टर एक ऐसे सज्जन थे, जो अपने को अरब नस्ल का होने का 'फख्र' रखते थे।[115] सभा ने लखनऊ व दिल्ली रेडियो स्टेशन से प्रसारित कार्यक्रमों का तीव्र विरोध किया और उस पर विक्षोभ प्रकट किया। सभा ने श्रोताओं को जागरूक रहने और वास्तविकता जानने का आग्रह किया।[116]

हिंदी का विरोध उर्दू प्रचारक संस्थाओं द्वारा किया जा रहा था और उर्दू को सारे देश में समझी, बोली और लिखी जाने वाली व्यापक भाषा के रूप में प्रतिष्ठित करने का प्रयत्न किया जा रहा था। इन संस्थाओं में 'अंजुमन तरक्की–उर्दू' (दिल्ली) और 'अंजुमन–बहार–ए–अदब' (लखनऊ) जैसी संस्थाएं अग्रणी थी। लखनऊ की संस्था की प्रेरणा से 18 दिसम्बर, 1930ई0 को ही 'उर्दू दिन' मनाने का प्रबन्ध किया गया और छोटे कस्बों को छोड़कर कलकत्ता, बम्बई, लाहोर, देहली, श्रीनगर, पेशावर, रावलपिंडी, अलीगढ़, लखनऊ, इलाहाबाद, पटना आदि में मनाया भी गया।[117] सभा ने ऐसी संस्थाओं और उनसे संबद्ध व्यक्तियों को स्पष्ट उत्तर देते हुए लिखा "उर्दू प्रचारक संस्थाएं उर्दू को जिस प्रकार व्यापक भाषा के रूप में प्रतिष्ठित करने के लिए जैसी लचर युक्तियों और उत्तेजक बातों का प्रचार कर रही हैं, वह अत्यन्त निन्दनीय है। ...... .उर्दू के विद्वानों से सभा अनुरोध करती है कि वे दुराग्रह छोड़कर यदि हिंदी नही तो उर्दू के ही वास्तविक इतिहास का अध्ययन करें। इससे अवश्य ही उन्हें उर्दू की उन्नति का सच्चा मार्ग मिलेगा।"[118]

1837ई0 से प्रांतीय सरकारों ने हिंदुस्तानी का प्रचार तीव्र वेग से प्रारम्भ कर दिया। कांग्रेस ने तुष्टिकरण की नीति अपनाते हुए हिंदुस्तानी का समर्थन किया। सभा ने कांग्रेस की तुष्टिकरण की नीति को सर्वथा अनुचित बतलाया और अपना मत अत्यंत स्पष्ट शब्दों में लिखा कि ''कांग्रेस सरकार हिंदुस्तानी का गुणगान करके ही चुप रह जाती और मुसलमान भाईयों को उचित और अनुचित प्रकार से तुष्ट करने की चेष्टा न करती तो सम्भवतः यह स्थिति न होती। परंतु और तो और संयुक्त प्रांत की कांग्रेस सरकार ने, जो कि हिन्दीभाषी प्रांत पर शासन करती है, और हिंदीभाषी भागों में पैदा होने वाले मुसलमानों की मादरी जबान हिंदी ही है, उर्दू भाषा और लिपि में मुसलमानों को समझाने के लिए सूचना प्रकाशित कर दिया है।[119]

हिंदी साहित्य सम्मेलन का 28वां अधिवेशन ना0 प्र0 सभा में 15–18 अक्टूबर, 1938ई को अम्बिकाप्रसाद वाजपेयी की अध्यक्षता में हुआ। इस अधिवेशन में भी हिंदुस्तानी की आड़ में उर्दू–फारसी का किस प्रकार प्रचार किया जा रहा था, उसे सभापति महोदय ने स्पष्ट व्याख्यायित किया।[120] इतना ही नहीं रेडियों ब्राडकास्टिंग के हिंदी द्वेष की निन्दा की गई, तांबे और चांदी के सिक्कों पर नागरी लिपि को स्थान देने की बात कही गई और सबसे महत्वपूर्ण बिहार सरकार की संरक्षता में चलाये जा रहे हिंदुस्तानी शिक्षा–योजना के विरूद्ध निंदा का प्रस्ताव रखा गया।[121] जो प्रस्ताव पास हुआ, उस पर डा0 राजेन्द्रप्रसाद ने जब संशोधन की बात कही तब महापंडित राहुल सांकृत्यायन ने कहा कि 'प्रस्ताव तो मूल रूप में ही पास होगा'।[122] इससे स्पष्ट होता है कि हिंदुस्तानी का दुश्चक्र कितना भयानक था कि राहुल जैसे महापंडित को आक्रोशित कर दिया था।

1939–40ई0 आते–आते भाषा विवाद काफी उग्र हो गया तथा हिंदी भाषा एवं नागरी लिपि पर अनेक प्रकार से आघात होने लगा। तब सभा के लिए यह आवश्यक हो गया कि हिंदी भाषा एवं नागरी लिपि के रक्षार्थ एवं उसके प्रचार–प्रसार के लिए कुछ विशेष उद्योग करे। एक अन्य महत्वपूर्ण बात यह थी कि मुस्लिम लीग द्वारा लगातार अलगाववाद को बढ़ावा दिया जा रहा था, अतः इन समस्त दुश्चक्रों का पर्दाफाश करने के उद्देश्य से दिसम्बर, 1939ई0 से सभा ने 'हिंदी' मासिक पत्रिका का

प्रकाशन आरंभ किया और इसके संपादक, प्रकाशक और मुद्रक पंडित चंद्रबली पाण्डे नियत किये गये।[123] इस पत्रिका के माध्यम से सभा ने हिंदी आंदोलन मे महत्वपूर्ण भूमिका निभाई। हिंदी–उर्दू–हिंदुस्तानी का विवाद क्या है, हिन्दी–उर्दू और हिंदुस्तानी की हकीकत क्या है?, हिंदी के विरूद्ध क्यों और कौन लोग आंदोलन कर रहे हैं और कांग्रेस तथा उसके नेताओं के तथा देशभर के विद्वानों के भाषा के सन्दर्भ में क्या विचार है, को जनता के समझ रखा।

उर्दू हिंदुओं और मुसलमानों के मेलजोल से बनी है, जो लोग यह तर्क उपस्थित कर रहे थे और उसी का ही प्रचार कर रहे थे उसको उत्तर देते हुए पत्रिका ने लिखा कि "'उर्दू' हिंदुओं और मुसलमानों के मेलजोल से नहीं बनी है। 'उर्दू' भी पहले 'हिंदी' ही थी। परंतु जिस समय से उर्दू परस्तों ने नागरी लिपि को त्याग कर फारसी लिपि को अपनाना आरंभ किया उसी समय से फारसी लिपि में लिखी जानेवाली 'हिंदी' नगरी लिपि में लिखी जाने वाली हिंदी से दूर पड़ती गई और आज तो उसने एक ऐसा अनोखा रूप धारण कर लिया है जो बहुत कुछ अंशों में विदेशी है।"[124]

सभा ने हिंदी पत्रिका के माध्यम से सरकार और कांग्रेस की हिंदुस्तानी के समर्थन एवं मुसलमानों के प्रति पक्षपात करने का विरोध किया और लिखा कि "सरकार या कांग्रेस जो काम हिंदुस्तानी से लेना चाहती है, वहीं काम हिंदी से क्यों नहीं लेती? हिंदी तो हिंदुस्तानी से भी बढ़कर काम कर सकती है। फिर नया नाम चुनने का औचित्य क्या है?'[125]

गांधीजी की प्रबल समर्थक होते हुए भी सभा ने उनकी उर्दू वालों के प्रति पक्षपात की नीति का तीव्र विरोध किया। सभा ने इस बात का विरोध किया कि महात्मा जी भाषा के शुद्ध क्षेत्र में राजनीति को घुसेड़ देते हैं। पत्रिका ने लिखा "................. महात्माजी कुछ भी कहते रहें, पर उर्दू तो उन्हें सदैव सशंक दृष्टि से ही देखती रही है और फलतः जब तक वे खुलकर हिंदी का विरोध नहीं करते तब तक उर्दू के कृपापात्र होन से रहे। महात्माजी फिर भी महात्मा हैं। उनकी बड़ी भूल भी उन्हें शोभा दे सकती है; परन्तु जनता को तो जनवाणी का सत्कार करना ही चाहिए। जनवाणी हिंदी नहीं तो और क्या है?"[126]

हिंदी–हिंदुस्तानी आंदोलन के दौरान कुछ उर्दू और हिंदुस्तानी समर्थकों ने हिंदी को एक जाति विशेष की भाषा बताया और उसे साम्प्रदायिक करार दिया। ऐसे समय में सभा के लिए यह आवश्यक हो गया कि वह सच्चाई का प्रतिपादन करे और वास्तविकता से सबको परिचित कराये। हिंदी भाषा पर सांप्रदायिकता का जो आरोप लगाया गया था उसके प्रतिउत्तर में सभा ने अपना मत लिखा कि हमको न्यायपूर्वक देखना है कि यह कहां तक सत्य है। हिंदी पत्रिका ने इस संदर्भ में लिखा कि ''हिंदी के पक्षपातियों को साम्प्रदायिकता का हौआ दिखाकर डराया जा रहा है। .... वास्तव में देखा जाय तो साम्प्रदायिकता का रोग उन लोगों को है जो हिंदी समर्थकों को साम्प्रदायिक कहते हैं।''[127]

मार्च 1040ई0 में मुस्लिम लीग द्वारा एक अलग राष्ट्र 'पाकिस्तान' की मांग कर दी गई तब सभा के लिए यह आवश्यक हो गया कि इस संबंध में उसकी नीति क्या है? स्पष्ट करें। पत्रिका ने 'उर्दू' या 'पाकिस्तानी' शीर्षक लेख में अपनी नीति स्पष्ट करते हुए लिखा, जो आगे चल कर अक्षरशः सत्य हुआ, कि ''उर्दू के कुछ प्रेमी (सप्रू आदि) पाकिस्तान के पक्ष में नहीं हैं, परन्तु पाकिस्तान का कोई भी ऐसा जीव नहीं जो उर्दू को राष्ट्रभाषा बनाने में तत्पर न हो। उर्दू के बिना पाकिस्तान की कल्पना ही नहीं हो सकती।''[128]

हिंदू–मुस्लिम एकता के समाधान के लिए जो प्रयत्न किया गया वह भाषा–विवाद के इतिहास में 'फ्यूजन सिद्धान्त' के नाम से प्रसिद्ध है। 1942 में तो गांधीजी द्वारा विधिवत 'हिंदुस्तानी प्रचार सभा' का गठन कर दिया गया और हिंदी–हिंदुस्तानी का सीधा संघर्ष होने लगा। इसी समय हिंदुस्तानी को लक्ष्य करके भदंत आनंद कौशल्यायन ने कटुक्ति कही कि ''हिंदुस्तानी के बादल बिना बरसे निकल जायेंगें।''[129] इससे गांधीजी को बड़ा क्षोभ हुआ और उनहोंने 'हिंदी साहित्य सम्मेलन' से त्याग पत्र दे दिया। इस दौरान जैसे–जैसे हिंदी का विरोध बढ़ रहा था, सभा समस्त विरोधियों का सामना कर रही थी और जनता को वास्तविकता का दर्शन करा रही थी।

भारत विभाजन के साथ ही 15 अगस्त को हमारा देश स्वतंत्र हुआ और स्वतंत्रता प्राप्त होने के समय तक राष्ट्रभाषा और राजभाषा के रूप में हिंदी के महत्व

को लगभग सब लोग स्वीकार कर चुके थे। उत्तर भारत में इसकी स्पष्ट प्रतिक्रिया भी देखी गई जब संयुक्त प्रांत ने नव0 1947 में हिंदी को राजभाषा और नागरी को राजलिपि घोषित कर दिया।[130]

भारत के स्वतंत्र होते ही एक के बाद एक प्रांतों और देशी रियासतों ने हिंदी भाषा एवं नागरी लिपि को क्रमशः राजभाषा एवं राजलिपि घोषित करना प्रारंभ किया। संयुक्त प्रांत,[131] बिहार,[132] पूर्वी पंजाब, राजस्थान,[133] मध्यप्रांत,[134] सदृश राज्यों और अनेंक देशी रियासतों ने अपने यहां हिंदी को जारी कर दिया। विभिन्न प्रांतों में हिंदी को जिस प्रकार जारी किया जा रहा था और केन्द्र में जारी किये जाने के लिए जैसा प्रयास हो रहा था, उस पर सभा ने संतोष प्रकट किया और लिखा–''काशी ना0 प्र0 सभा देश की दूसरी समानधर्मा संस्थाओं के सहयोग से भाषा और लिपि संबंधी जिस महत्वपूर्ण उद्देश्य के लिए पिछली आधी शताब्दी से प्रयत्न करती आ रही थी, प्रसन्नता की बात है कि वह इस वर्ष आंशिक रूप में सिद्ध हो गया। राजभाषा और राजलिपि का प्रतिष्ठित पद संयुक्त प्रांत, और अंशतः बिहार मध्य देश, पूर्वी पंजाब और अनेंक रजवाड़ों में हिंदी–नागरी को इस वर्ष प्राप्त हुआ है। केन्द्र में भी इसे वहीं मान प्राप्त होने की संभावना है।[135]

संविधान निर्मात्री सभा में भी, जब स्वतंत्र भारत का विधान बनाया जा रहा था, तब 23 दिसम्बर, 1947ई0 को ही सभा के सभासद सेठ गोविंददास ने यह प्रस्ताव उपस्थित किया कि 'सभा की समस्त कार्यवाही हिंदी में हो'। संविधान सभा में पुरूषोत्तमदास टंडन, सम्पूर्णानंद, धुलेकर सदृश सैकड़ों लोगों ने हिंदी के लिए सराहनीय प्रयास किया।

संविधान सभा से बाहर सम्पूर्ण देश में हिंदी को उसका वास्तविक पद दिलाने के लिए उस समय घोर आंदोलन हो रहे थे। मध्यप्रांतीय हिंदी साहित्य सम्मेलन ने एक स्वर से हिंदी को राजभाषा घोषित किया।[136] 5 जून, 1948 को ही प्रयाग विश्वविद्यालय ने घोषणा कर दी कि विश्वविद्यालय के कार्यालय का समस्त काम हिंदी में होगा।[137] बिहार सरकार ने घोषणा की कि न्यायालयों की भाषा हिंदी होगी तथा सरकारी कर्मचारियों को हिंदी जानना अनिवार्य होगा।[138] प0 बं0 रा0 प्र0स0 ने स्पष्ट घोषण की

कि 'हिंद की राष्ट्र भाषा हिंदी' होगी।[139] आचार्य नरेन्द्र देव,[140] डॉ0 अमरनाथ झा,[141] सरदार पटेल,[142] और गोलवरकर[143] सदृश लोगों ने हिंदी–नागरी का समर्थन किया। गुजरात साहित्य परिषद के अध्यक्ष के0एम0 मुंशी ने हिंद की भाषाओं के लिए नागरी लिपि का ही समर्थन किया।[144] डॉ0 जदुनाथ सरकार, डॉ0 रमेशचन्द्र मजूमदार, पं0 विधुशेखर शास्त्री, डॉ0 सुनीतिकुमार चटर्जी, डॉ0 कालीदास नाग, डॉ0 भण्डारकर, सजनीकान्त दास, श्रीमती रेणु मुखर्जी, डॉ0 शिशिरकुमार मित्र तथा अन्य बंगाली साहित्यकारों ने विधान–परिषद के अध्यक्ष के नाम संयुक्त पत्र भेंजकर यह अनुरोध किया कि ''बंगाली साहित्यकार इस बात से सहमत हैं कि देवनागरी में लिखी हिंदी भाषा को भारत की राष्ट्रभाषा स्वीकार किया जाय।''[145]

स्वतंत्रता के बाद कांग्रेस दल और स्वतंत्र भारत की सरकार ने भाषा के संबंध में जो नीति अपनाई उससे सम्पूर्ण देश के हिंदी प्रेमियों में क्षोभ व्याप्त हो गया। संविधान सभा एवं उससे बाहर सर्वत्र हिंदी की उपेक्षा की जानी आरंभ हुई। विश्वविद्यालयों की शिक्षा के माध्यम के प्रश्न पर विचार करने के लिए भारतीय विश्वविद्यालयों के कुलपतियों की बनी समिति ने शिक्षा का माध्यम 5 वर्ष तक अंग्रेजी रहने की अनुशंसा की।[146] समिति की इस अनुशंसा का सम्पूर्ण देश में विरोध हुआ। ना0प्र0 सभा ने भी इस समिति की सिफारिश का विरोध किया और समिति के निर्णय को भारत की मर्यादा के विपरीत एवं उसकी भविष्योन्नति के लिए घातक बताया और नागरी लिपि में लिखी जाने वाली हिंदी को उच्च शिक्षा का माध्यम स्वीकार करने का आग्रह किया।[147]

स्वाधीन भारत के संविधान के मसविदे का अनुवाद घनश्याम गुप्त आदि ने जिस हिंदी में किया था, उसे भारत सरकार के शिक्षा विशेषज्ञों ने अमान्य कर दिया और उसका अनुवाद फिर से अरबी मिश्रित उर्दू में करवाना शुरू किया। इससे काशी के साहित्यकारों को घोर चिंता हुई।[148] सरकार की नीति के विरोध में 2 मई, 1948ई0 को ना0प्र0 सभा में साहित्यकारों की बैठक हुई जिसमें हिंदी भाषा तथा देवनागरी लिपि की वर्तमान अवस्था तथा उसकी हितरक्षा पर विचार हुआ। सभा के इस कार्य पर साहित्यिकों के पीछे खुफिया पुलिस लगा दिया गया तथा सभा के सभापति पं0

विश्वनाथप्रसाद मिश्र के घर भी पूछताछ हुई जिसकी प्रतिक्रिया में मिश्रजी ने केवल इतना ही कहा कि ''ठीक तो है यहीं प्रजातंत्र युग की देने है।''[149]

काशी के साहित्यकारों में खुफिया पुलिस के इस कार्य से घोर क्षोभ एवं असंतोष व्याप्त हो गया। फलतः 6 जून, 1948ई0 को 11 बजे ना0प्र0 सभा में एक विशाल सभा का आयोजन किया गया जिसके लिए प्रार्थना की गई कि 'काशी के सभी हिंदी प्रेमी, साहित्यिक संस्थाएं, पत्रकार और शिक्षक अत्यधिक संख्या में उपस्थित हो और हिंदी की रक्षा के लिए तत्पर हो जाय।'[150] एक विशाल सभा का आयोजन किया गया जिसमें सर्वसम्मति से यह प्रस्ताव पास हुआ कि 'काशी के नागरिकों, साहित्यसेवियों तथा पत्रकारों की यह सभा देश के सभी हिंदी प्रेमियों, साहित्य संस्थाओं एवं अन्य जनता से अनुरोध करती है कि हिंदी को विधान की भाषा एवं राजभाषा का तथा नागरी को राजलिपि का रूप देने के लिए प्रबल आंदोलन करें और जिस समय विधान परिषद की बैठक विधान पर विचार करने के लिए हो उस समय एक संघठित, शांतिपूर्ण प्रदर्शन का आयोजन करें तथा देश के कोने–कोने से दिल्ली में प्रदर्शनकारी एकत्र हों तथा सभा भी यह निश्चय करती है कि इस प्रदर्शन में योग देने के लिए काशी की ओर से भी एक जत्था भेजा जायेगा।''[151] ये प्रस्ताव अविलम्ब पं0 नेहरू, मौलाना आजाद, डॉ0 राजेन्द्र प्रसाद और सरदार पटेल के पास भेंज दिये गये।

सभा ने जो प्रस्ताव भेंजा और आंदोलन आरंभ किया उस पर उसे केवल आश्वासन प्राप्त हुआ जिसमें उस प्रश्न पर आगे विचार करने की बात कही गई थी।[152] तब सभा ने अपना आंदोलन और तेज कर दिया। जब संविधान सभा में और उससे बाहर भाषा विवाद गहरा होता जा रहा था तब सभा के सहयोग और हिंदी साहित्य सम्मेलन के तत्वावधान में दिल्ली में राष्ट्रभाषा पर विचार करने के लिए 6–7 अगस्त, 1949 को ''राष्ट्रभाषा सम्मेलन'' का आयोजन किया गया।[153] यह सम्मेलन 6–7 अगस्त को हुआ जिसमें सम्पूर्ण देश के 100 से अधिक विद्वान सम्मिलित हुए जिसकी अध्यक्षता डॉ0 गाडबोलेने की। इस सम्मेलन ने सर्वसम्मति से यह प्रस्ताव स्वीकृत किया कि ''हिंद के विधान में देवनागरी लिपि सहित हिंदी को ही राष्ट्रभाषा माना जाय।''[154]

11 अगस्त को विधान परिषद के कांग्रेसी सदस्यों ने 3 घंटे वाद–विवाद के बाद निश्चय किया कि पूर्णरूप से हिंदी के राष्ट्रभाषा बनने के पूर्व के 15 वर्षों में भाषा का व्यवहार किस प्रकार हो, इस पर विचार करने हेतु एक उपसमिति का गठन किया और मध्यकाल की व्यवस्था के लिए 15 वर्ष तक अंग्रेजी का प्रचलन किये जाने पर जोर दिया गया।[155] इसी क्रम में राष्ट्रभाषा संबंधी धारा में मसविदा समिति ने समझौते का जो मसविदा तैयार किया उसमें नागरी लिपि में लिखित हिंदी को राष्ट्रभाषा बनाने तथा नये विधान के लागू होने से 15 वर्ष तक अंग्रेजी को राजभाषा के स्थान पर रहने का निश्चय किया गया।[156] इसी बीच 25 अगस्त को विधान–परिषद के कांग्रेस दल के सदस्यों की बैठक में राष्ट्रभाषा संबंधी धारा के मसविदे को, जिसे के0 एम0 मुंशी तथा जी0 एस0 आयंगर ने तैयार किया था, पेश हुआ जिसे प्रधानमंत्री, मंत्रिमंडल के सदस्यों तथा दल के अधिकांश सदस्यों का समर्थन प्राप्त था, जिसमें विधान था कि ''देवनागरी लिपि में हिंदी भारतीय संघ की राजभाषा होगी। अंकों के लिए अंतर्राष्ट्रीय अंक पद्धति अपनायी जायेगी। उपर्युक्त धारा के होते हुए भी अगले 15 वर्षों तक अंगेजी का राजभाषा के रूप में उपयोग होगा।[157]

मुंशी–आयंगर प्रस्ताव पर कांग्रेस दल में काफी बहस हुई। अंक–पद्धति के प्रश्न पर तो नेहरू सरकार तथा उसके समर्थकों को 74 के विरूद्ध 75 वोंटों से हार खानी पड़ी।[158] 12 सितंबर, 1949ई0 से राष्ट्रभाषा पर पुनः बहस आरंभ हुई और कई बार हिंदी समर्थकों और हिंदी के विरोधियों में तीव्र झड़पें हुई और मुंशी–आयंगर प्रस्ताव धारा सभा में पेश किया गया। इस प्रश्न पर काफी वाद–विवाद हुआ और 300 संशोधन पेश हुए। अंत में, राजशक्ति के बल और नेहरूजी के इस आदेश कि 'कांग्रेस दल का कोई भी सदस्य विधान–परिषद में 'मुंशी–आयंगर' सूत्र के विरूद्ध न तो मत दे और न इस पर कोई संशोधन पेश करे' के आधार पर 14 सितम्बर, 1949ई0 को मुंशी–आयंगर प्रस्ताव पारित कर दिया गया।[159] इस मसवदे के आधार पर संविधान के अनुच्छेद 343(1) में यह विधान किया गया कि ''संघ की राजभाषा हिंदी और लिपि देवनागरी होगी। संघ के राजकीय प्रयोजनों के लिए प्रयोग होने वाले अंको का रूप भारतीय

अंकों का अन्तर्राष्ट्रीय रूप होगा''[160] पर साथ ही 342 (2) में खण्ड (1) द्वारा 15 वर्षों तक अंग्रेजी के प्रयोग को स्वीकृति प्रदान कर दी गई।[161]

जिस प्रकार ये घटनाएं घट रही थीं, काशी की सभा उस पर बारीकी से नजर रखी हुई थी। 9 भाद्रपद, सं0 2006वि0 को काशीवासियों की एक विशाल सभा का आयोजन कर ना0प्र0 सभा ने प्रारूप समिति के उस प्रस्ताव का विरोध किया जिसमें युक्त प्रांत में हिंदी के साथ और भाषाएं भी राजभाषा घोषित की गयीं थी[162] इसके साथ ही सभा ने अन्तर्राष्ट्रीय अंक पद्धति के भारत पर थोपे जाने का भी तीव्र विरोध किया।[163] हिंदी को आंशिक रुप में ही राजभाषा का पद दिये जाने पर 13 कार्तिक, सं0 2006 को सभा में महाराजा बनारस विभूतिनारायण सिंह के सभापतित्व में 'राष्ट्रभाषा दिवस' मनाया गया और कई प्रस्ताव पास किये गये जिसमें ''टंडनजी तथा उनके सहयोगियों को हिंदी को राजभाषा स्वीकृत किये जाने पर बधाई तथा धन्यवाद दिया गया था।[164]

इस प्रकार अपनी स्थापना (1893ई0) के समय से, जब सभा मात्र बालकों की संस्था थी, जो व्रत लिया था उस पर हमेशा अडिग रही और उसका निश्चय हिंदी के प्रति क्रमशः दृढ़ से दृढ़तर होता गया। जब कतिपय लोगों द्वारा हिंदी का विरोध किया गया तो सभा ने उनका विरोध किया और वास्तविकता जनता–जनार्दन के सामने उपस्थित करने का प्रयास किया। 56 वर्षों तक निरंतर संघर्ष करने के बाद 14 सितम्बर, 1949ई0 को सभा हिंदी भाषा एवं नागरी लिपि को पूर्णतः न सही, आंशिक रूप में ही राजभाषा एवं राजलिपि का पद दिलाने में सफल रही। यह हमारे राजनेताओं की कुटिल चालें थी कि कभी जिन लोगों ने हिंदी का समर्थन किया था, उन्हीं लोगों ने हिंदी का विरोध किया। जिन लोगों को मिलाने के लिए हिंदुस्तानी गढ़ी गई उन लोगों ने देश का विभाजन करा दिया। स्वतंत्रता के पश्चात् भाषा का ऐसा जहरीला बीज बोया गया कि देश के अधिकांश भागों में हिंदी को लेकर विरोध, प्रदर्शन और अनशन हुए और यहां तक कि भाषा के आधार पर प्रदेशों का विभाजन हुआ, परंतु सभा ने हमेशा ही प्रादेशिक भाषाओं को महत्व दिया और केवल अन्तर्प्रांतीय व्यवहार के लिए ही हिंदी का समर्थन किया था।

संदर्भ सूची

1. राजभाषा के संदर्भ में हिंदी आंदोलन का इतिहास, शोध प्रबंध, 1973ई0, काशी हिंदू विश्वविद्यालय, प्रस्तावना, पृष्ठ 1.
2. वहीं, पृष्ठ 11.
3. राष्ट्रभाषा की कुछ समस्याएं, पृष्ठ 54.
4. 'हिंदी' पत्रिका, भाग–1, संख्या 5, 1941ई0, नागरीप्रचारिणी सभा, काशी, पृष्ठ 10.
5. राजभाषा के सन्दर्भ में हिंदी आन्दोलन का इतिहास, पृष्ठ 21–22.
6. प्रसाद, रामैंश्वर, राजभाषा हिंदी : प्रचलन और प्रसार, अनुपम प्रकाशन पटना 1988ई0, पृष्ठ 6.
7. राष्ट्रभाषा की कुछ समस्याएं, पृष्ठ–54.
8. लैंग्वेज कॉनफ्लिक्ट ऐंड नेशनल डेवेलपमेंट, आक्सफोर्ड युनिवर्सिटी प्रेस, बॉम्बे, 1970, पेज 37.
9. गुलेरी, चंद्रधरशर्मा, पुरानी हिंदी, नागरीप्रचारिणी सभा, काशी चतुर्थ सं0, सं0 2042वि0, पृष्ठ 6–7.
10. वहीं, पृष्ठ–35.
11. चतुर्वेदी, परशुराम, भारतीय साहित्य की सांस्कृतिक रेखाएं, साहित्य भवन लिमिटेड, इलाहाबाद, 1955ई0, पृष्ठ 50.
12. राजभाषा हिंदीः प्रचलन और प्रसार, पृष्ठ 4.
13. गोपाल, राम, स्वतंत्रतापूर्व हिंदी के संघर्ष का इतिहास, हिंदी साहित्य सम्मेलन, प्रयाग, शक सं0 1886, पृष्ठ 11.
14. विद्यालंकार, जयचन्द्र, भारतीय इतिहास की मीमांसा, पृष्ठ 99.
15. गोपाल, राम, स्वतंत्रतापूर्व हिंदी के संघर्ष का इतिहास, पृष्ठ 12.
16. शर्मा, श्रीराम, सं0 अमीर खुसरों कृत खालिकबारी, नागरीप्रचारिणी सभा, काशी 2021वि0, पृष्ठ 19.
17. वहीं, पृष्ठ 21.
18. दुबे, उदयनारायण, राजभाषा के संदर्भ में हिंदी आंदोलन का इतिहास, पृष्ठ 11.
19. सरस्वती पत्रिका, भाग–1, संख्या–4, अप्रैल, 1900ई0, पृष्ठ 124.

20. केयी, एफ0 ई0, ए हिस्ट्री ऑफ हिंदी लिटरेचर, एसोसिएशन प्रेस, कैलकटा, 1920, पेज 35.
21. वहीं, पृष्ठ 10.
22. गोपाल, राम, स्वतंत्रतापूर्व हिंदी के संघर्ष का इतिहास, पृष्ठ 6.
23. पाण्डे, चन्द्रबली, कचहरी की भाषा और लिपि, नागरीप्रचारिणी सभा, पृष्ठ 27.
24. सरस्वती पत्रिका, भाग–1, संख्या–4, अप्रैल, 1900ई0, पृष्ठ 124.
25. वहीं, पृष्ठ 124.
26. वहीं, पृष्ठ 124.
27. ब्रास, पॉल आर0, लैंग्वेज, रिलिजन ऐंड पॉलिटिक्स इन नार्थ इंडिया, पेज 130..
28. जैसवाल, श्रीश, हिंदी का नवजागरणकाल एवं भाषा विवाद, पृष्ठ 17.
29. प्रथम हिंदी साहित्य सम्मेलन, काशी, का कार्य विवरण, प्रथम भाग, हितचिंतक प्रेस, बनारस 1911ई0, मालवीय जी का अध्यक्षीय भाषण, पृष्ठ 17.
30. स्वतंत्रतापूर्व हिंदी के संघर्ष का इतिहास, पृष्ठ 30.
31. नागरीप्रचारिणी पत्रिका, वर्ष 82, अंक, 3–4, सं0 2034वि0, पृष्ठ 90.
32. वहीं, पृष्ठ 90.
33. मुहम्मद, शान एडि0 दि अलीगढ़ मूवमेंट बेसिक डाक्यूमेंट (1864–98), मीनाक्षी प्रकाशन मेरठ, 1978, पेज 323.
34. वहीं, पेज 324.
35. वहीं, पेज 327–28.
36. शिक्षा आयोग के समक्ष भारतेन्दु हरिश्चन्द्र का वक्तव्य, श्रोतः स्वतंत्रतापूर्व हिंदी के संघर्ष का इतिहास, परिशिष्ट–1, पृष्ठ 99.
37. वहीं, पृष्ठ 97–102.
38. ब्रास, पॉल आर0, लैंग्वेज, रिलिजन ऐंड पॉलिटिक्स इन नार्थ इंडिया, पेज 130–31.
39. भारतजीवन, 14 अगस्त, 1893ई0, पृष्ठ 7.
40. नागरीप्रचारिणी सभा का द्वितीय वार्षिक विवरण, 1894–95ई0, पृष्ठ 5.
41. नागरीप्रचारिणी सभा का तृतीय वार्षिक विवरण 1895–96ई0, पृष्ठ 3.
42. नागरीप्रचारिणी सभा का चतुर्थ वार्षिक विवरण 1896–97ई0, पृष्ठ 3–4.
43. नागरीप्रचारिणी सभा का तृतीय वार्षिक विवरण 1895–96ई0, पृष्ठ 4–5.

44. वहीं, पृष्ठ 5.
45. वहीं, पृष्ठ 5; मेरी आत्मकहानी, पृष्ठ 28.
46. नागरीप्रचारिणी सभा का चतुर्थ वार्षिक विवरण 1896–97ई0, पृष्ठ 5.
47. नागरीप्रचारिणी सभा का द्वितीय वार्षिक विवरण 1894–95ई0, पृष्ठ 13–14.
48. नागरीप्रचारिणी सभा का तृतीय वार्षिक विवरण 1895–96ई0, पृष्ठ 13.
49. दास, श्यामसुन्दर सं0 मेरी आत्म कहानी, पृष्ठ 30.
50. नागरीप्रचारिणी सभा का चतुर्थ वार्षिक विवरण 1896–97ई0, पृष्ठ 5–6; अर्द्धशताब्दी का इतिहास पृष्ठ 119.
51. नागरीप्रचारिणी सभा का पंचम वार्षिक विवरण 1897–98ई0, पृष्ठ 11,
52. वहीं, पृष्ठ 11–12.
53. वहीं, पृष्ठ 12–13; नागरी मेमोरियल के लिए देखिये सभा का अर्द्ध–शताब्दी का इतिहास, पृष्ठ 121–126; भारत जीवन 7 मार्च, 1898ई0, पृष्ठ 4–5.
54. गवर्नर के उत्तर के लिए देखिये –अर्द्ध–शताब्दी का इतिहास, पृष्ठ 126–129; मेरी आत्मकहानी पृष्ठ 34–38.
55. नागरीप्रचारिणी सभा का वार्षिक विवरण 1897–98ई0, पृष्ठ 27–28; भारतजीवन 18 जुलाई, 1898 पृष्ठ 3.
56. सरस्वती पत्रिका भाग–1, संख्या–4, अप्रैल, 1900ई0, पृष्ठ 127.
57. अर्द्ध–शताब्दी का इतिहास, पृष्ठ 129.
58. भारत जीवन 18 जुलाई, 1898, पृष्ठ 4.
59. हिंदी प्रदीप, मई 1898ई0, यूनियन प्रेस, इलाहाबाद, पृष्ठ 15.
60. पश्चिमोत्तर प्रदेश तथा अवध के न्यायलयों और सर्कारी दफ्तरों में नागरी अक्षरों का प्रचार, निवेदन, पृष्ठ 3.
61. सरस्वती पत्रिका, भाग–1, संख्या–4, अप्रैल, 1900ई0, पृष्ठ 126–127; अर्द्ध–शताब्दी का इतिहास, पृष्ठ 130.
62. The Nagari Pracharini Sabha (Society For the Promotion of the Nagari Script and Language) of Benares 1893-1914 : A study in the Social and Political History of the Hindi Languase (1977) , Page 10
63. अर्द्ध–शताब्दी का इतिहास, पृष्ठ 136.

64. वहीं, पृष्ठ 136.
65. नागरीप्रचारिणी सभा का वार्षिक विवरण 1903—04ई0, पृष्ठ 2.
66. अर्द्ध—शताब्दी का इतिहास, पृष्ठ 136.
67. वहीं, पृष्ठ 137.
68. वाजपेयी, किशोरीदास, राष्ट्रभाषा का इतिहास, पृष्ठ 25; नागरीप्रचारिणी सभा का वार्षिक विवरण 1905—06ई0, पृष्ठ 23.
69. प्रथम हिंदी साहित्य का कार्य विवरण भाग—2, पृष्ठ 69.
70. नागरीप्रचारिणी सभा का वार्षिक विवरण 1904—05ई0, पृष्ठ 32—33.
71. जोगेलकर, न0 चि0 तथा तिवारी, भगवानदास सं0 देवनागरी लिपि, स्वरूप, विकास और समस्याएं, हिंदी साहित्य भण्डार लखनऊ, सं0 2019, पृष्ठ 23.
72. नागरीप्रचारिणी सभा का वार्षिक विवरण 1905—1906, पृष्ठ 23.
73. नागरीप्रचारिणी पत्रिका भाग—10, 1906ई0 पृष्ठ 171—72.
74. नागरीप्रचारिणी सभा का वार्षिक विवरण 1905—06ई0, पृष्ठ 24.
75. नागरीप्रचारिणी सभा का वार्षिक विवरण 1907—08ई0, पृष्ठ 36.
76. हिंदी साहित्य सम्मेलन काशी का कार्य विवरण, पहला भाग, 1911ई0, भूमिका पृष्ठ घ.
77. वहीं, पृष्ठ 24.
78. नागरीप्रचारिणी सभा का वार्षिक विवरण 1913—14ई0, पृष्ठ 29
79. वहीं, पृष्ठ 29
80. नागरीप्रचारिणी पत्रिका भाग—3, 1898—99ई0, पृष्ठ 116—17.
81. पत्रकारिता और सभा पृष्ठ 124.
82. प्रथम हिंदी साहित्य सम्मेलन काशी का कार्य विवरण, दूसरा भाग, 1910ई0, पृष्ठ 20.
83. लैंग्वेज ऐंड स्क्रिप्ट ऑफ एंशियेंट इंडिया, आक्सफोर्ड बुक ऐंड कं0, कैलकटा, 1959, पेज 112—114.
84. नागरीप्रचारिणी सभा का वार्षिक विवरण 1913—14ई0, पृष्ठ 31.
85. नागरीप्रचारिणी सभा का 30वां वार्षिक विवरण 1922—23ई0, पृष्ठ 22.
86. नागरीप्रचारिणी सभा का वार्षिक विवरण 1915—16ई0, पृष्ठ 17.
87. ना0 प्र0 सभा का 28वां वा0 वि0, सं0 1977, पृष्ठ 19.
88. ना0 प्र0 सभा का 29वां वा0 वि0, सं0 1978, पृष्ठ 20.

89. ना0प्र0 सभा का 32वां वार्षिक विवरण 1924–25, पृष्ठ 25–26.
90. वहीं, पृष्ठ 28.
91. वहीं, पृष्ठ 27.
92. ना0प्र0 सभा का 33वां वार्षिक विवरण, 1925–26ई0, पृष्ठ 29–30.
93. दि कौंसिल स्टेट डिबेट, वोलूम–1, 28 फर0–29 मार्च, 1927, सेंट्रल पब्लिकेशन, कैलकटा, 1927, पेज 593.
94. वहीं, पृष्ठ 606., लक्ष्मीचंद सं0 हिंदी भाषा आंदोलन–सेठ गोविंददास, हिंदी साहित्य सम्मेलन, प्रयाग, 1963ई0, पृष्ठ 11.
95. शास्त्री, वेदव्रत, सभा का अर्द्ध–शताब्दी का इतिहास, पृष्ठ 138.
96. वहीं, पृष्ठ 138.
97. ना0प्र0 सभा का 37वां वार्षिक विवरण 1929–30ई0, पृष्ठ 31.
98. ना0प्र0 सभा का 38वां वार्षिक विवरण 1930–31ई0, पृष्ठ 26.
99. ना0प्र0 सभा का 38वां वार्षिक विवरण 1930–31ई0, पृष्ठ 31.
100. गोपाल, राम, स्वतंत्रतापूर्व हिंदी के संघर्ष का इतिहास, पृष्ठ 62, 71.
101. त्रिवेदी, काशीनाथ अनु0 राष्ट्रभाषा हिन्दुस्तानी, मूल लेखक मोहनदास करमचंद गांधी, नवजीवन प्रकाशन मंदिर, अहमदाबाद 1947ई0, पृष्ठ 101.
102. वहीं, पृष्ठ 24; स्वतंत्रतापूर्वक हिंदी के संघर्ष का इतिहास, पृष्ठ 70.
103. वहीं, पृष्ठ 71.
104. ग्रियर्सन, जार्ज अब्राहम, भारत का भाषा सर्वेक्षण, भाग–9, भार्गव भूषण प्रेस, वाराणसी, 1967ई0, पृष्ठ 5.
105. वहीं, पृष्ठ 6.
106. वहीं, पृष्ठ 21.
107. वहीं, पृष्ठ 67–68.
108. ना0 प्र0 सभा का 46वां वा0 वि0, सं0 1995, पृष्ठ 34.
109. अर्द्ध शताब्दी का इतिहास, पृष्ठ 138.
110. ना0 प्र0 सभा का 46 वां वा0 वि0 सं0 1995, पृष्ठ 37.
111. वहीं, पृष्ठ 54–55.
112. ना0प्र0 सभा का 46वां वार्षिक विवरण 1938–39ई0, पृष्ठ 51–53.

113. वहीं, पृष्ठ 51—52.
114. वहीं, पृष्ठ 58.
115. वाजपेयी, किशोरीदास, राष्ट्रभाषा का इतिहास, पृष्ठ 90.
116. ना0प्र0 सभा का 46वां वार्षिक विवरण 1938—39ई0, पृष्ठ 62.
117. वहीं, पृष्ठ 57.
118. वहीं, पृष्ठ 56—57.
119 वहीं, पृष्ठ 57
120. हिं0सा0 स0 का 28वां कार्य विवरण, वणिक प्रेस काशी, 1938ई0, पृष्ठ 16.
121. वहीं, पृष्ठ 36.
122. वहीं, पृष्ठ 36—37.
123. ना0प्र0 सभा का 46वां वार्षिक विवरण 1938—39ई0, पृष्ठ 63.
124. हिंदी पत्रिका, वर्ष—1, संख्या—4 ,1941ई0, पृष्ठ 7.
125. वहीं, पृष्ठ 4.
126. हिंदी पत्रिका, भाग—2, संख्या—3, 1942ई0 पृष्ठ 13.
127. हिंदी पत्रिका, भाग—2, संख्या—4, 1942ई0, पृष्ठ 3.
128. हिंदी पत्रिका भाग—1, संख्या—9, 1941ई0, पृष्ठ 4.
129. सिंह, लालजी, हिंदी का सांस्कृतिक परिवेश पृष्ठ 44.
130. ना0प्र0 सभा का 55वां वार्षिक विवरण 1947—48ई0, पृष्ठ 75.
131. आज, 12 अक्टूबर, 1947ई0, पृष्ठ 1.
132. आज 11जून, 1948ई0, पृष्ठ 1.
133. आज 16 सितम्बर, 1948ई0, पृष्ठ 2.
134. आज 2 मई, 1948ई0, पृष्ठ 1.
135. ना0प्र0 सभा का 55वां वार्षिक विवरण 1947—48ई0, पृष्ठ 41.
136. आज, 2मई, 1948ई0, पृष्ठ 1.
137. आज, 6 जून, 1948ई0, पृष्ठ 3.
138. आज, 11 जून, 1948ई0, पृष्ठ 1.
139. आज, 5 जुलाई, 1948ई0, पृष्ठ 1.
140. आज, 1 अगस्त, 1948ई0, पृष्ठ 4.

141. आज, 7 अगस्त, 1949ई0, पृष्ठ 1.
142. आज, 23 अगस्त, 1949ई0, पृष्ठ 1.
143. वहीं, पृष्ठ 1.
144. आज, 4 जुलाई, 1949ई0, पृष्ठ 1.
145. सन्मार्ग, 13जनवरी, 1948ई0, पृष्ठ 1.
146. आज, 4 मई, 1948ई0, पृष्ठ 1.
147. ना0प्र0 सभा का 56वां वार्षिक विवरण, 1948—49ई0, पृष्ठ 35.
148. आज, 2 मई, 1948ई0, पृष्ठ 3.
149. वहीं, पृष्ठ 3.
150. वहीं, पृष्ठ 3.
151. ना0प्र0 सभा का 56वां वार्षिक विवरण, 1948—49ई0, पृष्ठ 34.
152. आज 28 जून, 1948ई0, पृष्ठ 6.
153. आज, 3 अगस्त, 1949ई0, पृष्ठ 1.
154. आज, 8 अगस्त, 1949ई0, पृष्ठ 1
155. आज, 12 अगस्त, 1949ई, पृष्ठ 2.
156 आज, 19 अगस्त, 1949ई0, पृष्ठ 1.
157. आज, 24 अगस्त, 1949, पृष्ठ 1.
158. वाजपेयी, किशोरीदास, राष्ट्रभाषा का इतिहास, पृष्ठ 157.
159. वहीं, पृष्ठ 158.
160. वहीं, पृष्ठ 169, ना0 प्र0 सभा का 57वां वा0 विव0 1949—50ई0, पृष्ठ 36.
161. वहीं, पृष्ठ 169, ना0 प्र0 सभा का 57वां वा0 विव0 1949—50ई0, पृष्ठ 36.
162. ना0 प्र0 सभा का 57 वां वा0 विव0 1949—50ई0, पृष्ठ 16.
163. वहीं, पृष्ठ 16.
164. वहीं, पृष्ठ 16.

9. विदेशों में हिंदी का प्रचार और नागरीप्रचारिणी सभा

नागरीप्रचारिणी सभा का एक प्रमुख कार्य विदेशों में हिंदी का प्रचार करना था। इस संस्था ने भारत में हिंदी का जो आंदोलन आरंभ किया, उसे अत्यंत व्यापक फलक प्रदान किया और हिंदी के लिए तब तक संघर्ष किया जब तक कि उसे लोकभाषा से राजभाषा के पद तक नहीं पहुँचा दिया, परंतु इसके समानांतर ही सभा ने एक और आंदोलन चलाया और वह था भारत से बाहर रह रहे भारतवंशियों और विदेशियों में भी हिंदी का प्रचार करना और सभा द्वारा चलाया गया यह आंदोलन इतना महत्वपूर्ण और सफल रहा कि सभा ने अपना जो प्रचार कार्य किया वह तो अपने आप में महत्वपूर्ण था ही, परंतु यदि किसी अन्य व्यक्ति ने भी विदेशों में हिंदी प्रचार का यदि कोई कार्य किया तो उसकी भी प्रेरणास्रोत यहीं संस्था बनी।

जब यह सभा स्थापित हुई उस समय यह मात्र छोटे–छोटे बालकों की एक वाद–विवाद संस्था मात्र थी परंतु फिर भी उसके उद्‌देश्य अत्यंत विस्तृत थे और हिंदी का सर्वत्र प्रचार प्रसार करना उसके उद्देश्यों में शामिल था। सभा की स्थापना के समय ही सभा के जो उद्‌देश्य, नियम और सभासदों के कर्तव्य निर्धारित किये गये, उस संदर्भ में भारत जीवन ने लिखा था कि ''सभासदों का मुख्य कर्तव्य है कि नागरी भाषा से अपनी उन्नति करें। नागरी जानने वाले इष्ट मित्रों से नागरी अक्षर और भाषा में पत्र व्यवहार करें, लोगों की रुचि इस ओर आकर्षित करें। इसके सभासद अन्य स्थानीय नागरीप्रचारिणी सभाओं से पत्र व्यवहार द्वारा एकता और मित्रता करें। यथामध्य दूसरे स्थानों में ऐसी सभा स्थापन करने का प्रयत्न करें।''[1]

नागरी (हिंदी भाषा और नागरी लिपि) का सर्वत्र प्रचार करना सभा के उद्‌देश्यों में शामिल था इसलिए सभा की स्थापना के साथ ही इस बात का उद्योग होने लगा कि हिंदी के विद्वानों को इस संस्था से जोड़ा जाए। सर्वप्रथम भारत जीवन पत्र के संपादक बाबू कार्तिकप्रसाद खत्री प्रथम महत्वपूर्ण व्यक्ति थे, जो सभा से जुड़े। 17 फरवरी, 1894ई0 को बाबू राधाकृष्णदास ने सभा का सभापति होना स्वीकार कर लिया और

उसके बाद दिनोंदिन सभा में अच्छे–अच्छे हिंदी के विद्वान तथा स्थानिक और विदेशी माननीय लोग सभा के सभासद होने लगे[2] और इस प्रकार सभा की उन्नति आरंभ हुई।

काशी नागरीप्रचारिणी सभा द्वारा विदेशों में किये गये हिंदी प्रचार कार्य का अध्ययन करने से पूर्व सभा द्वारा किये गये प्रचार कार्य के स्वरुप अर्थात् अपनाये गये माध्यमों का अध्ययन महत्वपूर्ण होगा। सभा के दस्तावेजों के अध्ययन से यह ज्ञात होता है कि अपनी स्थापना के बाद ही सभा ने सर्वप्रथम हिंदी के विदेशी विद्वानों एवं हिंदी हितैषियों को सभा से जोड़ना आरंभ किया और कितने ही हिंदी के विदेशी विद्वान, चाहे वे भारत में रहते थे, अथवा विदेशों में, सभा के सभासद और संरक्षक हुए और सभा की हर प्रकार से सहायता की। दूसरे, 20वीं सदी के आरंभ में भारत के विस्तृत क्षेत्र में नागरी (हिंदी भाषा और नागरी लिपि) का प्रचार कार्य किया जा रहा था और तत्कालीन भारत के अनेंक समाज सुधारक, राजनीतिज्ञ, शिक्षाविद् एवं धर्म प्रचारक इससे प्रभावित हुए और नागरीप्रचारिणी सभा की सदस्यता ग्रहण कर ली थी और उसी का परिणाम था कि भारत के विभिन्न क्षेत्रों में जो हिंदी संस्थाएं, पाठशालाएं और पुस्तकालय स्थापित हुए उनके नाम नागरीप्रचारिणी सभा, हिंदीप्रचारिणी सभा, हिंदी सभा, हिंदीप्रतिनिधि सभा, हिंदी साहित्य सम्मेलन, आर्यभाषा पुस्तकालय, नागरी पाठशाला इत्यादि इत्यादि रखे गये अर्थात् सभी काशी की नागरीप्रचारिणी सभा के 'मॉडल' पर। 20वीं सदी के प्रथम दशक में जब भारत के कई प्रचारक भारतीय सभ्यता, संस्कृति एवं भाषा के प्रचारार्थ उपनिवेशों में गये तो उन्होंने वहां पर भी इसी मॉडल पर ही संस्थाओं की स्थापना करवायी और उसके बाद जब उपनिवेशों में रह रहे प्रवासी भारतवंशियों में अपनी सभ्यता, संस्कृति एवं भाषा के प्रति चेतना जाग्रत हुई तो उन्होंने भी उसी प्रारुप पर संस्थाएं स्थापित कीं अर्थात् मूल प्रेरणास्रोत कहीं न कहीं काशी की नागरीप्रचारिणी सभा ही थी।

यदि विदेशों में हिंदी के प्रचार में नागरीप्रचारिणी सभा के योगदान पर ऐतिहासिक दृष्टि से प्रकाश डाला जाय तो ज्ञात होता है कि यह कार्य 1800ई0 में स्थापित फोर्ट विलियम कालेज से ही हो रहा है। बहुत से विदेशी हिंदी के विद्वान हुए जिन्होंने हिंदी भाषा, साहित्य और व्याकरण के क्षेत्र में सराहनीय कार्य किया। यद्यपि इनके पीछे भी

उनका कुछ न कुछ स्वार्थ ही था, पर फिर भी विदेशी विद्वानों ने हिंदी साहित्य की सेवा की, जैसा कि कौशल्या भावनानी ने व्याख्यायित किया है कि "भारतीय भाषाओं को सीखने में इन विदेशी मनीषियों को जिन कठिनाइयों का सामना करना पड़ा उसका अनुमान करना कठिन है। उस युग में देसी भाषाओं में न व्याकरण थे और ना ही कोश। शासितों की भाषा सीख कर और उसी भाषा में अनेंक ग्रंथ लिख कर अंग्रेजों ने भारत में अपनी राजनीतिक निपुणता के साथ–साथ बौद्धिक प्रभुत्व स्थापित किया। शासित जातियों की भाषा एवं साहित्य के प्रति उनका यह आकर्षण और अनुराग उनकी उदार मनोवृत्ति का भी परिचायक है।"[3]

लार्ड वेलेजली (1798–1805ई0) के कार्यकाल में अंग्रेजों का ध्यान भारत की देशी भाषाओं की ओर गया। वे प्रथम गवर्नर जनरल थे जिन्होंने दूरदर्शिता का परिचय दिया और देशी भाषाओं को मान्यता दी। भारत में नवनियुक्त अंग्रेज अधिकारियों को भारतीय भाषाओं–उर्दू और हिंदी का ज्ञान प्रदान करने के उद्देश्य से 1800ई0 में फोर्ट विलियम कॉलेज की स्थापना हुई जहां उर्दू और हिंदी गद्य का विकास हुआ और गिलक्राइस्ट इसके प्रथम अध्यक्ष हुए।[4] गिलक्राइस्ट के बाद भी कई विदेशी हिंदी के अच्छे विद्वान हुए जिनमें डॉ0 फ़ैलन, बीम्स, हार्नली, ग्रियर्सन इत्यादि विशेष उल्लेखनीय हैं। जी0 ए0 ग्रियर्सन महोदय का नाम तो इस संदर्भ में विशेष महत्वपूर्ण था। उन्होंने पाश्चात्य जगत में हिंदी का काफी मान बढ़ाया। 1886ई0 में वियना में हुई प्राच्यविद्या विशारदों की सभा में वे सरकार के प्रतिनिधि के रुप में शामिल हुए।[5] इसी सभा में उन्होंने 'हिंदुस्तान का मध्यकालीन भाषा साहित्य : तुलसीदास का विशेष संदर्भ' शीर्षक हिंदी लेख पढ़ा था जिसे सुनकर सभी लोग बहुत प्रभावित हुए थे।

विदेशों में हिंदी प्रचार के संदर्भ में यदि भारतीयों की बात की जाय तो ज्ञात होता है कि भारतेंदु हरिश्चंद्र भारत के ऐसे पहले व्यक्ति थे जिन्होंने प्रथम बार हिंदी का अंतर्राष्ट्रीयकरण करने और उसे भारत के बाहर पहुंचाने का कार्य किया। उन्होंने अपनी किताबों का एक सेट सीधा महारानी विक्टोरिया को भेजा। एक सेट सीधा जर्मनी के कैसर के पास भेंजा जिसकी स्वीकृति ब्रिटिश दूतावास की मार्फत लंदन आई फिर वायसराय की मार्फत बनारस पहुंची। ऐसे ही एक सेट रूस के जार के पास भी भेजा।

इसकी स्वीकृति भी उनके पास आई। महत्वपूर्ण बात यह है कि इन्हीं बातों के कारण हिंदी के अस्तित्व को पहली बार देश के बाहर मान्यता मिली।[6]

भारतेंदु हरिश्चंद्र के बाद विदेशों में एवं विदेशियों में हिंदी के प्रचार का सबसे सफल प्रयास काशी नागरीप्रचारिणी सभा ने किया, जैसा कि आचार्य विश्वनाथप्रसाद मिश्र ने लिखा था कि 'भारतेंदु बाबू हरिश्चंद्र और उनके सहयोगियों ने जो प्रस्तावना की थी उसी का उद्घाटन नागरीप्रचारिणी सभा के पचास वर्षों का इतिहास हैं'।[7] डॉ0 जी0 ए0 ग्रियर्सन हिंदी के प्रथम विदेशी विद्वान थे जिन्होंने सर्वप्रथम सभा की सदस्यता स्वीकार की। वे उन 72 व्यक्तियों में से एक थे जिन्होंने प्रथम वर्ष में ही सभा की सदस्यता ग्रहण की[8] और साथ ही सभा का अभिभावक बनना भी स्वीकार किया। डॉ0 ग्रियर्सन ने 24 मार्च 1894ई0 को ही सभा की सदस्यता ग्रहण कर ली थी और उनकी सभासद संख्या 22 थी।[9] इस बात पर सभा ने हर्ष प्रकट करते हुए लिखा था कि ''हिंदी भाषा के प्रथम उत्साही सच्चे हितैषी डॉक्टर ग्रियर्सन सी0 आई0 ई0 महोदय को सभा हृदय से धन्यवाद देती है। आपने सभा का अभिभावक होना स्वीकार किया और अपने कृपापत्रों से बराबर सभा का उत्साह बढ़ाते हैं। इसी वर्ष में आपको गवर्मेंट से सी0 आई0 ई0 की उपाधि पाने और हेलहाम यूनिवर्सिटी (जर्मनी) से पीएचडी की पदवी पाने से सभा को अत्यंत हर्ष प्राप्त हुआ।''[10]

डॉ0 ग्रियर्सन जैसे विद्वान के प्रथम वर्ष में ही नागरीप्रचारिणी सभा की सदस्यता ग्रहण कर लेने के पश्चात् हिंदी के कई विदेशी विद्वानों ने भी सभा की सदस्यता ग्रहण कर ली। 10 दिसंबर, 1894 को डॉ0 जी0 थीबो, प्रिंसिपल म्योर सेंट्रल कॉलेज, इलाहाबाद; 28 जनवरी, 1895 को डॉ0 ए0 फुहरर, म्यूजियम, लखनऊ[11] और 28 जनवरी 1895 को लाला टहलराम, क्राइस्ट कॉलेज, ऑक्सफोर्ड, इंग्लैंड[12] ने सभा की सदस्यता ग्रहण कर ली। उस समय विदेशी विद्वानों के लिए भी सभा सभा का सभासद होना गौरव की बात होती थी।

सभा की स्थापना के साथ ही एक 'नागरी भंडार' पुस्तकालय भी स्थापित हुआ था और आरंभ से ही उसे हिंदी की पुस्तकों से समृद्ध करना भी सभा के उद्देश्यों में शामिल था। प्रथम वर्ष से ही सभा ने इसके लिए उद्योग आरंभ किया और देश के

हिंदी विद्वानों के साथ ही विदेशी विद्वानों ने भी सभा के इस कार्य में पूर्ण सहयोग दिया। सभा की स्थापना के दूसरे ही वर्ष डॉ0 ग्रियर्सन ने पुस्तकों से सभा की सहायता की।[13] तृतीय वर्ष में डॉक्टर जी0 ए0 ग्रियर्सन (बांकीपुर) ने तीन पुस्तकों से और पादरी आर0 ई0 ग्रीब्स (मिर्जापुर) ने दो पुस्तकों से सभा की सहायता की।[14] इसी प्रकार चतुर्थ वर्ष में उपर्युक्त लिखित व्यक्तियों के अलावा मिस्टर ब्लॉकेट (मथुरा) ने भी पुस्तकों द्वारा सभा की सहायता की[15] और आगे भी यह क्रम जारी रहा।

काशी की यह संस्था न केवल भारत के हिंदी सेवियों बल्कि हिंदी के विदेशी हितैषियों के कार्यों पर भी अपनी दृष्टि रखती थी और समय–समय पर उनके कार्यों की समालोचना भी अपने वार्षिक विवरणों में किया करती थी। 7 फरवरी, 1896ई0 को हिंदी के परम हितैषी फ्रेडरिक पिनकाट की मृत्यु हो गयी।[16] इस घटना पर सभा में हार्दिक शोक प्रकट किया गया और सभा के वाषिक विवरण में लिखा गया कि ''इस वर्ष हिंदी के 3 बड़े सहायक पंडित सदानंद मिश्र, मिस्टर फ्रेडरिक पिनकाट और श्री नन्हेलाल गोस्वामी काल ग्रसित हुए। इन तीनों महर्षियों ने हिंदी भाषा का बहुत कुछ उपकार किया था। इनकी मृत्यु से हिंदी को बहुत कुछ हानि पहुंची।[17] महारानी विक्टोरिया की हीरक जुबली पर 1897ई0 में कई लोगों को पदवियां मिलीं जिनमें डॉ0 रुडाल्फ हार्नली भी शामिल थे। उनको सी0 आई0 ए0 की पदवी मिली तो सभा ने हर्ष प्रकाशित किया और उनको आनंद प्रकाशक पत्र भेंजे।[18] इसी प्रकार जब डॉक्टर जी0 ए0 ग्रियर्सन ने 'बिहारी सतसई' को संपादित किया तो इस ग्रंथ की सुंदर समालोचना सभा ने अपने वार्षिक विवरण में की जिसमें लिखा कि ''डॉ0 ग्रियर्सन द्वारा यह ग्रंथ संपादित है और लालचंद्रिका टीका सहित है। यह ग्रंथ बहुत ही सुंदर छपा है और इसमें नोट, जीवन चरित्र आदि में संपादक ने बड़ा ही परिश्रम किया है।''[19]

सितंबर, 1896 में पेरिस नगर में इंटरनेशनल कांग्रेस ऑफ ओरिएंटलिस्ट का 11वां अधिवेशन आयोजित हुआ जिसमें संसार भर के पुरातत्व तथा भाषातत्ववेत्ताओं का जमघट हुआ। काशी नागरीप्रचारिणी सभा ने भी यूरोपीय विद्वानों का ध्यान हिंदी की ओर आकृष्ट कराने का अच्छा शुअवसर जानकर कांग्रेस में एक पत्र भेजा और उसके साथ ही अंग्रेजी में एक लेख बाबू श्यामसुंदरदास बी0 ए0 से लिखाकर भेजा जिसमें

संक्षेप में हिंदी का इतिहास, हिंदी की उत्तमता, हिंदी में अत्यंत उपयोगी ग्रंथों का वर्तमान होते हुए भी अंधकार में पड़े रहना, एशियाटिक सोसाइटी के थोड़े ही उद्योग से जिन उत्तम ग्रंथों का पता लगा है, उनका वर्णन आदि भली–भांति दिखलाया गया कि यदि उत्तम रीति से हिंदी के प्राचीन ग्रंथों की खोज राजपूताना, बुंदेलखंड, बैसवारा, मध्य प्रदेश, ब्रज तथा पंजाब आदि स्थानों में की जाए तो आशा है कि ऐसे ऐसे ग्रंथ निकल आएंगे और ऐसी बातें आविष्कृत होंगी कि जिनसे भाषा तथा प्राचीन इतिहास का बहुत कुछ उपकार होगा और जिन विषयों के लिए विद्वान लोग बहुत खोज किया करते हैं वह सहज में प्रकाशित हो जाएंगे।[20] सभा के इस कार्य से पाश्चात्य विद्वान काफी प्रभावित हुए और उनमें हिंदी के लिए आकर्षण बढ़ा और उसी का प्रभाव था कि 1897ई0 में जब फ्रांस के प्रसिद्ध विद्वान डॉक्टर सिल्वान लेवी, जो कि पेरिस की प्रसिद्ध 11वीं ओरिएंटलिस्ट कांग्रेस के भारतीय विभाग के सेक्रेटरी थे, भारत आये तो वे सभा को देखने काशी आये थे और सभा के कार्यकलाप देखकर अपनी परम प्रसन्नता प्रकाशित की थी।[21]

नागरीप्रचारिणी सभा की स्थापना के बाद हिंदी के विदेशी विद्वानों ने न केवल सभा की सदस्यता ग्रहण की, बल्कि उसके संरक्षक और आनरेरी सभासद भी हुए; प्रबंधकारिणी समिति में शामिल हुए और सभा के साधारण अधिवेशनों और वार्षिक अधिवेशनों में तो विदेशों लोगों की उपस्थिति उत्साहजनक हुआ करती थी। डॉ0 जी0 ए0 ग्रियर्सन प्रथम वर्ष में ही सभा का संरक्षक बनना स्वीकार किया था। तृतीय वर्ष में सभा के कुल आनरेरी सभासदों की संख्या मात्र 7 थी जिनमें डॉक्टर जी0 थीबो और डॉक्टर ए0 फुहरर अर्थात् दो विदेशी विद्वान उसमें शामिल थे[22] और पॉचवें वर्ष में ही रेवरेंड एडविन ग्रीब्ज उन 8 लोगों में शामिल थे, जो सभा की प्रबंधकारिणी समिति में शामिल थे।[23] सभा का चौथा वार्षिक अधिवेशन 28 जुलाई 1897ई0 को हुआ जिसमें काशी के मजिस्ट्रेट मि0 डब्ल्यू0 एच0 कॉब ने सभापति का आसन ग्रहण किया और महाराज कुमार भिनगा, ठाकुर साहब जयपुर, प्रोसेसर जॉनसन, मिस्टर ग्रीव्ज, मिस्टर टामसन, ज्वाइंट मजिस्ट्रेट मिस्टर डुपर्ने इत्यादि अधिवेशन में उपस्थित थे। इस अधिवेशन में वार्षिक रिपोर्ट और अंग्रेजी की क्वार्टरली रिपोर्ट पढ़ी गयी और उसके बाद

बाबू श्यामसुंदरदास बी0 ए0 ने अपना लेख 'हिंदी साहित्य' पर पढ़ा और उसके बाद मिस्टर ग्रीब्ज ने भी इसी विषय पर अपना मत प्रकाशित किया।[24]

नागरीप्रचारिणी सभा ने हिंदी भाषा और साहित्य के उत्थान के लिए जितने भी बड़े आयोजन किये उन सबों में उसे हिंदी के विदेशी विद्वानों का पूर्ण समर्थन और सहयोग प्राप्त हुआ। हिंदी का एक सर्वांग व्याकरण बनाने के लिए सभा ने जो उद्योग किया, उसमें हिंदी के विदेशी विद्वानों ने भरपूर सहायता की। व्याकरण में जो विषय संदिग्ध थे, उस पर अपना मत देने से लेकर इस मत संग्रह पर विचार करने और उस पर अपनी सम्मति देने के लिए जो 11 महानुभावों की एक समिति बनाई थी जिसमें हिंदी के बड़े–बड़े विद्वान पं0 लक्ष्मीशंकर मिश्र, महामहोपाध्याय पंडित सुधाकर द्विवेदी, बाबू गदाधर सिंह, ठाकुर हनुवंत सिंह, बाबू कार्तिकप्रसाद खत्री, बाबू राधाकृष्णदास, जगन्नाथदास 'रत्नाकर', बाबू इंद्रनारायण सिंह, पंडित किशोरीलाल गोस्वामी, बाबू श्यामसुंदरदास के साथ ही मिस्टर रेवरेंड एडविन ग्रीब्ज भी शामिल थे[25] जिसके निरीक्षण में हिंदी का एक सर्वांग व्याकरण पं0 कामताप्रसाद गुरु ने लिखा था।

हिंदी की लेख प्रणाली के सुधार एवं उसे एक निश्चित रुप देने में हिंदी के विदेशी विद्वानों का प्रयास उल्लेख करने योग्य है। 1898ई0 में भाषा के विद्वानों का मत संग्रह करके एक निश्चित मत स्थिर करने के लिए काशी की सभा ने आठ प्रश्न भाषातत्ववेत्ताओं से किये थे और इन पर सम्मति संग्रह करने और विचार करने के लिए ग्यारह चुने हुए विद्वानों की एक उपसमिति गठित की थी और ये प्रश्न प्रसिद्ध भारतीय और यूरोपिय विद्वानों (कुल 59) के पास भेंजे गये थे। 8 जनवरी, 1900ई0 के निश्चयानुसार भाषा संबंधी सब–कमेटी की रिपोर्ट प्रकाशित हुई थी जिसमें हिंदी के भारतीय विद्वानों के साथ ही डॉ0 जी0 ए0 ग्रियर्सन, रेवरेंड ई0 ग्रीब्ज, जे0जी0 ड्यान और डॉ0 डबल्यू0 हूपर सदृश विदेशी विद्वानों का भी महत्वपूर्ण योगदान था।[26]

काशी नागरीप्रचारिणी सभा का वर्तमान भवन जहां पर बना है, वह कंपनी बाग की भूमि पर है। इस भूमि को प्राप्त करने में बाबू गोविंददास के अलावा रेवरेंड ऐडविन ग्रीब्ज और बनारस के तत्कालीन कलेक्टर ई0 एच0 रेडिचे का ही महत्वपूर्ण सहयोग सभा को मिला था। यह इन तीनों ही महानुभावों के उद्योग का फल था कि 187 फुट

लंबी और 137 फुट चौड़ी वह जमीन सभा को मात्र 3500रु0 में मिल गयी थी जिसके बैनामें की रजिस्टरी 22 नवंबर, 1902 को हुई थी।[27]

नागरीप्रचारिणी सभा में 1904ई0 से 'सुबोध व्याख्यानमाला' का आयोजन आरंभ हुआ जिसका उद्‌देश्य जनोपयोगी बातों को आमजन तक पहुँचाना था। इसके लिए एक उपसमिति का गठन किया गया जिसमें पहला नाम रेवरेंड ऐडविन ग्रीब्ज का ही था। इसके अलावा इस उपसमिति में बाबू राधाकृष्णदास, डॉ0 छन्नूलाल, बाबू श्यामसुंदरदास और पं0 रामनारायण मिश्र थे।[28] इस उपसमिति के उद्योग से पहले ही वर्ष 7 व्याख्यान हुए जिसमें पॉचवें व्याख्यान की अध्यक्षता बनारस के तत्कालीन कलेक्टर ई0 एच0 रेडिचे ने किया था और व्याख्यान समाप्त होने पर जब पं0 रामनारायण मिश्र ने उनका ध्यान इसकी आवश्यकता की ओर आकर्षित किया तो रेडिचे महोदय ने इसका औचित्य स्वीकार किया और इसमें सहयोग देने के लिए रु0 250 बनारस के जिला बोर्ड से और रु0 250 म्यूनिसिपल बोर्ड से दिलवाने की व्यवस्था करवायी थी।[29]

हिंदी शब्दसागर का निर्माण नागरीप्रचारिणी सभा के सबसे बड़े आयोजनों में से एक माना जाता है जिसके कारण यह सभा विश्व विख्यात हुई थी। जब सभा ने यह शब्दकोश बनाने का निर्णय कर लिया तो इस बात का प्रस्ताव रखने वाले रेवरेंड ऐडविन ग्रीब्ज ही थे जिन्होंने 9 सितंबर, 1907ई0 को यह प्रस्ताव रखा कि सभा हिंदी के एक बड़े और पूर्ण कोश बनाने का भार अपने ऊपर ले और साथ ही उन्होंने उसकी कार्यप्रणाली भी बतलायी।[30] इस कार्य के लिए जो पहली उपसमिति बनी थी उसमें भी रेवरेंड ऐडविन ग्रीब्ज शामिल थे और इसके लिए जो बड़ी समिति बनी उसमें ग्रीब्ज के अलावा डॉ0 जी0 ए0 ग्रियर्सन, डॉ0 रुडाल्फ हार्नली, डॉ0 जी0 थीबो, रेवरेंड जे0 ट्रेल, मि0 ड्यूहर्स्ट, मि0 आर0 बर्न जैसे विदेशी विद्वान शामिल थे।[31]

नागरीप्रचारिणी सभा के हिंदी प्रचार कार्यों एवं उसमें सहयोग देने वाले आरंभिक विदेशी विद्वानों पर दृष्टिपात करने से यह दिखलायी देता है कि तीन विदेशी विद्वानों–ग्रियर्सन, ग्रीब्ज और रेडिचे महोदय का योगदान काफी महत्वपूर्ण था। ग्रियर्सन महोदय ने प्रथम वर्ष में ही सभा की सदस्यता ग्रहण कर सभा का अभिभावक होना

स्वीकार किया था। सभा के शुरुआती सभी प्रयोजनों में उन्होंने अपना पूर्ण समर्थन और सहयोग सभा को दिया। वे सभा को दान देने वालों में भी अग्रणी थे। उन्होंने 150रु0 प्रकाशन के लिए और 2851रु0 का गुप्तदान दिया था जिसमें 2700रु0 भवन के लिए और 151रु0 फुटकर दान था।[32]

इंग्लैंड में जन्में रेवरेंड ऐडविन ग्रीब्ज मिशनरी के रुप में भारत आये थे और मिर्जापुर और फिर बनारस में रहे। जुलाई, 1897ई0 में सभा की सदस्यता ग्रहण करने वाले ग्रीब्ज महोदय जब तक भारत में रहे, सभा की सभीं गतिविधियों में सक्रिय सहभागिता की और सभा के सभीं बड़े आयोजनों की सफलता में योगदान दिया। ये 1904, 1905, 1908, 1909, 1913–15ई0 तक सभा के उपसभापति रहे। ग्रीब्ज महोदय ने ही सर्वप्रथम 'माडर्न रिव्यू' में नागरीप्रचारिणी सभा का संक्षिप्त विवरण अंग्रेजी में प्रकाशित करवाया था जो कि बाद में 'इंडियन प्रेस' से पुस्तकाकार प्रकाशित हुआ था।[33] इनके नाम को चिरस्थायी करने के लिए सभा ने 1928ई0 में 'ग्रीब्ज पदक' स्थापित किया जो कि विज्ञान विषय पर प्रति चौथे वर्ष दिया जाता था।[34]

सभा के तीसरे विदेशी सहायक ई0 एच0 रेडिचे थे। रेडिचे महोदय 1902–08ई0 तक बनारस के कलेक्टर थे। सभा के प्रति इनकी बड़ी सहानुभूति थी और उसके कार्यों में ये विशेष अभिरुचि रखते थे। सभा को भूमि दिलवाने, बनारस जिला बोर्ड से सहायता दिलवाने के साथ ही सुबोध व्याख्यानमाला के लिए 'मैजिक लालटेन' दिलवाने का प्रबंध भी इन्हीं के उद्योग से हुआ था। इनके नाम को चिरस्थायी बनाने के लिए सभा ने 1908ई0 में एक रजत पदक 'रेडिचे पदक' स्थापित किया जो कि प्रति चौथे वर्ष विज्ञान विषय पर दिया जाता था।[35]

20वीं सदी का आरंभ आते–आते काशी की नागरीप्रचारिणी सभा की गणना भारत की प्रमुख संस्थाओं में की जाने लगी और इसका हिंदी प्रचार का क्षेत्र राष्ट्रव्यापी हो गया। इस समय तक डॉ0 जी0 ए0 ग्रियर्सन, रेवरेंड एडविन ग्रीब्ज, डॉ0 ए0 फुहरर, डॉ0 जी थीबो के अलावा 2 सितंबर, 1901 को डॉ0 रुडाल्फ हार्नली[36] (इंग्लैंड), 1 दिसंबर, 1902 को बाबू सालिगराम सिंह[37] (जापान), 26 मार्च, 1904 को मिसेज एनी बेसेंट[38] (भारत), 26 मार्च को मि0 जार्ज एस0 एरण्डेल और मिस फ्रेंसिसिया एरण्डेल[39]

(दोनों भारत) और 27 मई, 1905 को कलेक्टर ई0 एच0 रेडिचे[40] ने सभा की सदस्यता स्वीकार कर ली और हिंदी के विदेशी विद्वानों में सभा काफी लोकप्रिय और एक सम्मानित संस्था बन गयी थी।

भारत से बाहर हिंदी का व्यवस्थित रुप से प्रचार कार्य 20वीं सदी के प्रथम दशक से आरंभ होता है और इसको करने का श्रेय आर्यसमाजी प्रचारकों को जाता है परंतु इसकी मूल प्रेरणास्रोत कहीं न कहीं काशी की नागरीप्रचारिणी सभा ही थी। वैदिक संस्कृति का प्रचार, जाति भेदों का नाशकर कर्मानुसार वर्णाश्रम पद्धति की स्थापना, अछूतोंद्धार और राष्ट्र में स्वराज्य की स्थापना आदि उद्देश्यों को ध्यान में रखकर स्वामी दयानंद सरस्वती ने 10 अप्रैल, 1875 ई0 को बम्बई में आर्य समाज की स्थापना की थी।[41] स्वामी दयानंद सरस्वती ने भारतीय अतीत के गौरव को उद्घाटित कर भारतीयों में स्वाभिमान की भावना उत्पन्न करने का कार्य किया।

आर्य समाजियों द्वारा भारतीय संस्कृति और हिंदी भाषा का जो प्रचार कार्य किया गया उसे दो भागों में बॉटा जा सकता है : भारत में प्रचार और विदेशों में प्रचार। दयानंद सरस्वती एवं उनके अनुयायियों ने भारत में आर्यसमाज का तो खूब प्रचार किया ही, 20वीं सदी के प्रथम दशक से ही आर्यसमाजी प्रचारकों को भारत से बाहर भी आर्यसमाज का प्रचार करने का मौका मिला। आर्यसमाज के जो दस नियम बनाये गये थे उनमें अविद्या का नाश और विद्या की वृद्धि करना, संसार का उपकार करना और सबकी उन्नति में अपनी उन्नति समझना, इत्यादि बातें विदेशों में आर्यसमाज और हिंदी के प्रचार से कहीं न कहीं सम्बन्धित थीं।[42] स्वयं दयानंद सरस्वती की हार्दिक अभिलाषा थी कि सारे भूमण्डल में वैदिक धर्म का प्रचार और आर्य संस्कृति का पुनरुद्धार हो। उनके जीवित रहते तो भारत से बाहर इस मत का प्रचार न हो सका, परंतु उनके मरणोपरांत उनके अनुयायियों ने उनके मत का काफी अच्छा प्रचार किया।

1893ई0 में महात्मा गांधी दक्षिण अफ्रीका गये और लम्बे समय तक वहां पर प्रवासी भारतवंशियों के लिए संघर्ष किया[43] पर उनका दृष्टिकोण राजनीतिक अधिक था। सर्वप्रथम 1896ई0 में प्रथम नं0 बंगाल पदाति सेना तीन वर्ष के लिए मारीशस गयी और जब वापस आने लगी लगी तो कुछ आर्य समाजी सूबेदारों ने 'सत्यार्थ प्रकाश' की

प्रतियां लोगों में बांट दी और वहां के कुछ लोग आर्यसमाजी विचारों के संपर्क में पहली बार आये। इसी दौरान लाहौर से प्रकाशित 'आर्य पत्रिका' नामक अंग्रेजी पत्र भी यहां आने लगा। इसका प्रभाव यह हुआ कि यहां पर कुछ लोग आर्य समाज से काफी प्रभावित हो गये और 1903ई0 में तोता रामजी, जगमोहन गोपालजी और गुरुप्रसाद दलजीत लालजी ने मारीशस में आर्य समाज स्थापित करने का घोर परिश्रम किया पर पूरी तरह से सफल न हो सके।[44]

1905ई0 से पूर्व जो भारतवासी उपनिवेशों को गये उनमें से कुछ आर्य समाजी विचारों से प्रभावित थे और उन्होंने वहां जाकर आर्यसमाजी विचारों का प्रचार और आर्यसमाजी संस्था स्थापित करने का प्रयास किया। इस तरह की प्रथम संस्था ब्रिटिश पूर्वीय अफ्रीका में कीनिया के नैरोबी शहर में 3 अगस्त, 1903ई0 को 'आर्यसमाज' नाम से स्थापित हुई।[45] इस तरह की दूसरी संस्था 1904ई0 में फीजी देश के सामाबूला शहर में स्थापित हुई।[46]

भारत से बाहर आर्यसमाज का व्यवस्थित रुप में प्रचार 1905ई0 से आरंभ होता है, जब दक्षिण अफ्रीका के प्रवासी भारतवासियों के अनुरोध पर दयानंद कालेज, लाहोर के प्रधानाचार्य महात्मा हंसराज ने भाई परमानंद को केवल 27 वर्ष की उम्र में आर्यसमाजी प्रचारक के रुप में नेटाल भेंजा।[47] भाई परमानंद ने वहां जाकर नेटाल, मेरित्सबर्ग, लेडीस्मिथ, डंडी, ट्रांसवाल, प्रिटोरिया, केपटाउन इत्यादि नगरों में आर्य आदर्श और प्राचीन वैदिक धर्म का उपदेश दिया और वह भी अधिकांशतः हिंदी भाषा में। उनके उपदेश का फल यह हुआ कि वहां पर 'हिन्दू सुधार सभा' और 'हिंदू यंगमैंस एसोसिएशन' नामक संस्थाओं की स्थापना हुई और भारतवंशियों में एक नवीन चेतना का संचार हुआ। उनकी प्रसंशा करते हुए एक विद्वान अंग्रेज जी0 डब्ल्यू विलिस ने 'नेटाल विटनेस' नामक पत्र में लिखा था कि ''वह केवल 27 वर्ष की युवावस्था वाला एक सुसंस्कृत विद्वान है। उसका जीवन बड़ा उच्च और शानदार है। उसके सम्मुख परोपकार का मिशन है। हमें आशा और विश्वास है कि उस मिशन से उत्पन्न हुआ लाभ विशेषतः उसकी जाति में विस्तृत रूप में प्रसारित होगा।''[48]

20वीं सदी के प्रथम दशक से आर्यसमाजी प्रचारकों के विदेशों में जाने एवं अपना अधिकांश प्रचार कार्य हिंदी भाषा में करने के पीछे मुख्य कारणों को भी जानना महत्वपूर्ण होगा। स्वामी दयानंद ने तो आरंभ में संस्कृत भाषा में अपना प्रचार कार्य आरंभ किया था पर बाद में वे हिंदी भाषा में प्रचार कार्य करने लगे थे। काशी नागरीप्रचारिणी सभा द्वारा अखिल भारतीय स्तर पर हिंदी का प्रचार कार्य करने के कारण तत्कालीन प्रमुख आर्यसमाजी नेता एवं प्रचारक सभा के प्रचार कार्य से काफी प्रभावित थे और उनमें से अधिकांश यथा–लाला हंसराज, लाला लाजपत राय[49] और यहां तक कि स्वयं भाई परमानंद सभा के सभासद बन गये थे और अपना प्रचार कार्य हिंदी में किया। हिंदी में प्रचार कार्य करने का दूसरा कारण यह था कि विदेशों में जो भारतवासी मजदूरों के रुप में ले जाये गये थे, वे भारत के भिन्न–भिन्न क्षेत्रों से थे और सबकी भाषा तथा बोलियां एक दूसरे से भिन्न थीं परंतु हिंदी भाषा उनमें से अधिकांश थोड़ा बहुत समझ लेते थे। संसार में यदि एकता का कोई सिद्ध सहज उपाय है तो भाषा है। जगत में सबको प्रेम के एक सूत्र में बांधने के लिए भाषा जैसी कार्यकारी है ऐसी दूसरी वस्तु नहीं है। परस्पर में प्रेम तभी होता है जब व्यक्ति एक दूसरे की भाषा समझ सके। विदेशों में जो भारतवासी थे, उनके द्वारा हिंदी को व्यवहार की भाषा के रुप में अपनाया गया जिसकी भवानी दयाल संयासी ने सुंदर विवेचना करते हुए लिखा था कि ''यहां यह कह देना अप्रासंगिक न होगा कि केवल दक्षिण अफ्रीका का ही नहीं, प्रत्युत जिन–जिन उपनिवेशों में हमारे देशवासी गिरमिट की प्रथा में गये हैं, यद्यपि वे एक दूसरे से हजारों कोस दूर हैं, कोई प्रशांत महासागर के तट पर है तो कोई हिंद महासागर के किनारे, कोई अमेरिका के दक्षिणी भाग में है तो कोई अफ्रीका के दक्षिणी भाग में, तो यह देखकर विस्मय होता है कि उन सभीं देशों के प्रवासी भारतीयों ने पारस्परिक व्यवहार के लिए एकमत में हिंदी को ही राष्ट्रभाषा स्वीकार किया–उसी से अपनी तत्कालीन आवश्यकताओं की पूर्ति की।''[50]

भाई परमानंद के बाद प्रवासी भारतवंशियों में भारतीय सभ्यता एवं संस्कृति, विशेषकर हिंदी भाषा, के प्रचार–प्रसार में अग्रणी एवं अति विशिष्ट स्थान स्वामी शंकरानंद संयासी का था। आर्य समाजी प्रचारक स्वामी शंकरानंद ने उस समय, जबकि

कोई भारतीय उपनिवेशों की यात्रा करना ही नहीं चाहता था, दक्षिण अफ्रीका की यात्रा की और वहां के प्रवासी भारतीयों में भारतीय सभ्यता एवं संस्कृति का पुरजोर प्रचार हिंदी भाषा में किया और भारतीयों को अपने भाव, भेष, भोजन, भजन, भक्ति, संस्कार और विशेषकर अपनी भाषा अपनाने का मार्ग बतलाया।

स्वामी शंकरानंद का हिंदी के प्रचार–प्रसार और हिंदी की आदि संस्था काशी नागरीप्रचारिणी सभा से घनिष्ठ संबंध था। वे 1893ई0 में काशी आए थे और यह सौभाग्य की बात थी कि वे सभा के पहले ही अधिवेशन में शामिल हुए और उन 12 लोगों में से एक थे जिन लोगों ने इस सभा की आधारशिला रखी थी। उन्होंने नागरीप्रचारिणी सभा की उसके प्रारंभिक वर्ष में हर प्रकार से सहायता की थी और यहीं से उनके हृदय में हिंदी के लिए असीम प्रेमभाव उत्पन्न हुआ था, जो आजीवन बना रहा। सभा के प्रथम वार्षिक अधिवेशन में, जो कि 30 सितंबर, 1894ई0 को कारमाइकेल लाइब्रेरी में हुआ था, शंकरनाथ ने जो कुछ कहा था और अपना जो आशीर्वाद सभा को दिया था, वह पूर्णता सत्य साबित हुआ। उन्होंने कहा था कि "धन्य है आज का दिन जो हम हिंदी भाषा के इतने उत्साही और सच्चे प्रेमियों को आज यहां एकत्रित देखते हैं। प्रथम हिंदी भाषा का प्रचार मिशन स्कूलों में बहुत देखने में आता था। उसकी शिक्षा उन्हीं के धर्म ग्रंथों पर होती थी, इससे बालकों का उपकार होना तो दूर रहा परंतु उनके बिगड़ जाने का पूरा संदेह था। उनके शिक्षा से आरंभ ही में सनातन धर्म पर आघात होता था। खेद का विषय है कि अनेंक लोग हिंदी को वहशी और अशिक्षितों की भाषा कहते हैं किंतु वह लोग इसके गुणों के पूर्ण भेदू नहीं हैं। यदि उन्हें इसका गुण गौरव विदित होता तो वे कदापि इस प्रकार का व्यर्थ कलंक इसके माथे न लगाते। आज इस सभा की कार्यवाहियों को देख सुनकर अत्यंत हर्ष होता है और इसके द्वारा हिंदी भाषा की बहुत कुछ उन्नति होगी और जो कुछ त्रुटि उसमें है वह भी शीघ्र ही पूर्ण हो जाएगी। इस उत्तम कार्य में लगातार लगे रहने से कुछ दिनों के उपरांत इसका लाभ प्रतीत होगा और जब अन्य देशवासी इस काशीस्थ सभा का ऐसा उद्योग सुफल देखेंगे तो उन्हें भी उत्साह होगा और वह भी इसके सहायक हो निज

मातृभाषा की उन्नति करेंगे और तब ईश्वर की कृपा से एक दिन वह आवेगा कि समस्त भारतवर्ष में हम नागरी अक्षर और भाषा का प्रचार देखेंगे।"[52]

प्रवासी भारतीयों को वैदिक सभ्यता का ज्ञान देने, मातृभाषा की महत्ता बतलाने एवं उनकी समस्याओं के निवारण हेतु स्वामी शंकरानंद 29 सितंबर, 1908 को दक्षिण अफ्रीका पहुंच थे। वे लगभग 4 वर्षों तक दक्षिण अफ्रीका में रहे और वहां के विभिन्न नगरों में घूम-घूमकर वैदिक सभ्यता एवं संस्कृति का प्रचार किया और वह भी अधिकांशतः हिंदी भाषा में। उन्होंने लोगों से मातृभाषा में शिक्षा और 16 संस्कारों को अपनाने की बात पर बल दिया साथ ही भारतीय रीति रिवाजों एवं त्योहारों को अपनाने की शिक्षा दी।[53] भारतीयों के धार्मिक भाव जो कुसंग और बुरे संस्कारों के कारण दब गये थे, वे स्वामीजी के विद्वत्तापूर्ण भाषणों से फिर पल्लवित हो उठे। उनके प्रचार का फल यह हुआ कि हिंदुओं की अंतर्दृष्टि खुल गई और वह अपना सच्चा स्वरूप देख पाए। ताजिएदारी की जगह रामरथ निकलने लगे। जहां हिंदुओं के मुर्दे कब्र में दफनाए जाते थे, वहां उनका श्मशान में दाह कर्म होने लगा। मुहर्रम और क्रिसमस के बदले होली और दिवाली मनाई जाने लगी। दीपावली, रामनवमी, कृष्ण जन्माष्टमी के साथ ही प्रवासी भारतीयों में अत्यंत लोकप्रिय पर्व महाशिवरात्रि जो मनाया जाता है वह बहुत कुछ आर्य समाजियों, विशेषकर स्वामी शंकरानंद, की देन है। स्वामी शंकरानंद के उद्योग से दिवाली की छुट्टी दक्षिण अफ्रीका की सरकार देने लगी और इस प्रकार दिवाली यहां की आर्य जाति का एक सार्वजनिक त्यौहार बन गई।

स्वामी शंकरानंद ने अपने प्रचार एवं परिश्रम द्वारा दक्षिण अफ्रीका के हिंदुओं के धार्मिक जीवन का ढांचा ही बदल दिया। वैदिक धर्म पर भक्ति, आर्य संस्कृति पर श्रद्धा, संध्या, हवन, सलाम के बदले परस्पर नमस्ते से अभिवादन, मातृभाषा से ममता, कुरीतियों से घृणा, सभा-समितियों में अभिरुचि और आत्मसम्मान का ज्ञान भारतीयों की विशेषता बन गई। स्वामी जी ने दक्षिण अफ्रीका के सभी मुख्य मुख्य नगरों में वेद धर्म सभाओं की स्थापना की, मेरीत्सबर्ग में 'नेटाल इंडियन ट्रेडर्स' और 'वैदिक आश्रम' की बुनियाद डाली जिनमें अधिकांश वेदधर्म सभाएं कालांतर में विलुप्त हो गई पर उनमें पीटरमैरिट्सबर्ग की धर्मसभा उत्तरोत्तर उन्नति करती रही और दक्षिण अफ्रीका में एक

शक्तिशाली संस्था एवं स्वामीजी का सच्चा स्मारक बन गई। स्वामी जी ने समस्त हिंदुओं को संगठित करने के विचार से अप्रैल, 1912ई0 में 'दक्षिणी अफ्रीका हिंदू महासभा' की बुनियाद डाली जिसका प्रथम अधिवेशन उन्हीं के सभापतित्व में बड़ी धूमधाम से हुआ था जिसमें युनियन के सभी प्रांतों के 250 से अधिक प्रतिनिधि शामिल हुए थे।[54]

भारत से बाहर और भारत में भी हिंदी भाषा के प्रचार और साथ ही उसके साहित्य संवर्द्धन में जो अग्रणी नाम गिना जाता है, वह भवानी दयाल संयासी का है। दक्षिण अफ्रीका में जन्म लेकर तथा दक्षिण अफ्रीका और भारत में रहते हुए उन्होंने भारत तथा संपूर्ण विश्व में बसे प्रवासी भारतीयों में हिंदी के प्रचार और अपनी सभ्यता और संस्कृति के प्रति ममता उत्पन्न करवाने का हर संभव प्रयास किया। दक्षिण अफ्रीका में महात्मा गांधी के सत्याग्रह में अपनी पत्नी के साथ उत्साह से भाग लिया था और पत्नी के साथ जेल जीवन व्यतीत किया। 1914ई0 में गांधीजी ने दक्षिण अफ्रीका से 'इंडियन ओपिनियन' नामक जो अंग्रेजी पत्र प्रकाशित किया, उसके हिंदी संस्करण का संपादन भवानी दयाल ने ही किया।[55]

गांधी जी के दक्षिण अफ्रीका से वापस आने के बाद भवानी दयाल ने दक्षिण अफ्रीका में हिंदी प्रचार का कार्य आरंभ किया। जर्मिस्टन में मजदूरी करते हुए भी इन्होंने सार्वजनिक क्षेत्र में ग्रंथ लेखन के सिवाय एक और काम किया और वह था–'ट्रांसवाल हिंदीप्रचारिणी सभा' की स्थापना। इस सभा का साप्ताहिक अधिवेशन हर रविवार को होता था और उसमें प्रवासी भारतीयों में हिंदी प्रचार की आवश्यकता पर विशेष रुप से चर्चा की जाती थी। हिंदीप्रचारिणी सभाओं की स्थापना के साथ ही हिंदी–रात्रि–पाठशालाओं और फुटबाल क्लब की भी स्थापना की।[56]

भवानी दयाल ने पॉच साल लगातार नेटाल और ट्रांसवाल में हिंदी का प्रचार कार्य किया और इस दौरान जर्मिस्टन, न्यूकासल, डेनहाउसर, हाटिंगस्प्रुट, ग्लेंको, वर्नसाइट, लेडीस्मिथ, विनेन एवं जेकोब्स आदि शहरों और कस्बों में 'हिंदीप्रचारिणी सभाएं' और हिंदी पाठशालाएं स्थापित कीं। इन सभाओं को एक केन्द्रिय मंडल के अंतर्गत संगठित करने के लिए उन्होंने 'दक्षिण अफ्रीका हिंदी–साहित्य–सम्मेलन' की

स्थापना की जिसका प्रथम वार्षिक अधिवेशन 1916ई0 में लेडीस्मिथ में और दूसरा वार्षिक अधिवेशन 1917ई0 में पीटर मेरित्सवर्ग में बड़ी धूमधाम से हुआ।[57] इतना ही नहीं, डरबन नगर के अन्तर्गत क्लेर इस्टेट में इन्होंने हिंदी आश्रम भी स्थापित किया। इस आश्रम में हिंदी पुस्तकालय, हिंदी विद्यालय और हिंदी मुद्रणालय भी स्थापित करवाया। इनकी धर्मपत्नी जगरानी देवी ही उस विद्यालय की अधिष्ठात्री थीं। नागरी (हिंदी भाषा और नागरी लिपि) का यह आंदोलन काशी से ऐसा चला कि भारत के बाहर भी जो हिंदी संस्थाएं स्थापित हुईं उनके नाम भी वैसे ही रखे गये।[58]

1922ई0 में भवानी दयाल ने हिंदी और अंग्रेजी दोनों भाषाओं में 'हिंदी' नामक साप्ताहिक पत्रिका का प्रकाशन आरंभ कर पत्रकारिता के इतिहास में एक प्रतिमान स्थापित किया। 1922ई0 में ही डरबन के निकट 'जेकोब्स' नामक स्थान पर एक प्रेस भी खोला। इसी समय एक बड़ी दुःखद घटना घटी–अप्रैल, 1922ई0 में ही इनकी पत्नी और इस कार्य में इनकी मुख्य सहयोगी का असामयिक निधन हो गया। इन्होंने दिवंगत आत्मा की स्मृति में छापेखाने का नाम 'जगरानी प्रेस' रखा।[59] इसी प्रेस से मुद्रित होकर मई के प्रथम सप्ताह में हिंदी का प्रथमांक निकला। उसके उद्घाटनोत्सव में डरबन के प्रायः सभीं प्रतिष्ठित नागरिक और जन–नायक सम्मिलित थे। यह पत्रिका सचित्र और विषयवस्तु की दृष्टि से काफी समुन्नत थी और प्रवासी भारतीयों में तो वह ऐसी लोकप्रिय हुई कि नेटाल के साथ ही साथ ट्रांसवाल, केप, रोडेशिया (वर्तमान जिम्बाम्बे), मोजाम्बिक, टंगेनिका, युगान्डा, केनिया, मॉरीशस, फिजी, डमरारा, जमैका, ग्रेनेडा, सुरीनाम, आस्ट्रेलिया, न्यूजीलैंड, कनाडा और भारत में भी उसकी काफी मांग थी। इस पत्रिका के कई बड़े–बड़े विशेषांक भी निकले जिनमें तत्कालीन समस्याओं पर समस्या विशेषज्ञों–तारकनाथ दास, सुधीन्द्र बोस, हेनरी पोलक, सरोजिनी नायडू, सी0 एफ0 एण्ड्रूज, राजा महेंद्र प्रताप आदि के विस्तृत लेख छपे। इस पत्रिका के कई सचित्र विशेषांक यथा 'राष्ट्रीय अंक' 'तिलक अंक' 'दीपावली अंक' इत्यादि इतने सर्वांग सुंदर निकले थे कि वे पत्रकारिता के इतिहास में चिरस्मरणीय रहेंगे।

परन्तु, जिस प्रकार हिंदी पत्रिका उन्नति करती जा रही थी उसी क्रम में उसे निकालने में घाटा भी होता जा रहा था। 1923–24ई0 में ही भवानी दयाल जी ने

अपील की कि यदि उन्हें उचित सहायता न मिली तो इस पत्र को बंद कर देना पड़ेगा। संसार के विभिन्न भागों से इस पत्रिका को सहायता मिली, यहां तक कि काशी नागरीप्रचारिणी सभा ने भी 50रु0 पत्रिका के सहायतार्थ प्रदान किया था।[60]

संवत 1977 से नागरीप्रचारिणी पत्रिका का नवीन रूप में प्रकाशन आरंभ हुआ और इसे विशुद्ध शोध पत्रिका का रूप दिया गया। सभा के इस कार्य से विदेशों में हिंदी का काफी मान बढ़ा जिसका अंदाजा इस बात से लगाया जा सकता है कि इस पत्रिका की सुंदर समालोचना रॉयल एशियाटिक सोसायटी के जर्नल में काफी विस्तृत ढ़ंग से हुई। हिंदी के महान विदेशी विद्वान डॉ ग्रियर्सन ने समालोचना करते हुए लिखा था कि "पत्रिका का पहला अंक सन 1897 में प्रकाशित हुआ था और एक या दो बार आकार में परिवर्तन के साथ उत्तर भारत के प्राचीन और माध्यमिक साहित्य पर प्रकाश डालने के अपने उद्देश्य पर यह निरंतर सुधी रही है। कभी–कभी इसके पृष्ठों में हिंदी के प्रधान लेखकों पर उत्तम कोटि के लेख प्रकाशित हुए हैं परंतु उसके लेख भिन्न भिन्न विषयों पर हुए हैं। कभी–कभी स्वास्थ्य तथा भैषज संबंधी विषयों पर सुबोध और अपने ढंग के अच्छे लेख भी विद्वत्तापूर्ण निबंधों के साथ ही प्रकाशित होते रहे हैं। आज सभा ने पत्रिका का नया संदर्भ शुद्ध वैज्ञानिक रीत पर प्रकाशित करने का निश्चय किया है और इसके पहले 2 अंक सभा के कार्य की विशेष उन्नति के सूचक हैं। इनसे एक ऐसी पत्रिका का आरंभ होता है, जो हम आशा करते हैं, एक भारतीय विद्वत सभा के सर्वथा उपयुक्त होगी। हम वास्तव में एक गंभीरतापूर्ण पत्रिका को प्रकाशित करने पर सभा का अभिवादन करते हैं। इसका संपादन उसी ढंग पर हो रहा है जो पश्चिमी विद्वानों को प्रिय होगा। सब लेख हिंदी में लिखे हैं। यह सभा भारतीय संस्था है और अपने पाठकों को भारतीय भाषा द्वारा ही संबोधन करती है। इसके लेख यूरोपीय विद्वानों की सम्मतियों या अनुसंधानों की जुगाली मात्र नहीं है वरन् स्वतंत्र शोध से लिखे गए हैं, इसलिए उनमें स्थिर किए गए सिद्धांतों से हम चाहे सहमत न हो पर पश्चिम में इनका अति सम्मान पूर्वक स्वागत होना चाहिए।"[61]

1920ई0 के बाद सभा के कार्यों का जिस प्रकार विस्तार हो रहा था उसी क्रम में उसके सहायकों की संख्या भी बढ़ रही थी। बनारस के तत्कालीन कमिश्नर मि0 बर्न

तो सभा से विशेष प्रेम रखते थे और उसके कार्यों की प्रशंसा किया करते थे।[62] सभा ने अपने पड़ोसी देश नेपाल में हिंदी भाषा के प्रचार का उद्योग किया और श्री 3 सरकार महाराज नेपाल की सेवा में पत्र भेजकर नेपाल राज्य में हिंदी के प्रचार के लिए निवेदन किया क्योंकि नेपाल राज्य में, विशेषकर उसकी तराई के जिलों में संयुक्त प्रांत तथा बिहार प्रांत के लोग अधिक बसे हुए थे, जो हिंदी भाषा भाषी थे। नेपाल राज्य ने सभा की प्रार्थना स्वीकार कर ली और 'भारत सरकार से यह निश्चय कर लिया कि दोनों सरकारों के सीमा के अफसरों के बीच आपस में जो सरकारी पत्र व्यवहार हों वह नागरी लिपि में हुआ करें।' इस कार्य के लिए सभा ने श्री 3 सरकार श्री चंद्र शमशेर सिंह राणा बहादुर को अनेंक धंयवाद दिया था।[63]

1930ई0 के बाद सभा ने उपनिवेशों में हिंदी के प्रचार का उद्योग आरंभ किया। उपनिवेशों में हिंदी के प्रचार का जो कार्य हुआ था और इस क्षेत्र में सभा जो उद्योग कर रही थी, उसका बड़ा ही सुंदर लेखा–जोखा सबके सम्मुख प्रस्तुत किया और अपने वार्षिक विवरण में लिखा कि "सभा ने इस वर्ष उपनिवेशों में हिंदी प्रचार के लिए विशेष प्रयत्न किया है और मॉरीशस के श्री त्रिभुवन सिंह जी ने, जो सभा के सभासद हैं और इस समय भारत में हैं, यह कार्य करना स्वीकार किया है। लंका में सभा की ओर से श्री सत्यनारायण शर्मा प्रचार कार्य कर रहे थे और उन्हें पर्याप्त सफलता मिली थी। हिंदी सीखने में वहां के लोग बड़ा उत्साह दिखलाते थे और वहां नागरीप्रचारिणी सभा थी स्थापित हुई थी, पर अर्थाभाव से वहां का काम रुक गया। लंका की भांति मारीशस ट्रिनिडाड, नैरोबी आदि स्थानों में हिंदी सीखने में लोगों को पूरा उत्साह है, पर धन और कार्यकर्ताओं की कमी के कारण उस उत्साह का उपयोग नहीं हो रहा है। वहां जिनकी मातृभाषा हिंदी है उनके बाल बच्चे अंग्रेजी और फ्रांसीसी भाषाएं बोलते हैं। फिर भी वे हिंदी का स्वागत करते हैं। यदि कुछ दिन और ध्यान न दिया गया तो हिंदी के प्रति लोगों में से रहा सहा प्रेम भी जाता रहेगा। उपनिवेशों में हिंदी प्रचार के लिए आर्य समाज और सनातन धर्म की प्रचार संस्थाएं प्रयत्नशील हैं। सभा ने भी त्रिनिडाड और नैरोबी आदि स्थानों से इस वर्ष पत्र व्यवहार किया और लोगों ने बड़ी उत्सुकता पूर्वक उसका स्वागत किया। आशा है उपनिवेशों में हिंदी प्रचार का कार्य बढ़ेगा।[64]

1940ई0 के बाद विदेशों में हिंदी का प्रचार बढ़ा जिसका सबसे बड़ा प्रमाण यह था कि जहां पर पहले विदेशी सभासदों की संख्या मात्र 8 थी वहीं 1942ई0 मे 14 हो गयी जिनमें मारीशस में के0 एम0 भगत (हिंदीप्रचारिणी सभा, मोताईलोंग) केनिया में रणधीर विद्यालंकार, रमन भाई जे0 पटेल और सत्यपाल; युगांडा में दयालजी भीमभाई देसाई; बोस्टन, अमेरिका में डॉ0 आनंद के0 कुमारस्वामी; मस्केट में विश्राम जे0 पटेल; बर्मा में डॉ0 ओमप्रकाश और गोपालदास; इंग्लैंड में रेवरेंड एडविन ग्रिब्ज, टी0 ग्राहम बेली और जे0सी0 जैक्शन; पोलैंड में प्रो0 स्टेफेन स्टासिक; और रुस में ए0 बारान्निकोफ सभा के सभासद थे।[65] काशी की इस सभा ने यह बतलाया कि किस प्रकार एक छोटे से टापू मारीशस में हिंदी उन्नति कर रही है। 1926ई0 में 'तिलक विद्यालय सभा' के नाम से स्थापित संस्था 1935ई0 में 'हिंदीप्रचारिणी सभा' नाम से जानी गयी और इसी वर्ष इसकी रजिस्ट्री भी हुई। हिंदी साहित्य सम्मेलन, प्रयाग से संबद्ध इस संस्था ने मारीशस में हिंदी विद्यालय, पुस्तकालय और हिंदी के प्रचार का महत्वपूर्ण कार्य किया।[66] इसके अलावा चीन, फ्रांस के अलावा नई दुनियां यानी कि अमेरिका में हिंदी के प्रचार के लिए पं0 गोविंदवल्लभ पंत और जगदीशचंद्र अरोड़ा के द्वारा किये गये कार्यों को भी सभा ने पटल पर रखा।[67]

15 माघ, सं0 2000 वि0 (1943ई0) को काशी की नागरीप्रचारिणी सभा ने अपना अर्द्ध–शताब्दी उत्सव मनाया। उस समय भारत में एक से बढ़कर एक हिंदी के विद्वान थे परंतु फिर भी भारत और भारत से बाहर प्रवासी भारतीयों में हिंदी प्रचार के लिए भवानी दयाल संयासी जी द्वारा किये गये प्रयास और उनकी हिंदी सेवाओं को मान्यता प्रदान करते हुए काशी की सभा द्वारा उन्हें अपने 'अर्द्ध–शताब्दी उत्सव' के सभीं कार्यक्रमों का सभापति चुना गया। सभाभवन के पीछे बनवाये गये विशाल पंडाल में यह उत्सव हुआ और भारत के गण्यमान हिंदी के विद्वान इस अवसर पर उपस्थित थे। सबसे अंत में भवानी दयाल जी ने अपना मुद्रित भाषण पढ़ा जिसमें भारत तथा वृहत्तर भारत में हिंदी भाषा की तत्कालीन अवस्था का सिंहावलोकन कराते हुए उसकी विभिन्न समस्याओं का बहुत सुंदर विवेचन किया था।[68]

भारत की आजादी के बाद भी सभा द्वारा हिंदी का प्रचार कार्य जारी रहा और यह कार्य न केवल भारत के अहिंदीभाषी क्षेत्रों बल्कि भारत के बाहर भी चलता रहा जिसका परिणाम यह हुआ कि 1951ई0 तक विदेशी सभासदों की संख्या 22 तक पहुॅच गयी जिनमें डॉ0 जे0 शिवगोबिन (मारीशस), प्रकाशवती दयाल (नेटाल, दक्षिण अफ्रीका), प्रो0 डब्ल्यू0 नारमन ब्राउन (प्रो0 संस्कृत, पेंसिलवेनिया विश्वविद्यालय, अमेरिका), वद्यनाथ वर्मा (न्यूयार्क, अमेरिका), काशीनाथ दामोदर नायक (डच इंडिया), रामप्रसाद जी खंडेलवाल (कराची, पाकिस्तान), श्यामाचरण मिश्र (बर्मा), डॉ0 आर0 एल0 टर्नर, डॉ0 एच0 डब्ल्यू0 बेली, ए0 जी0 शिरफ, डब्ल्यू0 जी0 आर्चर (सभीं इंग्लैंड), डॉ0 जी0 टुची (रोम विश्वविद्यालय, इटली), डॉ0 ऐल्सडार्फ (हैंबर्ग विश्वविद्यालय, जर्मनी), आर0 क्लोडिक विलहरजेवा (युगोस्लाविया), प्रो0 जी0 मार्गेनस्टर्न (ओस्लो विश्वविद्यालय, नार्वे), डॉ0 जूल्स बलॉक (पेरिस विश्वविद्यालय, फ्रांस), डॉ0 आद्रे शार्प वान वेनेडेनली (बेल्जियम), प्रो0 ए0 बारान्निकोव (लेनिनग्राद, रुस), दयानंद सीनाथ (ट्रिनीडाड), डॉ0 एफ0 बी0 जे0 कुपलर और डॉ0 जे0 पी0 एच0 वोगेल (लीडेन विश्वविद्यालय, हालैंड) शामिल थे और उनकी गणना तत्कालीन विश्व के प्रमुख हिंदी विद्वानों में की जा सकती है। सभा का यह प्रचार कार्य आगे भी चलता रहा और विदेशी सभासदों की संख्या तो बढ़ती ही गयी साथ ही उपनिवेशों की आजादी के साथ ही विदेशों में हिंदी का प्रचार भी बढ़ता गया।

संदर्भ सूची :

1. भारत जीवन, 14 अगस्त, 1893, पृष्ठ 7
2. नागरीप्रचारिणी सभा का प्रथम वार्षिक विवरण, 1893–94ई0, पृष्ठ 5
3. हिंदी भाषा, व्याकरण और साहित्य को पाश्चात्य विद्वानों की देन, पराग प्रकाशन दिल्ली 1994, विषय प्रवेश, पृष्ठ 2
4. जैसवाल, श्रीश, हिंदी का नवजागरण काल एवं भाषा विवाद, पृष्ठ 77
5. दास, श्यामसुंदर सं0 हिंदी–कोविद–रत्नमाला, पहिला भाग, इंडियन प्रेस, इलाहाबाद, 1909, पृष्ठ 63
6. गोपाल, मदन, भारतेंदु हरिश्चंद्र, पृष्ठ 34

7. शास्त्री, वेदव्रत, काशी नागरीप्रचारिणी सभा का अर्द्धशताब्दी का इतिहास, वक्तव्य, पृष्ठ 1
8. नागरीप्रचारिणी सभा का प्रथम वार्षिक विवरण, 1893—94ई0, पृष्ठ 18
9. नागरीप्रचारिणी सभा का तृतीय वार्षिक विवरण, 1896—97ई0, पृष्ठ 21
10. नागरीप्रचारिणी सभा का प्रथम वार्षिक विवरण, 1893—94ई0, पृष्ठ 13
11. नागरीप्रचारिणी सभा का तृतीय वार्षिक विवरण, 1895—96ई0, पृष्ठ 35
12. नागरीप्रचारिणी सभा का चतुर्थ वार्षिक विवरण, 1897—98ई0, पृष्ठ 27
13. नागरीप्रचारिणी सभा का द्वितीय वार्षिक विवरण, 1894—95ई0, पृष्ठ 15
14. नागरीप्रचारिणी सभा का तृतीय वार्षिक विवरण, 1895—96ई0, पृष्ठ 15
15. नागरीप्रचारिणी सभा का चतुर्थ वार्षिक विवरण, 1896—97ई0, पृष्ठ 19
16. दास, श्यामसुंदर सं0 हिंदी—कोविद—रत्नमाला, पहिला भाग, पृष्ठ 15
17. नागरीप्रचारिणी सभा का तृतीय वार्षिक विवरण, 1895—96ई0, पृष्ठ 14
18. नागरीप्रचारिणी सभा का चतुर्थ वार्षिक विवरण, 1897—98ई0, पृष्ठ 15
19. वहीं, पृष्ठ 11
20. वहीं, पृष्ठ 8
21. नागरीप्रचारिणी सभा का पंचम वार्षिक विवरण, 1897—98ई0, पृष्ठ 2
22. नागरीप्रचारिणी सभा का तृतीय वार्षिक विवरण, 1895—96ई0, पृष्ठ 35
23. नागरीप्रचारिणी सभा का पंचम वार्षिक विवरण, 1897—98ई0, पृष्ठ 43
24. वहीं, पृष्ठ 2—3
25. नागरीप्रचारिणी सभा का पंचम वार्षिक विवरण, 1897—98ई0, पृष्ठ 8
26. भाषा सब कमेटी की रिपोर्ट, पृष्ठ 20—22.
27. शास्त्री, वेदव्रत, काशी नागरीप्रचारिणी सभा का अर्द्धशताब्दी का इतिहास, पृष्ठ 39
28. नागरीप्रचारिणी सभा का 12वां वार्षिक विवरण, 1904—05ई0, पृष्ठ 22
29. शास्त्री, वेदव्रत, काशी नागरीप्रचारिणी सभा का अर्द्धशताब्दी का इतिहास, पृष्ठ 142
30. वहीं, पृष्ठ 183
31. वहीं, पृष्ठ 184—85
32. वहीं, पृष्ठ 279
33. हिंदी ऐंड दि नागरीप्रचारिणी सभा, इंडियन प्रेस, इलाहाबाद, 1907
34. शास्त्री, वेदव्रत, काशी नागरीप्रचारिणी सभा का अर्द्धशताब्दी का इतिहास, पृष्ठ 164

35. वहीं, पृष्ठ 162–63
36. नागरीप्रचारिणी सभा का 11वां वार्षिक विवरण, 1903–04, पृष्ठ 54
37. वहीं, पृष्ठ 64
38. वहीं, पृष्ठ 70
39. वहीं, पृष्ठ 73
40. नागरीप्रचारिणी सभा का 12वां वार्षिक विवरण, 1904–05ई0, पृष्ठ 79
41. दिनकर, रामधारी सिंह, संस्कृति के चार अध्याय, पृष्ठ 476
42. अग्रवाल, प्रेमनारायण, प्रवासी भारतीयों की वर्तमान समस्याएँ, मानसरोवर साहित्य निकेतन, मुरादाबाद, 1935, पृष्ठ 143
43. संयासी, भवानी दयाल, प्रवासी की आत्मकथा, पृष्ठ 27
44. स्वामी, नारायण, विदेशों में आर्य समाज, वैदिक यंत्रालय, अजमेर, 1933, पृष्ठ 37
45. वहीं, पृष्ठ 27
46. वहीं, पृष्ठ 49
47. संयासी, भवानी दयाल, प्रवासी की आत्मकथा, पृष्ठ 186
48. स्वामी, नारायण, विदेशों में आर्य समाज, पृष्ठ 7
49. नागरीप्रचारिणी सभा का 12वां वार्षिक विवरण, 1904–05ई0, पृष्ठ 103
50. संयासी, भवानी दयाल, प्रवासी की आत्मकथा, पृष्ठ 169
51. शास्त्री, वेदव्रत, काशी नागरीप्रचारिणी सभा का अर्द्धशताब्दी का इतिहास, पृष्ठ 5
52. नागरीप्रचारिणी सभा का प्रथम वार्षिक विवरण, 1893–94ई0, पृष्ठ 41–42
53. प्रवासी पत्रिका, वर्ष–1, अंक–2, नवंबर, 1947ई, पृष्ठ 17
54. स्वामी, नारायण, विदेशों में आर्य समाज, पृष्ठ 8
55. उपाध्याय, हरिभाऊ, श्रीयुत् पं0 भवानीदयालजी का जीवन चरित्र, लक्ष्मीनारायण प्रेस, बनारस, 1916, पृष्ठ 27
56. इंदु पत्रिका, कला–5, खंड–1, किरण–6, जून, 1914, वाराणसी, पृष्ठ 600
57. सिंह, राजबहादुर, प्रवासी की कहानी, पृष्ठ 105
58. मित्र बंधुत्रय सं0 साहित्य समालोचक भाग–1, अंक–1, जनवरी, 1925, पृष्ठ 5
59. सिंह, राजबहादुर, प्रवासी की कहानी, पृष्ठ 132
60. नागरीप्रचारिणी सभा का 32वां वार्षिक विवरण 1924–25ई0, पृष्ठ 26

61. नागरीप्रचारिणी सभा का 29वां वार्षिक विवरण, सं0 1978, पृष्ठ 8—9
62. नागरीप्रचारिणी सभा का 28वां वार्षिक विवरण सं0 1977, पृष्ठ 19
63. नागरीप्रचारिणी सभा का 33वां वार्षिक विवरण सं0 1982, पृष्ठ 31
64. नागरीप्रचारिणी सभा का 46वां वार्षिक विवरण, सं0 1995, पृष्ठ 53
65. नागरीप्रचारिणी सभा का 50वां वार्षिक विवरण सं0 1999, पृष्ठ 121—22
66. नागरीप्रचारिणी सभा का 54वां वार्षिक विवरण सं0 2003, पृष्ठ 85
67. वहीं, पृष्ठ 86—87
68. हिंदी पत्रिका, वर्ष—4, संख्या—1—9, जनवरी—सितंबर, 1944, पृष्ठ 15—18
69. नागरीप्रचारिणी सभा का 59वां वार्षिक विवरण सं0 2008, पृष्ठ 66—69

10. राष्ट्रीय आंदोलन और नागरीप्रचारिणी सभा
राजनीतिक परिदृश्य

1857ई0 का वर्ष आधुनिक भारतीय इतिहास की एक विभाजक रेखा मानी जाती है जो भारत में परंपरागतता से आधुनिकता की ओर परिवर्तन को इंगित करती है। 1857 में भारत में कंपनी सरकार के विरूद्ध भयंकर विद्रोह हो गया और अंग्रेजों ने इस विद्रोह को निर्दयतापूर्वक दबा दिया। विद्रोह के बाद भारत की शासनसत्ता कंपनी के हाथ से निकलकर सीधे महारानी विक्टोरिया के हाथ में चली गई। 1858ई0 के महारानी के 'घोषणापत्र' ने भारतीय इतिहास को एक नया मोड़ दिया और शासक वर्ग ने भारतीय प्रजा के साथ संबंधों को सुधारने का प्रयास आरंभ किया था। विद्रोह की कटुता को भुलाकर महारानी ने भारतीय प्रजा को आत्मीय घोषित किया और यह स्पष्ट कर दिया कि ''ब्रिटिश प्रजाजनों में (भारतीय प्रजा सहित) किसी भी प्रकार का जाति, धर्म, वर्ण और राष्ट्रीयता का भेद–भाव नहीं किया जायेगा'' और साथ ही 'सरकारी सेवाओं के लिए भी किसी भी जाति, वर्ग, वर्ण या राष्ट्रीयता के व्यक्ति के साथ कोई विभेद नहीं किया जायेगा। महारानी की घोषण से देशवासियों को प्रोत्साहन तो मिला पर वह लूला हो कर रह गया। महारानी की घोषणा करने के लिए नहीं सचमुच केवल कहने के लिए ही थी।

विद्रोह के बाद अंग्रेजों ने अपनी नीति बदल दी और हिंदू–मुसलमानों के मतभेद में ही अपने साम्राज्य की दृढ़ता को संभव समझा। 1857ई0 के विद्रोह के दौरान दोनों सम्प्रदायों ने कंधे से कंधा मिलाकर अंग्रेजों के खिलाफ संघर्ष किया था, अतः अंग्रजों ने विद्रोह के उपरान्त हिंदू–मुसलमानों की सभ्यता, संस्कृति के साथ ही उनकी भाषा, वेश–भूषा और राजनैतिक अधिकार आदि सबको अलग–अलग रखने के लिए दोनों पक्षों को उकसाया[1] अर्थात् 'विभाजन और शासन' की नीति का प्रश्रय लिया। 1858ई0 के बाद शासक वर्ग द्वारा दोनों सम्प्रदायों में मतभेद पैदा करने में भाषा एवं लिपि को एक प्रमुख हथियार बनाया गया। न केवल विद्रोह के उपरान्त वरन् पूर्व भी अंग्रेजों ने

पक्षपातपूर्ण नीति का ही अवलंबन किया था। 19वीं सदी के प्रथमार्द्ध तक अंग्रेजों का मुख्य उद्देश्य भारत में राजनैतिक प्रभुत्व स्थापित करना और उसका अधिकतम आर्थिक दोहन करना ही था, भाषा नीति उसके लिए महत्वपूर्ण विषय नहीं था, फिर भी उन्होंने पक्षपातपूर्ण नीति अपनायी। 1800ई0 में स्थापित 'फोर्ट विलियम कालेज' में हिंदी और उर्दू दोनों भारतीय भाषाओं के गद्य को समृद्ध किया गया, परन्तु हिंदुस्तानी विभाग के प्रथम अध्यक्ष गिलक्राइस्ट ने उर्दू या हिंदुस्तानी को आवश्यक महत्व देकर आगामी वर्षों के लिए भाषा विवाद के बीज बो दिये। फोर्टविलियम कालेज सरकारी संरक्षण प्राप्त संस्था थी, अतएव यह कहा जा सकता है कि 19वीं सदी के प्रारंभ में ही सरकार की भाषा नीति पक्षपूर्ण थी और अंग्रेजों का रूझान हिंदुस्तानी या उर्दू की ओर था।[2] यद्यपि विद्रोह से पूर्व ही देशभाषाओं के प्रयोग की राजाज्ञाएं भी निकली पर सरकार ने देशभाषा और देशलिपि की जगह उर्दू भाषा और फारसी लिपि को ही जारी रखा।

1858ई0 के बाद हिंदी के समर्थकों में आशा की उम्मीद जगी कि देशभाषा हिंदी के लिए प्रयास किया जा सकता है, परन्तु सरकार तथा उसके समर्थक भारतीयों ने हिंदी भाषा को हिंदुओं से जोड़ दिया और उसे साम्प्रदायिक रूप देने का प्रयास किया। न केवल नाम 'हिंदी' बल्कि स्वयं 'हिंदी भाषा' भी विशुद्ध रूप से ब्रिटिशों द्वारा उत्पन्न किया गया जैसा कि जी0एस0 घुर्रे ने 1951ई0 में प्रकाशित अपनी पुस्तक 'Indian Costumes' में उल्लेख किया कि 'यह साधारणतः 'विभाजन और शासन' की नीति का अवलम्बन करते हुए हिंदुओं और मुसलमानों के बीच 'Bad Blood' उत्पन्न करना था।' परंतु मदनगोपाल महोदय ऐसा नहीं मानते। उनके मत में 'दो सम्प्रदायों में 'बैड ब्लड' उत्पन्न करना विद्रोह के बाद प्रचलन में आया। लोगों को विभाजित करने की नीति का आरंभ विद्रोह के बाद शुरू होता है, प्रथम मुसलमानों का दमन और हिंदुओं का पक्ष लेकर'।[3]

1857ई0 की राजक्रांति के उपरान्त प्रायः सभी प्रतिष्ठित नगरों में छोटी–मोटी अनेंक ऐसी संस्थाएं खुल गई जिनका काम था देश तथा जाति के भिन्न–भिन्न प्रश्नों पर भिन्न–भिन्न रूपों में विचार करना और एक दूसरे की गतिविधियों से परिचित होना। इन संस्थाओं की स्थापना इस लिए की गई कि हमारे विदेशी शासक हमारी

देशी गतिविधि से परिचित होते रहें तथा असावधानी के कारण किसी विप्लव को जन्म न दे बैठे। परंतु होने यह लगा कि इन्हीं इंस्टीट्यूटों में हमारे अभ्युदय तथा अभ्युत्थान की चर्चा होने लगी और लोकमंगल के सभी प्रकार के प्रश्न छिड़ने लगे।[4]

प्रत्येक देश की जागृति का आरंभ उसके राष्ट्रीय संगठन से होता है और भारत में यह भारतीय राष्ट्रीय कांग्रेस से माना जाता है। सरकार के उद्देश्य चाहे जो रहे हों पर 1885ई0 में कांग्रेस आंदोलन बड़ी चतुराई के साथ चलाया गया। किसी प्रकार से इसने अपने को अनियंत्रित होने से बचाया और यह एक वास्तविक राष्ट्रीय आंदोलन में विकसित हुई। इस आंदोलन में हिंदू अग्रिम पंक्ति में थे अतएव मुसलमानों को इससे अलग रखने का प्रयास किया गया। दोनों सम्प्रदायों में चिरस्थायी 'बैड ब्लड' उत्पन्न करने के लिए, 1800ई0 की व्युत्पत्ति को, जिसे हिंदी कहा गया, का प्रयोग एक प्रतीक के रूप में इसे 'हिंन्दू राष्ट्रीय आंदोलन' नाम देकर किया गया न कि भारतीय राष्ट्रीय आंदोलन।[5] अंग्रेजी शिक्षा, जो हिंदुओं में फैल चुकी थी, ने हिन्दुओं को स्वतंत्रता और लोकतंत्र के विचारों के सम्पर्क में लायी जो हिंदुओं में मुखर होती जा रही थी, को ब्रिटिश लोगों ने अनुभव किया और बढती हुई राष्ट्रीयता को निष्प्रभावी करने का तरीका ढूढने लगे जिसमें मुसलमान प्रमुख माध्यम हो सकते थे जो काफी समय से घृणा की दृष्टि से देखे जा रहे थे। इसी दृष्टिकोण को सामने रखकर मिस्टर बेक ने सर सैयद को राष्ट्रवाद से दूर रखने का पूरा प्रयास किया।[6] इस प्रकार मुसलमानों के प्रति सरकार की तुष्टिकरण की नीति आरंभ हुई।

19वीं सदी के उत्तरार्द्ध में एवं उसके पश्चात् मुस्लिम अलगाववाद और हिंदू–मुस्लिम विवाद के पीछे गंभीर कारण हिंदी–उर्दू विवाद था। हिंदी और उर्दू के बीच भिन्नता बढ़ाने में तीन कारकों ने मुख्य योगदान दिया। प्रथम, उत्तर भारत के मुस्लिम शासक उर्दू को फारसी लिपि में लिखना पसंद करते थे, जिससे वे काफी परिचित थे अपेक्षाकृत देशी नागरी लिपि के। द्वितीय, हिंदी–उर्दू के बीच भिन्नता का दूसरा कारण 19वीं सदी के अंत में उत्तर भारत में विकसित हिंदी आंदोलन था, जिसने नागरी लिपि के प्रशासन और शिक्षा में प्रयोग करने और हिंदी के संस्कृतिकरण को बढ़ावा देने पर बल दिया[7] और तृतीय, हिंदी–उर्दू के विवाद का कारण समानान्तर और

संबद्ध हिंदू और मुस्लिम पुनरूत्थानवाद और साम्प्रदायिक विरोध का विकास था जिसका नतीजा हिंदी–उर्दू के विरोध की इस पहचानपरक नीति का सुदृढ़ीकरण था कि उर्दू मुसलमानों की भाषा है और हिंदी हिंदुओं की।[8] यह बात बहुत ही स्पष्ट और विशेष रूप से कही जा सकती है कि हिंदी–उर्दू विवाद सैयद अहमद खां और उनके समर्थकों के हिंदू–मुस्लिम एकता के विषय में दृष्टिकोण के परिवर्तन में मूलभूत बदलाव के लिए जिम्मेदार था, जिससे, वे तब निराश हो गये जब उर्दू की जगह हिंदी को उत्तर प्रांत में अदालती भाषा बनाने के लिए आंदोलन हुए।[9] यह सर्वमान्य तथ्य है कि सैयद अहमद और उनके समर्थकों ने इस दौरान उर्दू की रक्षा में निर्णायक भूमिका निभाई थी। इस प्रकार हिंदी–उर्दू विवाद हिंदू–मुस्लिम संघर्ष में एक महत्वपूर्ण कारण तो था ही साथ ही संयुक्तप्रांत के अभिजात मुसलमानों और अभिजात हिंदुओं के समूहों के सार्वजनिक जीवन में भिन्नता ने हिंदी–उर्दू विवाद को राजनीतिक रूप से सबसे महत्वपूर्ण बना दिया। हिंदू अभिजात वर्ग की अपनी सांस्कृतिक भावनाओं को पहचान पाने और सार्वजनिक जीवन में एक प्रतिष्ठित पद प्राप्त करने और मुस्लिम अभिजात वर्ग की इन मांगों के प्रति भय ने मतभेद बढ़ाने में मुख्य भूमिका निभाई। इस प्रकार धर्म और भाषा बढ़ती हुई राजनीतिक विवाद के मूल प्रतीक थे।[10]

भारतीय मुसलमानों में अलगाववाद की भावना बंगाल में नहीं वरन् पश्चिमोत्तर प्रदेश में विशेषरूप से दिखलाई पड़ी। यदि 19वीं सदी के उत्तरार्द्ध में पश्चिमोत्तर प्रदेश पर दृष्टि डाली जाय तो पता चलेगा कि 1881ई0 में मुसलमानों की आबादी का प्रतिशत 13 था[11] और उनकी आबादी का वितरण भी असमान था कि जहां गढ़वाल और अल्मोड़ा में उनका प्रतिशत 4 या उससे कम था, वहीं बिजनौर और मुरादाबाद में 35 या उससे अधिक। मुसलमान नगरों और देहातों दोनों ही क्षेत्रों में अल्पसंख्यक थे किन्तु यह बात महत्वपूर्ण नहीं थी क्योंकि चुनाव नहीं होते थे कि उनकी संख्या मायने रखती।[12] 19वीं सदी के उत्तरार्द्ध में कुछ मुस्लिम नेताओं द्वारा इस झूठ का प्रचार किया गया कि मुस्लिम समुदाय अपने पिछड़ेपन और गरीबी के कारण शिक्षा और सेवाओं के सुअवसर के लाभों से वंचित रह सका और वह मुस्लिम रूढ़िवादी उलेमाओं के विरोध के कारण ही अंग्रेजी शिक्षा की ओर झुका।[13] और इस प्रकार मुसलमानों में

अलगाववादी भावना बलवती होनी आरंभ हुई। परंतु वास्तविकता यह थी कि 1869–1931ई0 तक मुसलमान संयुक्त प्रांत में हिंदुओं से किसी भी प्रकार पीछे नहीं थे वरन् नागरीकरण, जमींदारी, साक्षरता, अंग्रेजी शिक्षा, सामाजिक सम्पर्क और सेवाओं में, विशेषकर सरकारी सेवाओं में, काफी आगे थे।[14] परंतु इस प्रकार के झूठ का प्रचार सर सैयद अहमद खां सदृश व्यक्तियों द्वारा किया गया।[15] इस प्रकार मुसलमानों को अज्ञानता, कमजोरी और निराशा से उद्धार करने के लिए सर सैयद अहमद खान, 'भारतीय मुसलमानों के पिता', द्वारा 1877 में 'मोहम्मडन ऐंग्लों–ओरियंटल कालेज' और 'अलीगढ़ आंदोलन' के रूप में प्रयास किया गया। सैयद अहमद बंगालियों के उन दिनों महान प्रशंसक हुआ करते थे और बंगालियों की पहचान के वे कायल थे, अतएव अलीगढ़ कालेज के प्रिंसिपल बेक महोदय ने 'अलीगढ़ इंस्टीट्यूट गजट' के सम्पादकीय के माध्यम से, जो सर सैयद के नाम से निकलता था परन्तु लिखा बेक द्वारा जाता था, बंगालियों के खिलाफ लिखना आरंभ किया फलस्वरूप बंगालियों द्वारा सैयद अहमद की आलोचना होने लगी। बेक बंगालियों के विरूद्ध वातावरण बनाने में सफल हो गये इसीलिए जब भारतीय राष्ट्रीय कांग्रेस का प्रथम अधिवेशन एक बंगाली अध्यक्ष के रूप में हुआ तो सैयद अहमद एवं उनके समर्थकों द्वारा कांग्रेस का विरोध किया गया।[16] इस प्रकार अलीगढ़ आन्दोलन, जिससे मुस्लिम लीग और मुस्लिम अलगाववादी विचारधार विकसित हुई, प0प्र0 के कुलीन मुसलमानों का एक आन्दोलन था और जो कुलीनवर्गीय मुसलमानों के राजनीतिक वर्चस्व को बनाये रखने की ओर उन्मुख था।[17]

इस प्रकार 19वीं सदी के उत्ताराद्ध में मुसलमानों के एक वर्ग में अलगाववादी विचारधारा जहां जोर पकड़ रही थी, वहीं, अंग्रेजी सरकार 'विभाजन और शासन' की नीति के आधार पर अलगाववादी ताकतों का समर्थन कर रही थी। प्रारंभ में बिहार और बाद में पश्चिमोत्तर प्रदेश में हिंदी के लिए जो प्रयास किये गये उसके फलस्वरुप अपनी नीति के अनुरुप सरकार ने हिंदी को हिंदुओं और उर्दू को मुसलमानों से जोड़कर उस विवाद का बीज बो दिया, जिसका फल 1947ई0 का भारत विभाजन था। इसी पृष्ठभूमि में राष्ट्रीय समेंकन एवं परस्पर मित्रता एवं ऐक्य बढ़ाने के उद्देश्य से 28

दिसंबर, 1885ई0 को भारतीय राष्ट्रीय कांग्रेस की स्थापना की गयी। इस संस्था का जहां राष्ट्रवादी नेताओं एवं मुस्लिम समुदाय के एक वर्ग द्वारा समर्थन किया गया,[18] वहीं इसे 'हिंदू आंदोलन' करार देते हुए सर सैयद एवं अलीगढ़ आंदोलन द्वारा इसका विरोध किया गया। इसी पृष्ठभूमि में, जबकि हिंदी=हिंदू और उर्दू=मुस्लिम की पहचान बन रही थी एवं सरकार एवं उसके समर्थक मुस्लिम समुदाय के एक वर्ग की नीति फलीभूत हो रही थी,[19] 16 जुलाई, 1993ई0 में काशी में छोटे–छोटे बालकों द्वारा नागरी (हिंदी भाषा एवं नागरी लिपि) प्रचार को उद्देश्य बनाकर'नागरीप्रचारिणी सभा' की स्थापना की गयी। 16 जुलाई, 1893ई0 को ही सभा के जो उद्देश्य निर्धारित किये गये उनमें निम्नलिखित बातें प्रमुख थीं :

क–इस सभा के सभासदों का मुख्य कर्तव्य यह है कि नागरी भाषा से अपनी उन्नति करें। नागरी जानने वाले इष्ट मित्रों से नागरी अक्षर और भाषा में पत्र व्यवहार करें। लोगों की रुचि इस ओर आकर्षित करें।

ख–नागरी लेख लिखने का अभ्यास करें और उन्हें सामयिक पत्रों में प्रकाश करवावें।

ग–इसके सभासद अन्य स्थानीय नागरीप्रचारिणी सभाओं से पत्र व्यवहार द्वारा एकता और मित्रता करें।

घ–यथामाध्य दूसरे स्थानों में ऐसी सभा स्थापन करने का प्रयत्न करें।

च–दूसरी भाषा के उत्तम एवं उपयोगी ग्रंथों को हिंदी में अनुवाद करें।

छ– परस्पर में मित्रता और ऐक्य बढ़ावें।[20]

प्रथम वर्ष में ही सभा के जो उद्देश्य और नियम स्वीकृत हुए उसमें ये बातें प्रमुख थी कि 'सभा नागरी प्रचारार्थ स्थापित हुई हैं अतएव इसका नाम नागरी प्रचारिणी सभा रखा गया, इस सभा का मुख्य कर्तव्य–हिंदी भाषा की त्रृटियों को दूर करना, उसे विविध ग्रन्थों से अलंकृत करना और उसे उसका उचित अधिकार पाने के लिए उद्योग करना, अधिकाधिक सभासद बनाने का उद्योग करना, सभासद तन, मन, धन से नागरी का प्रचार करें, हिंदी के विविध अंगोपांगों को ग्रन्थों से पूरित करना और इस सभा में कोई विषय राजनैतिक और धर्म संबंधी न लिया जायगा।[21]

1893ई0 में ही सभा द्वारा जो उद्देश्य निर्धारित किये गये, सभा ने उसका हमेशा ही पालन किया और उसमें कभी भी अंशमात्र भी परिवर्तन नहीं किया गया। यदि अन्य राष्ट्रीय संस्थाओं, यथा कांग्रेस, के उद्देश्यों के साथ सभा के उद्देश्यों की तुलना की जाय तो यह स्पष्ट हो जाता है कि एक साहित्यिक संस्था होते हुए भी उसके उद्देश्य कांग्रेस से कम महत्वपूर्ण नहीं थे। सभा द्वारा जो नियम निर्धारित किये गये, और चाहे जब–जब उनमें परिवर्तन किया गया, पर उसके कुछ नियम अपरिवर्तित रहे और सभा ने उसका आजीवन पालन किया। उदाहरण के लिए सभा के छठे नियम कि ''सभा में कोई विषय राजनीतिक अथवा धर्म संबंधी न लिया जाय'' का सभा ने हमेशा ही पालन किया। देश, देशवासियों एवं अपने उद्देश्य सिद्धि के लिए सभा ने प्रत्यक्ष या अप्रत्यक्ष रूप से राजनीति के क्षेत्र में तो कभी–कभी हस्तक्षेप किया परन्तु धर्म के क्षेत्र में सभा का नियम अटल रहा और सभा में कभी भी धार्मिक विषयों पर चर्चा नहीं हुई। यदि कभी कोई सभासद ऐसा करना चाहा तो सभापति द्वारा छठे नियम का उल्लेख करते हुए उसे तत्काल बंद कर दिया गया।[22]

अपनी स्थापना के उपरान्त ना0 प्र0 सभा द्वारा राजनीतिक रूप से दो महत्वपूर्ण कार्य किये गये–प्रथम, एक समान भाषा एवं लिपि के माध्यम से देश को एक सूत्र में बॉधना एवं दूसरा, सरकार की तुष्टिकरण एवं उर्दू समर्थकों की बे सिर–पैर के हिंदी विरोधी कार्यों का विरोध एवं वास्तविकता का प्रतिपादन। सभा ने समान भाषा व लिपि के माध्यम से प्रथम वर्ष में ही देश के 72 महानुभाओं को जोड़ा।[23] अपने उद्देश्य पूर्ति के लिए स्थापना के दूसरे वर्ष ही सभा ने विभिन्न स्थानों एवं सभा–समाजों में अपने प्रतिनिधियों को भेजा। 1894–95ई0 में कायस्थ कांफ्रेंस[24] और लखनऊ तथा इलाहाबाद अपने डेपुटेशन सभा ने भेंजें फलस्वरूप पं0 मदनमोहन मालवीय, पं0 बालकृष्ण भट्ट, बाबू कृष्णबलदेव वर्मा और बाबू गंगाप्रसाद वर्मा सदृश व्यक्तित्व सभा के अभिन्न सभासद बन गये।[25] अपने चौथे वर्ष में सभा ने मेरठ और मुजफ्फरनगर प्रतिनिधिमंडल भेंजा जहां पर मेरठ की 'देवनागरीप्रचारिणी सभा' ने सभा को सब प्रकार की सहायता करने का बचन दिया।[26]

भारतीय राष्ट्रीय कांग्रेस भारतीय स्वतंत्रता संग्राम का जीवित प्रतीक रही है और इस स्वतंत्रता संग्राम में सारे राष्ट्र के साथ ही पश्चिमोत्तर प्रदेश और काशी ने सर्वदा योग दिया। 1885ई0 में कांग्रेस की स्थापना के यत्न में काशी के रामकाली चौधरी भी उन 72 व्यक्तियों में एक थें जो कांग्रेस के प्रथम अधिवेशन में उपस्थित थे।[27] इसी प्रकार लखनऊ के बाबू कृष्णबलदेव वर्म्मा भी उन 72 लोगों में एक थे जो कांग्रेस के प्रथम अधिवेशन में उपस्थित थे। कांग्रेस के अधिवेशन में काशी के लोग उत्साह से भाग लेते थे और शुरू के वर्षों में बाबू रामकाली चौधरी के अतिरिक्त श्री छन्नूलाल, बसीउद्दीन मुख्तार, डॉ0 छन्नूलाल और मुंशी माधोलाल सदृश व्यक्तियों के नाम इस सन्दर्भ में प्रमुखता से गिना जा सकता है।[28] काशी के कांग्रेसी सदस्य कितने सक्रिय थे यह बात इसी से स्पष्ट हो जाती है कि जब कांग्रेस का चौथा अधिवेशन इलाहाबाद में हुआ और राजभक्त राजा शिवप्रसाद का विरोध काशी के प्रतिनिधियों ने जिस प्रकार किया था, वह इतिहास प्रसिद्ध ही है।[29]

1893ई0 में जब सभा की स्थापना हुई तो बनारस के कांग्रेसी सदस्यों ने इसमें उत्साह से भाग लिया। स्थापना के उपरान्त ही सभा कांग्रेस से संबद्ध हो गई और जहां कांग्रेस ने देश का राजनीतिक नेतृत्व किया वहीं सभा ने सांस्कृतिक और राजनीतिक दोनों क्षेत्र में कार्य किया। जब सभा के प्रथम वार्षिक अधिवेशन के लिए सभापति राजा शिवप्रसाद को चुने जाने की बात की गई तो सभा में कांग्रेसी सदस्यों द्वारा इस बात का घोर विरोध हुआ तब बाद में पं0 लक्ष्मीशंकर मिश्र को सभा का सभापति चुना गया तब जाकर कहीं बात शांत हुई थी।[30]

अपनी स्थापना के उपरांत सभा ने प्रत्येक वर्ष कांग्रेस में अपने प्रतिनिधियों को भेंजा। प्रत्येक देश में राष्ट्र निर्माण का क्रम उस देश के विविधतापूर्ण तत्वों में एकता के सूत्र खोजने और उन्हें दृढ़ करने में निहित होता है, अतः सभा ने आरंभ से ही समान भाषा एवं लिपि के माध्यम से संपूर्ण देश को एक सूत्र में बांधने का प्रयास किया। यदि सभा के सभासदों की सूची का 1893ई0 से 1905ई0 तक का अवलोकन किया जाय तो स्पष्ट होता है कि न केवल काशी और पश्चिमोत्तर प्रदेश के अग्रणी कांग्रेसी नेता यथा–बाबू रामकाली चौधरी[31], डॉ0 छन्नूलाल[32], कृष्णबलदेव वर्मा[33], गंगाप्रसाद वर्मा[34],

पं0 मालवीयजी[35], पुरुषोत्तमदास टंडन[36], मुंशी माधोलाल[37], राय शिवप्रसाद[38] वरन् भारत के अग्रिम पंक्ति के कांग्रेसी नेता लाला लाजपत राय[39], गोपालकृष्ण गोखले[40], एनी बेसेंट[41] एवं तिलकजी जैसे लोग सभा की सभासदों की सूची में शामिल थे। दिसंबर, 1905ई0 में सभा में व्याख्यान देते हुए तिलकजी ने सभा के कार्यों की प्रशंसा की और उसके कार्यक्रम को राष्ट्रीय आंदोलन का अभिन्न अंग बतलाया।[42]

अपनी स्थापनोपरांत ही सभा ने सरकार की उर्दू के प्रति तुष्टिकरण की नीति का प्रबल विरोध करना शुरु किया और हिंदी हस्तलिखित परीक्षा आरंभ कर उसके लिए पारितोषिक देने का प्रावधान किय।[43] कायस्थ लोगों को भी एक समान भाषा हिंदी से जोड़ने के लिए कायस्थ कांफ्रेंस में डेपुटेशन भेजें और कायस्थ बालकों को हिंदी पढ़ने हेतु उत्साहित करने के उद्देश्य से 'भारतजीवन वाच' प्रदान करने का संकल्प लिया।[44]

ना0प्र0 सभा ने भी कांग्रेस के समान ही ब्रिटिश सत्ता और महारानी के प्रति राजभक्ति प्रकट की।[45] महारानी के राज्यारोहण के 60 वर्ष पूरे होने पर महारानी को एड्रेस भेंजा था और जब महारानी का स्वर्गवास हुआ तो सभा ने अपार दुःख प्रकट किया।[46] परंतु वहीं जहां राष्ट्रहित एवं अपने उद्देश्यपूर्ति की बात आती, वहां सरकार का विरोध भी किया। 19वीं सदी के अंतिम दशक में जब कि हिंदी समाचार पत्र राष्ट्रीयता को प्रबल प्रोत्साहन प्रदान कर रहे थे और सरकार इसके प्रति दमनात्मक नीति अपना रही थी तब सभा ने समस्त हिंदी पत्रों से एक संगठन बनाकर गोलबंद होने का आह्वाहन किया और लिखा ''हिंदी पत्र संपादकों से हमारी प्रार्थना है कि वे एक 'सम्पादक समाज' स्थापित करें और एतद्वारा परस्पर रक्षा और सहायता कर अपनी उन्नति करें और अपने को गवर्नमेंट के कटाक्षों से बचावें।''[47] इसी प्रकार जब 28 जुलाई, 1897ई0 को सभा के चतुर्थ वार्षिकोत्सव में बनारस के मजिस्ट्रेट डबल्यू0 एच0 कॉब साहब ने अपने अध्यक्षीय भाषण में नागरी अक्षरों की निन्दा की तो सभा के संस्थापकों में से एक बाबू श्यामसुंदरदास ने सभा के उद्देश्य के अनुरूप कॉब महोदय का प्रबल विरोध किया।[48]

उर्दू के समर्थक हिंदी का विरोध तो पहले से ही कर रहे थे ऐसे में सभा ने जब नवम्बर, 1895ई0 में पश्चिमोत्तर प्रदेश के लेफ्टिनेंट गवर्नर की सेवा में एक

निवेदन–पत्र भेंजा और 'बोर्ड ऑफ रेवेन्यू' में हिंदी को भी उर्दू के समान ही दफ्तरी भाषा बनाने का निवेदन किया[49] तो उर्दू समर्थकों ने सभा का प्रबल विरोध किया गया। सभा ने इस पर एक वर्ष तक आंदोलन किया और उर्दू समर्थकों के प्रबल विरोध के बावजूद भी 1896ई0 में सभा 'बोर्ड ऑफ रेवेन्यू' में हिंदी को स्थान दिलाने में सफल हो गयी।[50]

जून 1896ई0 से प्रकाशित 'नागरीप्रचारिणी पत्रिका' के साथ ही राष्ट्रीय आंदोलन के इतिहास में एक नवीन युग आरंभ हुआ। सांस्कृतिक माध्यम द्वारा सभा ने देशवासियों में चेतना लाने एवं एक सूत्र में बाँधने का प्रयास किया। 'राष्ट्रभाषा' शीर्षक लेख में सभा ने 'राष्ट्रीयता' के तत्वों को परिभाषित किया कि ''एक राष्ट्रीयता के लिए एक राज्य, एक धर्म, एक बोली और एक जाति इन चार बातों की अत्यन्त आवश्यकता रहती है। इनमें से पहिली बात अधिकतर गुरूतापूर्ण है; उसके अभाव में एक राष्ट्र की कदापि संभावना नहीं हो सकती।''[51]

राष्ट्रीयता कितनी महत्वपूर्ण होती है और इसमें एक भाषा का कितना महत्वपूर्ण योगदान होता है इसे पत्रिका ने बड़े ही प्रभावशाली ढ़ंग से व्याख्यायित किया कि जिन लोगों का एक राष्ट्र होता है उनके सुःख–दुःख समान होने के लिए उनके विचार कलापों का एक होना अत्यन्त आवश्यक है। पत्रिका ने लिखा ''क्या ही अच्छा हो, यदि 28 कोटि प्रजा की एक भाषा हो जाय और काशी से रामेश्वरम् और पंजाब से आसाम पर्यन्त प्रत्येक मनुष्य को विचार करने का एक साधन उपलब्ध हो जाय तो यह समझ लेना चाहिए कि भारत की आधी विपत्ति दूर हो गई।''[52] जो लोग यह तर्क उपस्थित कर रहे थे कि सारे भारतवर्ष की एक भाषा होना असंभव है, उन्हें अकाट्य प्रमाण देते हुए सभा ने अपनी पत्रिका में लिखा कि 'एक विशेष हेतु की पूर्ति के लिए एक भाषा का होना संभव है।'[53] इस समय भारत के कुछ विद्वान लोग अंग्रेजी का गुणगान कर रहे थे और उनका तर्क था कि सारे भारतवर्ष की भाषा अंग्रेजी होनी चाहिए। ऐसे महानुभावों को स्पष्ट उत्तर देते हुए सभा ने लिखा कि भारत के लोग अंग्रेजी में चाहे लाख प्रवीण हो जायें पर कहाते हैं अंत में नेटिव के नेटिव ही।[54] 1899ई0 में ही सभा ने अपनी पत्रिका में यह संभावना भी व्यक्त कर दी कि एक दिन ब्रिटिश राज और

अंग्रेजी भाषा भारत से जरुर समाप्त होगी। पत्रिका ने लिखा कि ''ईश्वर करैं यह राज्य भारत में सदा बना रहैं पर जगत परिवर्तनशील है और इतिहास भी परिवर्तन के ही पक्ष में सदा से साक्षी देता आया है अतएव यह निश्चय पूर्वक कौन कह सकता है कि सृष्टि के अंत में अंगरेजों के साथ अंगरेजी राजभाषा बनी रहेगी।''[55]

अगस्त, 1896ई0 से सभा ने हिंदी के प्रचार का विशेष उद्योग आरंभ किया और 1898ई0 में पश्चिमोत्तर प्रदेश और अवध के लेफ्टिनेंट गवर्नर की सेवा में मेमोरियल उपस्थित करने का निश्चय किया। इस कार्य की सफलता के लिए सभा ने पूरे प्रदेश से सब वर्ग और सब जाति के लोगों के 60 हजार हस्ताक्षर एकत्र किये और उसे 16 जिल्दों में बॉधकर 'नागरी मेमोरियल', जिसके साथ मालवीयजी द्वारा लिखित वृहद् नोट 'Court Character & Primary Education in N. W. P & Oudh' बॅधी हुई थी; 17 सभ्यों के द्वारा, जिसके नेता मालवीयजी थे, 2 मार्च, 1898ई0 को गवर्नमेंट हाउस इलाहाबाद में लेफ्टिनेंट गवर्नर की सेवा में उपस्थित किया गया।[56] गवर्नर महोदय ने विषय की गुरूता स्वीकार की और इस पर विचार करने का वचन दिया।

सभा ने आम जनात की भलाई एवं उनकी प्रायमरी शिक्षा की उन्नति को ध्यान में रखते हुए यह मेमोरियल उपस्थित किया था जिसमें विविध प्रमाणों एवं ऑकड़ों के द्वारा यह दर्शाया गया था कि साधारण प्रजा की भलाई एवं उसकी प्रायमरी शिक्षा की उन्नति के लिए यहां के सरकारी दफ्तरों एवं अदालतों में नागरी (हिंदी भाषा एवं लिपि) का जारी किया जाना अत्यंत आवश्यक है। परंतु सभा के इस कार्य के साथ ही उर्दू समर्थकों का भारी विरोध आरंभ हुआ। जगह–जगह सभाएं की गई, उर्दू के पक्ष में दलीलें दी गई और लेफ्टिनेंट गवर्नर को उर्दू के पक्ष में मेमोरियल भी भेंजे गये। जो लोग इस मेमोरियल का विरोध कर रहे थे उन्हें स्पष्टीकरण देते हुए नागरी मेमोरियल सब–कमेटी के सेक्रेटरी जगन्नाथ मेहता ने लिखा कि 'हम उन सज्जनों से जो बिना विचारे इसका विरोध करते हैं निवेदन करते हैं कि इस पर पहिले विचार कर लें तब निष्पक्ष भाव होकर कुछ कहें, उन्हें उचित है कि जो मेमोरियल तथा नोट श्रीमान् लेफ्टिनेंट गवर्नर को दिया गया है उसे आद्योपांत एक बेर देख लें और अपने निज के कष्ट वा स्वार्थ के विचार को कुछ देर तक भूलकर अपने देश तथा देशभाइयों की दशा

पर विचार कर तब कुछ कहने का साहस करें।[57] इसी प्रकार का मत भारत जीवन नामक पत्र ने भी व्यक्त किया।[58]

इस प्रकार दो वर्ष तक हिंदी और उर्दू दोनों के समर्थकों द्वारा प्रबल आंदोलन होते रहे। अंत में लेफ्टिनेंट गवर्नर ने काफी विचार–विमर्श के बाद 18 अप्रैल, 1900ई0 को 'नागरी रिजोल्यूशन' जारी किया जिसके फलस्वरूप नागरी को उर्दू के बराबर मान्यता प्रदान कर दी गई। इस रिजोल्यूशन के पास होते ही उर्दू समर्थकों द्वारा इसका प्रबल विरोध किया गया, जगह–जगह सभाएं की गईं और इस रिज्योलूशन को रद्द करने के लिए सरकार पर दबाव डाला गया और निवेदन–पत्र भेंजे गये। 23 मई, 1900ई0 को अलीगढ़ में मुसलमानों की एक सभा हुई जिसमें नागरी रिज्योलूशन रद्द करने का प्रस्ताव पास किया गया।[59] अलीगढ़ के मुसलमानों ने 'मुहम्मडन ऐंग्लो–ओरियंटल डिफेंस एसोसिएशन' का नाम बदल कर 'उर्दू डिफेंस एसोसिएशन' कर दिया और छत्तारी के नवाव के सभापत्तित्व में इस आज्ञा का विरोध किया।[60] इलाहाबाद में 1898ई0 में ही अंग्रेज और मुस्लिम वकीलों द्वारा करामत हुसैन के निर्देशन में 'उर्दू डिफेंस एसोसिएशन' की स्थापना की गयी।[61] इतना ही नहीं लखनऊ में अग्रणी मुसलमानों द्वारा हमिद अली खांन के नेतृत्व में उर्दू की रक्षा के लिए एक कमेटी का गठन किया गया।[62] 5 अक्टूबर, 1900ई0 को मुहम्मद अयातखां ने वायसराय की कौंसिल में काफी बहस किया और नागरी के विपक्ष में मत प्रकट किया।[63]

इस प्रकार लम्बी बहस, विरोध और समर्थक आंदोलनों के बीच 18 अप्रैल 1900 को नागरी रिजोल्यूशन पारित हुआ। उर्दू समर्थकों के प्रबल विरोध करने पर भी इस आज्ञा में थोड़ी–बहुत संशोधन करके इसे लागू कर दिया गया। जो लोग हिंदी का विरोध कर रहे थे, उन्हें समुचित उत्तर मिला। वायसराय की कौंसिल में अयातखां को उत्तर देते हुए मि0 रिवेज ने कहा कि 'लेफ्टिनेंट गवर्नर ने उसे यह सूचना दी है कि यह असंतोष विशेषकर उन्हीं मुसलमानों ने प्रकट किया है जो वकालत या मुख्तारी करते हैं। किसी बड़े रईस, जमींदार, अथवा पश्चिमोत्तर प्रदेश और अवधभर के व्यापारियों और कृषिकारों ने नाममात्र को भी विरोध नहीं किया है।[64] वायसराय लार्ड कर्जन ने स्वयं हिंदी का समर्थ किया और मुसलमानों के विरोध को निराधार बतलाते

हुए मैक्डोनेल को लिखा कि "मुसलमानों की चिल्लाहट महज उन अल्पसंख्यकों की झुंझलाहट है, जिनके हाथों से सत्ता की डोर फिसली जा रही है और जो इसे किसी भी तरीके से जोर जबरदस्ती पकड़े रहना चाहते हैं।"[65] अलीगढ़ कालेज, जो राजभक्ति का गढ़ माना जाता था, के सेक्रेटरी मुहसिन–उल–मुल्क को, जो हिंदी का प्रबल विरोध कर रहे थे, मैकडोनेल ने धमकी दी कि वह कालेज को दिया जाने वाला सरकारी अनुदान रूकवा देगा अन्यथा हिंदी के विरोध से हट जॉय। इस प्रकार भारतीय मुसलमानों में अलगाववादी भावना तो 19वीं सदी के उत्तरार्द्ध में ही विकसित हो चुकी थी और अलीगढ़ आंदोलन से जुड़े नेता इसका नेतृत्व कर रहे थे, 18 अप्रैल, 1900ई0 का 'हिंदी रिजोल्यूशन' इस संबंध में अंतिम चोट थी।[66] इस घटना के बाद भारतीय मुसलमानों के एक वर्ग में अपने समुदाय का हित और अलगाववादी भावना प्रबल वेग से हिलोरे भरने लगी और भाषा तथा विशेषकर लिपि विवाद ने हिंदू–मुस्लिम संघर्ष को चरम पर पहुँचा दिया।

ना0प्र0 सभा ने पहले 'ना0प्र0 पत्रिका' (1896) एवं बाद में 'सरस्वती' पत्रिका (1900) के माध्यम से देशवासियों को मातृभूमि के प्रति सर्वस्व न्यौछावर करने एवं राष्ट्र के प्रति किये जाने वाले अपने कर्तव्यों को याद दिलाया। 'जन्मभूमि' शीर्षक कविता में यह आह्वाहन किया गया कि एक देश में रहने वाले सभी एक घर के सदस्य के समान होते हैं और उनमें परस्पर सौहार्द रहने से ही उन्नति होती हैं। पत्रिका ने लिखा कि –

"एक गेह में जो रहते हैं, दुःख न विशेष कभी सहते हैं।
प्रति पर स्वर वे रखते हैं, जिसका फल मीठा चखते हैं।।"[67]

अपने देश की दुःखद दशा और उसके नागरिकों की दुःखदायी स्थिति को देखते हुए नागरीप्रचारिणी पत्रिका ने दुःख प्रकट किया कि–

"यदि कोई पीड़ित होता है; उसे देख सब घर रोता है।
देश–दशा पर प्यारे भाई; आई कितने बार रुआई।।"[68]

सभा ने अपने देशवासियों के दुःख दूर करने के लिए 'स्वकीय के स्वीकार' का मंत्र दिया और कांग्रेस से पूर्व ही 'स्वदेशी' का नारा बुलंद किया। भारतीय धन का

निष्कासन जिस प्रकार से हो रहा था और भारतीयों की स्थिति जिस प्रकार दयनीय होती जा रही थी, उसे 'महा अन्याय' करार दिया और लिखा–

"महा अन्याय हा हा हो रहा है; कहैं क्या कुछ नहीं जाता कहा है।
मरै असगर, बिसेसर और काली; भरे घर ग्राण्ट, ग्राहम और राली।।"[69]

जिस प्रकार भारतीय विदेशी वस्त्र खरीद रहे थे और उसके फलस्वरूप भारतीय धन विदेश जा रहा था, उसे उद्घाटित करते हुए सरस्वती पत्रिका ने लिखा कि–

"विदेशी वस्त्र क्यों हम ले रहे हैं? वृथा धन देश का क्यों दे रहे हैं?
न सूझे हैं अरे भारत भिखारी! गई है हाय तेरी बुद्धि मारी!!'[70]

पत्रिका के माध्यम से सभा ने इस बात को भी प्रचारित किया कि भारत में कच्चे पदार्थों और वस्त्र की कमी नहीं है और न वस्त्र उत्पादक नगरियां–काशी, चंदेरी, ढ़ाका, नागपुर इत्यादि नष्ट हो गयी हैं। अंत में, सभा ने देशवासियों को स्वदेशी वस्त्र के स्वीकार एवं विदेशी वस्त्र के त्याग की विनती कर राष्ट्रहित का परम मंत्र प्रदान किया जिसकी चरम परिणति 'स्वदेशी आन्दोलन' के दौरान हुई। पत्रिका ने लिखा कि–

"स्वदेशी वस्त्र का स्वीकार कीजै; विनय इतना हमारा मान लीजै।
शपथ करके विदेशी वस्त्र त्यागों, न जावो पास; उससे दूर भागो।।"[71]

1904–05ई0 का वर्ष न केवल भारत वरन् विश्व इतिहास में विशेष महत्व रखता है। इस अवधि में दो ऐसी घटनाएं हुईं जिसने सम्पूर्ण विश्व के इतिहास को प्रभावित किया। प्रथम, 1904–05ई0 में रूस–जापान युद्ध एवं रूस की पराजय; एवं द्वितीय, भारत में बंगाल का विभाजन एवं स्वदेशी आंदोलन का जन्म। 1904–05ई में एक नवोदित एशियाई राष्ट्र जापान ने प्रथम दर्जे की यूरोपीय शक्ति रूस को पराजित कर दिया।[72] इस घटना के साथ ही यूरोपीय जाति की अपराजेयता का सिद्धांत टूट गया। यदि पूर्व और पश्चिम में कोई फर्क रह गया था, चाहे वह 1853 हो या 1867 या 1886, वह 1905ई0 में पूरी तरह समाप्त हो गया[73] और इस घटना ने एशिया के अभ्युदय का संकेत दे दिया। ना0प्र0 सभा ने इस घटना से पूर्व ही अपने देशवासियों में जापान की उन्नति के संदेश को अपनी पत्रिका के माध्यम से पहुँचाया[74] और जब युद्ध की संभावना प्रबल हो रही थी तब "जापान का इतिहास" लिखने के लिए पुरस्कार देने की घोषणा

की।[75] इन सबसे बढ़कर सरस्वती पत्रिका ने सम्पूर्ण रूस–जापान युद्ध का सचित्र वर्णन किया और जापानी वीरों की गाथाओं को जन–जन तक पहुँचाने का कार्य किया।[76]

1905ई0 में तत्कालीन भारत के वायसराय लार्ड कर्जन ने प्रशासनिक बहाना बनाकर बंगाल के मुसलमानों के एक वर्ग को तुष्ट करने के उद्देश्य से भारतीय राजनीति के केन्द्र बंगाल के विभाजन की घोषणा कर दी। इस कार्य का बंगाल एवं बंगाल के बाहर तीव्र विरोध हुआ। 16 अक्टूबर, 1905ई0 का दिन, जिस दिन से विभाजन की घोषणा प्रभावी हुई के दिन सम्पूर्ण बंगाल में शोक मनाया गया, जगह–जगह सभाएं हुईं, प्रभात फेरियां निकलीं और सम्पूर्ण बंगाल 'बन्देमातरम्' के नारे से गूॅज उठा। विभाजन के साथ ही बंगाल में 'स्वदेशी एवं बायकाट आंदोलन' का जन्म हुआ जो देश के अधिकांश भागों में फैल गया।

देश की अधिकांश सभा–सोसाइटियों और भारतीय राष्ट्रीय कांग्रेस द्वारा बंगाल विभाजन का विरोध किया गया। भारतीय राष्ट्रीय कांग्रेस का 1905 का अधिवेशन बनारस में हुआ और इसमें ना0 प0 सभा के सभासदों ने उत्साह से भाग लिया। कांग्रेस के लिए डेलीगेट्स चुनने के लिये 'विश्वेश्वर थियेटर हाल' में एक विराट सभा का आयोजन मालवीयजी की अध्यक्षता में हुई जिसमें मुंशी माधोलाल (कांग्रेस स्वागतकारिणी समिति के अध्यक्ष), बाबू मोतीचंद, सेठ श्यामकृष्ण, मुंशी रघुनंदनप्रसाद, स्वामी भवानीपुरी, बाबू रामचन्द्र सहाय, नायक कालिया, सी0वाई0 चिन्तामणि, मि0 ए0सी0 मुकर्जी, बाबू भगवानदास एम0ए0, बाबू लक्ष्मीदास बी0 ए0, चौधरी रामप्रसाद, बाबू गंगाप्रसाद गुप्त, बाबू लक्ष्मीचन्द्र, बाबू श्यामसुंदरदास, म0म0 पं0 सुधाकर द्विवेदी, मुंशी संकटाप्रसाद, मि0 टसलराम, बाबू भगवानदास गुप्त, पं0 छन्नूलाल व कील प्रभृति 70 लोग काशी वासियों कि ओर से कांग्रेस के लिए डेलीगेट्स चुने गये और कई व्याख्यान हुए।[77] जो 70 डेलीगेट्स चुने गये उनमें आधे से अधिक ना0 प्र0 सभा के सभासद एवं अधिकारी थे।

1905ई0 की कांग्रेस का अध्यक्ष गोपालकृष्ण गोखले को चुना गया। इस अधिवेशन में 'स्वदेशी' को काफी महत्व दिया गया। कांग्रेस के इतिहास में पहली बार जो पंडाल बना था वह देशी किस्म का राजघाट पर लखनऊ के चन्द्रमोहन राय द्वारा बनाया गया

था।[78] 3 दिनों तक चले इस आयोजन में विभिन्न नेताओं के विविध विषयों पर व्याख्यान हुए। बंगभंग के बाद स्वदेशी आंदोलन के अन्तर्गत 'राष्ट्रीय शिक्षा' (नेशनल एजूकेशन) भी शामिल थी अतएव 31 दिसम्बर, 1905ई0 की प्रातः काल ही टाउनहाल में 'नेशनल एजूकेशन' पर विचार किया गया।[79] इसी दिन 1:30 बजे विश्वेश्वर थियेटर हाल में तिलकजी के सभापतित्व में 'स्वदेशी आंदोलन' की एक बड़ी ओजस्विनी सभा हुई। मि0 खपर्दे, मि0 भीमजी, तथा मि0 बनर्जी के बड़े ही प्रभावोत्पादक व्याख्यान हुए। बनर्जी के भाषण से गगनमंडल 'वंदेमातरम्' की ध्वनि से गूॅज उठा।[80]

समस्त भारतवासियों को समान भाषा एवं लिपि से जोड़ने तथा उनमें परस्पर मित्रता एवं ऐक्य बढ़ाने के उद्देश्य से शुक्रवार 29 दिसम्बर, 1905ई0 को सुबह 8 बजे नागरीप्रचारिणी सभा में 'भारतवर्ष की सब भाषाओं के लिए एक लिपि' विषय पर प्रामाणिक सम्मति एकत्र करने के लिए एक सभा का आयोजन किया गया जिसमें हजारों सज्जन उपस्थित थे। इस सभा का सभापति प्रसिद्ध इतिहासविद् रमेशचन्द्र दत्त को चुना गया। इस सभा में पं0 बालगंगाधर तिलक, अम्बालाल शाकरलाल देसाई, डॉ0 भालचन्द्र कृष्ण, प्रो0 एन0बी0 रानाडे, प्रो0 क्षीरोदप्रसाद विद्याभूषण, मि0 विजय राघवाचार्य सदृश राष्ट्रीय नेताओं के एकाक्षर प्रचार के संबंध में व्याख्यान हुए।[81] सभापति रमेशचन्द्र दत्त ने सम्पूर्ण भारत को जोड़ने के लिए सभा ने जो उद्योग आरंभ किया था उसकी प्रशंसा करते हुए कहा है कि "यह सभा इस विषय में भरसक उद्योग करके हम लोगों का परस्पर संबंध बढ़ाना चाहती है और मै आशा करता हूँ कि समय पाकर इस उद्देश्य में सफलता होगी।[82] प्रो0एन0 वी0 रानाडे ने एक लिपि के लिए सभा ने जो उद्योग किया था उसके लिए सम्पूर्ण राष्ट्र को सभा का ऋणी बताया और देश में जातीय (राष्ट्रीय) उत्साह उत्पन्न करने के उद्योग की भूरि–भूरि प्रशंसा की।[83]

इसी सभा में तिलकजी ने व्याख्यान देते हुए सभा के कार्यों की सुंदर शब्दों में प्रसंशा की और उसे वृहद् राष्ट्रीय आंदोलन का एक अभिन्न अंग बतलाते हुए कहा कि "सबसे आवश्यक बात जिसे कि हमे स्मरण रखना चाहिए यह है कि यह उद्योग उत्तरी भारत में केवल एक लिपि करने ही के लिए नहीं है, वरन् वह समस्त भारतवर्ष में एक भाषा करने के वृहद उद्योग का केवल एक अंश हैं जो कि जातीय उद्योग कहा जा

सकता है क्योंकि एक भाषा का होना जातित्व का एक प्रमुख अंग है। .... इस कारण यदि आप लोग किसी जाति को एक में लाना चाहें तो उन्हें एक में रखने के लिए उन सबकी एक भाषा होने से बढ़कर और कोई शक्ति नहीं है और यहीं उद्देश्य सभा ने अपने सम्मुख रक्खा हैं।'[84] इतना ही नहीं, तिलकजी ने इस उद्योग में सरकार का सहयोग भी मांगा और इस प्रयास को राष्ट्रीय आंदोलन का अभिन्न अंग घोषित करते हुए भी अत्यन्त चतुराई से उन्होंने इसे राजनीतिक बात करार नहीं दिया और कहा कि ''इस ओर गवर्नमेंट हमारी सहायता कर सकती है। यह कोई राजनीतिक बात नहीं है, यद्यपि यों तो अंत में सभी बातें राजनैतिक कही जा सकती है। जिस गवर्नमेंट ने हमारे लिए निर्धारित समय और निर्धारित तौल और नाप निशचित किया है वह हम लोगों की सब आर्यभाषाओं के लिए एक लिपि निश्चित करने में सहायता देने से मुख न मोड़ेगी।''[85] इस आयोजन के बाद नागरीप्रचारिणी सभा ने स्वयं ही यह बात उसी वर्ष प्रकाशित की कि 'जबकि भारतवासियों का यह उद्योग हो रहा है कि समस्त देश की एक भाषा और एक अक्षर हो जाय तो गर्वमेंट को भी उचित है कि इस ओर विशेष ध्यान दे और इस उद्योग में विघ्न न डाले।[86]

'स्वदेशी एवं बहिष्कार' आंदोलन को बंगाल से बाहर देश के अन्य भागों–महाराष्ट्र, मद्रास और संयुक्त प्रांत में भी प्रबल समर्थन मिल रहा था। काशी में भी स्वदेशी आंदोलन को काफी समर्थन मिला। प्रारंभ में तो जनता का उत्साह अत्यंत मंद था[87] और यहां के एक समाचार पत्र को तो यहां तक लिखना पड़ा कि ''भाई काशी वासियों! तुम क्या इतना भी नहीं कर सकते कि अपने नगर में स्वदेशी प्रचार के लिए कुछ करो।''[88] परंतु धीरे–धीरे काशीवासियों ने इस ओर अत्यधिक उत्साह दिखलाया और यहां की अधिकांश सभा–समाजों ने स्वदेशी आंदोलन का समर्थन किया। ना0 प्र0 सभा ने भी स्वदेशी आंदोलन का प्रबल समर्थन किया। 3 अक्टूबर, 1906ई0 को सभाभवन में एक सभा का आयोजन किया गया। इसके लिए पहले ही शहर में नोटिस बॉटी गईं थी। बाबू आनंदकुमार चौधरी के प्रस्ताव तथा सबके अनुमोदन पर सेंट्रल हिंदू कालेज के प्रिंसिपल जार्ज एस0 अरण्डेल को सभापति बनाया गया। इस सभा में सभापति के अतरिक्त बाबू हीरेन्द्रनाथ दत्त, चारूचन्द्र बोस, रामदयाल मजूमदार और

मालवीयजी सदृश विद्वानों के स्वदेशी विषय पर व्याख्यान हुए। सभापति महोदय ने लोगों को स्वदेशी का गुण बताया और कहा कि यदि हिंदुस्तानी दृढ़ रहेंगे तो भारत की दशा सुधरेगी। बाबू चारूचन्द्र बोस ने अपने व्याख्यान में कहा कि "स्वदेशी का अर्थ हैं सच्चे स्वदेश प्रेम का कार्यात्मक उद्धार। स्वदेशी भारत की उन्नति की एक सीढ़ी है; स्वदेशी बॅटी हुई शक्तियों को संयुक्त करने वाला विषय है।"[89]

1906ई0 में ही स्वदेशी आंदोलन को समर्थन प्रदान करते हुए सभा के सभासद एवं प्रबंधक समिति के सदस्य माधवराव सप्रे द्वारा तिलकजी द्वारा प्रकाशित केसरी एवं मराठा समाचार–पत्रों के आधार पर एक पुस्तक "स्वदेशी आंदोलन और बायकाट" अर्थात 'भारतवर्ष की उन्नति का एक मात्र उपाय' लिखी। इस पुस्तक में स्वदेशी क्या है? यह विश्व में कहां–कहां सर्वप्रथम अपनाया गया, उससे लाभ और हमारे देश में अंग्रेजों की नीति के फलस्वरूप यह क्यों आवश्यक है?, को बहुत ही विद्वत्तापूर्ण ढंग से विवेचित किया।[90]

22वीं कांग्रेस (1906ई0) का अधिवेशन कलकत्ते में होना निश्चित हुआ और सम्पूर्ण देश से इसके लिए डेलीगेट्स चुनकर भेंजे गये। 2 दिसम्बर, 1906ई0 को नागरीप्रचारिणी सभा हाल में काशीवासियों की सर्वसाधारण की एक विशाल सभा सेवानिवृत्त जज बाबू नीलमाधव राय के सभापतित्व में कांग्रेस और औद्योगिक कांफ्रेंसके लिए डेलीगेट्स चुनने के लिए हुईं जिसमें मुंशी माधवलाल, बाबू मोतीचंद, गंगाप्रसाद गुप्त, बाबू जुगुलकिशोर, बाबू बटुकप्रसाद, बाबू श्यामसुंदरदास, सी0वाई0 चिन्तामणि, मुंशी रघुनंदनप्रसाद और पं0 छन्नूलाल सदृश 37 डेलिगेट्स चुन गये।[91] इन 37 लोगों में से आधे से अधिक नागरीप्रचारिणी सभा के सभासद् एवं अधिकारी थे। यह कांग्रेस 27–30दिसम्बर, 1906ई को हुई जिसमें कांग्रेस के मंच से दादाभाई नौरोजी ने सर्वप्रथम 'स्वराज्य' शब्द का प्रयोग किया।[92] इस अधिवेशन में संयुक्त प्रांत से कुल 200 प्रतिनिधि गये थे जिसमें से 37 केवल काशी से थे।[93]

एक ओर देश की अधिसंख्य जनता बंगाल विभाजन एवं स्वदेशी आंदोलन में सक्रिय रूप से भाग लेकर विदेशी शासन के विरूद्ध संघर्ष कर रही थी, वहीं भारतीय मुसलमानों के उच्च मध्यमवर्ग का एक भाग ब्रिटिश शासन के प्रति राजभक्ति एवं अपने

समुदाय के हित के लिए राष्ट्र के प्रति प्रतिकूल एवं प्रतिगामी कार्य, जिसकी नींव पहले ही पड़ चुकी थी, कर रहा था। इस वर्ग ने, जिसका एक प्रमुख केन्द्र अलीगढ़ था, न तो कांग्रेस और न ही स्वदेशी आंदोलन का समर्थन किया। कांग्रेस के प्रति मुसलमानों के रूख को रेखांकित करते हुए 'भारत जीवन' नामक पत्र ने लिखा कि"कांग्रेस के सच्चे पक्षपाती वे ही हो सकते हैं जो पवित्र हृदय से इस देश को अपना देश और यहां के निवासियों को अपने देश का निवासी समझें। परन्तु अधिकांश मुसलमानों के आचरण से प्रायः यह बात सिद्ध नहीं होती।"[94] इस समाचार-पत्र ने इससे भी आगे बढ़कर लिखा कि "यदि मुसलमानों को इस देश की ममता होती, यदि उनकी चोली दामन के साथी हिंदुओं से सहानुभूति होती; तो क्या तालीमयाफ्ता मुसलमानों के अड्डे अलीगढ़ में टर्की के सुल्तान से लड़ाई न होने की तो सभा होती परंतु बाबू सुरेन्द्रनाथ बनर्जी के अपमानित होने तथा बंगाल के गले पर छुरी चलने पर एक सभा भी न होती। .... .मुसलमानों का इस देश पर अभी तक न तो प्रेम हुआ है, न उनकी वर्तमान नीति से हो ही सकता है; तिस पर हमारे शासनकर्ता Divide and Rule नीति में पक्षपाती होकर चाहते ही हैं कि मुसलमान इस देश को अपना देश न समझें।"[95]

स्वदेशी आंदोलन के दौरान ही, जबकि देश की अधिसंख्य जनता राष्ट्रहित को सर्वोपरि रखते हुए विदेशी शासन से संघर्ष कर रही थीं, भारतीय मुसलमानों के एक वर्ग द्वारा केवल अपने समुदाय के हित के लिए विदेशी शासन से रियायतें मांगने का प्रयास हो रहा था।[96] इसके पीछे अलीगढ़ कालेज के प्रिंसिपल एवं कुछ उच्च अंग्रेज अधिकारियों का हाथ था। इसी उद्देश्य के लिए 1 अक्टूबर, 1906ई0 को मुसलमानों का एक प्रतिनिधिमंडल, जिसके अगुआ सर आगाखां थे और जिसमें 36 प्रतिनिधि शामिल थे, 17 पैराग्राफ के एड्रेस को शिमला में वायसराय लार्ड मिण्टो के समक्ष उपस्थित किया और मांग की कि 'हम मुसलमानों को म्युनिसिपालिटियों, जिला बोर्डों और वायसराय की कौंसिल में अधिक स्थान दिया जाय; चुनाव पद्धति में परिवर्तन किया जाय; सरकारी नौकरियों में मुसलमानों को अधिक स्थान दिया जाय।'[97] इन मांगों के साथ ही एक मुस्लिम युनिवर्सिटी भी खोलने की अपील शामिल थी।

वायसराय महोदय ने प्रतिनिधि मंडल का स्वागत किया और काफी सकारात्मक उत्तर देते हुए कहा ''आपने ऐसे समय हमको ऐड्रेस दिया है जब देश की राजनीतिक हवा बिल्कुल बदली हुई है और नई–नई आशाएं भारतवासियों के मन में उदित हो रही हैं। इन आशाओं की तरफ से हम लापरवाई नहीं कर सकते। जो प्रश्न आपने उठायें हैं वे उस कमेंटी के सामने जॉयेंगे जिसे हमने हाल में स्थापित किया है, कमेटी यह ऐड्रेस देखेगी और विचार कर उत्तर देगी। ...आप ब्रिटिश शासन पर विश्वास और भक्ति रखें हमको आप से पूरी सहानुभूति है।''[98]

इस प्रकार शिमला में प्रतिनिधि मंडल का भेजा जाना, जो कि मौलाला मुहम्मद अली के शब्दों में ''आज्ञानुसार कार्य था', और वायसराय के सकारात्मक उत्तर से उत्साहित हो मुसलमानों ने एक 'मुस्लिम संगठन' बनाने का निश्चय किया। दिसम्बर, 1906ई0 में जब 'मोहम्मडन एजूकेशन कांफ्रेंस' की बैठक, जो कि विकारूल मुल्क की अध्यक्षता में हुई, में उर्दू में भाषण करते हुए नवाब सलीमुल्लाह ने मुसलमान नेताओं को ढाका आमंत्रित किया और मुसलमानों का एक पृथक संगठन बनाने को उचित ठहराते हुए कहा कि ''जब तक मुस्लिम बहुमत, (?) जो अपनी एक समय की ऊँची स्थिति से गिर गया है, एक दूसरे का समर्थन करने और भारत सरकार के प्रति वफादारी की एक सूत्रता में बाँधकर चलने का निश्चय नहीं करता, तब तक यह खतरा बना रहेगा कि हिंदुओं की बाढ़ उसे डुबो दे।''[99] इस प्रकार नये संगठन के निर्माण का प्रस्ताव सलीमुल्लाह ने रखा और अनुमोदन हकीम अजमलखां ने किया। फलस्वरूप 28 दिसम्बर, 1906ई0 को ढाका में मुस्लिम संगठन अस्तित्व में आया और उसका नाम रखा गया 'All India Muslim Legue'। इस संगठन के मुख्य तीन उद्देश्य निर्धारित किये गये :

1. ब्रिटिश सरकार के प्रति वफादारी की भावना का संवर्द्धन।
2. भारत के मुसलमानों के राजनैतिक हितों और अधिकारों का संरक्षण और संवर्द्धन
3. अन्य सम्प्रदायों के प्रति शत्रुता की भावना को रोकना।[100]

मुस्लिम लीग के जो उद्देश्य निर्धारित किये गये यदि उनका विश्लेषण किया जाय तो स्पष्ट होता है कि प्रथम उद्देश्य का उसने अक्षरशः पालन किया; द्वितीय

नियम का उसने आंशिक पालन किया क्योंकि वह भारतभर के मुसलमानों का नहीं वरन् उच्चवर्गीय मुसलमानों की संस्था थी, और तृतीय नियम का उसने शायद ही कभी पालन किया हो बल्कि उल्टे उसने ऐसी नीतियां अपनाई जिससे अन्य सम्प्रदायों से संघर्ष बढ़ा और जिसकी अंतिम परिणति भारत का विभाजन था।

20वीं सदी के प्रथम दशक में मुसलमानों का रूख क्या था? इसे जानना आवश्यक है। राष्ट्रीय आंदोलन की आंशिक सफलता के फलस्वरूप मुसलमानों को अपने लिए एक स्पष्ट तथा निश्चित नीति निर्धारित करने की आवश्यकता महसूस होने लगी थी। जो हालात पैदा हो गये थे उसमें उन्होंने एक यह माँग पेश करना ठीक समझा कि उनके हितों की रक्षा के लिए विशेष व्यवस्था की जाय और शासनाधिकारों में उन्हें उनकी स्थिति, महत्व तथा आकांक्षाओं के अनुरूप हिस्सा दिया जाय।[101] इन सब मांगों की जड़ में 'निश्चिंतता की खोज' थी जो राजनीति का एक मूल प्रश्न है। मुसलमानों द्वारा पृथक निर्वाचन की मांग में यहीं बात मूल मे थी।

1809ई0 में 'मार्ले–मिण्टो अधिनियम' पारित हुआ और मुसलमानों के पृथक निर्वाचन की मांग को इसमें पूरी तरह स्वीकार कर लिया गया। पृथक निर्वाचन–प्रणाली के फलस्वरूप भेदभाव को बढ़ाने वाली शक्तियों तथा प्रवृत्तियों को बल मिला। संयुक्त निर्वाचन–प्रणाली से आधुनिकता की शक्तियों का बल बढ़ता और राष्ट्रीय उन्नति में सहायता मिलती, परंतु हुआ यह कि पुनरूत्थानवाद और पृथक निर्वाचन को एक दूसरे से बल मिला और जीवन के सांस्कृतिक, राजनीतिक तथा सामाजिक सभी क्षेत्रों में पृथक्करण की प्रवृत्तियों को प्रोत्साहन मिला।[102] 1909ई0 के सुधार के अगले ही वर्ष प्रयाग में हिंदुओं की एक सभा हुई और उसमें 'अखिल–भारतीय हिन्दूसभा' की स्थापना का निश्चय हुआ। लोगों में हिंदुओं और मुसलमानों को दो विभिन्न राजनीतिक समुदाय मानने की आदत चल निकली।[103]

1909ई0 तक भारतीय मुसलमानों का देश के प्रति क्या रूख था, और उर्दू साहित्य कैसा लिखा जा रहा था, को नागरीप्रचारिणी सभा ने देश के सम्मुख उपस्थित किया कि ''मुसलमानों को भारतवर्ष के प्राचीन ऐतिहासिक पुरूषों का उतना ही अभिमान करना चाहिए जितना हिंदुओं को। यदि इस देश के सब मुसलमान भारतवर्ष

के प्रति वैसा ही प्रेम प्रकट करते जैसा कि उनके एक भाई ने तो आज उर्दू साहित्य पर यह कलंक न लगाया जाता कि वह परिपूर्ण और उन्नत भावों से युक्त नहीं है, वह देश की आज कल की आवश्यकताओं के उपयुक्त नहीं है, वह देश के भविष्य के शिक्षित संतानों के काम की नहीं है।''[104]

पृथक निर्वाचन–प्रणाली ने जो विष बोया वह फैलता ही गया। सन् 1916 में यह कांग्रेस और मुस्लिम लीग के बीच होने वाले समझौते को रोक तो नहीं सका, परंतु इसके कारण उसमें कठिनाई बहुत हुई। वास्तव में लीग ने कभी भी राष्ट्रीय आंदोलन और कांग्रेस का समर्थन नहीं किया केवल थोड़े समय के लिए जब 1916ई0 में कांग्रेस–लीग समझौता हुआ। इस समझौते में भी लीग की साम्प्रदायिकता की नीति परिलक्षित होती है तभी तो राष्ट्रवादी नेता एवं सभा के अग्रणी सभासद पं0 मालवीय ने समझौते के तुरंत बाद इसका विरोध किया क्योंकि यह समझौता कांगेस का लीग के प्रति तुष्टिकरण था क्योंकि इससे लीग को आवश्यकता से अधिक तवज्जो दिया गया था। इस समझौते के बाद भी मुस्लिम निर्वाचन–क्षेत्रों में सदा यह पुकार सुनाई देती थी कि हमारा धर्म, हमारी संस्कृति संकट में है और उसके संरक्षण की व्यवस्था होनी चाहिए। इसकी प्रतिक्रिया के रूप में कुछ हिंदुओं में यह आवाज जोर पकड़ने लगी।[105]

संपूर्ण राष्ट्र को एक सूत्र में बॉधने के उद्देश्य से ही अक्टूबर, 1910ई0 में नागरीप्रचारिणी सभा में प्रथम 'हिंदी साहित्य सम्मेलन' का आयोजन किया गया। इस सम्मेलन में देश के अग्रणी साहित्यकार, राजनीतिज्ञ, समाजसेवी, पत्रकार एवं विचारक सम्मिलित हुए और संपूर्ण राष्ट्र को कैसे एक सूत्र में बॉधा जाय और राष्ट्र की उन्नति कैसे हो, इस पर काफी वाद–विवाद हुआ और प्रस्ताव पास हुए। प्रथम सम्मेलन में ही व्याख्यान देते हुए सभा के अग्रणी सभासद गोपालप्रसाद खत्री ने कहा कि ''हमारे देश के माननीय मुखिये देश की उन्नति के लिए बहुत वर्षों से उद्योग कर रहे हैं और इसी उद्देश्य से कांग्रेस की जातीय महासभा की स्थापना की गई है। यदि कांग्रेस के साथ–साथ नागरी–हिंदी के प्रचार का कुछ भी प्रयत्न किया जाता तो आज बहुत कुछ सफलता हो गई होती। आज दिन लाखों साधारण जन–किसान, व्यापारी, सौदागर और नौकरी–चाकरी करने वाले निम्न कोटि के लोग आज के समान कांग्रेस के महत्व को

समझ गये होते और वे केवल जबानी जमा खर्च ही नहीं वरन् कार्यतः आप की सहायता करते, आपके उस उत्तम कार्य से सहानुभूति दिखाते और इस प्रकार आपका मत यथार्थ लोकमत माना जाता।''[106]

संपूर्ण राष्ट्र को एक सूत्र में बॉधने के लिए ही 'हिंदी साहित्य सम्मेलन' के अधिवेशन देश के विभिन्न भागों में होने आरंभ हुए। द्वितीय सम्मेलन प्रयाग में और तृतीय सम्मेलन कलकत्ता में हुआ। तृतीय सम्मेलन में उपस्थित केवल प्रसिद्ध व्यक्तियों की सूची देखी जाय तो उसी से सम्मेलन का महत्व स्पष्ट हो जाता है। इस सम्मेलन में पी0सी0 राय, सतीशचन्द्र विद्याभूषण, पं0 हरप्रसाद शास्त्री, प्रभयनाथ भट्टाचार्य, रामेंद्रसुंदर त्रिवेदी, रामानंद चटर्जी, शारदाचरण मित्र, विनय कुमार सरकार, वि0का0 राजवाड़े, राधाकुमुद मुखर्जी, पं0 रामावतार शर्म्मा, बाबू गोपालराम गहमरी, बाबू विष्णुपराड़कर, विपिनचन्द्र पाल, लाला लाजपत राय, राधाकांत मालवीय सदृश लोग शामिल हुए थे।[107]

राष्ट्रीय आंदोलन के अग्रणी नेता महात्मा गांधी, जिनके महत्वपूर्ण कार्यों के फलस्वरूप 1920 के बाद का युग 'गांधी युग' के नाम से जाना जाता है, ने 1915ई0 में ही सभा में पदार्पण किया और सभा के सभासद बने। गांधीजी ने सभा के उद्देश्यों की प्रशंसा की और आजीवन हिंदी के व्यवहार की शपथ ली।[108] इस प्रकार सभा को गांधी सदृश व्यक्तित्व का वरद्हस्त प्राप्त था।

महात्मा गांधी द्वारा 1 अगस्त, 1920ई0 को अंग्रेजी शासन के खिलाफ 'असहयोग आंदोलन' आरंभ कर दिया गया। इस आंदोलन के लिए रौलेट ऐक्ट, जलियावाला बाग हत्याकांड, देश की खराब आर्थिक स्थिति और खिलाफत आंदोलन मुख्य कारण थे। देश के अधिकांश नेताओं एवं सभा–समाजों के समान काशी की ना0प्र0 सभा ने भी इस आंदोलन का पूर्ण समर्थन किया क्योंकि इस आंदोलन के कारण हिंदी राष्ट्रव्यापी हो गयी और सभा ने इसे राष्ट्र को एक सूत्र में बॉधने का शुभ लक्षण बताया और अपना मत लिखा कि ''इस वर्ष राजनैतिक आंदोलनों में हिंदी का ऐसा प्रचार हो गया है कि कदाचित ही कहीं दो चार वकृताएं अन्य किसी भाषा में दी गई हों। भारतवासियों के अपने उन्नति मार्ग की ओर अग्रसर होने का यह एक शुभ लक्षण है कि वे अन्य राष्ट्रीय

आंदोलनों के साथ अपनी मातृभाषाओं और एक राष्ट्रभाषा के मूल्य को समझने लगे हैं और उन्हें अपनी इष्टसिद्धि का प्रधान साधन समझकर उसके साहित्य रत्नाकर को पत्र, पत्रिकाओं, पुस्तकों तथा पुस्तकमालाओं की सहस्त्र धारा से परिपल्लवित करने के प्रयत्न में लगे हुए हैं।''[109] सभा चूँकि एक साहित्यिक संस्था थी अतएव असहयोग आंदोलन के दौरान जो राष्ट्रवादी भावना से ओतप्रोत साहित्य रचा जा रहा था, उसका सभा ने समर्थन किया कि ''इस समय की स्थिति डांवाडोल है और जनसमुदाय के मन स्थिर नहीं हैं। सब ओर हलचल और अस्थिरता दृष्टिगोचर होती है। ऐसी अवस्था के अनुसार साहित्य भी प्रायः ऐसा उत्पन्न हो रहा है जो वर्तमान अवस्था के अनुकूल है, अर्थात् जो वर्तमान आवश्यकताओं की पूर्ति कर रहा है।''[110]

5 फरवरी, 1922ई0 को घटे 'चौरी–चौरा कांड' के बाद असहयोग आंदोलन का अंत हो गया। इससे पूर्व ही अगस्त, 1920ई0 को 'सेवर्स की सन्धि' द्वारा खलीफा के राज्य का विघटन कर दिया गया। इस घटना के बाद ही भारतीय मुसलमानों का कांग्रेस और राष्ट्रीय आंदोलन के प्रति दृष्टिकोण बदल गया। राष्ट्रवादी मुस्लिम नेताओं ने जहां असहयोग आंदोलन का समर्थन किया वहीं देश के कुछ भागों, विशेषकर मालाबार में साम्प्रदायिक दंगे भी हुए। आंदोलन के दौरान जहां देश के अधिकांश नेता और सभा–समाज राष्ट्रवादी भावनाओं से ओत प्रोत थे वहीं भारतीय मुसलमान टर्की के समर्थन में भारत छोड़ अफगानिस्तान आदि देशों में हिजरत कर रहे थे जिस पर कटाक्ष करते हुए उर्दू के राष्ट्रवादी कवि अकबर इलाहाबादी ने लिखा :

''हिंद से आपको हिजरत हो मुबारक अकबर।
हम तो गंगा ही पै अब मार के आसन बैठे।।[111]

इतना ही नहीं, असहयोग आंदोलन के दौरान भारतीय मुसलमानों के दूसरे राष्ट्र पर श्रद्धा प्रकट करने पर अकबर इलाहाबादी ने क्षोभ प्रकट करते हुए लिखा कि–

''पेट मसारूफ है कलर्की में।
दिल है ईरान और टर्की में।।[112]

असहयोग आंदोलन के उपरान्त मुस्लिम लीग ने नागरी अक्षरों का विरोध पुनः साम्प्रदायिक आधार पर करना आरंभ कर दिया। अतएव सभा को अपने उद्देश्य रक्षा

के लिए उद्योग करना पड़ा। सभा ने अपने निश्चित मत 66 पत्र–पत्रिकाओं में प्रकाशनार्थ भेंजा और सभीं सभा–समाजों से इस उद्योग की सफलता के लिए उद्योग करने की प्रार्थना की।[113] सभा ने विरोधियों को स्पष्टीकरण देते हुए लिखा कि ''सभा नागरी अक्षरों के विरोधियों को पूर्णतया विश्वास दिलाती है कि सभा कदापि धार्मिक दलबंदी (Communal Lines) पर नागरी अक्षरों का प्रचार नहीं कर रही है, क्योंकि वह जानती है कि अनेंक अन्य धर्मावलम्बी सज्जन भी नागरी लिपि और हिंदी भाषा से प्रेम रखतें हैं। ... मुस्लिमलीग को एक–पक्षीय सम्मति छोड़ कर नागरी लिपि की सुगमता पर, जिसके पक्ष में कई मुसलमान तथा ईसाई विद्वानों की सम्मति भी है, जानकारी प्राप्त करके तब नागरी लिपि का विरोध करना चाहिए।''[114]

1930ई0 के सविनय अवज्ञा आंदोलन से पूर्व, जबकि उसकी पृष्ठभूमि तैयार हो रही थी, हिंदी का जिस प्रकार से सभा–समाजों और शिक्षण–संस्थाओं में प्रचार बढ़ रहा था और लोग जिस प्रकार राष्ट्रभाषा की ओर प्रवृत्त हो रहे थे, को सभा ने रेखांकित किया और हिंदी को राष्ट्रीयता का अंग बतलाय[115] जब महात्मा गांधी द्वारा 1930ई0 में 'सविनय अवज्ञा आंदोलन' शुरू हुआ तो सभा ने आंदोलन का स्वागत किया और देश की अवस्था का यथार्थ चित्र लोगों के सामने उपस्थित किया ''यह वर्ष भारतवर्ष के इतिहास में भीषण राजनीतिक आंदोलन का था और उस आंदोलन का देश और समस्त व्यापारों और कार्यों पर प्रभाव पड़ा। ...जिस समय समस्त देश का वातावरण क्षुब्ध हो, उस समय जीवन और सभ्यता के किसी अंग की उन्नति की आशा नहीं की जा सकती।''[116] आंदोलन के दौरान हिंदी का राष्ट्रव्यापी प्रचार हो गया और वह राष्ट्रीयता को पुष्ट कर रही थी। आंदोलन का हिंदी के प्रचार और राष्टीय समेंकन पर जो सकारात्मक प्रभाव पड़ा, उसे सभा ने बड़े हर्ष के साथ अपने वार्षिक विवरण में प्रकाशित किया कि ''इस आंदोलन के कारण हिंदी का राष्ट्रव्यापी प्रचार हो गया और लाखों नये आदमी हिंदी की ओर प्रवृत्त हुए और राष्ट्रहित में हिंदी के लिए यह बहुत शुभ लक्षण है।[117]

1935ई0 के शासन विधान के अनुसार प्रांतों को स्वायत्तता प्रदान की गई और 1937 के चुनाव में देश के अधिकांश प्रांतों में कांग्रेस मंत्रिमंडल बने। कांग्रेस ने अपनी

पहले से ही घोषित नीति पर अमल करते हुए भारत को एक सूत्र में बाँधने के लिए हिंदुस्तानी का पुरजोर प्रचार आरंभ किया। 'हिंदुस्तानी' हिंदी और उर्दू के मेल से बनी भाषा थी जो वास्तव में एक प्रकार से उर्दू ही थी जो मुसलमानों को तुष्ट करने के लिए कांग्रेस दल और उसके कुछ उच्चस्तरीय नेताओं के समर्थन से प्रचारित की जा रही थी। काशी की ना0प्र0 सभा ने कांग्रेस की तुष्टिकरण की नीति का विरोध किया और भारत में साम्प्रदायिकता की जो विषम स्थिति बन रही थी उसको ध्यान में रखते हुए उसे लिखना पड़ा कि ''कांग्रेस सरकार हिंदुस्तानी का गुणगान करके ही चुप रह जाती और मुसलमान भाइयों को उचित और अनुचित प्रकार से तुष्ट करने की चेष्टा न करती तो सम्भवतः यह स्थिति न होती।''[118] इतना ही नहीं, कांग्रेस द्वारा हिंदुस्तानी के प्रचार के फलस्वरूप 'मद्रास' में जिस प्रकार विरोध आरंभ हुआ और देश के अन्य भागों में उर्दू समर्थक जिस प्रकार साम्प्रदायिकता को बढ़ा रहे थे, उन सबका दोष सभा ने कांग्रेस की नीति को दिया।[119] कांग्रेस ने लीग के प्रति तुष्टिकरण की जो नीति अपना रखी थी उसकी कटु आलोचना करते हुए महान देशभक्त एवं क्रांतिकारी शचीन्द्रनाथ सान्याल तक को कांग्रेस को लक्ष्य करके लिखना पड़ा कि ''अगर हम उनको (मुसलमानों को) राजनीतिक विशेषाधिकार देने का प्रलोभन देते हैं और इस पर भी जब हम उनका सहयोग नहीं पाते तो पुनः और भी अधिक अधिकार देने का वादा करतें हैं, तो इस बालकोचित राष्ट्रीयता विरोधी, अदूरदर्शी, घूस देने की अहितकर नीति से कहीं हम एक सम्प्रदाय को राष्ट्रीयतावादी बना सकते है?[120] र उन्होंने अत्यंत ही स्पष्ट शब्दों में कांग्रेस को चेताते हुए लिखा कि '' ....जो मुस्लिम लीग खुले तौर पर कांग्रेस के साथ द्रोह करती है, उसी के साथ हम फिर कौन सा मुह लेकर समझौता करना चाहते है? क्या ऐसी मनोवृत्ति वाले नेता हमारे राष्ट्रीय क्षेत्र में कुछ भी कृत्य करके दिखला सकते हैं जो कि बाजार भाव के तरीके से अपने संकीर्ण हक का मोल करते हैं और इस बुनियाद पर दूसरे सम्प्रदाय के साथ समझौता करना चाहते हैं? अगर ऐसा ही है तो राष्ट्रीयता का कोई मूल्य नहीं रह जाता।''[121]

1937ई0 के चुनाव के बाद भारतीय मुसलमानों में साम्प्रदायिक और अलगाववादी भावना जोर पकड़ने लगी और उनके प्रतिनिधित्व का दावा कर रही थी–मुस्लिमलीग।

मुस्लिम लीग की स्वयं अपनी देशभक्ति की भावना क्षीण हो रही थी और संप्रदायवाद की भावना जोर पकड़ रही थी, इसलिए जहां भी मतभेद की गुंजाइश होती थी वहां उसे मुस्लिम संस्कृति का दमन करने तथा हिंदू राज्य स्थापित करने का प्रयत्न दिखाई पड़ने लगता था।[122] इसी पृष्ठभूमि में, मुस्लिम लीग द्वारा एक अलग 'राष्ट्र' की मांग कर दी गई। मुस्लिम लीग का एक अधिवेशन 23–24 मार्च, 1940ई0 को लाहौर में मुहम्मदअली जिन्ना की अध्यक्षता में हुआ। सभा में भाषण करते हुए जिन्ना ने कहा कि ''हिंदू और मुसलमान एक हो नहीं सकते। उनको मिलाने की कोशिश से ही इतना उपद्रव होता है और यह कोशिश होती रही तो भारत बरबाद हो जायेगा। हिंदू और मुसलमानों के धर्म, दर्शन, सामाजिक रीति, साहित्य, सभ्यता, संस्कृति सब विपरीत है। अतएव दोनों एक हो नहीं सकते। बनावटी एकता दिखाने से हानि ही होती है''[123] साथ ही उन्होंने एक अलग 'राष्ट्र' की मांग की।[124]

जिन्ना की इस मांग का सम्पूर्ण देश के राजनेताओं एवं सभा–समाजों द्वारा तीव्र विरोध किया गया। जिन्ना की मांग के तुरंत बाद ही लीग के सदस्य तथा प्रगतिशील दल के अध्यक्ष मुहम्मद रशीद वेग ने भारत को हिंदू भारत और मुस्लिम भारत में विभाजित किये जाने को मुसलमानों के हित के विरूद्ध बतलाया और जिन्ना की मांग के विरोध में लीग से इस्तीफा दे दिया।[125] इस मांग के विरूद्ध खाकसार आंदोलन के समर्थकों ने लीग के पण्डाल के सामने प्रदर्शन किया और 'सिकंदर मुर्दाबाद' के नारे लगाये।[126] मद्रास में एक सभा में भाषण देते हुए श्री सत्यमूर्ति ने जिन्ना की मांग का विरोध किया।[127] दलित वर्ग ने यह घोषणा की कि भारत को विभक्त न होने देंगें। अखिल भारतीय दलितवर्ग संघ के प्रधानमंत्री श्री पी0एन0 राजभोज ने एक वक्तव्य निकाल कर विभाजन का गहरा विरोध किया और कहा कि ''दलित वर्ग हिंदू–जाति में अपने अधिकारों के लिए लड़ेगा पर भारत को विभक्त करने और अंतर्राष्ट्रीय मामलों में उसका संभाव्य बल और प्रभाव घटने के यत्नों का जोरों से विरोध करेगा।''[128] शरोमणि गुरूद्वारा प्रबंधक कमेटी के अध्यक्ष मास्टर तारासिंह ने लीग के निश्चयों की आलोचना की और 'जिन्ना को जवाब' देते हुए अत्यंत व्यंगपूर्ण शब्दों में पंजाब में तीन राष्ट्रों –हिंदू, सिक्ख और मुस्लिम की मांग की और कहा ''यदि मुसलमान बहुसंख्यक हिंदू

समुदाय पर विश्वास नहीं कर सकते तो उन्हें यह भी मानना चाहिए कि सिक्ख लोग भी बहुसंख्यक मुस्लिम समुदाय पर विश्वास नहीं कर सकते। ....भारत को राष्ट्रों में बॉटने की बात उसे तब तक पसंद है जब तक उससे मुसलमानों का फायदा है। यदि सिक्ख लोग यह बात करें कि भारत हिंदू मुस्लिम और सिख तीन राष्ट्रों में बॉटा जाय तो यह बात उन्हें पसंद न होगी क्योंकि वह साम्प्रदायिक मुस्लिम नेताओं की स्वार्थ के अनुकूल न होगी।''[129] लीग की योजना को मुसलमानों के लिए हानिकारक एवं प्रगति विरोधी बताते हुए आसफअली ने उसका विरोध किया।[130] भारतीय ईसाईयों ने भी देश के विभाजन को अस्वीकार कर दिया।[131] श्यामाप्रसाद मुखर्जी ने पाकिस्तान योजना पर खेद प्रकट किया।[132] दो राष्ट्रों की बात को पूर्णतः असत्य बताते हुए गांधीजी ने मुसलमानों को गहरी चेतावनी दी और यह भी कहा कि लीग के कारण सत्याग्रह नहीं रूकेगा।[133] कटक के मुसलमानों ने जिन्ना की मांग का विरोध किया।[134] लालवर्दी के कार्यकर्ताओं तथा उनके अग्रणी नेता खान अब्दुल गफ्फारखां ने पाकिस्तान की योजना को इस्लाम तथा राष्ट्र के विरूद्ध बताया।[135] दक्षिण भारत के मुसलमानों द्वारा पाकिस्तान का विरोध किया गया।[136] आजाद मुस्लिम सम्मेलन ने भी पाकिस्तान निर्माण का विरोध किया तथा पाकिस्तान की योजना को अव्यवहारिक बतलाया।[137]

जिन्ना की मांग का सम्पूर्ण देश में प्रबल विरोध किया गयां। काशी में कांग्रेस के अग्रणी नेताओं डॉ0 सम्पूर्णानंद, श्रीप्रकाशजी, कमलापति त्रिपाठी, देवमूर्ति शर्मा इत्यादि द्वारा लीग के प्रस्ताव का तीव्र विरोध किया गया।[138] काशी में मदनपुरा में मुसलमानों के एक वर्ग द्वारा पाकिस्तान की मांग का घोर विरोध किया गया।[139] काशी की ना0प्रा0 सभा ने जिन्ना की मांग का विरोध किया और पाकिस्तान को मुस्लिम लीग की 'विश्वामित्री सृष्टि' और भारत के लिए 'शनिग्रह' बतलाया।[140] सभा ने कांग्रेस की लीग के प्रति तुष्टिकरण की नीति एवं ब्रिटिश सरकार की मुस्लिम परस्त नीति का भी विरोध किया और लीग को शक्तिशाली बनाने में दोंनों का जिस प्रकार से योगदान था, उसके पूरे इतिहास को रेखांकित किया।[141] मुसलमानों के एक वर्ग द्वारा जिस प्रकार से उर्दू को फौजी जबान बताया जा रहा था और ब्रिटिश सरकार जिस प्रकार से उसे कचहरियों में प्रश्रय प्रदान कर मुसलमानों का पक्षपोषण कर रही थी, नागरीप्रचारिणी

सभा ने उसे उजागर करते हुए लिखा ''इसमें तो कोई संदेह नही कि सरकार चाहती है कि सरकार की कचहरियों और दफ्तरों में देवनागरी का प्रचार हो पर वस्तुतः वह ऐसा कर नही सकती कारण कि वह उर्दू के उपद्रव से डरती है। उर्दू मर नही मार सकती है, पर हिंदी मार नही मर सकती है। जी नही चाहता, पर हाथ उर्दू की रक्षा में लगा है। हाथ का डर जो ठहरा।''[142] सभा ने महात्मा गांधी तक की शुद्ध भाषा के क्षेत्र में राजनीति को घुसेड़ने तथा वहां भी तुष्टीकरण की नीति अपनाने की निंदा की और बहुत ही स्पस्ट शब्दों में लिखा कि 'जब तक महात्माजी खुलकर हिंदुस्तानी का नही बल्कि उर्दू का समर्थन नहीं करते मुसलमानों के कृपापात्र होने से रहे।[143]

'पाकिस्तान' की मांग के बाद उर्दू समथर्क हिंदी को खुल्लमखुल्ला जाति विशेष की भाषा कहकर उसपर साम्प्रदायिकता का आरोप लगाने लगे। ना0प्रा0 सभा ने इस प्रचार का प्रतिकार किया कि भाषा को किसी जाति, सम्प्रदाय या धर्म से नही जोड़ा जा सकता। उर्दू के समर्थक कौन लोग है? और वे क्या चाहते है? इसे सभा ने अपनी पत्रिका में 'उर्दू या पाकिस्तानी' शीर्षक एक निबंध मे प्रकाशित किया कि 'उर्दू के कुछ प्रेमी (सप्रु आदि) पाकिस्तान के पक्ष में नही हैं परंतु पाकिस्तान का कोई भी ऐसा जीव नही जो उर्दू को राष्ट्रभाषा बनाने में तत्पर न हो। उर्दू के बिना पाकिस्तान की कल्पना ही नही हो सकती। उर्दू पाकिस्तान का एक आवश्यक क्या अनिवार्य अंग है। इसलिए 'पाकिस्तानी' ही उर्दू का अत्युत्म नाम है।''[144] पाकिस्तान क्या है? और इसकी व्युत्पत्ति क्या है? इसको सभाने अपनी पत्रिका में विस्तृत रुप में व्याख्यायित किया और लिखा कि ''पाकिस्तान की व्युत्पत्ति ही बड़ी विलक्षण है। पाकिस्तान शब्द हिंदी उर्दू क्या विश्वकोषों में भी मिलता नहीं। यह एक विलक्षण मुसलिम विद्यार्थी का अनुमानास्पद् शब्द हैं। उनका विचार था पंजाब, अफगानिस्तान, कश्मीर और सिंधु शब्दों का प्रथमाक्षर और बेलूचिस्तान का अंतिम TAN मिलकर PAKSTAN (पाकिस्तान) बना होगा। फारसी मे पाक पवित्र के अर्थ में आता है। अतः लीग का अनुमान है कि पाकिस्तान उनके लिए पवित्र स्थान है।''[145]

सितंबर, 1939ई0 में ही द्वितीय विश्वयुद्ध शुरू हो चुका था और भारत की स्थिति सब प्रकार से अत्यन्त दयनीय हो चुकी थी। ऐसी अवस्था में 1942ई0 में जब सम्पूर्ण

राष्ट्र भारतीय राष्ट्रीय कांग्रेस के ध्वज तले गांधीजी के नेतृत्व में संगठित होकर एक बड़े आंदोलन की ओर अग्रसर हो रहा था, वहीं साम्प्रदायिक शक्तियाँ भारत को खंडित करने पर तुली हुई थीं। ऐसी विकट स्थिति में ना0प्रा0 सभा ने अखंड भारत का समथर्न किया और राष्ट्रीय एकीकरण को सर्वोपरि रखते हुए अपना मत एकदम स्पष्ट शब्दों में देशवासियों के सामने रखा, जो कि अलगाववादियों को एवं उनके प्रति तुष्टिकरण रखने वालों को एक स्पष्ट संदेश था। सभा ने अपना मत लिखा कि ''हमें तो समस्त देश को अपने साथ ले चलना है। गुजराती, कन्नड़, मलयालम, तमिल, तेलगू, बॅगला, उड़िया, असमी इन सब भाषा–भाषियों के सहयोग और सहानभूति की हमें आवश्यकता है। डर तो यह है कि केवल उर्दू भाषियों को मिलाने की चेष्टा में कहीं हम संपूर्ण देश के सहयोग को न खो बैठें.......तो हिंदी का वातावरण कलुषित करने का अभिप्राय केवल दिल्ली, संयुक्तप्रांत और बिहार के उर्दू–भाषियों को प्रसन्न करना हैं। इनके संतोष का कितना अतुल मूल्य दिया जा रहा है।''[146]

जब देश का अधिसंख्य वर्ग गांधीजी के नेतृत्व में आंदोलनरत् था और देश के अधिकांश राष्ट्रवादी नेता जेल जा चुके थे, उस समय लीग के सदस्य वरन् कभी राष्ट्रवादी कहे जाने वाले स्वयं जिन्ना उस्ताद सौदा का यह नारा बुलंद करते हुए कि

गर हों कशिशे शाहे खुरासान तो सौदा,
सिजदा न करूँ हिन्द की नापाक जमीं पर।''[147]

भारत को 'पाक' करने अर्थात् खंडित करने पर तुले हुए थे। ऐसे समय में ना0 प्र0सभा ने इस प्रचार का तीखा प्रतिकार किया और जिन्ना को अत्यंत स्पष्ट शब्दों में दो टूक जवाब लिखा कि ''.................स्मरण रहे, यह वह पुण्यभूमि है जहां उर्दू के बाबा आदम को शरण मिली और वह लोक है जिसके लिए देवता भी तरसा करते हैं। सौदा और जिनाह इसे नापाक समझते और पाक करने की चिंता में हैं तो पहले अपने दिगाम में इसलाम की सूई लगवालें और फिर कहें कि अल्लाह का आदेश क्या है क्या है किसी काजी का फतवा। नहीं, उर्दू की पाकिस्तानी चल नहीं सकती। हाँ हत्या के बल राष्ट्र का खेल भले ही खाती रहे।''[148]

1942ई0 के 'भारत छोड़ो आंदोलन' को भारत की ब्रिटिश सरकार ने यद्यपि बर्बरतापूर्वक दबा दिया परंतु फिर भी, इस आंदोलन के उपरांत भारत के लोग अपनी आजादी की आखिरी लड़ाई के अंत तक पहुँच गये। सरकार को यद्यपि ऊपरी तौर पर 1942 का आंदोलन दबाने में सफलता मिली पर सरकार के प्रति घृणा चरम पर पहुँच गई और लोगों ने यद्यपि ऊपरी तौर पर सरकार की आज्ञाओं का पालन किया, परंतु उसके हृदय में क्रोध और विद्रोह के भाव भरे थे और कोई भी सरकार सार्वजनिक असंतोष का सामना करते हुए शासन नहीं कर सकती।[149] अतएव 1942ई0 के आंदोलन के बाद ब्रिटिश सरकार ने साम्प्रदायिकता को खुल्लमखुल्ला बढ़ावा दिया। इस दौरान ब्रिटिश सरकार ने लीग और कांग्रेस को क्रमशः मुसलमानों और हिंदुओं की पार्टी के रूप में प्रचारित किया। शिमला सम्मेलन से कैबिनेट मिशन तक ब्रिटिश गवर्नमेंट की यहीं चेष्टा थी कि कांग्रेस को सवर्ण हिंदुओं की संस्था बना दें, और कांग्रेस इस गढ्ढे में गिरती गई। मुसलमानों ने भी अपनी पूर्ण अभिव्यक्ति मुसलिम लीग में ही पायी और निरंतर एक निश्चय को छोड़ दूसरे निश्चय को छोड़ और यों राष्ट्रीय चरित्र को छोड़ देश का भी बॅटवारा मंजूर कर लिया।[150] इस प्रकार 1940 से 1947ई0 तक पाकिस्तान की मांग भारत में संवैधानिक विकास से संबंधित समस्त वार्तालापों में बाधक रहा[151] और इस दौरान ब्रिटिश सरकार ने मुस्लिम लीग को खुल्लम–खुल्ला सहयोग किया, विशेषकर कांग्रेस दल के प्रतिपक्षी के रूप में और मुस्लिम अलगाववादियों को सरकार का सहयोग 1946ई0 के बाद पूरा हो गया।[152]

जिस प्रकार लीग के समर्थक एक स्वर से पाकिस्तान की मांग कर रहे थे और सांप्रदायिकता के माध्यम से उसे प्राप्त करने का डर देश को दिखा रहे थे ऐसे समय में काशी की ना0प्र0 सभा ने देश के समक्ष मुसलमानों की वास्तविकता को रेखांकित किया और अपनी पत्रिका में लिखा कि ''हिंदी को छोड़ हिंदुस्तानी को ग्रहण करना और दरूल इस्लाम को त्याग पाकिस्तान का होना इस बात का द्योतक है कि आज अरबी नहीं फारसी भावना मुसलमानों को उभार रही है, और उसे कट्टर बना रही है, इसलाम के लिए नहीं, अपितु आन और शान के लिए।''[153]

जुलाई 1945ई0 के 'शिमला सम्मेलन' की असफलता के बाद 19 फरवरी, 1946ई0 को ब्रिटिश सरकार ने 'कैबिनेट मिशन' भारत भेंजने का फैसला किया और मार्च, 1946ई0 में मिशन भारत भेंजा गया। मिशन ने 16 मई, 1946ई0 को एक वक्तब्य निकाला जिसमें पाकिस्तान की मांगं को नामंजूर कर दिया। पहले तो लीग और कांग्रेस दोनों दल मिशन के दीर्घकालीन प्रस्तावों को स्वीकार करने को राजी हो गये, किन्तु दोनों के बीच में उन ब्रिटिश प्रस्तावों के संबंध में समझौता नहीं हो सका, जिनमें विभिन्न हितों के प्रतिनिधियों को मिलाकर एक अस्थायी संयुक्त सरकार बनाने की योजना दी गई थी।[154] जब जुलाई, 1946ई0 में विधान परिषद के चुनाव हुए तो बहुसंख्यक कांग्रेस सदस्यों की जीत हुई, फलस्वरूप मुस्लिम लीग ने कैबिनेट मिशन के दीर्घकालीन प्रस्तावों से अपनी स्वीकृति हटा ली और 'पाकिस्तान' प्राप्त करने के लिए 'प्रत्यक्ष कार्रवाई' का सहारा लिया और 16 अगस्त, 1946ई0 को 'प्रत्यक्ष कार्यवाही दिवस' मनाया फलस्वरूप देश के अधिसंख्य भागों में सांप्रदायिक दंगे हुए जिसमें कितने ही निर्दोष व्यक्तियों की जाने गई, औरतों की इज्जत गई और रक्तपात तथा अगजनी हुई।[155]

मुस्लिम लीग की प्रत्यक्ष कार्यवाही के कारण संपूर्ण देश में सांप्रदायिक दंगे हो रहे थे और इधर ब्रिटिश सरकार के लिए भी भारत का शासन सँभालना कठिन होता जा रहा था फलस्वरूप 20 फरवरी, 1947ई0 को ब्रिटिश सरकार ने एक महत्वपूर्ण घोषण की कि वे 'जून 1948ई0 के पूर्व भारत की सत्ता भारतीयों को सौंप देंगे।' इस घोषणा के बाद लीग ने अपनी कार्यवाही और तेज कर दी। मुस्लिम लीग की कार्यवाहियों के कारण पूरे देश में सांप्रदायिक दंगे हो रहे थे और ब्रिटिश सरकार के लिए भारत का शासन संभालना कठिन होता जा रहा था, इसलिए सरकार ने जून, 1947ई0 की 'माउंटबेटन योजना' के आधार पर यह प्रस्ताव रखा कि 'भारत को 'भारत' और 'पाकिस्तान' दो अधिराज्यों में बॉटकर स्वतंत्र कर दिये जॉय।[156] पहले तो इस निर्णय का कांग्रेस के अधिकांश नेताओं ने विरोध किया परंतु बाद में अधिकांश ने (स्वयं गांधीजी ने भी) परिस्थिति को देखते हुए इस योजना को स्वीकार कर लिया फलस्वरूप जुलाई, 1947ई0 के 'इंडियन इंडिपेंडेंस ऐक्ट' के आधार पर 'भारत' और 'पाकिस्तान'

नामक दो स्वतंत्र अधिराज्यों की स्थापना हुई। इस ऐक्ट के पारित होने के साथ ही भारतवर्ष की 150 वर्ष की गुलामी का अंत हो गया।[157]

स्वतंत्रता के बाद पं0 जवाहरलाल नेहरू भारत के प्रथम प्रधानमंत्री बने। 14 अगस्त, 1947ई0 की आधी रात को दिल्ली के लाल किले पर अपार जनसमूह के सामने राष्ट्रीय ध्वज फहराते हुए उन्होंने देश की भूखी नंगी जनता की सेवा करने को अपना सबसे पहला कर्तव्य बतलाया और अपने भाषण में कहा कि ''सदियों से जिस पराधीनता के विदेशी पाश में हम जकड़े हुए थे वह खण्ड–खण्ड होकर बिखर गया है। आज कोई बंधन नहीं है, हम स्वतंत्र हैं। दुनिया के सामने गर्व से हम अपना सिर ऊँचा उठा सकते हैं। संसार के अन्य देशों की यह हिम्मत नहीं हो सकती कि वे हमारी उपेक्षा करें। अपने भीतर आत्मविश्वास रखकर और अपने उज्जवल भविष्य के प्रति आशान्वित होकर हम इस अवसर पर समत देशों की ओर मैत्री का हाथ बढ़ा रहे हैं।''[158] आजादी मिलते ही भारत के बाहर विश्व के अन्य देशों में भारतीय दूतावासों पर भारत का राष्ट्रीय ध्वज फहराया गया। ब्रिटेन, फ्रांस, चीन, रूस, अमेरिका, बर्मा, श्याम, वियतनामा, आयरलैंड, आदि विश्व के प्रायः सभी छोटे बड़े राष्ट्रों ने भारत की स्वधीनता का अभिनन्दन किया।[159]

भारत के अन्य भागों की ही तरह काशी ने भी राष्ट्र की स्वतंत्रता का गर्मजोशी से स्वागत किया। काशी में स्वतंत्रता दिवस की विराट योजनाएं बनाई गईं। काशी का ऐसा कोई प्रतिष्ठान, सभा–समाज, स्कूल, कालेज और विश्वविद्यालय न था जहां स्वतंत्रता दिवस गर्मजोशी से न मनाया गया हो। आज कार्यालय, संसार कार्यालय, डी0ए0वी0 स्कूल, काशी विद्यापीठ एवं हिंदू विश्वविद्यालय में स्वतंत्रता समारोह धूमधाम से मनाया गया।[160] काशी की ना0 प्र0 सभा ने अपार हर्ष के साथ स्वतंत्रता दिवस मनाया। 54 वर्षो के राष्ट्र को एक सूत्र में बांधने के अथक प्रयास के बाद 15 अगस्त, 1947ई0 को सभा ने स्वतंत्रता का अभिनंदन किया। ना0प्र0 सभा में अपार जन समूह के सामने भदंतआनंद कौसल्यायन ने तिरंगे झंडे को फहराया और राष्ट्र के नाम संदेश दिया।[161] इतना ही नहीं, काशी में विभिन्न स्थानों पर 15 अगस्त को प्रातः ही प्रभात

फेरियाँ निकालीं, अधिकांश जगहों पर विविध कार्यक्रम आयोजित हुए और सबसे बढ़कर राष्ट्रीय एकता के प्रतीक 'भारतमाता मंदिर' में राष्ट्रीय मेंले का आयोजन किया गया।[162]

इस प्रकार सहस्त्रों वर्षों की दासता के बाद 15 अगस्त, 1947ई0 को भारत ने राजनीतिक स्वतंत्रता प्राप्त की। यद्यपि देश के विभाजन के रूप में हमारी स्वतंत्रता निष्कलंक नहीं रही और भारत के इस नवयुग ने भी मजहब के नाम पर ऐसा संहार, निष्कासन, लाखों की संख्या में समूहों का स्थान–परिवर्तन और असहनीय अमानुषिक अत्याचार देखा, जैसा 'अंधकार युग' या धार्मिक कट्टरता के युग में भी कदाचित न हुआ होगा, तथापि खंडित रूप में ही सही, भारत ने अपनी स्वतंत्रता प्राप्त की और अपनी शक्तियों को समेंट कर प्रगतिपथ पर चलने का दृढ़ संकल्प लिया। वहीं, भारत के विपरीत पाकिस्तान की स्थापना बिना किसी आत्म–त्याग के अंग्रेजों की भेद–भाव की बदौलत हुई थी तथा भारत की अमुसलिम जनता उसे कादापि नहीं स्वीकार सकती थी, इसीलिए उसकी स्थापना होते ही वहां नरसंहार और लाखों की संख्या में समूहों का निष्कासन आरंभ हुआ, जिसका उदाहरण संसार के इतिहास में मिलना कठिन है। पाकिस्तान की स्थापना भारत की सांप्रदायिकता को समाप्त नहीं कर पायी, उस समय तो उसे चरम पर ही पहुँचा दिया। उसी के फलस्वरूप अहिंसा के अवतार, भारत के राष्ट्रपिता, संसार के क्रांतिदर्शी नेता महात्मा गांधी को गोली का शिकार होना पड़ा।[163] सत्य, अहिंसा और मानवता के सबसे बड़े पुजारी गांधीजी के निधन पर सम्पूर्ण राष्ट्र में शोक प्रकट किया गया। काशी की ना0प्र0 सभा ने भी राष्ट्रीय आंदोलन के सबसे बड़े नेता और युगपुरूष महात्मा गांधी को अपनी श्रद्धांजलि अर्पित की और शोक प्रकट करते हुए लिखा कि ''सारे भारतीय राष्ट्र के लिए यह वर्ष अत्यन्त दुर्भाग्यपूर्ण रहा जिसके अन्तर्गत जगद्वंद्य महामानव बापू का चिर–वियोग हमें सहन करना पड़ा। सत्य, अहिंसा और कर्मयोग का मर्म यह देश भूल चुका था। उसे उद्‌घाटित कर राष्ट्र में प्रतिष्ठित करने का जो कार्य बापू ने किया वह बुद्ध और ईसा के कार्यों की भांति तब तक आदर से देखा जाता रहेगा जब तक इस पृथ्वी पर मनुष्य सॉस लेता रहेगा। हिंदी और नागरी ने उनका जो आर्शिवाद पाया है उससे ये सदा फूलती–फलती चलती रहेंगी।''[16]

इस प्रकार 1893ई0 से संघर्ष करते हुए काशी की ना0प्र0 सभा ने देशवासियों को हमेशा जागृति एवं परस्पर एकता का संदेश दिया। अपनी स्थापना के उपरांत ही सभा भारतीय राष्ट्रीय कांग्रेस के साथ मिलकर उसके समानान्तर राष्ट्र को सांस्कृतिक और राजनीतिक दोनों नेतृत्व प्रदान किया। राष्ट्रीय आंदोलन के दौरान अंग्रेजी सरकार और यहां तक कि कांग्रेस की भी एक वर्ग विशेष के प्रति तुष्टिकरण की नीति का हमेंशा ही विरोध किया एवं सांप्रदायिक और अलगाववादी ताकतों द्वारा भारत के विभाजन का प्रयास किये जाने की निंदा की। अंत में, 15 अगस्त, 1947ई0 को भारत की स्वतंत्रता प्राप्त करने में विदेशी शासन के विरूद्ध देशवासियों से सहयोग किया। इतना ही नहीं, स्वतंत्रता प्राप्ति के बाद भी, जबकि सम्पूर्ण देश में साम्प्रदायिक दंगे, परस्पर घृणा और अराजकता व्याप्त थी, नागरीप्रचारिणी सभा एवं उसके कार्यकर्ताओं द्वारा राष्ट्रीय समेकन को सर्वोपरि रखते हुए देशवासियों से परस्पर एकता एवं मित्रता स्थापित करने एवं सभी देशवासियों से शांतिपूर्वक एक राष्ट्र में रहने का आहवाहन एवं निवेदन किया तथा सांप्रदायिकता और अलगाववादी तत्वों की निंदा कर उसे राष्ट्र के लिए अहितकर बतलाया था।

संदर्भ सूची

1. मिश्र, शितिकंठ, खड़ी बोली का आंदोलन, पृष्ठ 79.
2. जैशववाल, श्रीश, हिंदी का नवजागरण काल, एवं भाषा विवाद, पृष्ठ 77
3. गोपाल, मदन, दिस हिंदी एण्ड देवनागरी, पेज 102.
4. हिंदी पत्रिका, वर्ष–4, संख्या–1–9, जनवरी–दिसंबर, 1944ई0, पृष्ठ 3.
5. गोपाल, मदन, दिस हिंदी एण्ड देवनागरी, पेज 102.
6. प्रसाद, राजेन्द्र, इंडिया डिवाइडेड, हिंदी किताब प्रब्लिशर्स, बॉम्बे, 1946, पेज 99–100.
7. ब्रास, पॉल आर0, लैंग्वेज, रिलिजन ऐंड पॉलिटिक्स इन नार्थ इंडिया, पृष्ठ 129.
8. वहीं, पेज 136; प्रसाद, बेनी, इंडियाज हिंदू–मुस्लिम क्वेश्चन, जार्ज ए0 ऐंड उनविन, लंडन, 1946, पेज 105.
9. अहमद, अजीज, इस्लामिक माडर्निज्म इन इंडिया ऐंड पाकिस्तान, 1857–1965. आक्सफोर्ड यु0 प्रेस, लंडन, पेज 33–34.

10. ब्रास, पॉल आर0, लैंग्वेज, रिलिजन ऐंड पॉलिटिक्स इन नार्थ इंडिया, पेज 138.
11. सेंसेस ऑफ इंडिया, वोलूम—15, पार्ट 1, पेज 495.
12. राबिंसन, फ्रांसिस, सेपरेटिज्म एमंग इंडियन मुस्लिम्स, आक्सफोर्ड यु0 प्रेस, दिल्ली, 3 एडि0 1997, पेज 14.
13. ब्रास, पॉल आर0, लैंग्वेज, रिलिजन ऐंड पॉलिटिक्स इन नार्थ इंडिया पेज 120.
14. वहीं, पृष्ठ 143, 145—147, 152, 159; राबिंसन, फ्रांसिस, सेपरेटिज्म एमंग इंडियन मुस्लिम्स पेज 18—19, 23; गोपाल, राम, इंडियन मुस्लिम्स (1858—1947), पेज 58.
15. राबिंसन, फ्रांसिस, सेपरेटिज्म एमंग इंडियन मुस्लिम्स, पेज 38.
16. प्रसाद, राजेन्द्र, इंडिया डिवाइडेड, पेज 100.
17. ब्रास, पॉल आर0, लैंग्वेज, रिलिजन ऐंड पॉलिटिक्स इन नार्थ इंडिया, पेज 165.
18. प्रसाद, राजेन्द्र, इंडिया डिवाइडेड, पेज 103.
19. अजीज, के0 के0, दि मेकिंग आफ पाकिस्तान, सी0 ऐंड डब्ल्यू0, लंडन, 1967, पेज 90.
20. भारत जीवन, 14 अगस्त, 1893ई0, पृष्ठ 7.
21. नागरीप्रचारिणी सभा का प्रथम वार्षिक विवरण 1893—94ई0, पृष्ठ 16—17
22. सभा का अर्द्ध—शताब्दी का इतिहास, पृष्ठ 11,14.
23. ना0प्र0 सभा का प्रथम वार्षिक विवरण, 1893—94ई, पृष्ठ 18—21.
24. ना0प्र0 सभा का द्वितीय वार्षिक विवरण, 1894—95ई0, पृष्ठ 4; मेरी आत्मकहानी, पृष्ठ 25.
25. ना0प्र0 सभा का द्वितीय वार्षिक विवरण, 1894—95ई0, पृष्ठ 4—5,
26. ना0प्र0 सभा का चतुर्थ वार्षिक विवरण, 1896—97ई0, पृष्ठ 6.
27. त्रिपाठी, कमलापति सं0 कांग्रेस के इतिहास में काशी का स्थान, शहर कांग्रेस कमेटी बनारस, 1935ई0, पृष्ठ 6.
28. वहीं, पृष्ठ 7.
29. वहीं, पृष्ठ 8—9.
30. मेरी आत्म कहानी, पृष्ठ 23.
31. ना0प्र0 सभा का 5वां वार्षिक विवरण 1897—98ई0, पृष्ठ 50.
32. ना0प्र0 सभा का तृतीय वार्षिक विवरण, 1895—96ई0, पृष्ठ 22.
33. वहीं, पृष्ठ 20.

34. वहीं, पृष्ठ 21.
35. ना0प्र0 सभा का प्रथम वार्षिक विवरण 1893—94ई0, पृष्ठ 18.
36. वहीं, पृष्ठ 18.
37. ना0प्र0 सभा का 5वां वा0 विवरण 1897—98ई, पृष्ठ 50.
38. वहीं, पृष्ठ 51.
39. ना0प्र0 सभा का 12वां वा0 विवरण 1904—05ई0, पृष्ठ 103.
40. ना0प्र0 सभा का 11वां वार्षिक विवरण 1903—4, पृष्ठ 65.
41. वहीं, पृष्ठ 70.
42. ना0प्र0 पत्रिका, भाग—10, 1906ई0, पृष्ठ 168.
43. ना0प्र0, सभा का पहला वार्षिक विवरण 1893—94ई0, पृष्ठ 7—8.
44. ना0प्र0, सभा का द्वितीय वार्षिक विवरण, 1894—95ई0, पृष्ठ 4.
45. ना0प्र0, सभा का प्रथम वार्षिक विवरण 1893—94ई0, पृष्ठ 42—43.
46. ना0प्र0 पत्रिका भाग—5, 1901ई0, विक्टोरिया शोकप्रकाश, पृष्ठ 145—157.
47. ना0प्र0 सभा का तृतीय वार्षिक विवरण 1895—96ई0, पृष्ठ 13.
48. दास, श्यामसुंदर सं0 मेरी आत्मकहानी, पृष्ठ 33.
49. ना0प्र0 सभा का 3रा वार्षिक विवरण 1895—96ई0, पृष्ठ 3.
50. वहीं, पृष्ठ 4—5.
51. ना0प्र0, पत्रिका भाग—3, 1899ई0, पृष्ठ 113.
52. वहीं, पृष्ठ 116—117.
53. वहीं, पृष्ठ 117.
54. वहीं, पृष्ठ 122.
55. वहीं, पृष्ठ 120.
56. ना0प्र0 सभा का 5वां वार्षिक विवरण 1897—98ई0, पृष्ठ 11—13; भारत जीवन 7 मार्च, 1898, पृष्ठ 4—5.
57. प0प्र0 तथा अवध के न्यायालयों और सरकारी दफ्तरों में नागरी अक्षरों का प्रचार, निवेदन, पृष्ठ 3.
58. भारत जीवन 18 अगस्त, 1898ई0, पृष्ठ 4.
59. ना0प्र0 सभा का अर्द्ध—शताब्दी का इतिहास, पृष्ठ 133—134.

60. राबिंसन, फ्रांसिस, सेपरेटिज्म एमंग इंडियन मुस्लिम्स पेज 135
61. खान, हामिदअली, दि वर्नाक्युलर कंट्रोवर्सी, लंडन, 1900, पेज 101.
62. वहीं, पृष्ठ 135.
63. अर्द्ध–शताब्दी का इतिहास, पृष्ठ 134.
64. वहीं, पृष्ठ 134–135.
65. गोपाल, एस0, ब्रिटिश पॉलिसी इन इंडिया, ओरियंट लैं0 लि0 मद्रास, 1965, पेज 259.
66. राबिंसन, फ्रांसिस, सेपरेटिज्म एमंग इंडियन मुस्लिम्स, पेज 135.
67. सरस्वती पत्रिका, भाग–4, संख्या–3, मार्च, 1903ई0, पृष्ठ 50.
68. वहीं, पृष्ठ 51.
69. सरस्वती पत्रिका, भाग–4, संख्या–7, जुलाई, 1903ई0, पृष्ठ 234.
70. वहीं, पृष्ठ 234.
71. वहीं, पृष्ठ 234.
72. मुलर ऐंड भट्टाचार्यजी, इंडिया विंस इंडिपेंडेंस, पेज 41
73. सरकार, बिनय कुमार, दि सोशियोलॉजी ऑफ रेस, कल्चर ऐंड ह्युमन प्रोग्रेस, सी0 सी0 ऐंड कम्पनी, कैलकटा, 1939, पेज 18.
74. ना0प्र0 पत्रिका, भाग–3, 1899ई0, पृष्ठ 27–52.
75. ना0प्र0 सभा का 11वां वार्षिक विवरण 1903–04, पृष्ठ 25.
76. सरस्वती, पत्रिका, भाग–6, संख्या–9, सितंबर, 1905ई0, पृष्ठ 345–351.
77. भारत जीवन, 25 दिसम्बर, 1905ई0, पृष्ठ 9.
78. वहीं, 2 जनवरी, 1906ई0, पृष्ठ 7.
79. वहीं, पृष्ठ 10.
80. वहीं, पृष्ठ 8.
81. ना0प्र0 सभा का 12वां वार्षिक विवरण 1905–06ई0, पृष्ठ 23; ना0प्र0 पत्रिका, भाग–10, 1906ई0, पृष्ठ 169.
82. ना0प्र0 पत्रिका भाग–10, 1906ई0., पृष्ठ 171.
83. वहीं, पृष्ठ 178.
84. वही पृष्ठ 172.
85. वहीं, पृष्ठ 177.

86. ना0प्र0 सभा का 12वां वार्षिक विवरण, 1905–06ई0, पृष्ठ 34.
87. भारत जीवन 9 अप्रैल, 1906ई0, पृष्ठ 6.
88. वहीं, 23 अप्रैल, 1906ई0, पृष्ठ 8.
89. भारत जीवन, 8 अक्टूबर, 1906ई0, पृष्ठ 8.
90. देखिये सप्रे, माधवराव, स्वदेशी आंदोलन और बायकाट, डॉ0 बासुदेवराव लिमये, मोदी लैन सीतावरडी, नागपुर 1906ई0.
91. भारत जीवन 10 दि0, 1906ई0, पृष्ठ 12.
92. भारत जीवन 7 जनवरी, 1907ई0, पृष्ठ 4.
93. वहीं, पृष्ठ 4.
94. भारत जीवन 25 जून, 1906ई0, पृष्ठ 9.
95. वहीं, पृष्ठ 9.
96. भारत जीवन 10 सितंबर, 1906ई0, पृष्ठ 6
97. भारत जीवन, 8 अक्टूबर, 1906ई0, पृष्ठ 5.
98. वहीं, पृष्ठ 6.
99. त्रिपाठी, प्रयागनारायण, अनु0 भारतीय स्वतंत्रता का इतिहास, तीसरा खंड, मूल लेखक ताराचंद, पृष्ठ 424.
100. वहीं, पृष्ठ 424.
101. प्रसाद, बेनी, हिंदू–मुस्लिम समस्या, साहित्य भवन, प्रयाग, 1943ई0, पृष्ठ 65.
102. वहीं, पृष्ठ 68.
103. वहीं, पृष्ठ 68.
104. ना0प्र0, पत्रिका, भाग–14, 1909ई0, पृष्ठ 44.
105. प्रसाद, बेनी, हिन्दू–मुस्लिम समस्या, पृष्ठ 69.
106. प्रथम हिंदी साहित्य सम्मेलन काशी का कार्य विवरण, भाग–2, पृष्ठ 102.
107. तृतीय हिंदी साहित्य सम्मेलन का कार्य विवरण, पहला भाग, गोवर्धन प्रेस कलकत्ता, सं0 1970वि0, पृष्ठ 3–4.
108. ना0प्र0 सभा का वार्षिक विवरण 1915–16ई0, पृष्ठ 17.
109. ना0प्र0 सभा का 29वां वार्षिक विवरण 1920–21ई0, पृष्ठ 20.
110. वहीं, पृष्ठ 20.

111. सरस्वती पत्रिका, भाग–22, संख्या–2, फरवरी, 1921ई0, पृष्ठ 246.
112. वहीं, पृष्ठ 251.
113. ना0प्र0 सभा का 32वां वार्षिक विवरण 1924–25ई0, पृष्ठ 27.
114. ना0प्र0 सभा का 33वां वार्षिक विवरण 1925–26ई0, पृष्ठ 30.
115. ना0प्र0 सभा का 37वां वार्षिक विवरण 1929–30ई0, पृष्ठ 38.
116. ना0प्र0 सभा का 38वां वार्षिक विवरण 1930–31ई0, पृष्ठ 30.
117. वहीं, पृष्ठ 31.
118. ना0प्र0 सभा का छियालिसवां वार्षिक विवरण 1939–40ई0, पृष्ठ 54.
119. वहीं, पृष्ठ 54–55.
120. विचार विनिमय, अवध प्रिंटिंग वर्क्स, लखनऊ, 1938ई0, पृष्ठ 38.
121. वहीं, पृष्ठ 39.
122. प्रसाद, बेनी, हिंदू–मुस्लिम समस्या, पृष्ठ 105.
123. आज, 24 मार्च, 1940ई0, पृष्ठ 1.
124. वहीं, पृष्ठ 1.
125. आज, 27 मार्च, 1940ई0, पृष्ठ 8.
126. वहीं, पृष्ठ 8.
127. आज, 28 मार्च, 1940ई0, पृष्ठ 2.
128. वहीं, पृष्ठ 2.
129. आज, 31 मार्च, 1940ई, पृष्ठ 2.
130. वहीं, पृष्ठ 2,
131. आज, 1 अप्रैल, 1940ई0, पृष्ठ 5.
132. आज, 7 अप्रैल, 1940ई0, पृष्ठ 1.
133. आज 10 अप्रैल, 1940ई0, पृष्ठ 2.
134. आज, 11 अप्रैल, 1940ई, पृष्ठ 6.
135. आज, 21 अप्रैल, 1940ई0, पृष्ठ 2.
136. आज, 29 अप्रैल, 1940ई0, पृष्ठ 2.
137. आज, 30 अप्रैल, 1940ई0, पृष्ठ 2.
138. आज, 12 अप्रैल, 1940ई0, पृष्ठ 2.

139. आज, 21 अप्रैल, 1940ई0, पृष्ठ 2.
140. हिंदी पत्रिका, वर्ष–3, संख्या–9, 1943ई0, पृष्ठ 5.
141. हिंदी पत्रिका, वर्ष–1, संख्या–4, 1941ई0, पृष्ठ 4.
142. हिंदी पत्रिका, वर्ष–2, संख्या–3, 1942ई0, पृष्ठ 10.
143. हिंदी पत्रिका, वर्ष–3, संख्या–9, 1941ई0, पृष्ठ 2.
144. हिंदी पत्रिका, वर्ष–1, संख्या–10, 1943ई0, पृष्ठ 4.
145. हिंदी पत्रिका, वर्ष–3, संख्या–9, 1943ई0, पृष्ठ 5.
146. हिंदी पत्रिका, वर्ष–2, संख्या–4, 1942ई0, पृष्ठ 1.
147. हिंदी पत्रिका, वर्ष–3, संख्या–5, 1943ई0, पृष्ठ 3.
148. वहीं, पृष्ठ 4.
149. दैनिक 'भारत' 15 अगस्त, 1947ई0, प्रयाग, पृष्ट 1.
150. आज, 12 अगस्त, 1947ई0 पृष्ठ 5.
151. इंजीनियर, अजगरअली, दि रोल ऑफ माइनॉरटीज इन फ्रीडम स्ट्रगल, अजंता पब्लिशिंग, ,दिल्ली, 1986, पेज 66.
152. वहीं, पृष्ठ 67.
153. हिंदी पत्रिका, भाग–5, संख्या–4, 1946ई0, पृष्ठ 5.
154. सरकार, एस0 सी0 और दत्त, के0 के0, आधुनिक भारतवर्ष का इतिहास, भाग–2, इंडियन प्रेस, प्रयाग, 1951ई0, पृष्ठ 496.
155. वहीं, पृष्ठ 495.
156. वहीं, पृष्ठ 497.
157. दैनिक 'भारत' 15 अगस्त, 1947ई0, प्रयाग, पृष्ट 1.
158. आज, 17 अगस्त, 1947ई0, पृष्ठ 1.
159. वहीं, पृष्ठ 1.
160. वहीं, पृष्ट 6.
161. वहीं, पृष्ठ 6.
162. वहीं, पृष्ठ 6.
163. आज, 31 जनवरी, 1948ई0, पृष्ठ 1.
164. ना0प्र0 सभा का 55वां वार्षिक विवरण सं0 2004वि0, पृष्ठ 42.

उपसंहार

भारतीय राष्ट्रीय आंदोलन और काशी नागरीप्रचारिणी सभा से संबंधित समकालीन स्रोतों एवं इतिहास के पर्यालोचन से उनके आपसी अंतर्संबंधों के विषय में कहा जा सकता है कि है :

18वीं एवं 19वीं सदी के प्रथमार्द्ध तक भारत की सामाजिक, आर्थिक और धार्मिक अवस्था शोचनीय हो गयी थी। राजनीतिक रूप से कंपनी का शासन देश के वृहद भाग पर स्थापित हो चुका था। कम्पनी सरकार की अराजकतापूर्वक एवं उत्तेजक कार्यो के फलस्वरूप भारतीय समुदाय के सभी वर्गो में असंतोष व्याप्त था, जिसकी परिणति 1857ई0 के विद्रोह के रूप में हुई। विद्रोहोपरांत 1858ई0 की महारानी की घोषणा के बाद भारत में शांति–व्यवस्था कायम हुई और भारत में नवीन जागृति का युग आरंभ हुआ। भारत में जागृति का आरंभ 19वीं सदी के प्रथमार्द्ध में ही सामाजिक–धार्मिक आंदोलनों के रूप में हो चुका था जिसके अगुआ बने–राजाराममोहन राय।

भारत में जागृति का आरंभ बंगाल से राजाराममोहन राय एवं उनके द्वारा स्थापित ब्रह्म समाज से होता है। राममोहन राय के पश्चात् देवेन्द्रनाथ टैगोर, केशवचंद्र सेन एवं कितने ही अन्य प्रबुद्ध बंगालियों ने भारतवासियों में चेतना लाने का भरपूर प्रयास किया, परंतु ब्रह्म समाज का प्रभाव राष्ट्रव्यापी न हो सका। इस क्षेत्र में सबसे महान प्रयास स्वामी दयानंद सरस्वती एवं उनके द्वारा स्थापित 'आर्य समाज' का था। आर्य समाज का प्रभाव अधिक विस्तृत था। बंगाल के बाद चेतना के प्रमुख केन्द्र महाराष्ट्र और मद्रास हुए जहां प्रार्थना समाज एवं 'थियोसाफिकल सोसाइटी' इत्यादि संस्थाओं से जुड़े नेताओं द्वारा चेतना लाने का प्रयास किया गया। इस क्षेत्र में विवेकानंद का योगदान भी अविस्मरणीय रहा।

भारत में चेतना लाने में पश्चिमी सभ्यता एवं संस्कृति के साथ ही पश्चिमी शिक्षा का भी बहुत बड़ा योगदान रहा। पश्चिमी सभ्यता एवं संस्कृति के सम्पर्क के फलस्वरूप भारतीयों में प्रबल चेतना विकसित हुई और विविध माध्यमों से वे राष्ट्र–निर्माण में संलग्न हुए। भारत में चेतना लाने में पश्चिमी ज्ञान–विज्ञान, समाचार–पत्रों, संचार साधनों एवं पाश्चात्य विचारों का बहुत बड़ा योगदान था।

बंगाल के बाद जनजागृति की लहरें उत्तर भारत में सबसे पहले काशी पहुँची और उसे नेतृत्व प्रदान किया भारतेंदु हरिश्चंद्र ने। भारतेंदुजी ने अपने विचारों, सामाजिक एवं धार्मिक सुधार कार्यक्रमों, पत्र–पत्रिकाओं के संपादन, विविध संस्थाओं के स्थापन एवं लेखन–कार्य द्वारा हिंदी के माध्यम से भारतवासियों में चेतना लाने एवं उन्हें एक राष्ट्र के रूप में संगठित करने का महान प्रयास किया। भारतेंदु के बाद उनके इस कार्य को आगे बढ़ाया–काशी की नागरीप्रचारिणी सभा ने। यद्यापि 1885ई0 में भारतीय राष्ट्रीय कांग्रेस का गठन हो चुका था, पर इस संस्था में आम लोगों की कोई सहभागिता नहीं थी। यह जनता के सानिध्य में तब आयी, जब 1893ई0 मे काशी की नागरीप्रचारिणी सभा का जन्म हुआ।

नागरीप्रचारिणी सभा की स्थापना 16 जुलाई, 1893ई0 को हुई जिसके मूल में नागरी (हिंदी भाषा एवं नागरी लिपि) का प्रचार प्रमुख था। भारतेंदुजी के पद चिन्हों पर चलते हुए सभा ने न केवल हिंदी भाषी प्रांतों के समस्त हिंदी हितैषियों को, बल्कि अहिंदी भाषी प्रांतों के हिंदी प्रेमियों एवं हिंदी के विदेशी विद्वानों को भी अपना सभासद बनाया और हिंदी के माध्यम से सबको एक करने का प्रयास किया। सभा के सभासदों की संख्या धीरे–धीरे बढ़ती गई और उसके समर्थकों की तो कोई बात ही नहीं थी। न केवल भारतीय वरन् विदेशी लोग भी सभा का सभासद होना गर्व की बात समझते थे।

जिस समय सभा की स्थापना हुई उस समय भारत में पुनर्जागरण का काल था और तत्कालीन भारत के समाज सुधारक, विचारक, शिक्षाविद् एवं राजनीतिज्ञ विविध माध्यमों द्वारा भारतीय जनमानस में चेतना लाने का प्रयास कर रहे थे। सभा ने भी भारतवासियों में जन–जागृति लाने का हर संभव प्रयास किया और इस हेतु भाषा और साहित्य के साथ ही साहित्य के प्रधान अंग इतिहास के लेखन एवं पुनरुत्थान के लिए प्रशंसनीय कार्य किया जिससे भारतीयों को अपने प्राचीन इतिहास का ज्ञान हुआ और साथ ही उनमें यह भावना भी बलवती हुई कि भारतीय सभ्यता किसी भी सभ्यता से हीन नहीं है।

हिंदी भाषा और साहित्य के क्षेत्र में नागरीप्रचारिणी सभा की उपलब्धियां विशेष उल्लेखनीय हैं जिसे भारतीय और विदेशी दोनों ही विद्वानों ने एक स्वर से स्वीकार

किया है। जब सभा स्थापित हुई थी तो वह मात्र बालकों की एक वाद–विवाद संस्था थी पर जैसे–जैसे वह उन्नति करती गयी उसी क्रम में हिंदी साहित्य की विविध विधाओं को परिपूर्ण करने का प्रयास किया। हिंदी की लेख एवं लिपि प्रणाली सुधारने के लिए जैसा सुनियोजित प्रयास सभा ने किया और लगभग दो वर्ष तक इसके लिए जो उद्योग किया, उसी के फलस्वरुप ही वह यह महान कार्य कर सकी और भारत के अधिकांश प्रांतों ने उसे हिंदी के मानक के रुप में स्वीकार कर लिया। आज एक शताब्दी से अधिक बीत जाने पर भी वैसा प्रयास किसी के भी द्वारा नहीं किया गया और आज भी हिंदी की लेख एवं लिपि के लिए वहीं मानक सबसे श्रेष्ठ माना जाता है। सभा ने हिंदी हस्तलेखों की खोज का कार्य कर हिंदी में प्रभूत ग्रंथ उपस्थित कर दिया जिससे साहित्यिक व ऐतिहासिक दोनों अभावों की पूर्ति हुई। इन ग्रंथों की खोज के बाद ही हिंदी की प्राचीनता लोगों के सामने आयी और साथ ही लोग यह भी जान सके कि हिंदी में प्रभूत साहित्य लिखा गया है। इन खोजों के आधार पर ही मिश्रबंधुओं ने 'मिश्रबंधु विनोद' नाम से हिंदी साहित्य का इतिहास लिखा और उसके बाद आचार्य रामचंद्र शुक्ल ने 'हिंदी साहित्य का इतिहास' लिखा और आज भी यहीं हिंदी साहित्य का इतिहास सबसे प्रामाणिक माना जाता है। हिंदी शब्दसागर के निर्माण का जैसा सुनियोजित, सुदीर्घ एवं सफल प्रयास सभा ने किया उसके कारण उसका नाम हमेंशा के लिए स्वर्णाक्षरों में अंकित हो गया। यह शब्दकोश अपनी वृहदता एवं महत्ता में ब्रिटिश, रुसी एवं अमेरिकी शब्दकोशों की समता रखता है। शब्दसागर के अलावा अन्य कितने ही शब्दकोश, विविध ग्रंथमालाएं, लेखमालाएं एवं ग्रंथावलियां सभा ने प्रकाशित की एवं विविध पुरस्कार एवं पदक प्रदान करने का आयोजन कर हिंदी साहित्य के विविध अंगोपांगों को परिपूर्ण किया और लोगों को करने हेतु प्रेरित किया। सर्वेक्षण के आधार पर इस बात को निर्विवाद रुप से कहा जा सकता है कि न केवल भारत वरन् समूचे विश्व के इतिहास में किसी एक नगर एवं किसी एक संस्था ने किसी भी एक भाषा एवं उसके साहित्य के लिए इतना कार्य नही किया होगा जितना हिंदी के लिए काशी और काशी की नागरीप्रचारिणी सभा ने किया।

शिक्षा एवं चेतना के अभाव में किसी भी राष्ट्र के महानतम् आकांक्षाओं की पूर्ति नहीं हो सकती क्योंकि शिक्षा अज्ञान का नाश करती है और शिक्षा से ही स्वाधीनता प्राप्त होती है। नागरीप्रचारिणी सभा ने देशवासियों को शिक्षित करने का भी महान प्रयास किया और वह भी लोकभाषा हिंदी के माध्यम से। शिक्षा का क्या महत्व है? इसे देशवासियों के समक्ष रखा। देशवासियों को शिक्षित करने के लिए हिंदी हस्तलिपि परीक्षा का आयोजन किया और उन्हें प्रोत्साहित करने के लिए पुरस्कार प्रदान किया। बालकों को शिक्षित करने के लिए 'नागरी पाठशाला' खोली और हिंदी को उपयोगी एवं आजीविका का साधन बनाने के लिए 'नागरी मेमोरियल' उपस्थित किया और उसमें सफलता प्राप्त की। नागरीप्रचारिणी और सरस्वती पत्रिकाओं के माध्यम से सभा ने शिक्षा के महत्व एवं उसके लाभों से देशवासियों को परिचित कराया। 1902ई0 में 'विश्वविद्यालय कमीशन' के सम्मुख सभा ने अपनी गवाही उपस्थित की जिसमें प्राथमिक स्तर से लेकर विश्वविद्यालय स्तर तक सभीं विषयों की शिक्षा हिंदी के माध्यम से देने की बात कही। 1902ई0 में सभा द्वारा विश्वविद्यालय कमीशन के सामने जो गवाही दी गयी वह अपने आप में अद्वितीय थी और 115 वर्षों बाद आज भी उसकी महत्ता और प्रासंगिकता बनी हुई है। हिंदी साहित्य सम्मेलन के माध्यम से देशवासियों को शिक्षा प्रदान करने का प्रयास अति सराहनीय रहा और यह संस्था आज भी इस क्षेत्र में अपनी उपयोगिता सिद्ध कर रही है। राष्ट्रीय आंदोलन के दौरान सभा ने हमेंशा ही राष्ट्रीय शिक्षा का समर्थन किया और वह भी लोकभाषा हिंदी में। भारत की आजादी के बाद भी सभा का यह प्रयत्न जारी रहा और सभा ने अंग्रेजी भाषा में शिक्षा दिये जाने का विरोध किया था। यह हमारे देश के राजनीतिज्ञों की कुटिल चालें थी कि आजाद भारत में जनमानस की पूरी उपेक्षा करते हुए इस देश में शिक्षा का माध्यम विदेशी भाषा को बनाया गया।

पत्रकारिता का राष्ट्रीय आंदोलन में अति विशिष्ट योगदान था क्योंकि विचारों के प्रसारण का एक सरल, सशक्त और उपयोगी माध्यम होने के साथ ही स्वतंत्रता के संदेशों को भी प्रचारित करने का यह एक महत्वपूर्ण माध्यम थी और काशी की नागरीप्रचारिणी सभा ने इस क्षेत्र में भी सराहनीय कार्य किया। 1896ई0 में सभा ने

‘नागरीप्रचारिणी पत्रिका’ का प्रकाशन आरंभ किया। समूचे उत्तर भारत में शोध के द्वारा सांस्कृतिक नवजागरण ‘नागरीप्रचारिणी पत्रिका’ के साथ ही आरंभ हुआ। पत्रकारिता के इतिहास में नवीन मापदंड, उच्च आदर्श एवं संपादक मंडल का प्रावधान इस पत्रिका से ही आरंभ हुआ और ऐसा कर इस पत्रिका ने प्रतिमान स्थापित किया। हिंदी में इस पत्रिका का वहीं महत्व था जो अंग्रेजी में बंगाल की एशियाटिक सोसाइटी के ‘जर्नल’ का था। 1900ई0 में सभा के अनुमोदन से प्रतिष्ठित ‘सरस्वती’ पत्रिका ने भाषा एवं साहित्य तथा ज्ञान–विज्ञान में जहां नवीन विधाओं एवं विचारों का श्रीगणेश किया वहीं राष्ट्रीय आंदोलन को एक नवीन दशा एवं दिशा प्रदान की। राष्ट्रीय आंदोलन के दौरान घट रही घटनाओं को हिंदी भाषा में प्रकाशित कर सरस्वती पत्रिका राष्ट्रीय आंदोलन का एक प्रकार से वाहक ही बन गयी थी। जब भाषा–विवाद अपने चरम पर था तब दिसंबर, 1939ई0 से ‘हिंदी पत्रिका’ का प्रकाशन कर सभा ने ‘भाषा आंदोलन’ में निर्णायक भूमिका निभाई। इस पत्रिका के माध्यम से सभा ने हिंदी और उर्दू के मेल से बनी ‘हिंदुस्तानी’; जो कि एक प्रकार से उर्दू ही थी, का विरोध किया एवं हिंदी के पक्ष में प्रबल प्रमाण उपस्थित किया। इस पत्रिका ने अंग्रेजी सरकार और कांग्रेस की लीग के प्रति तुष्टिकरण की नीति का विरोध तो किया ही, साथ ही अलगाववादी ताकतों का भी विरोध किया और हमेंशा अखंड राष्ट्र भारत का समर्थन किया। भाषा आंदोलन के इतिहास में ‘हिंदी’ पत्रिका का पृष्ठ–पृष्ठ दस्तावेज माना जाता है और अपनी अल्पावधि में इस पत्रिका ने सराहनीय योगदान दिया।

भारत में अंग्रेजी शासन श्रेष्ठता की भावना पर आधारित था और उसके मूल था उनकी विज्ञान नीति। अंग्रेजों ने हमेंशा ही भारत में विज्ञान को हतोत्साहित किया और पूर्वी पारलौकिकता को इसके लिए जिम्मेदार ठहराया। नागरीप्रचारिणी सभा ने विज्ञान के महत्व को समझा और विज्ञान के क्षेत्र में कार्य करते हुए अंग्रेजी सरकार की विज्ञान विषयक नीति की कटु आलोचना की और विज्ञान को लोकभाषा हिंदी के माध्यम से प्रचारित कर उसे सब उन्नतियों का प्रमुख आधार बताया। अपनी प्रमुख पत्रिकाओं नागरीप्रचारिणी एवं सरस्वती में विज्ञान विषयक उत्कृष्ट आलेखों को प्रकाशित कर विज्ञान के महत्व को प्रचारित किया और पाश्चात्य जगत में हो रही विज्ञान की प्रगति

से भारत के आमजन को परिचित कराने और उनसे प्रेरणा लेन के लिए प्रेरित किया। 'हिंदी वैज्ञानिक कोश' के निर्माण का जैसा सुनियोजित और सफल प्रयास सभा ने किया उसके कारण उसकी प्रशंसा न केवल भारत बल्कि यूरोपिय विद्वत् समाज और पत्र–पत्रिकाओं में भी हुई थी। 'युनिवर्सिटी कमिशन' के समक्ष भारतीयों को वैज्ञानिक शिक्षा प्रदान करने का जो पक्ष सभा द्वारा रखा गया था वह आज 21वीं सदी में भी पूरी तरह प्रासंगिक है और बहुत कुछ वैसा ही करने का प्रयास आज किया जा रहा है। वैज्ञानिक ज्ञान को प्रचारित करने के लिए 'सुबोध व्याख्यानमाला' का जैसा सफल आयोजन सभा ने किया, उसके कारण वह राष्ट्रीय स्तर पर प्रतिष्ठा की भागी हुई। वैज्ञानिक साहित्य के प्रणयन एवं विज्ञान के क्षेत्र में अनुसंधानपरक ग्रंथों को लिखने हेतु विभिन्न पुरस्कार एवं पदक प्रदान करने का जैसा आयोजन सभा ने किया वह उस समय कल्पनातीत बात थी। सभा ने जहां स्वयं ही विविध ग्रंथमालाओं में विज्ञान विषयक पुस्तकों का प्रकाशन किया, वहीं अनेंक व्यक्तियों एवं संस्थाओं को ऐसा करने हेतु प्रेरित किया। यह सभा के उद्योग का ही फल था कि भारत को स्वतंत्रता मिलने तक हिंदी में प्रभूत वैज्ञानिक साहित्य तैयार हो चुका था और यदि पूरे मनोयोग से प्रयास किया गया होता तो विज्ञान की पूरी शिक्षा हिंदी भाषा में दी जा सकती थी।

नागरीप्रचारिणी सभा का एक प्रमुख कार्य हिंदी को राजभाषा के पद पर प्रतिष्ठित कराने हेतु 'राजभाषा आंदोलन', जिसे सभा ने सर्वत्र 'राष्ट्रभाषा आंदोलन' कहा, चलाया जाना था। इस हेतु सभा ने विभिन्न सरकारी दफ्तरों एवं कचहरियों में हिंदी को प्रविष्ट कराने हेतु आंदोलन किया। सभा ने सर्वप्रथम 'बोर्ड आफ रेवेन्यू' में हिंदी के प्रवेश के लिए आंदोलन किया और उसमें सफलता प्राप्त की। 1898ई0 में सभा ने पश्चिमोत्तर प्रदेश और अवध के लेफ्टिनेंट गवर्नर की सेवा में मेमोरियल उपस्थित कर एक प्रबल आंदोलन चलाया फलस्वरूप 1900ई0 में सभा को इस कार्य में सफलता मिली और कचहरियों में हिंदी को आंशिक प्रवेश मिल गया। इसके उपरांत भी सभा यह आंदोलन करती रही और अनेंक मुहर्रिर, जो हिंदी में अर्जीदावे लिखा करते थे, तैयार किया। इतना ही नहीं, सभा ने 'कचहरी–हिंदी कोश' भी तैयार करवाया। हिंदी ही इस देश की 'राष्ट्रभाषा हो, इसके पक्ष में देश के सम्पूर्ण भागों के प्रमुख–प्रमुख लोगों का

समर्थन भी सभा ने प्राप्त किया। स्टाम्पों, सिक्कों, विद्यालयों एवं सिंचाई विभाग में हिंदी को प्रवेश मिले, इस हेतु सभा ने आंदोलन चलाया और उसमें सफलता भी प्राप्त की। हिंदी आंदोलन को बल प्रदान करने के लिए ही सभा द्वारा 1910ई0 में 'हिंदी साहित्य सम्मेलन' की स्थापना की और उसे राष्ट्रीय संस्था का स्वरुप प्रदान किया गया। हिंदी साहित्य सम्मेलन के तत्वावधान में ही 1918ई0 में 'दक्षिण भारत हिंदी प्रचार सभा' मद्रास में स्थापित की गयी जिसने दक्षिण भारत में हिंदी के प्रचार में निर्णायक भूमिका निभाई। हिंदी–उर्दू विवाद के दौरान जब–जब सांप्रदायिक आधार पर हिंदी का विरोध किया गया तो नागरीप्रचारिणी सभा ने वास्तविकता का प्रतिपादन करते हुए सांप्रदायिक ताकतों की निंदा की। हिंदी–हिंदुस्तानी विवाद के निर्णायक दौर में पहुॅच जाने पर सभा ने वास्तविकता का प्रतिपादन करने के लिए 'हिंदी' पत्रिका का प्रकाशन किया और इसके माध्यम से सभा ने मुस्लिम लीग के साथ ही अंग्रेजी सरकार और कांग्रेस की, यहां तक कि महात्मा गांधी की भी, तुष्टिकरण की नीति का विरोध किया। भारत की आजादी के बाद जब संविधान निर्मात्री सभा में भारत का संविधान बनाया जा रहा था तब हिंदी को उसका वास्तविक पद दिलाने हेतु सभा ने एक राष्ट्रव्यापी आंदोलन चलाया। इस दौरान सभा के अधिकारियों के पीछे खुफिया पुलिस तक लगायी गयी पर सभा के सभासद इससे भयभीत नहीं हुए और तबतक आंदोलनरत् रहे जबतक कि न पूणर्तः सही आंशिक रुप में ही सही नागरी लिपि में लिखित हिंदी को 'राजभाषा' का पद प्रदान नहीं कर दिया गया। सभा ने अपनी स्थापना के समय जो व्रत लिया था उसके लिए 56 वर्षों तक निरंतर संघर्ष किया और सफलता प्राप्त की। भारत की आजादी के बाद भी सभा ने भारत की सभीं प्रादेशिक भाषाओं का समर्थन करते हुए हिंदी का प्रचार किया और इसके मूल में था राष्ट्रीय एकीकरण क्योंकि हिंदी ऐक्य की भाषा थी, विभेद की नहीं।

भारत में हिंदी प्रचार के साथ ही भारत के बाहर भी हिंदी का प्रचार करना सभा की बहुत बड़ी उपलब्धि थी। अपनी स्थापना के बाद ही सभा ने हिंदी के विदेशी विद्वानों को भी जोड़ने का अभियान चलाया जिसके फलस्वरुप सभा के शुरुआती वर्षों में ही डॉ0 जी0 ए0 ग्रियर्सन, रेवरेंड एडविन ग्रीब्ज, ई0 एच0 रेडिचे जैसे विदेशी

व्यक्तित्व सभा को सहायक के रूप में प्राप्त हो गये। सभा से जुड़े विदेशी विद्वानों ने सभा की हर प्रकार से सहायता की और सभा ने जितने भी बड़े आयोजन किये, उन सभीं में इनका उल्लेखनीय योगदान था। 20वीं सदी का आरंभ आते–आते हिंदी के भारत के विस्तृत क्षेत्रों में प्रचारित हो जाने के कारण बहुत से लोग उससे काफी प्रभावित हुए और उसी का परिणाम था कि जब भारत के प्रचारक भारतीय संस्कृति के प्रचारार्थ विदेशों में गये तो उन्होंने वहां पर अधिकांश प्रचार कार्य हिंदी भाषा में किया और वहां पर जो हिंदी संस्थाएं स्थापित हुई वह भी सभीं भारत की तर्ज पर अर्थात् नागरीप्रचारिणी सभा के मॉडल पर। 1920ई0 के बाद जहां सभा से संबद्ध विदेशी विद्वानों की संख्या बढ़ रही थी, वहीं सभा ने स्वयं ही उपनिवेशों में हिंदी प्रचार कार्य में तत्परता दिखलायी और जो भी व्यक्ति या संस्थाएं हिंदी प्रचार कार्य कर रही थीं, उनके कार्यों की समालोचना की और उन्हें अपना समर्थन प्रदान किया। भारत की आजादी तक हिंदी के जो विदेशी विद्वान सभा से संबद्ध थे, उनकी गणना तत्कालीन समय के सबसे प्रमुख हिंदी के विदेशी विद्वानों में की जा सकती है और उपनिवेशों में सभा ने हिंदी का जो प्रचार कार्य किया, उसके कारण वह विशेष प्रतिष्ठा की भागी हुई और भारत से बाहर हिंदी का प्रचार करने वाली प्रथम हिंदी संस्था का गौरव प्राप्त किया।

राजनीतिक रूप से कार्य करते हुए नागरीप्रचारिणी सभा ने भारतेंदु हरिश्चंद्र के पदचिन्हों पर चलते हुए संपूर्ण देशवासियों को एक भाषा हिंदी के माध्यम से जोड़ने का कार्य किया। स्थापना के उपरांत ही सभा कांग्रेस से संबद्ध हो गयी और हिंदी प्रेमियों, साहित्यकारों, देशभक्तों और कांग्रेसी नेताओं को अपना सभासद बनाने में सफल रही। प्रारंभ से ही नागरीप्रचारिणी सभा ने प्रतिवर्ष कांग्रेस में अपने प्रतिनिधि भेंजे। यदि सभा के सभासदों की सूची का 1893ई0 से 1905ई0 तक का ही अवलोकन किया जॉय तो स्पष्ट होता है कि न केवल काशी और पश्चिमोत्तर प्रदेश के अग्रणी कांग्रेसी नेता यथा–बाबू रामकाली चौधरी, पं0 मदनमोहन मालवीय, बाबू कृष्णबलदेव वर्मा, डॉ0 छन्नूलाल, मुंशी माधोलाल, पुरूषोत्तमदास टंडन, बाबू शिवप्रसाद गुप्त वरन् भारत के विभिन्न प्रांतों के अग्रणी कांग्रेसी नेता–गोपालकृष्ण गोखले, बाल गंगाधर तिलक, रमेशचंद्र दत्त, एनी बेसेंट और लाला लाजपत राय जैसे लोग भी उसमें शामिल थे।

दिसम्बर 1905ई0 में सभा में व्याख्यान देते हुए बालगंगाधर तिलक ने सभा के कार्यों की प्रशंसा की थी और उसके कार्यक्रम को राष्ट्रीय आंदोलन का अभिन्न अंग बतलाया था।

प्रारंभ में अपनी समस्त गतिविधियों द्वारा सभा ने राष्ट्रीयता एवं उसके तत्वों से देशवासियों को परिचित कराया। लार्ड कर्जन द्वारा बंगाल का विभाजन किये जाने पर सभा ने विभाजन का तीव्र विरोध एवं स्वदेशी आंदोलन का पूर्ण समर्थन किया। सभा ने कांग्रेस से पूर्व ही 'स्वदेशी' का नारा बुलंद कर दिया और स्वदेशी आंदोलन में अपनी गतिविधियों द्वारा सक्रिय भूमिका निभाई। संपूर्ण राष्ट्र को एक सूत्र में बॉधने के लिए ही 1910ई0 में सभा ने 'हिंदी साहित्य सम्मेलन' स्थापित किया। कांग्रेस के समान ही हिंदी साहित्य सम्मेलन ने भी राष्ट्रीय आंदोलन में अप्रतिम योगदान दिया। 1920ई0 के 'असहयोग आंदोलन' एवं 1930ई0 के 'सविनय अवज्ञा आंदोलन' का सभा ने समर्थन किया और उसमें अपना पूर्ण सहयोग दिया, साथ ही, भारत में उठती हुई अलगाववादी एवं साम्प्रदायिक ताकतों का विरोध किया। नागरीप्रचारिणी सभा ने पुष्ट प्रमाणों के आधार पर अंग्रेजी सरकार, कांग्रेस और यहां तक कि गांधीजी की भी लीग के प्रति अपनायी जाने वाली तुष्टिकरण की नीति का विरोध किया। जिन्ना द्वारा एक अलग राष्ट्र की मांग किये जाने पर उसे जिन्ना की 'विश्वामित्री सृष्टि' और भारत के लिए 'शनिग्रह' बतलाकर भारत विभाजन का विरोध एवं अखंड भारत का समर्थन किया। अंत में, 15 अगस्त, 1947ई0 को भारत को स्वतंत्रता मिलने पर सभा में अपार हर्ष प्रकट किया और अपार जनसमूह के सामने सभा में ध्वजारोहण किया गया। राष्ट्रपिता महात्मा गांधी की मृत्यु पर सभा ने चिरवियोग सहन किया और जबकि देश में सर्वत्र साम्प्रदायिक दंगे फैले थे, सभा ने देशवासियों से राष्ट्रीय एकीकरण एवं परस्पर सद्भाव का आह्वाहन कर राष्ट्रीयता की एक उर्जस्वित स्थापना की।

भारत की आजादी के बाद भी जब–जब भाषा का प्रश्न आया, सभा ने अपनी सक्रिय गतिविधियों द्वारा उसमें महत्वपूर्ण भूमिका निभाई पर कालांतर में सभा राष्टीय आंदोलन में पूर्व की भॉति सक्रिय न होकर साहित्यिक कृतियों के प्रकाशन और एक पुस्तकालय के संचालन पर केंद्रित और सीमित हो गयी और आज भी यहीं दो मुख्य

कार्य सभा में हो रहे हैं। परंतु सभा के वर्तमान स्वरुप को देखकर पूर्व में इसके द्वारा किये गये बहुआयामी कार्यों को भुलाया नहीं जा सकता। वास्तविकता तो यह है कि एक वाद-विवाद संस्था के रुप में स्थापित होने वाली इस संस्था ने भारतीय नवजागरण, अनुसंधान, पत्रकारिता, शिक्षा, ज्ञान-विज्ञान इत्यादि क्षेत्रों में जो कार्य किया उसके कारण यह विशेष प्रतिष्ठा की भागी हुई; हिंदी भाषा एवं साहित्य के क्षेत्र में अपना विशिष्ट योगदान कर राष्ट्रीय एवं अंतर्राष्ट्रीय पहचान प्राप्त की और राष्ट्रीय आंदोलन में अपनी सक्रिय सहभागिता के कारण इस संस्था का नाम भारतीय इतिहास में हमेंशा के लिए सुनहरे अक्षरों में अंकित हो गया।

ग्रंथ सूची :

(क) अंग्रेजी ग्रंथ :

1. अजीज, के0 के0, दि मेकिंग ऑफ पाकिस्तान, सी0 ऐंड डब्ल्यू0, लंडन, 1967
2. अहमद, अजीज, इस्लामिक माडर्निज्म इन इंडिया ऐंड पाकिस्तान, 1857–1964 आक्सफोर्ड युनिवर्सिटी प्रेस, लंडन, 1967
3. आयंगर, ए0 एस, रोल ऑफ प्रेस ऐंड इंडियन फ्रीडम स्ट्रगल, ए0 पी0 एच0 पब्लि0 कारपोरेशन, न्यू देहली, 2001.
4. इंजीनियर, अजगर अली, दि रोल ऑफ माइनॉरटीज इन फ्रीडम स्ट्रगल, अजंता पश्लिशिंग, दिल्ली, 1986
5. एण्ड्रूज, सी0 एफ0 एंड मुखर्जी, गिरिजा, दि राइज एंड दि ग्रोथ ऑफ दि कांग्रेस इन इंडिया, जार्ज एलेन एंड उनविन, लंडन, 1938.
6. कॉफ, डेविड, ब्रिटिश ओरियेंटलिज्य एण्ड दि बेंगाल रेनेसां, फर्मा के0 एल0 मुखो0, कैलकटा, 1969
7. काजिंस, जेम्स ए0, दि रेनेसां इन इंडिया, गनेश एंड कंपनी, मद्रास, 1918
8. किंग, क्रिस्टोफर आर0, वन लैंग्वेज टू स्क्रीप्ट, आक्स0 यु0 प्रेस, न्यू देहली, 1994.
9. किंग, क्रिस्टोफर रालैंड, दि नागरी प्रचारिणी सभा (सोसाइटी फॉर दि प्रोमोशन ऑफ दि नागरी स्क्रिप्ट एंड लैंगवेज) ऑफ बनारस 1893–1914 : ए स्टडी इन दि सोशल एण्ड पोलिटिकल हिस्ट्री ऑफ दि हिंदी लैंग्वेज'' विंसकासिन, 1974 (अनपब्लिस्ड)
10. केयी, एफ0 ई0, ए हिस्ट्री ऑफ हिंदी लिटरेचर, एसोसिएशन प्रेस, कैलकटा, 1920
11. खान, इहामिदअली, दि वर्नाक्युलर कंट्रोवर्सी, लंडन, 1900.
12. ग्रीब्ज, आर0 ई0, हिंदी ऐंड दि नागरी प्रचारिणी सभा, इंडियन प्रेस, इलाहाबाद, 1907.

13. गुप्ता, जोतिरिंद्रदास, लैंग्वेज कॉनफ्लिक्ट ऐंड नेशनल डेवेलपमेंट, आक्स0 यु0 प्रेस, बॉम्बे, 1970.
14. गोपाल, एस0, ब्रिटिश पॉलिसी इन इंडिया, ओरियंटल लैंग्वेज लि0 मद्रास, 1965
15. गोपाल, मदन, दिस हिंदी ऐंड देवनागरी, मेट्रोपोलिटन बुक कम्पनी लि0 दिल्ली, 1953.
16. घोष, जे0 सी0, बेंगाली लिटरेचर, कर्जन प्रेस, लंदन, 1976.
17. घोष, संकर, दि रेनेसां टू मिलिटैंट नेशनलिज्म इन इंडियाा, एला0 पब्लि0 कैलकटा, 1969.
18. दत्त, आर0 सी0, इकोनॉमिक हिस्ट्री ऑफ इंडिया, वोलूम 1, लंदन, 1956.
19. दत्त, रोमेश चंद्र, कल्चरल हेरिटेज ऑफ बेंगाल, आई0 एस0 पी0 पी0, कैलकटा, 1962.
20. दत्ता, के0 के0, डॉन आफ रिनेसेंट इंडिया,,एला0 पब्लि0, बॉम्बे, 1964
21. दत्ता, सुनील के0, दि राज ऐंड दि बेंगाली पीपुल, फर्मा के0 एल0 एम0 लि0, कोलकाता, 2002.
22. नुरुल्लाह, सैयद ऐंड नायक, जे0 पी0, ए स्टूडेंट हिस्ट्री ऑफ एजूकेशन इन इंडिया (1800–1947), मैकमिलन ऐंड कं0 लि0 कैलकटा, 2 एडि0, 1955.
23. प्रधान, आर0 जी0, इण्डियाज स्टूगल फॉर स्वराज, दया पब्लिशिंग हाउस न्यू दिल्ली, 1934.
24. प्रसाद, बेनी, इंडियाज हिंदू–मुस्लिम क्वेश्चन, जार्ज ए0 ऐंड उनविन, लंडन, 1946
25. प्रसाद, राजेन्द्र, इंडिया डिवाइडेड, हिंदी किताब प्रब्लिशर्स, बॉम्बे, 1946
26. पॉल, रिचर्ड, एशिया में प्रभात, गंगा पुस्तक कार्यालय, लखनऊ, 1924
27. ब्रास, पॉल आर0, लैंग्वेज, रिलिजन ऐंड पॉलिटिक्स इन नार्थ इंडिया, कैम्ब्रिज यु0 प्रेस लंदन, 1974.
28. बिस्वास, अरुन कुमार, साइंस इन इंडिया, फर्मा के0 एल0 मुखोाध्याय, कैलकटा, 1969

29. बिस्वास, अरुन कुमार, ग्लिनिंग्स ऑफ पास्ट एंड दि साइंस मूवमेंट, एशियाटिक सोसाइटी, कैलकटा, 2000.
30. बोस, निमाई सदन, इंडियन अवेकनिंग ऐंड बेंगाल, फर्मा के0 एल0 एम0 लि0, कैलकटा, 1960.
31. बोस, निमाई सदन, रेसिज्म, इक्वैलिटी ऐंड इंडियन नेशनलिज्म, फर्मा के0 एल0 एम0 लि0, कैलकटा, 1981
32. भट्टाचार्या, हरेंद्र कुमार, लैंग्वेज ऐंड स्क्रिप्ट ऑफ एंशियंट इंडिया, आक्सफोर्ड बुक ऐंड कं0, कैलकटा, 1959.
33. मजूमदार बी0 बी0, इंडिसन पोलिटिकल एसोसिएशंस एंड रिफार्म ऑफ लेजिस्लेटर (1818–1917), के0 एल0 मुखोपाध्याय, कैलकटा, 1965.
34. मित्रा शिशिरकुमार, दि विजन ऑफ इंडिया, क्रेस्ट पब्लि0 हाउस, न्यू देहली, 1994
35. मुलर, ए0 ऐंड भट्टाचार्यजी, ए0, इंडिया विंस इंडिपेंडेंस, एशिया प0 हाउस, न्यू देहली, 1988
36. मुहम्मद, शान एडि0 दि अलीगढ़ मूवमेंट बेसिक डाक्यूमेंट (1864–98), मीनाक्षी प्रका0 मेरठ, 1978
37. राबिंसन, फ्रांसिस, सेपरेटिज्म एमंग इंडियन मुस्लिम्स, आक्सफोर्ड यु0 प्रेस, दिल्ली, 3एडि0 1997
38. रॉय, सतीशचंद्र, रिलिजन ऐंड मॉडर्न इंडिया, आशुतोष ऐंड लाइब्रेरी, कैलकटा, 1923
39. सरकार, बिनय कुमार, दि सोशियोलॉजी ऑफ रेस, कल्चर ऐंड ह्युमन प्रोग्रेस, सी0 सी0 ऐंड कम्पनी, कैलकटा, 1939
40. सिंघल, डी0 पी0, नेशनलिज्म इन इंडिया एण्ड अदर हिस्टारिकल एसेज, मुंशीराम मनोहरलाल ओरि0 पब्लि0, दिल्ली, 1967
41. सीतारमैया, पट्टाभि, हिस्ट्री ऑफ दि इंडियन नेशनल कांग्रेस, वो0 1, लॉ प्रिंटिंग हाउस, मद्रास, 1935.

42. शार्प, डब्ल्यू0 एच0, सेलेक्संस फ्राम एजूकेशनल रिकार्ड्स, सुपरिंटेंडेंट गवर्नमेंट प्रेस, कैलकटा, 1920
43. शर्मा, डी0 एस0, स्टडीज इन द रेनेसां आफ हिन्दुइज्म इन 19th & 20th सेंचुरी, बनारस हिंदू युनिवर्सिटी, 1944
44. हॉडा, आर0 एल0, हिस्ट्री ऑफ हिंदी लैंगवेज ऐंड लिटरेचर, भारतीय विद्याभवन, बॉम्बे, 1978
45. हावेल, ए0, एजूकेशन इन इंडिया प्रायर टू 1854 ऐंड इन 1870–71, कैलकटा, 1872.
46. हेमसठ, चार्ल्स एच0, नेशनलिज्म एंड हिंदू सोशल रिफार्म, प्रिंसटन युनिवर्सिटी प्रेस, प्रिंसटन, 1964.

(ख) रिपोर्ट्स ऐंड जर्नल्स :

1. एनुअल रिपोर्ट ऑन दि सर्च फॉर हिंदी मैनुस्क्रीप्ट फॉर दि ईयर 1900. युनाइटे प्राविंस गवर्नमेंट प्रेस, इलाहाबाद, 1901
2. ऐडमिनिस्ट्रेशन रिपोर्ट ऑफ दि एन0 डब्ल्यू0 पी0 एंड ओ0 1895–96; 1897–98, गवर्नमेंट प्रेस, इलाहाबाद।
3. जर्नल ऑफ दि रॉयल एशियाटिक सोसाइटी ऑफ ग्रेट ब्रिटेन ऐंड आयरलैंड, एप्रिल, 1921, लंडन।
4. दि कौंसिल स्टेट डिबेट, वोलूम–1, 8 फरवरी–29 मार्च, 1927, सेंट्रल पब्लि0 कैलकटा, 1927.
5. दि रिपोर्ट ऑफ दि नागरीप्रचारिणी सभा ऑफ बनारस फ्रॉम 1893–1902, नागरीप्रचारिणी सभा, बनारस।
6. सेंसेस ऑफ इंडिया 1911, वोलूम 15 ,पार्ट 1, गवर्नमेंट प्रेस, इलाहाबाद, 1912.

(ग) हिंदी ग्रंथ :

1. कनोड़िया, कमला, भारतेन्दु कालीन हिंदी साहित्य की सांस्कृतिक पृष्ठभूमि, विश्वविद्यालय प्रकाशन, वाराणसी 1971ई0.
2. कपूर, श्यामनारायण, भारतीय वैज्ञानिक, साहित्य निकेतन कानपुर, 1942ई0.

3. कुमार, दीपक, विज्ञान और भारत में अंग्रेजी राज, आक्सफोर्ड युनि० प्रेस, दिल्ली, 1995

4. गहमरी, महावीरप्रसाद अनु० स्वदेश, मूल लेखक रवीन्द्रनाथ ठाकुर, हिंदी ग्रंथ रत्नाकर कार्यालय, बम्बई, 1914ई०.

5. ग्रियर्सन, जार्ज अब्राहम, भारत का भाषा सर्वेक्षण, भाग—9, भार्गव भूषण प्रेस वाराणसी, 1964ई०

6. गुरू, कामताप्रसाद, हिंदी व्याकरण, ना० प्र० सभा काशी 14वां संस्करण, सं 2045वि०

7. गुलेरी, चन्द्रधरशर्मा, सं० नागरीप्रचारिणी लेखमाला, मेडिकल हाल प्रेस, बनारस, सं० 1968वि०.

8. गुलेरी, चन्द्रधरशर्मा, पुरानी हिंदी, ना०प्र० सभा, काशी, सं० 2042वि०

9. गोपाल, मदन, भारतेंदु हरिश्चंद्र, राजपाल एण्ड संस दिल्ली 1976ई०

10. गोपाल, राम, स्वतंत्रतापूर्व हिंदी के संघर्ष का इतिहास, हिंदी साहित्य सम्मेलन, प्रयाग, शक सं० 1886

11. चतुर्वेदी, परशुराम, भारतीय साहित्य की सांस्कृतिक रेखाएं, साहित्य भवन लिमिटेड, इलाहाबाद, 1955ई०

12. जैसवाल, श्रीश, हिंदी का नवजागरणकाल एवं भाषा विवाद, हिंदी साहित्य सम्मेलन, इलाहाबाद, 2007ई०

13. जोगेलकर, न० चि० तथा तिवारी, भगवानदास सं० देवनागरी लिपि, स्वरूप, विकास और समस्याएं, हिंदी साहित्य भण्डार लखनऊ, सं० 2019.

14. ठाकुर, केशव कुमार, भारत में अंगरेजी राज्य के दो सौ वर्ष, मणि प्रिंटिंग प्रेस, इलाहाबाद सं० 1959.

15. तिवारी, कमलाकर एवं तिवारी, रमेश अनु० इंडिया : ह्वाट् कैन इट् टीच अस, मूल ले० मैक्समूलर, इतिहास प्रकाशन संस्थान, इलाहाबाद, 1964ई०

16. दत्त, कार्तिकचंद्र, राममोहन राय, जीवन और दर्शन, लोकभारतीय प्रकाशन, इलाहाबाद 1993ई०.

17. दास, ब्रजरत्न, खड़ी बोली हिंदी साहित्य का इतिहास, हिंदी साहित्य कुटीर, बनारस, सं0 1998.
18. दास, ब्रजरत्न, सं0 भारतेन्दु ग्रंथावली, भाग–1, ना0प्र0 सभा 2007वि0.
19. दास, ब्रजरत्न, सं0 भारतेन्दु ग्रंथावली भाग–3, काशी ना0प्र0 सभा 2010वि0.
20. दास, राधाकृष्ण, हिंदी भाषा के सामयिक पत्रों का इतिहास, ना0प्र0 सभा, वाराणसी, 1894ई0.
21. दास, श्यामसुंदर, गद्य–कुसुमावली, इंडियन प्रेस लिमिटेड, प्रयाग, सं0 1928वि0.
22. दास, श्यामसुंदर मेरी आत्म कहानी, इंडियन प्रेस, प्रयाग, 1957ई0
23. दास, श्यामसुंदर, सं. हिन्दी शब्दसागर, भाग 6, नागरीप्रचारिणी सभा, वाराणसी 2026वि0
24. दास, श्यामसुंदर, हिंदी साहित्य का इतिहास, इंडियन प्रेस, इलाहाबाद, 1987वि0
25. दिनकर, रामधारीसिंह, संस्कृति के चार अध्याय, लोकभारती प्रकाशन, इलाहाबाद, पुर्न0 सं0 1997ई0.
26. दूबे, उदयनारायण, राजभाषा के संदर्भ में हिंदी आंदोलन का इतिहास, काशी हिंदू विश्वविद्यालय, वाराणसी, 1973ई0 (अप्रकाशित)
27. द्विवेदी, शान्तिप्रिय, युग और साहित्य, इंडियन प्रेस, लिमिटेड, प्रयाग, 1941ई0
28. नंद, संपूर्णा, ज्योतिर्विनोद, ना0 प्र0 सभा, काशी, 1917ई0
29. परमानंद, भाई, भारतवर्ष का इतिहास, ज्ञानमंडल प्रकाशन लि0 बनारस, 2009वि0.
30. पश्चिमोत्तर प्रदेश तथा अवध के न्यायालयों और सरकारी दफ्तरों में नागरी अक्षरों का प्रचार, चन्द्र प्रभा प्रेस कम्पनी लि0 बनारस, 1898ई0
31. पश्चिमोत्तर प्रदेश तथा अवध के न्यायालयों और सरकारी दफ्तरों में नागरी अक्षरों का प्रचार और प्रायमरी शिक्षा, हरिप्रकाश यंत्रालय, बनारस, 1898ई0
32. प्रसाद, बेनी, हिन्दू–मुस्लिम समस्या, साहित्य भवन, प्रयाग, 1943ई0

33. प्रसाद, मंगला, पुर्नजागरण युग और भारतेंदु, श्रीरामकृष्ण पुस्तकालय वाराणसी 1988ई0

34. प्रसाद, राजेन्द्र, भारतीय शिक्षा, आत्माराम एण्ड संस, दिल्ली 1953ई0

35. प्रसाद, रामैंश्वर, राजभाषा हिंदी : प्रचलन और प्रसार, अनुपम प्रकाशन पटना 1988ई0

36. पांडे, चंद्रबली, कचहरी की भाषा और लिपि, ना0प्र0 सभा, 1944ई0.

37. पाण्डे, पद्माकर, पत्रकारिता और सभा, ना0 प्र0 सभा, वाराणसी, 1997ई0.

38. भण्डारी, सुखसम्पत्तिराय, भारत वर्ष और उसका स्वातन्त्र्य–संग्राम, डिक्शनरी पब्लिशिंग हाउस, अजमेर, 1950ई0

39. मिश्र, कृष्णबिहारी, पत्रकारिताः इतिहास और प्रश्न, वाणी प्रकाशन, नई दिल्ली 1993ई0

40. मिश्र, कृष्णबिहारी, हिंदी पत्रकारिता (जातीय अस्मिता की जागरण भूमिका) लोकभारती प्रकाशन, इलाहाबाद, 1994ई0.

41. मिश्र, रमाशंकर, महान भारत, दुर्गादास प्रेस पुस्तकालय, अमृतसर, प्रथम सं0 1993वि0

42. मिश्र, शिवगोपाल सं0 हिंदी में विज्ञान लेखन के सौ वर्ष, प्रथम खंड, विज्ञान–प्रसार, नई दिल्ली, 2001ई0

43. मिश्र, शितिकंठ, खड़ी बोली का आन्दोलन, ना0प्र0 सभा0 वाराणसी, 2013वि0

44. मुंशीराम, हिंदी साहित्य के इतिहास का उपोद्घात, गया प्रसाद एण्ड संस, आगरा, सं0 1992वि0

45. राम, तुलसी, भारत में अंग्रेजीः क्या खोया क्या पाया, किताबघर प्रकाशन नई दिल्ली, 1997ई0.

46. लक्ष्मीचंद सं0 हिंदी भाषा आंदोलन–सेठ गोविंददास, हिंदी साहित्य सम्मेलन, प्रयाग, 1963ई0

47. लाल, श्रीकृष्ण एवं त्रिपाठी, करूणापति सं0 हीरक जयंती ग्रंथ, ना0 प्र0 सभा, वारा0, सं0 2011वि0.

48. वर्मा, रमेश अनु0, पूर्व और पश्चिम कुछ विचार, मूल ले0, सर्वपल्ली राधाकृष्णन्, राजपाल एण्ड संस, दिल्ली 1981ई0.
49. वर्मा, रामचंद्र, विद्या का महत्व, आर्य्यन टेक्स सुसाइटी, मेरठ, प्रथम सं0 1897ई0
50. वाचस्पति, इंद्रविद्या, भारत में ब्रिटिश साम्राज्य का उदय और अस्त, भाग–1, आत्माराम ऐंड संस, दिल्ली, 1956ई0
51. वाजपेयी, अम्बिकाप्रसाद, समाचार पत्रों का इतिहास, ज्ञानमण्डल प्रकाशन लिमिटेड, बनारस, सं0 2010वि0
52. वाजपेयी, किशोरीदास, राष्ट्रभाषा का इतिहास, जनवाणी प्रकाशन, कलकत्ता, सं0 2007.
53. वार्ष्णेय, लक्ष्मीसागर उन्नीसवीं शताब्दी, साहित्य भवन प्रा0 लि0 इलाहाबाद, 1963ई0
54. वार्ष्णेय, लक्ष्मीसागर, भारतेंदु हरिश्चंद्र, साहित्य भवन, इलाहाबाद, 1974ई0
55. विद्यालंकार, जयचन्द्र, इतिहास प्रवेश, भाग–2, सरस्वती प्रकाशन मंदिर, इलाहाबाद, सं0 1996वि0
56. विद्यालंकार, जयचन्द्र, भारतीय इतिहास की मीमांसा, हिंदी प्रकाशन, इलाहाबाद, सं0 2007वि0
57. सप्रे, माधवराव, स्वदेशी–आंदोलन और बायकाट, माधवराव लिमये, सीतावर्डी, महाराष्ट्र, 1906ई0.
58. सहाय, शिवनंदन, हरिश्चंद्र, हिंदी समिति, उ0प्र0 लखनऊ, 1975ई0
59. संतराम अनु0 भारतवर्ष का इतिहास, प्रथम भाग, मूल ले0 लाजपत राय, आर्य्य पुस्तकालय तथा सरस्वती आश्रम, लाहौर, द्वि0सं0 1922ई0,
60. संयासी, भवानीदयाल, प्रवासी की आत्मकथा, बाल साहित्य प्रकाशन समिति, कलकत्ता, 1939ई0
61. सिंह, गुरुमुख निहाल, भारत का वैधानिक एवं राष्ट्रीय विकास (1600–1919), आत्माराम एंड संस, दिल्ली, 1967ई0

62. सिंह, ठाकुरप्रसाद, काशी की परंपरा, सूचना विभाग, उत्तर प्रदेश, 1957ई0.
63. सिंह, लालजी, भारत का भाषावाद (सन् 1800ई0–1960ई0 तक) सुरजा देवी, कैथी, वाराणसी 1971ई0
64. सिंह, शिवकुमार, कालबोध, इंडियन प्रेस लिमिटेड, प्रयाग, तृतीय सं0 1928ई0
65. शर्मा ओमप्रकाश, वैज्ञानिक शब्दावली का इतिहास, फ्रैंक ब्रदर्स एण्ड कंपनी, दिल्ली, 1968ई0
66. शर्मा, रामविलास, भारतेंदु हरिश्चंद्र, विद्याधाम प्रकाशन दिल्ली 1953ई0.
67. शर्मा, विनयमोहन सं0 हिंदी साहित्य का वृहद् इतिहास, भाग 8, नागरीप्रचारिणी सभा, वाराणसी, सं0 2029वि0
68. शर्मा, श्रीराम, सं0 अमीर खुसरों कृत खालिकबारी, ना0प्र0 सभा, काशी, सं0 2021वि0
69. शास्त्री, वेदब्रत, नागरीप्रचारिणी सभा का अर्द्ध–शताब्दी का इतिहास, ना0 प्र0 सभा, वाराणसी, सं0 2000वि0.
70. शुक्ल, रामचंद्र, चिंतामणि भाग–3, राजकमल प्रकाशन, नई दिल्ली, 1983ई0
71. शुक्ल, रामचंद्र, श्रीराधाकृष्णदास, ना0प्र0 सभा, वाराणसी, सं0 2043वि0
72. शुक्ल, रामचंद्र, हिंदी साहित्य का इतिहास, ना0प्र0 सभा, वाराणसी, सं0 2022वि0
73. त्रिपाठी, कमलापति सं0 कांग्रेस के इतिहास में काशी का स्थान, शहर कांग्रेस कमेटी बनारस, 1935ई0.
74. त्रिवेदी, काशीनाथ अनु0 राष्ट्रभाषा हिंदुस्तानी, मूल लेखक मोहनदास करमचन्द्र गांधी, नवजीवन प्रकाशन मंदिर, अहमदाबाद 1947ई0
75. त्रिपाठी, प्रयाग नारायण, अनु0 भारतीय स्वतंत्रता का इतिहास, तीसरा खंड, मूल लेखक ताराचंद, 1967ई0.
76. त्रिपाठी, करूणापति सं0 हिंदी साहित्य वृहत् इतिहास, भाग–3, ना0प्र0 सभा, काशी सं0 2040 वि0

(घ) पत्र–पत्रिकाएं एवं वार्षिक विवरण :

1. आज 1930, 1940, 1946–1949ई0 तक, ज्ञानमंडल प्रकाशन, वाराणसी।
2. दैनिक 'भारत' 15 अगस्त, 1947 प्रयाग।
3. नागरीप्रचारिणी पत्रिका, 1897–1901, 1904, 1906–08, 1912, 1916, 1919–1921ई0, वर्ष 82, अंक, 3–4, सं0 2034, नागरीप्रचारिणी सभा, वाराणसी।
4. भारत जीवन, 1893–1908, 1916ई0, भारत जीवन कार्यालय, वाराणसी।
5. भारत मित्रः 17 मई, 1897. कलकत्ता
6. विशाल भारत, भाग–8, जुलाई–दिसम्बर 1931, विशाल भारत कार्यालय, कलकत्ता।
7. सरस्वती पत्रिका, 1900–1908, 1911, 1916, 1920–22, 1940ई0, इंडियन प्रेस, प्रयाग।
8. साहित्य सभालोचक भाग–1, अंक–1, जनवरी 1925, दयाल प्रिटिंग वर्क्स, लखनऊ।
9. हिंदी पत्रिका, 1939–46ई0 तक, ना0 प्र0 सभा, वाराणसी।
10. हिंदी पत्रिका, भाग–1, अंक–2–3, अप्रिल–मई, 1941ई0, नवजीवन प्रकाशन मंदिर, नई दिल्ली।
11. हिंदी पत्रिक, भाग–1, अंक–3, 1922ई0, जेकोब्स, नेटाल, दक्षिण अफ्रीका।
12. हिंदी प्रदीप, मई 1898ई0, यूनियन प्रेस, इलाहाबाद।
13. ना0प्र0 सभा का वार्षिक विवरण, 1893–1898, 1902, 1904–06, 1907–08, 1913–14, 1919–25, 1929–32, 1936–39,1946–50ई0, ना0 प्र0 सभा, वाराणसी।
14. हिंदी साहित्य सम्मेलन, का कार्य विवरण, 1910, 1911, 1912, 1938ई0।
15. हस्तलिखित हिंदी ग्रंथों की खोज का पिछले 50 वर्षों का परिचयात्मक विवरण (1900–50ई0), नागरीप्रचारिणी सभा, वाराणसी, 1950ई0।

लेखक परिचय

डॉ0 राकेश कुमार दूबे, एम0 ए0, नेट, पीएच0 डी0

जन्म : 15 अक्टूबर, 1982ई0, नेहियां, वाराणसी।

शिक्षा : बी0 ए0—वीर बहादुर सिंह पूर्वांचल विश्वविद्यालय, जौनपुर (2004ई0),
एम0 ए0—काशी हिंदू विश्वविद्यालय, वाराणसी (2006ई0);
यू0जी0 सी0—नेट—दिसंबर, 2007, पीएच0 डी0—काशी हिंदू विश्वविद्यालय, वाराणसी (2011ई0) ।

अध्यापन : 2014—2015ई0 तक श्री सच्चियाय संकल्प महाविद्यालय, ओसियां, जोधपुर, राजस्थान में सहायक प्राध्यापक के रुप में कार्य किया। 10 फरवरी, 2015—9 फरवरी, 2018 तक डॉ0 एस0 राधाकृष्णन् पोष्ट डॉक्टोरल फेलोशिप के अंतर्गत् इतिहास विभाग, काशी हिंदू विश्वविद्यालय में कार्य किया। 15 फरवरी, 2018 से भारतीय सामाजिक विज्ञान अनुसंधान परिषद पोष्ट डॉक्टोरल फेलोशिप के अंतर्गत् इतिहास विभाग, काशी हिंदू विश्वविद्यालय, वाराणसी में कार्यरत्।

निवास : मकान नं0 168, नेहियां, वाराणसी—221202, उत्तर प्रदेश, भारत

संपर्क सूत्र : 91—7355682455 (मो0), 91—7844935710 (वाट्अप)

ई—मेल : rkdhistory@gmail.com

पुरस्कार/सम्मान :

1.व्हिटेकर विज्ञान पुरस्कार (2012), विज्ञान परिषद प्रयाग, इलाहाबाद;

2.अंतर्राष्ट्रीय हिंदी निबंध प्रतियोगिता पुरस्कार (2015ई0), विश्व हिंदी सचिवालय, मारीशस।

प्रकाशन : डॉ0 राकेश कुमार दूबे के 70 से अधिक शोधपत्र/आलेख राष्ट्रीय और अंतर्राष्ट्रीय पत्र—पत्रिकाओं में प्रकाशित हैं जिनमें विषय को लेकर काफी विविधता है। भारत की संस्थागत हिंदी पत्रिकाओं—नागरीप्रचारिणी पत्रिका, नागरी, सम्मेलन पत्रिका, हिंदुस्तानी, दक्षिण भारत, केदार—मानस, विकल्प, साहित्य भारती, गवेषणा इत्यादि में, तो वहीं गगनांचल, इतिहास—दिवाकर और इतिहास—दर्पण जैसी ऐतिहासिक महत्व की पत्रिकाओं में शोधपत्र/आलेख प्रकाशित हैं। पर्यावरण संजीवनी, भगीरथ और जल चेतना जैसी पर्यावरण एवं जल संरक्षण सें संबंधित पत्रिकाओं के अलावा विशुद्ध विज्ञान की राष्ट्रीय स्तर की पत्रिकाओं—विज्ञान, विज्ञान आपके लिए, विज्ञान—गंगा, वैज्ञानिक दृष्टिकोण, विज्ञान प्रगति एवं ड्रीम 2047 में शोधपत्र/आलेख प्रकाशित हैं। भारत से बाहर की प्रतिष्ठित पत्र—पत्रिकाओं—विश्व हिंदी पत्रिका (मारीशस), विश्व हिंदी समाचार (मारीशस), विश्वा (अमेरिका), सेतु (अमेरिका), वसुधा (कनाडा) एवं साहित्य कुंज (कनाडा) में भी शोधपत्र/आलेख प्रकाशित हैं।

www.ingramcontent.com/pod-product-compliance
Lightning Source LLC
Chambersburg PA
CBHW081104080526
44587CB00021B/3446
* 9 7 8 1 8 9 7 4 1 6 8 7 7 *